„Vielleicht hält Gott sich einige Dichter ..."

Rothenfelser Reihe

Herausgegeben von
Ludger Bradenbrink und Rainer Dillmann
im Auftrage der Vereinigung der Freunde von Burg Rothenfels e.V.

Gerade heute suchen viele Menschen nach einer ganzheitlichen
Lebensgestaltung aus dem christlichen Glauben. Für viele, die in der
Jugendbewegung und im liturgischen Aufbruch vor dem Zweiten
Vatikanischen Konzil engagiert waren, ist dieses Ziel eng mit den
Namen Romano Guardini und Burg Rothenfels verbunden.
Die Rothenfelser Reihe begleitet die Arbeit auf Burg Rothenfels und
des Guardini-Freundeskreises und macht sie so einem breiteren Leser-
kreis zugänglich. Sie greift verschiedene, theologische und kirchliche,
gesellschaftliche, künstlerische und literarische Themen und Fragen
auf, und möchte so einen Beitrag leisten zu einer zeitgemäßen,
menschlichen, Leib und Seele umfassenden Lebenshilfe auf der Basis
des christlichen Glaubens.

Karl-Josef Kuschel

„Vielleicht hält Gott sich einige Dichter..."

Literarisch-theologische Porträts

Matthias-Grünewald-Verlag · Mainz

Den Freundinnen und Freunden
von Theologie und Literatur
auf Burg Rothenfels am Main

Den Hörerinnen und Hörern
meiner ersten Vorlesung
an der Universität Tübingen
im Sommersemester 1991

in dankbarer Erinnerung gewidmet

Die Deutsche Bibliothek – CIP-Einheitsaufnahme

Kuschel, Karl-Josef:
„Vielleicht hält Gott sich einige Dichter ...": literarisch-
theologische Porträts / Karl-Josef Kuschel. –
Mainz: Matthias-Grünewald-Verl., 1991
    (Rothenfelser Reihe)
    ISBN 3-78-67-1574-2

© 1991 Matthias-Grünewald-Verlag, Mainz

Umschlag: Norbert Breidenstein, Wiesbaden
Satz: Roddert Fotosatz, Mainz
Druck und Bindung: Druckhaus Darmstadt GmbH

ISBN 3-7867-1574-2

Inhalt

Vorwort

Der Titel dieses Buches verdankt sich einem Satz des Schweizer Pfarrers und Lyrikers Kurt Marti. Er lautet vollständig: „Vielleicht hält Gott sich einige Dichter (ich sage mit Bedacht: Dichter!), damit das Reden von ihm jene heilige Unberechenbarkeit bewahre, die den Priestern und Theologen abhanden gekommen ist." Und in der Tat geht es darum in diesem Buch: Zu hören, was die Dichter, die großen unter ihnen vor allem im 20. Jahrhundert, zum Thema Gott zu sagen haben. Zu hören, um dann die Herausforderung für das theologische Sprechen von Gott aufzunehmen. Von beidem also wird die Rede sein: von Literatur und Theologie und vom bleibenden Spannungsverhältnis dieser beiden.

Wir gehen aus von konkreten Lebensgeschichten. Wir suchen die Rede von Gott dort auf, wo sie im Leben der Dichter selber sich verdichtete. Wir legen keinen „Begriff" von Gott zugrunde, sondern wollen Erfahrungen machen mit den Erfahrungen der Autoren. Wir wollen die Schriftsteller ausreden lassen und ihnen nicht theologisch ins Wort fallen. Wir wollen von dem erzählen, was sie zu erzählen haben.

Zugleich wollen wir die Erfahrungen der Dichter einbringen in ein theologisches Gespräch über Gott. Das geht nicht ohne Vermittlungsschritte. Nicht ohne Konfrontation und Widerspruch. Das Buch lebt aber von der Überzeugung, daß ein Dialog zwischen Theologie und Literatur nur lebendig bleibt, wenn er von Anknüpfung *und* Widerspruch lebt, von Entsprechung *und* Konfrontation. Jeder Vereinnahmung von Literatur für theologische Zwecke (Selbstprofilierung) oder kirchliche Dienste (ob Predigt oder Religionsunterricht) wird dabei ebenso widersprochen wie der Fixierung auf einseitige Gottesbilder oder Privatmythologien.

Dieses Buch hat eine längere Entstehungsgeschichte. Es wuchs heraus aus den Tagungen über „Theologie und Literatur", die ich seit einigen Jahren auf Burg Rothenfels am Main zusammen mit Kolleginnen und Kollegen durchführen konnte. Die Auswahl der Autoren ist nicht zuletzt von daher bestimmt worden. Und es wuchs heraus aus meiner ersten Vorlesung, die ich im

Sommersemester 1991 als Privatdozent an der Universität Tübingen gehalten habe. Das große Echo auf beide Veranstaltungen hat mich ermutigt, die Vorträge und Vorlesungen nochmals gründlich zu überarbeiten und in Form eines Buches öffentlich zugänglich zu machen. Beiden Hörerkreisen habe ich dieses Buch gewidmet, dankbar für alle Anregungen, alles Interesse und alle Kritik.

An beiden Orten habe ich Menschen besonders zu danken. Ich bin dankbar für die Zusammenarbeit mit Ludger Bradenbrink, dem Bildungsreferenten auf Burg Rothenfels, mit dem zusammen ich die Reihe „Theologie und Literatur" begründen konnte. Burg Rothenfels ist für diese Thematik bekanntlich ein besonderer Ort. Hier war in den zwanziger und dreißiger Jahren die Wirkungsstätte von Romano Guardini, der wie kaum ein anderer katholischer Theologe den Dialog zwischen Theologie und Literatur geführt hat – mit seinen Studien zu Dante, Hölderlin, Mörike, Dostojewski und Rilke. Obwohl wir heute nicht so wie Guardini diesen Dialog betreiben können, bleibt doch sein Geist lebendig, der auch uns „Nachgeborene" immer wieder ermutigt, beim Bedenken der großen theologischen Fragen auf die Stimmen der Dichter zu hören.

Zu danken habe ich auch meinen Studentinnen und Studenten in Tübingen. Durch ihr großes Interesse an meinen Seminaren und meiner Vorlesung über die „Rede von Gott in der Literatur des 20. Jahrhunderts" bin ich immer wieder ermutigt worden, den Dialog mit den Schriftstellern fortzusetzen und zu vertiefen. Ich habe die Absicht, neben den eigentlich systematisch-theologischen und ökumenischen Fragen, die ich in meinem Buch „Geboren vor aller Zeit? Der Streit um Christi Ursprung" (1990) behandelt habe, gerade dieses Gespräch fortzusetzen, um das einmal vorlegen zu können, worauf das letzte Kapitel dieses Buches nur verweisen kann: eine *Theopoetik*, das heißt eine Systematische Theologie im Lichte der Literatur des 20. Jahrhunderts.

Von allen in Tübingen habe ich diesmal besonders meiner Frau Judith zu danken, die meine Manuskripte stets mitlas und mir wichtige Anregungen gab, sowie meinem engsten Mitarbeiter, Herrn Georg Langenhorst M. A., Doktorand am Institut für ökumenische Forschung, der mir sowohl für inhaltliche Fragen wie für alle technischen und organisatorischen Probleme eine unverzichtbare Stütze war. Frau Ute Netuschil gilt mein erneuter Dank für die effiziente und kompetente Herstellung des Manuskriptes.

Tübingen, im August 1991   Karl-Josef Kuschel

I. ÜBER DAS SPANNUNGSVERHÄLTNIS VON RELIGION UND LITERATUR

Daß Literatur und Religion, spätestens seitdem die Identität von Christentum und bürgerlicher Kultur zerbrochen ist, in einem Verhältnis konstanter, bisweilen feindseliger Spannung stehen, ist ein Gemeinplatz. Wann immer dieser Ablösungs- und Entfremdungsprozeß hin auf eine „Autonomie" des literarischen Kunstwerks, verbunden mit einem tiefgreifenden Prozeß sprachlicher Säkularisierung, begonnen haben mag: Im 20. Jahrhundert haben wir von den Langzeitwirkungen dieses Prozesses auszugehen, und alle noch so gut gemeinten Restaurierungsversuche haben daran nichts geändert. Versuche, die Einheit von Literatur und Religion wiederherzustellen, wurden freilich schon im 19. Jahrhundert unternommen. Aber der literaturgeschichtlich erste Ruf nach einer, jetzt so genannten „christlichen Literatur", der in der romantischen Bewegung (erstmals beim späten Schlegel) aufkommt (Eichendorff, Brentano, Droste-Hülshoff), ist als Rückruf selber noch einmal Symptom der Entfremdung von Kultur und Religion. Diesen epochalen Säkularisierungsprozeß (A. Schöne[1]) aber zurückzudrängen und christliche Religion als verbindliches und verbindendes Band der Einheit der Kultur wiederherzustellen gelingt der romantischen Bewegung ebensowenig wie der zweiten programmatischen Welle „christlicher Literatur" in der ersten Hälfte des 20. Jahrhunderts. „Christliche Literatur" blieb die Sache einzelner, wenn auch bedeutender Schriftsteller: Bloy, Péguy, Bernanos und Claudel in Frankreich; Greene und Waugh in England; Eliot und Faulkner in den USA; Silone und Papini in Italien; Langgässer, Le Fort und Schneider in Deutschland. Gerade die Problematisierung des Glaubens, die Erfahrung von Gebrochenheit und Abgründigkeit gläubiger Existenz, die in den Werken der großen Vertreter „christlicher Literatur" zum Ausdruck kam, hob diese Autoren heraus aus der Masse ihrer kirchlichen Leser, die sie oft nur selbstbestätigend vereinnahmten. Die „christliche Literatur" ist besser als ihr Ruf.[2]

15

Aufgrund der fatalen Rezeptionsgeschichte freilich war es kein Wunder, daß die folgende Generation von Schriftstellern, selbst wenn sie sich anfangs noch persönlich als Christen verstand, keinen Wert mehr auf das Etikett „christliche Literatur" legte. Autoren wie Böll, Dürrenmatt und Grass verbaten sich schon in den 50er Jahren jegliche Eingemeindung und gingen zum „christlichen Kulturestablishment" auf ideologiekritische Distanz. Sie wollten nicht wegen ihres Glaubens, sondern wegen der Qualität ihres literarischen Werkes anerkannt sein. Im 20. Jahrhundert haben wir es also mit den unbewältigten Spätfolgen der kulturellen Dichotomie von Religion (Christentum) und Kultur (Literatur) zu tun. *Abwehrreaktionen* bestehen auf beiden Seiten, und davon soll zu Beginn dieses Buches die Rede sein: von der literarisch-ästhetischen Kritik an Religion, aber auch von der religiösen Kritik an Ästhetik. An vier Testfällen soll das Spannungsfeld von Religion und Literatur illustriert werden: an Gottfried Benn, Bert Brecht, Hermann Hesse und Reinhold Schneider.

1. Gott – ein „schlechtes Stilprinzip": Gottfried Benn

Am 15. November 1955 treffen im Kölner Funkhaus des Westdeutschen Rundfunks zwei Schriftsteller aufeinander, die einander vorher nie begegnet waren. Beide sind eingeladen, im Rahmen einer öffentlichen Diskussion zum Thema „Soll die Dichtung das Leben bessern?" zu sprechen. Der eine ist Gottfried Benn, mittlerweile 69 Jahre alt, der andere ist der 52jährige Reinhold Schneider, und beide stehen auf dem Höhepunkt ihres literarischen Ansehens in der Zeit nach dem Zweiten Weltkrieg. Ein bemerkenswertes Rededuell entspannt sich zwischen zwei Autoren, die den Krieg auf ihre Weise geistig überlebten, beide in einer Art von „innerer Emigration" im faschistischen Deutschland, beide ein Lebenswerk schaffend, dessen geistiges Profil unterschiedlicher nicht gedacht werden kann. Gemeinsam treten sie nun zur Antwort an. Es ist *Gottfried Benn,* der gleich zu Beginn die Wortwahl kritisch überprüft: Was heißt „Dichtung", was heißt „Leben", was heißt „bessern"?[3] Das alles sind für ihn, den Nietzsche-Schüler, außerordentlich problematische Worte. Soll die Dichtung etwa das Leben in kultureller Hinsicht bessern? Aber haben Kunst und Kultur überhaupt etwas miteinander zu tun, fragt Benn, um dann eine radikale *Gegenthese* zu formulieren: *Kunst ist nicht Kultur!* Gewiß: Kunst habe eine gewisse Tendenz zu Bildung, zu Erziehung, zu Kultur, aber nur, weil sie das alles eben nicht sei: „Die Welt des Kulturträgers" – so Benn wörtlich – „besteht aus Humus, Gartenerde, er verarbeitet, pflegt, baut aus, wird hinweisen auf Kunst, sie anbringen, einlaufen lassen, Kurse, Lehrgänge für sie einrichten, er glaubt an die Geschichte, er ist Positivist. Der Kunstträger (dagegen) ist statistisch asozial, weiß kaum etwas von vor ihm und nach ihm, lebt nur seinem inneren Material, für das sammelt er Eindrücke in sich hinein, zieht sie nach innen, so tief nach innen, bis es sein Material berührt, unruhig macht, zu Entladungen treibt. Er ist uninteressiert an Verbreiterung, Flächenwirkung, Aufnahmesteigerung, an Kultur."

Oder soll die Dichtung in medizinischer Hinsicht vielleicht das Leben bessern, trösten, heilen? Es gäbe ja viele, meint Gottfried Benn, die das bejahten: Musik für Geisteskranke und Verinnerlichung durch Rilke bei Fastenkuren. Dagegen aber stehen das Wort Kierkegaards: „Die Wahrheit siegt nur durch Leiden"; dagegen Goethes Satz: „Leiden lernte ich viel". Dagegen Schopenhauer und Nietzsche, die als Maßstab für den individuellen Rang des Künstlers den Grad und die Fähigkeit zu leiden ansahen. Ja, sei es gerade nicht die Aufgabe des Dichters, diese höhere Wahrheit von der *Unversöhntheit von Kunst und Kultur* zu bewahren?

Höhere Wahrheit als Programm im Munde eines Gottfried Benn? Das läßt aufhorchen. Benn aber läßt den bezeichnenden Satz folgen, der blitzartig bewußt macht, worum es ihm geistig geht: „Ich kann mir einen Schöpfer nicht vorstellen, der das, was im Sinne unseres Themas bessern heißen könnte, als Besserung betrachtete. Er würde doch sagen: Was denken sich diese Leute, ich erhalte sie durch Elend und Tod, damit sie menschenwürdig werden, und sie weichen schon wieder aus durch Pillen und Fencheltee und wollen vergnügt sein und auf Omnibusreisen gehen." Nein: *wer dichte,* meint Benn, *stehe doch gegen die ganze Welt.* Wer dichte, lebe in einer *erbarmungslosen Leere,* unablenkbar flögen da die Pfeile, es sei kalt, tiefblau. Da gelten nur Strahlen, da gelten nur die höchsten Sphären, und das Menschliche zähle nicht dazu. In dieser Sphäre entstehe die Dichtung. Dichtung sei monologische Kunst!

Der Weg, den Gottfried Benn bis dahin gegangen war, macht ihn zum Repräsentanten eines von Nietzsche, Darwin und Spengler inspirierten Schöpfungs- und Geschichtspessimismus. Niemand hat dies in der Lyrik des 20. Jahrhunderts so kongenial in Sprache umgesetzt wie dieser Pfarrersohn aus Mansfeld an der Oder (1886–1956). Und zwar von Anfang seines literarischen Wirkens an, als Benn, gelernter Arzt für Haut- und Geschlechtskrankheiten, die ersten lyrischen Stoffe aus seinem unmittelbaren Lebensbereich bezieht: Krankenhaus, Leichenschauhaus und Krebsbaracke:

„Die Krone der Schöpfung, das Schwein, der Mensch –:
geht doch mit anderen Tieren um!
Mit siebzehn Jahren Filzläuse,
zwischen üblen Schnauzen hin und her,
Darmkrankheiten und Alimente,
Weiber und Infusorien,
mit 40 fängt die Blase an zu laufen –:
meint ihr, um solch Geknolle wuchs die Erde
von Sonne bis zum Mond –? Was kläfft ihr denn?"[4]

Das war Benns Überzeugung: Eine unbegreifliche Schöpferlaune hat den Menschen ausgespien, zu nichts bestimmt als zu baldigem Zerfall. Der Mensch ist nicht der siegreiche Matador des Daseinskampfes, und die Natur verfährt nicht so zweckmäßig und mechanisch, wie es Darwin dargestellt hatte. Natur ist willkürlich, spontan, chaotisch-schöpferisch. Gegen Darwins zielgerichtete, vernünftige Evolutionsordnung, diese merkwürdige Umkehr des Mythos von der Vertreibung aus dem Paradies durch Verbannung des Schöpfers aus der Natur, will Gottfried Benn eine „Bresche in das naturwissenschaftliche Prinzip" schlagen, wie er schon in seinem Aufsatz „Das moderne Ich" von 1920 betont (III, 575). Und später im „Roman des Phänotyps" (1944): „Die astrale Ordnung, in der wir leben, ist eine Ausnahme. Der Gesamtcharakter der Welt ist dagegen in alle Ewigkeit Chaos. Von unserer Vernunft aus geurteilt, sind die verunglückten Würfe weitaus die Regel. Es, das All, hat auch keinen Selbsterhaltungstrieb und überhaupt keinen Trieb, es kennt auch keine Gesetze; da ist keiner, der befiehlt oder gehorcht, keiner, der übertritt" (V, 1339).

Verlust des Metaphysischen also als Grunderfahrung Gottfried Benns. Welche *Konsequenzen* hatte dies *für die Kunst?* 1934 schreibt Benn in einer seiner autobiographischen Schriften „Lebensweg eines Intellektuellen" mit Anspielung auf den Ersten Weltkrieg: „Zerfetzt der innere Mensch, zerfetzter als je der äußere von Würmern und Granaten: faulig, sauer, vergast, im Gepäcknetz noch einige oxydierte Stichworte." Und dann fällt der Satz, der für uns entscheidend ist – und zwar erstmals bei Gottfried Benn: „Die Götter tot, die Kreuz- und die Weingötter, mehr als tot: schlechtes Stilprinzip, wenn man religiös wird, erweicht der Ausdruck" (VIII, 1908).

Daß „Gott", genauer: die Verwendung des Wortes Gott als Spitzenaussage eines literarischen Textes, prinzipiell „schlechter Stil" sei, dieses Diktum ist allen in die Knochen gefahren, die heute aus theologischer Perspektive auf literarische Texte zugehen. Eine bemerkenswerte *Variante neuzeitlicher Religionskritik* liegt hier vor uns: nicht die sozialpolitische, rationalistische, psychologische, sondern die *ästhetische, literarische Religionskritik.* Ihre Schärfe und Unnachsichtigkeit gewinnt sie aus der Einsicht: Mit „Gott", d. h. mit religiösen Überzeugungen, mit kirchlicher Gläubigkeit ist gute Poesie nicht zu machen. Das fromme Gemüt, die gläubige Bindung? Sie ist der Feind guten Stils, der Verlust großer Literatur. Die Gläubigkeit? Sie „erweicht" den Ausdruck! Es kommt zu „Stilentspannung", „Konformismus", wie Benn im gleichen Zusammenhang später formulieren wird (VIII, 2026). Der Künstler aber steht, Benn zufolge, gegen die ganze Welt. Er lebt in einer erbarmungslosen Leere, was den Umkehrschluß erlaubt: Wer gläubig ist – im religiösen, kirchlichen Sinn –, hat sich bereits über die Erbarmungslosigkeit der Welt hinweggetröstet, hat es sich warm und gemütlich gemacht, hat sich eine Geborgenheit verschafft, deren literarisches Äquivalent dann die Erbauungsliteratur ist. Gut gemeint, ja, aber „gut gemeint" ist ja – ebenfalls ein Wort von Benn – das Gegenteil von gut.

Die Alternative? Benns Antwort: Die *Kunst* ist die heute noch *einzig mögliche Form von Transzendenz.* Prägnant hat Benn dies in einem Statement aus dem Jahre 1931 zum Ausdruck gebracht, als er auf eine Rundfrage von Harald Bauer zum Thema „Dichterglaube. Stimmen religiösen Erlebens" (mit dabei: Döblin, Barlach, Claudel, Hesse, Th. Mann, R. Rolland, E. Toller u. a.), antwortete:

> „Da meine Väter über hundert Jahre zurück evangelische Geistliche waren, durchdrang das Religiöse meine Jugend ganz ausschließlich. Mein Vater, jetzt emeritiert, war ein ungewöhnlicher Mann: orthodox, vielleicht nicht im Sinne der Kirche, aber als Persönlichkeit; heroisch in der Lehre, heroisch wie ein Prophet des Alten Testaments, von großer individueller Macht wie Pfarrer Sang aus dem Drama von Björnson, das man in meiner Jugend spielte: Über die Kraft.
>
> So gewiß ich mich früh von den Problemen des Dogmas, der Lehre der Glaubensgemeinschaft entfernte, da mich nur die Probleme der Gestaltung, des Wortes, des Dichterischen bewegten, so gewiß habe ich die Atmosphäre meines Vaterhauses bis heute nicht verloren: in dem *Fanatismus zur Transzendenz*, in der Unbeirrbarkeit, jeden Materialismus historischer oder psychologischer Art als unzulänglich für die Erfassung und Darstellung des Lebens abzulehnen. Aber ich sehe diese *Transzendenz ins Artistische gewendet*, als Philosophie, als Metaphysik der Kunst. *Ich sehe die Kunst die Religion dem Range nach verdrängen.* Innerhalb des allgemeinen europäischen Nihilismus, innerhalb des Nihilismus aller Werte, erblicke ich keine andere Transcendenz als die Transzendenz der schöpferischen Lust.
>
> Ob die evangelische Kirche noch einmal die Macht gewinnt, das menschliche Sein, statt es zu verengen, es streng und unduldsam zu machen, zu einer großen geistigen Entfaltung zu bewegen, übersehe ich nicht. Ich sehe eigentlich mehr, daß die Religionen der Götter zu nichte gehn, während der Sozialismus längst nicht alle Tränen trocknet, und daß *nur die Kunst* bestehen bleibt als die eigentliche Aufgabe des Lebens, seine Idealität, seine metaphysische Tätigkeit, zu der es uns verpflichtet."[5]

Bemerkenswert an diesem Text ist viererlei:
1. Der *individualbiographische Ansatz* mit einer doppelten Nuancierung: Respekt vor der „Persönlichkeit" des Pfarrer-Vaters (Stichworte: heroisch, prophetisch, machtvoll) einerseits

und doch andererseits die Anwendung psychologischer Aufklärung auf den eigenen Fall. Religion ist für Benn Sache der „Vergangenheit", der „Jugend". Für den Erwachsenen ist Religion ein für allemal abgetan. Warum? Weil wir jetzt im Zeitalter des europäischen Nihilismus aller Werte leben.

2. Aus der religiösen Vergangenheit („Atmosphäre meines Vaterhauses") hinübergerettet ist die *Absage an jede Form von Materialismus*. Er ist unbrauchbar „für die Erfassung und Darstellung des Lebens".

3. Erhalten geblieben ist ebenfalls ein *„Fanatismus zur Transzendenz"*, jetzt aber ganz unreligiös verstanden als Vollzug artistischer Kreativität, als schöpferische Lust. Transzendent ist Kunst insofern, als sie die Gestaltung des Ungestalteten, die Formgebung des Amorphen leistet und so zur *Entbanalisierung* des Lebens beiträgt. Jedes Gedicht ist ein solcher Akt der Transzendenz, ein Transzendieren freilich ohne Transzendenz!

4. Benn wagt eine Prognose für die *Zukunft:* Während Religionen und auch der Sozialismus ihre Kraft verlieren werden, wird diese Art von Kunst die Religion ersetzen. Nur die Kunst bleibt und verpflichtet.

2. Wider die Vermischung von Literatur und Bekenntnis: Bert Brecht

Am 14. August 1943 versammelt sich in einem kleinen Theater in Santa Monica bei Los Angeles die in diesem Raum ansässige künstlerische Prominenz des deutschen Exils. Heinrich und Thomas Mann sind anwesend, Bert Brecht mit Helene Weigel, Hanns Eisler, Arnold Schönberg, Fritz Kortner ... Man will den 65. Geburtstag von Alfred Döblin feiern. Döblin selber war drei Jahre zuvor nach einer nervenzehrenden Flucht durch Südfrankreich nach Nordamerika gelangt und war von den Exilgenossen so gut es ging untergebracht und versorgt worden. Eines aber hatte der Jude Döblin, Autor des berühmten Romans „Berlin Alexanderplatz" (1929), seinen Freunden und Gefährten bis dahin verschwiegen: Auf der Flucht vor den Nazis, in einer Situation schwerster psychischer und physischer Zerrüttung, war es in der südfranzösischen Kathedrale von

Mende zu einer tiefen Begegnung mit dem Gekreuzigten gekommen. Das war am 25. Juni 1940 gewesen, und Döblin berichtet selber davon in seinem autobiographischen Buch „Schicksalsreise"[6]. In Kalifornien angekommen, hatte er mit ernsthaften theologischen Studien begonnen und sich von benachbarten Jesuiten über die katholische Kirche informieren lassen. Am 30. November 1941 hatte sich der Jude Alfred Döblin in einer katholischen Kirche in Hollywood der Taufe unterzogen.

Anderthalb Jahre später, an diesem 14. August 1943, anläßlich seines 65. *Geburtstags*, sieht Döblin offenbar die Gelegenheit für gekommen, seine neuen religiösen Überzeugungen nun auch öffentlich kundzutun. Nachdem Heinrich Mann seine Rede gehalten, nachdem so berühmte Schauspieler wie Fritz Kortner und Peter Lorre Texte von Döblin vorgetragen hatten, ja, nachdem sogar Berliner Chansons erklungen waren, trat Döblin selber auf die Bühne. Seine Rede ist im Wortlaut nicht überliefert. Aber was er sagte, muß bei manchen Zuhörern eine solche Empörung verursacht haben, daß sie teilweise noch unmittelbar nach der Feier zur Feder griffen, um dieses Ereignis kommentierend festzuhalten. Einer dieser Erregten war *Bert Brecht*, dessen Frau Helene Weigel diese Feier organisiert hatte. Nach Hause zurückgekehrt, trägt Brecht noch am selben Tag in sein „Arbeitsjournal" ein: „Und am Schluß hielt Döblin eine Rede gegen moralischen Relativismus und für feste Maße religiöser Art, womit er die irreligiösen Gefühle der meisten Feiernden verletzte."[7] Und kurze Zeit später schreibt Brecht das Gedicht „Peinlicher Vorfall".

„Als einer meiner höchsten Götter seinen 10.000. Geburtstag beging
Kam ich mit meinen Freunden und meinen Schülern, ihn zu feiern
Und sie tanzeten und sangen vor ihm und sagten Geschriebenes auf.
Die Stimmung war gerührt. Das Fest nahte seinem Ende.
Da betrat der gefeierte Gott die Plattform, die den Künstlern gehört
Und erklärte mit lauter Stimme
Vor meinen schweißgebadeten Freunden und Schülern
Daß er soeben eine Erleuchtung erlitten habe und nunmehr

Religiös geworden sei und mit unziemlicher Hast
Setzte er sich herausfordernd einen mottenzerfressenen Pfaffenhut
auf
Ging unzüchtig auf die Knie nieder und stimmte
Schamlos ein freches Kirchenlied an, so die irreligiösen Gefühle
Seiner Zuhörer verletzend, unter denen
Jugendliche waren.

Seit drei Tagen
habe ich nicht gewagt, meinen Freunden und Schülern
unter die Augen zu treten, so
Schäme ich mich" (X, 861f).[8]

Diese Reaktion Brechts ist symptomatisch für den Zustand der
Entfremdung von Religion und Literatur:
1. Die Sprache, in die Brecht seine Verachtung für den soeben
erlebten Vorgang kleidet, ist bezeichnend für den *Säkularisierungsprozeß religiöser Sprache*, der hier an sein Ende gekommen
zu sein scheint. Parodie, Satire und eine ironische Umkehr der
Perspektiven sind die Mittel stilistischer Selbstinszenierung.
Denn religiöse, biblische Sprachspuren („und sie tanzeten und
sangen") dienen zu nichts mehr als der ironischen Überhöhung
des Gefeierten, dessen Entzauberung in Form einer Selbstent-
hüllung nur um so ernüchternder wirken muß. *Religiöse Sprache* ist also in diesem Text nur noch als *Mittel parodistischer
Verspottung* („ging unzüchtig auf die Knie nieder") und satiri-
scher Entlarvung („mottenzerfressener Pfaffenhut") präsent:
Eigenentlarvung von Religion durch religiöse Sprache.
2. Für seine eigenen Interessen bedient sich Brecht raffiniert
einer *Strategie der Umkehr*. Religiöses Vokabular wird von ihm
für die eigene irreligiöse Position in Dienst genommen. Denn
während religiös besetzte Worte wie „Erleuchtung" oder die
religiöse Überzeugung Döblins in den Augen Brechts den Charakter des Frivolen und Unanständigen bekommen, reklamiert
Brecht für seine Irreligiosität genau das, was vorher Reservat
des Religiösen war: tiefes Gefühl, ja Scham. Das öffentliche
religiöse Bekenntnis verletzt die Gefühle der irreligiösen Zuhö-
rergemeinde, wobei die Anspielung auf die „Jugendlichen"
ebenfalls eine raffinierte Parodie auf den von gläubigen Mora-
listen in der Regel verteidigten Jugendschutzparagraphen ist.

Das ist die neue Situation: Während der Irreligiöse schamhaft schweigt, biedert sich der Religiöse schamlos und unzüchtig an. Irreligiöse Keuschheit steht gegen eine Art religiöser Pornographie.

3. Der Text stellt sich im Unterschied zu Gottfried Benn zunächst nicht in die Tradition der ästhetischen Religionskritik, sondern in die Tradition der *psychopathologischen Ideologiekritik*. Der Gedichttext deutet dies nur an, indem er davon redet, daß der Gefeierte unzüchtig „auf die Knie" niedergefallen sei. In seinem „Arbeitsjournal" redet Brecht Klartext. Weit davon entfernt, Döblins neue Einstellung ernst zu nehmen, nach philosophischen Voraussetzungen oder vorgängiger intellektueller Auseinandersetzung zu fragen, kann Brecht diesen Vorgang nur individualpathologisch deuten. Ein „fatales Gefühl" habe die „rationaleren Zuhörer" ergriffen, etwas von dem Entsetzen über einen „Mitgefangenen, der den Folterungen erlegen" sei und nun „aussage", notiert er sich ebenfalls in sein Journal. Tatsächlich hätten ja auch „besonders harte Schläge Döblin niedergeworfen: der Verlust zweier Söhne in Frankreich, die Undruckbarkeit eines 2400-Seiten-Epos, angina pectoris (die große Bekehrerin) und das Leben mit einer ungewöhnlich dummen und spießigen Frau". Anders gesagt: Mit Döblin hat wieder einmal jemand vor dem Kreuz kapituliert. *Religion* ist als *Ausdruck von Schwäche* durchschaut, einer Schwäche, die aus der Lebensangst kommt. Wer religiös ist, ist mit seinen Lebenskrisen nicht fertig geworden; er ist den Strapazen des Lebens erlegen.

4. Der Text spiegelt schließlich die Spätfolgen einer *fatalen Entfremdungsgeschichte von Literatur und Religion*. Die Anspielung auf die „Plattform", d. h. die Bühne des Theaters, macht dies überdeutlich. Denn diese Plattform gehört den Künstlern, nicht den Pfaffen oder den Gefolgsleuten von Pfaffen. Mit seinem religiösen Bekenntnis an *dieser* Stelle hat Döblin die Spielregeln verletzt, hat er die Bühne mit einer Kanzel verwechselt, hat das Theater zu einer Kirche umfunktioniert und damit auf herausfordernde Weise das wieder vermischt, was seit der Aufklärung immer stärker getrennt war: Kunst und Religion. Daher die Erregung Brechts: Ein großer Künstler wie Döblin hat, indem er religiös geworden ist, die

Kunst verraten und hat seine Zuhörer getäuscht. Er hat den Raum der Kunst dazu mißbraucht, religiöse Propaganda zu inszenieren. Aus dem zuvor „gefeierten Gott" ist jetzt ein verachtenswerter Pfaffenknecht geworden. Und an dieser Stelle reiht sich dann auch Brecht ein in die Tradition der ästhetischen Religionskritik. Ihr Spitzensatz lautet: *Wer religiös geworden ist, scheidet als ernstzunehmender Künstler aus.*

3. Im Namen Gottes wider die Kunst: der Fall Hermann Hesse

Aber es gibt nicht nur die Tradition der ästhetischen Religionskritik, die im 19. Jahrhundert bereits von Heine virtuos praktiziert worden war, wovon wir im nächsten Kapitel mehr hören werden. Älter ist noch die religiös fundierte Kritik an der Kunst, die schon bei den Kirchenvätern der alten Kirche (Tertullian, Augustin, Hieronymus) vehement betrieben wurde. Diese Kritik ist im Prozeß der Geschichte zu Topoi geronnen: Die Dichtung ist im Gegensatz zur christlichen Offenbarung nichts als zweifelhafte menschliche Erfindung; die Dichter lügen. Die Darstellung von Gott und Mensch ist in der Dichtung ethisch verwerflich; sie verdirbt die Jugend, weil sie – am Sinnlichen orientiert – niedrige Begierden weckt und nährt. Und in der Tat ist die Literatur bis ins 20. Jahrhundert hinein oft als frevelhafte Einmischung in die religiöse Sphäre, gar als Blasphemie angesehen worden, gegen die sich die institutionalisierte Religion zur Wehr setzen muß: Christliche Theologen haben literarische Texte nicht selten als „fromme Unverschämtheiten" (Karl Barth gegen Rilke[9]) bezeichnet, als ein „Panorama des Bösen" (W. Grenzmann über die Literatur des 20. Jahrhunderts[10]).

Die theologische Kritik an der Ästhetik aber hatte bereits bei dem Dänen Sören *Kierkegaard* einen Höhepunkt gefunden. Kunst – das ist unverbindliches Spiel ohne existentiellen Ernst, Ästhetentum ohne Ethos, Poesie ohne Wahrheitsanspruch. Dem Christ in der Nachfolge des Gekreuzigten ist dies alles zutiefst fremd. Aber gerade der Fall Kierkegaard offenbarte die bleibende Zwiespältigkeit dieser theologischen Ästhetikkritik. Denn der Vorwurf des Christen Kierkegaard an die Kunst wird selber noch einmal auf artistisch hochreflektierte und rhetorisch glänzende Weise vorgetragen. An zwei Testfällen wollen wir uns die Fortsetzung dieser Kritiklinie im 20. Jahrhundert vergegenwärtigen: an Hermann Hesse und Reinhold Schneider, von denen wir im Verlauf dieses Buches noch mehr hören werden.

Seit Oktober 1895 ist *Hermann Hesse* nun schon in Tübingen. Er arbeitet als Sortimentsgehilfe bei der Buchhandlung Hekkenhauer und bewohnt eine Mansarde in der Herrenbergerstraße 28. Der seit vielen Jahren betriebene Briefwechsel mit den Eltern im heimatlichen Calw geht weiter. Johannes und Marie Hesse, beide tief verwurzelt in pietistisch-protestantischer Missionstradition, erwarten von ihrem 18jährigen Sohn genauen Bericht über sein Leben und die genaue Einhaltung von Verhaltensregeln. Sie hatten Sorgen genug gehabt mit ihrem Zögling bis dahin, der so gar nicht nach der Art frommer Missionsleut' ausgeschlagen war. Im Gegenteil. Der 18jährige fühlt sich zur Literatur hingezogen, ja schriftstellert selber. Lessing, Goethe und Schiller, Heine und Platen gehören zu seiner Lektüre. Ein erstes Gedicht erscheint im „Deutschen Dichterheim", Wien...

Zwei Jahre lebt er also nun schon in Tübingen. Ein Chopin-Gedicht entsteht, schwülstig-pubertär: „Chopins grande valse", das so beginnt:

> „Ein kerzenheller Saal
> Und Sporengeläute und Tressengold!
> In meinen Pulsen klingt das Blut.
> Mein Mädchen gib mir den Pokal, –
> Und nun zum Tanz! Der Walzer tollt.
> Erhitzt vom Wein mein Brausemut
> Nach aller *ungenoss'nen Lust* begehrt."[11]

Kein Wunder, daß Hesse, als er dieses Gedicht an die Eltern schickt, nur sehr zurückhaltende Kommentare bekommt und statt dessen den Hinweis auf eine Gedichtsammlung unter dem Titel: „Von Gott zu Gott. Lieder einer Volksdichterin im Schweizerland", verfaßt von Frau Regula Erb aus Männedorf. Im Antwortbrief nach Calw vom September 1897 nimmt der

18jährige Tübinger dieses zum Anlaß einer spitzen Bemerkung über religiöse Lyrik:

„Gott sei mit der Kunst, wenn sogar die Schweizer beginnen, Volksdichterinnen zu entdecken! Diese Branche blüht ja zur Zeit. Und gar religiöse Lyrik! Das heikelste und im ganzen trostloseste Gebiet, das ich kenne. Je lyrischer, desto weniger fromm – und umgekehrt! Dieser Gattung ist von den Herrnhutern doch eigentlich der Hals abgedreht worden. Verzeiht! Aber die religiöse und speziell nichtkirchlich, protestantisch, pietistisch religiöse Lyrik ist von Anbeginn etwas Tragikomisches – was mit den Perlen der Gerhardt und Claudius gar nicht im Widerspruch zu stehen braucht... Daß Euch mein Chopinlied nicht zusagt, begreife ich. Es ist nichts Berühmtes. Aber was für Nietzsche Wagner war, ist für mich Chopin – oder noch mehr. Mit diesen warmen, lebendigen Melodien, mit dieser pikanten, lasziven, nervösen Harmonie, mit dieser ganzen so ungemein intimen Musik Chopins hängt alles Wesentliche meines geistigen und seelischen Lebens zusammen."[12]

Die Mutter fühlt sich herausgefordert, will aber den Sohn nicht zurückstoßen: Er solle ruhig weiter seine Texte schicken, denn eine Mutter habe ja das Bedürfnis, in Gemüt und Gedankenwelt ihrer Kinder hineinzuschauen. Aber die Ermahnung erfolgt dann doch:

„Du urteilst sehr hart über fromme Lyrik. Aber es verdrießt mich nicht, und nimmt mir nicht, was ich genossen und – Gott sei Dank! – immer wieder so reichlich genieße. Für die Welt zum Bewundern sind ja solche Lieder nicht gedichtet worden, sondern der Mund ging über, wovon das Herz voll war, und die gottgeweihten Klänge sind für die, die als Pilger und Fremdlinge hier weilen und an dem, was die Welt von Kunst und Weisheit hat, einmal eben durchaus nicht satt werden können, Melodien aus der Heimat. Was Gerhardt, Tersteegen, Arnold, Claudius, Hiller, Richter, Spitta, Woltersdorf und Zinzendorf gesungen, mag's oft etwas mangelhaft im Ausdruck und der Form sein, es ist tägliches Manna meiner Seele.
Wenn man einmal droben das Lied Mosis und des Lammes singt, dann hoffe auch ich mit neuer Zunge einzustimmen. O was wird das herrlich sein! Einstweilen kann ich mich freuen an einfachen

Liedlein, die Gotteskinder stammeln. Ich glaube auch ganz gewiß, daß Gerhardts und Tersteegens Lieder tausendmal mehr Gutes in der Welt ausgerichtet haben als Goethes, Schillers und Shakespeares Werke, wiewohl ich diese auch hoch schätze als gute Gaben Gottes."[13]

Ein bemerkenswerter Text aus der Welt christlicher Frömmigkeit. So wie Brechts Arbeitsjournal-Notiz und Gelegenheits-Gedicht Niederschlag der Spätfolgen der kulturellen Dichotomie von Literatur und Religion sind, so ist diese schlichte Briefstelle der Marie Hesse das seltene Dokument einer *Dichotomie von Religion und Literatur,* ja, das Zeugnis eines jahrhundertealten Selbstbewußtseins des Gottgläubigen allen Produkten nichtreligiöser Kunst gegenüber. Verschiedene Aspekte kommen auch hier zusammen:
1. Die *Grundhaltung,* die hinter diesem Text steht, wird nur begreiflich, wenn man von einer *Zweiteilung dieser Welt* ausgeht, und zwar von einem Raum der Gotteskinder und der Pilger, einem Raum der Seele und der gottgewollten Klänge, *sowie* von einem Raum der Kunst und Weltweisheit, wo Kunstprodukte „zum Bewundern" geschaffen wurden. Ausdrücklich heißt es, diese Produkte könnten nicht satt machen! Die Welt ist also immanent geteilt in zwei Bereiche, den Bereich der Gotteskindschaft und den der Weltweisheit. Und die Welt ist überdies geteilt zwischen oben und unten, zwischen einer Heimstätte hier und der eigentlichen Heimat „drüben".
2. Das Selbstbewußtsein hinter diesem Brief erklärt sich aus der *Grundentscheidung,* daß für den Menschen alles auf die zweite, transzendente Welt ankommt, zu der jeder Mensch unterwegs sei. Denn die eigentliche Herrlichkeit erwartet den Menschen „droben", die eigentlichen Lieder sind die Lieder des „Mosis" und des „Lammes". Menschen sind hier und jetzt buchstäblich nichts als „Fremde" und „Pilger" auf dem Weg zum Jenseits. Hat man diese Grundentscheidung mitvollzogen, versteht man auch
3. *die Rolle, die der Kunst zugewiesen wird.* Kunst kann keinen Wert „in sich" haben, weil nichts auf der Welt einen Wert „in sich" hat. Kunst hat wie alles eine *„Gebrauchsfunktion".* Sie ist Gabe Gottes, die zu nichts anderem zu funktionieren

braucht als zur Bestärkung, Illustrierung und Einschärfung des eigentlichen Heimatgefühls. Kunst ist Mittel zum Zweck, vor allem Wegzehrung auf der Pilgerfahrt des frommen Christenmenschen. Daher die biblische Anspielung auf das Manna, das schon den Israeliten auf ihrem Gang durch die Wüste Stärkung bedeutete. Für die Kunst braucht es deshalb keinen großen Aufwand, eben gar nichts Angestrengtes, Großartiges, Bewundernswürdiges. Sie kann sogar „mangelhaft in Ausdruck und Form" sein. Es genügt ein frommes Herz, dann geht einem der Mund über; es genügen die „einfachen Liedlein, die Gotteskinder stammeln". Anders gesagt: *Vor Gott,* angesichts der eigentlichen Bestimmung des Menschen, *ist die Kunst radikal relativiert.*

4. Nur von dieser tiefgläubigen Überzeugung her, daß alles hier auf Erden coram deo zu relativieren sei, wird die Souveränität, ja selbstverständliche Kühnheit begreiflich, daß diese einfache Frau mit einem einzigen lapidaren Satz die schlichten christlichen Erbauungslieder eines Paul Gerhardt und Gerhard Tersteegen gegen die Werke Goethes, Schillers und Shakespeares ausspielen kann. Was sind Goethe, Schiller und Shakespeare gegen die ergreifende Schlichtheit und unverrückbare Wahrheit von „O Haupt voll Blut und Wunden" (P. Gerhardt 1656) oder „Jauchzet ihr Himmel, frohlocket ihr Engel in Chören" (G. Tersteegen 1731)? Und um ihre Überzeugung provozierend auf den Punkt zu bringen, formuliert diese Calwer Missionarstochter: „Tausendmal mehr Gutes" sei durch diese Lieder ausgerichtet worden als durch die Werke der großen Drei. Auf eine Formel gebracht, kann die Aussage zum Verhältnis von Kunst und Religion nicht konträrer sein. War für Lyriker wie Benn und Brecht Gott entweder „ein schlechtes Stilprinzip" oder die Gläubigkeit eines Künstlers der Feind guter Literatur, so ist für Gläubige *guter Stil prinzipiell irrelevant und die Kunst Bedrohung tiefer Gläubigkeit.*

Es nützte Hermann Hesse nichts, daß er sich im nächsten Brief nach Calw verteidigte. Denn in den Augen der Mutter machte er die Sache noch schlimmer, als er schrieb: „Ich bin schlechterdings seit langem des festen Glaubens, daß die Moral für Künstler durch die Ästhetik *ersetzt* wird ... und daß die Kunst, die Dichtkunst voran, nicht dazu da ist, Gutes zu wirken im moralischen Sinn."[14] Die Probe aufs Exempel lieferte er dann in seiner ersten Prosaveröffentlichung: „Eine Stunde hinter Mitternacht" (1899), worin er eine „Fiebermuse" auftreten und alles aussprechen läßt, was der Einundzwanzigjährige an erotischen Phantasien gehabt haben mag. Marie Hesses schlimmste Befürchtungen hinsichtlich der moralisch fragwürdigen Funktion der nichtgläubigen Kunst wurden hier bestätigt. Direkt nach der Lektüre schreibt sie an ihren Sohn:

> „Ich habe es schnell durchgehastet und dann nachts nicht schlafen können. Die ‚Fiebermuse' meide als eine Schlange, sie ist dieselbe, die ins Paradies schlich und noch heute jedes Liebes- und Poesie-Paradies gründlich vergiften möchte. Von ihr sprach Gott zu Kain: ‚Laß du ihr nicht den Willen!' O mein Kind, fliehe sie, hasse sie, sie ist unrein und hat kein Anrecht auf dich, denn du bist Gottes Eigentum, Ihm in der Taufe und schon lange vorher von deinen Eltern ans Herz gelegt. Bete um ‚große Gedanken und ein reines Herz'. Mag die Form noch so schön sein – der edle Inhalt fehlt noch sehr. Halte dich keusch! Was vom Menschen ausgeht, vom Munde und noch mehr von der Feder, das verunreinigt ihn – hast du daran gedacht? ... Mein Herz empört sich gegen solches Gift. Es gibt eine Welt der Lüge, wo das Niedre, Tierische, Unreine für schön gilt. Es gibt ein Reich der Wahrheit, der Gerechtigkeit, des Friedens, das uns die Sünde als Sünde zeigt und hassen lehrt und uns einführt zur göttlichen Freiheit. Zu Hohem, Ewigem, Herrlichem ist der Mensch berufen – will er Staub lecken? Herzenskind, Gott helfe dir und segne dich und rette dich heraus!"[15]

Kunst als Bedrohung tiefer Gläubigkeit, als Bereich der Verkehrung der gottgewollten Ordnung, als Welt der Lüge und der Täuschung, als Raum der Perversion, wo das Niedrige gepriesen, das Tierische vergöttert, das Unreine für schön gehalten wird. Kierkegaards Ästhetik-Kritik hat hier unterstromartig Wirkungen gezeigt. Die Antithese zu Benn und Brecht lautet: *Den Christen in der Nachfolge des Gekreuzigten bleibt die Kunst etwas Fremdes.*

4. Von der Zwiespältigkeit aller Kunst: Reinhold Schneider

Diesen Problemzusammenhang können wir am Fall des Reinhold Schneider noch einmal vertiefen. Und wir holen damit am Ende dieses Durchgangs den Anfang wieder ein, den 15. November 1955, als im Kölner Funkhaus des Westdeutschen Rundfunks Gottfried Benn und Reinhold Schneider zu einem Rededuell angetreten waren. „Soll die Dichtung das Leben bessern?" Wir haben Gottfried Benns Position gehört: Kunst ist nicht Kultur. Wer dichtet, steht gegen die ganze Welt, lebt in einer erbarmungslosen Leere. Dichtung ist monologische Kunst...

Und *Reinhold Schneider,* der christliche Dichter?[16] Was hat er zu diesem Thema zu sagen? Wird er religiöse, humane und tröstliche Gedanken formulieren, die man in christlichen Kreisen von einem gläubigen Poeten erwartet? Wird er sich zum Verteidiger der Kultur aufschwingen und den Hohn eines Gottfried Benn in die Schranken weisen? Doch merkwürdig: Auch Reinhold Schneider stellt sich ebenfalls gleich zu Beginn seiner Ausführungen konsequent in die *Einsamkeitsgeschichte* großer Dichter hinein. Eduard Mörike? Theodor Storm? Litt ein jeder nicht an seiner „unheilbaren Wunde"? Wer könne sich denken – so Schneider –, daß Eduard Mörike die Verse seines kleinen Frühlingsgedichtes vor sich hingesprochen habe in der Absicht, das Leben zu bessern? Das sei ja absurd! Gewiß: Für Schneider besteht der größte Unterschied zu Benn darin, daß der christliche Autor das Gedicht in irgendeinem Sinne als „Antwort" begreife. Dichtung sei „die zur Gestaltung erhobene, an das Gemüt sich wendende Aussage oder Vergegenwärtigung eines Innern durch das Wort". Wenn nun dieses Innere aber erfüllt sei von der Überzeugung, daß Christus König und Erlöser ist, König in einem tief widerspruchsvollen Sinne, der keineswegs mit politischen Vorstellungen etwas zu tun habe, auch wenn sie klerikaltheologischer Prägung seien, dann entstehe vielleicht ein christliches Gedicht.

Merkwürdige Aussagen eines Mannes, den man gemeinhin für einen kirchenfesten Poeten hält. Merkwürdig überdies, wenn derselbe Mann gleich im nächsten Atemzug von *christlichen*

Dichtern redet, die ihre eigentümlichsten und vollendetsten literarischen Produkte gerade dann zu schaffen vermochten, wenn sie nicht direkt christlich hätten reden wollen. Annette von Droste-Hülshoff etwa. Seien ihre vollendetsten Gedichte nicht einem Bereich entstiegen, der von Christus kaum oder nur schwach durchlichtet gewesen sei, einer schwermutdurchwehten, zwielichtigen Wohnung unerlöster Toter, der Heide, dem Moor? Und Lenau? Habe er sein ganzes Leben nicht darum gerungen, das ungehobene Leid der Natur, dessen Sprecher er sein wollte, als Kreuz zu verstehen und dem Vogel auf dem Friedhofskreuze sein Leid nachzusingen? Und Brentano? Habe nicht seine betörende Melodie zu verstummen begonnen, als es zu einer christlichen Wende bei ihm gekommen sei? Nein, niemand war sich der Problematik einer christlichen Dichtung so bewußt wie Reinhold Schneider, und niemand hat diese unmögliche Möglichkeit, als Dichter und Glaubender zugleich zu leben, so durchlitten wie er: „Wir sollen uns doch nicht verbergen, daß eben das Christentum, die christliche Kunst und das christliche Leben ein Bereich des Scheiterns ist!"

Schon 1931 – in seiner vorchristlichen Phase (erst 1938 war er ausdrücklich zur Kirche zurückgekehrt) – hatte Schneider sich in sein Tagebuch notiert: „Im Grunde ist gar keine christliche Kunst möglich. Ein Kreuz aus zwei Stäben oder zwei Kohlenstriche auf der Wand müßten genügen."[17] Hier blitzt der gleiche Grundgedanke auf wie in der Ästhetikkritik pietistischer Provenienz: Das Kunstgebild darf nichts „für sich" sein, muß stets wegweisen von sich: auf das Eigentliche, Entscheidende. *Die Kargheit der Form ist nur Ausweis der Stellvertretung für etwas anderes.* Das Kunstwerk ist nichts als ein Zeichen, das das Bedeutete nicht bedeutet.

Radikal aber brach der *Widerstreit zwischen Kunst und Religion* in Schneider auf, als er ab 1938 sich bewußt wieder an die Lehre der Kirche band. Es war der „Zweifel Kierkegaards", der ihm nach eigenen Aussagen in den Knochen steckte und den er nicht losbekam. Und immer bohrender und radikaler fragte er sich: „Was soll das Spiel vor dem letzten Ernst? Wo ist im Evangelium, in der ganzen Heiligen Schrift ein einziger einigermaßen zureichender Satz, auf dem die Kunst sich gründen kann? Wir wissen von den Gaben des Geistes, die wir verwalten sollen, ein jeder nach seinem Auftrag und Maß. Aber die Kunst? Die Verwandlung ins Gebild? In den Schein? Die Täuschung? Und das unabtrennbare Verlangen nach Beifall dahinter, der doch immer etwas Dämonisches und Dämonisierendes hat ...? Möge ein jeder sehen, wie er sich diese Fragen beantworten kann ... Wir müssen uns doch klar sein, daß Kultur kein Anliegen des Christentums ist. Sein Anliegen ist das ewige Leben aller, das hier beginnt, jetzt in diesem Augenblick; das vom Tod gebeugt, aber nicht gebrochen wird."[18]

Noch einmal also die Gegenthese zu Brecht und Benn: Der These, daß der Künstler, der religiös geworden sei, die Kunst verrate, steht die radikale *Gegenthese* gegenüber: *Der Mensch, der Künstler wird, ist in Gefahr, Gott zu verraten, die Kunst zu seinem Gott zu machen.* Gott ein schlechtes Stilprinzip? Diesem Spitzensatz der ästhetischen Religionskritik stellt die religiöse Ästhetikkritik den spitzen Anti-Satz entgegen: *Die Kunst scheint ein schlechtes Glaubensprinzip.*

Vor diesem Horizont wollen wir uns jetzt auf die Spurensuche machen, um an neun konkreten Fallbeispielen das Spannungsverhältnis von Kunst und Religion, Literatur und Glauben zu exemplifizieren. Dabei sollen zunächst die Schriftsteller ausreden können. Unglaubwürdig macht sich eine Theologie, die den Schriftstellern ständig ins Wort fällt, bevor sie das Eigene haben sagen können. Zunächst also geht es darum, den Dichtern zuzuhören, sich zu öffnen für das, was sie zu sagen haben, und möglichst nah am Text ihre Gedankenlinien nachzuzeichnen. Danach erst, am Ende des Buches, will ich als Theologe einen Versuch machen, die Herausforderung der Literatur anzunehmen und mit den eigenen Gotteserfahrungen zu konfrontieren. Das Schlüsselwort am Ende wird lauten: „Theopoetik". Das erkenntnisleitende Interesse wird sein, herauszufinden: Gibt es von der Literatur des 20. Jahrhunderts her Stilkriterien der glaubwürdigen Rede von Gott? Kann die Theologie aus der Literatur Kriterien entnehmen, die ihr eigenes Reden von Gott erschweren oder erleichtern? Gibt es eine Möglichkeit für die christliche Theologie, die ja Rechenschaft abzulegen hat über die Offenbarung Gottes im Ereignis „Jesus Christus", von den Poeten her so etwas wie eine Stillehre des heute angemessenen Redens von Gott zu entwickeln? Denn das verbirgt sich hinter dem Wort „Theopoetik": nicht die Suche nach einer anderen Theologie, nicht die Ersetzung des Gottes Jesu Christi durch den Gott verschiedener Poeten, sondern die Frage nach einer *Stillehre des heute adäquaten Redens von Gott*. Erst am Ende wird zu beurteilen sein, ob dieser Versuch gelingt.

II. HEINRICH HEINE UND DIE DOPPEL-GESICHTIGKEIT ALLER RELIGION

Er begrüßt das Land, in das er im April 1827 fährt, als „Land der Freiheit". Sein Buch mit dem zweiten Teil der „Reisebilder" war soeben erschienen, er hatte 1822 seine „Gedichte", 1823 seine „Tragödien" („Almansor" darunter) veröffentlicht und war mit 31 Jahren bereits ein in Deutschland beachteter Autor. Hier in diesem Land interessiert er sich für die Theater ebenso wie für die Docks, für die feinen Salons genauso wie für die Gefängnisse, für das Finanzwesen ebenso wie für Parteien und das Parlament. Als er dieses Land aber vier Monate später wieder verläßt, steht für ihn fest: Es ist „nur ein Schauplatz der Verwirrung und Widersprüche", dieses Land: „Überreichtum und Misere, Orthodoxie und Unglauben, Freiheit und Knechtschaft, Grausamkeit und Milde, Ehrlichkeit und Gaunerei, diese Gegensätze in ihren tollsten Extremen, darüber der graue Nebelhimmel, von allen Seiten summende Maschinen, Zahlen, Gaslichter, Schornsteine, Zeitungen, Porterkrüge, geschlossene Mäuler, alles dieses hängt so zusammen, daß wir uns keins ohne das andere denken können" (III, 547).[1]

Das Land, in das Heinrich Heine (1797–1856) fuhr, war *England* gewesen.[2] Und das, *was* er beobachtet und *wie* er beobachtet, wird auch künftig typisch für ihn sein. England: ein Land der Freiheit, ja, aber ein Land der Gerechtigkeit? Kaum! Zu sehr empört ihn die englische „Nobility", diese „Wesen höherer Art, die das kleine England nur als ihr Absteigequartier, Italien als ihren Sommergarten, Paris als ihren Gesellschaftssaal, ja die ganze Welt als ihr Eigentum betrachten" (III, 542). Größer konnte für ihn die Diskrepanz nicht sein zwischen den Palästen auf der einen und dem Elend der Vielen auf der anderen Seite, zwischen den Lords und dem „Menschengewühl", auf das jene „gleichgültig vornehm" herabschauen. Welch ein *Unterschied doch zu Frankreich* und den „Freiheitsgrundsätzen der Französischen Revolution", die Englands hoher Adel im Verein mit der hohen Kirche bekämpft habe. Welch ein Unterschied zwischen Wellington, dem Vollstreckungsgehilfen der herrschenden Klasse Englands, und Napoleon Bonaparte, dem Erben und Vollender der Französischen Revolution! Waterloo: Welch ein Sieg der „Dummheit über das Genie" (III, 590). Nein: vorbei die Zeit, „daß England der Zufluchtsort für freie Geister war, wenn der Despotismus den ganzen Kontinent unterdrückte" (III, 380). Freie Geister hätten jetzt im Notfall einen besseren Zufluchtsort: Frankreich!

Die *Französische Revolution* war für Heinrich Heine zeit seines Lebens der Maßstab für Politik und Leben gewesen. Dieses Ereignis verkörperte die *Zeitzäsur* schlechthin. Seither fühlte sich Heine als Bürger einer neuen Zeit: „Es sinken die alten Dome ... sie sind morsch und verfallen und ihre Götter glauben an sich selbst nicht mehr. Diese Götter sind abgelebt, und unsere Zeit hat nicht Phantasie genug neue zu schaffen. Alle Kraft der Menschenbrust wird jetzt zu Freiheitsliebe und die Freiheit ist vielleicht die Religion der neuen Zeit, und es ist wieder eine Religion, die nicht den Reichen gepredigt wurde, sondern den Armen, und sie hat ebenfalls ihre Evangelisten, ihre Martyrer und ihre Ischariots! ... Wenn Christus auch nicht der Gott dieser Religion ist, so ist er doch ein Hoher Priester derselben, und sein Name strahlt beseligend in die Herzen der Jünger. Die Franzosen sind aber das auserlesene Volk der neuen Religion, in ihrer Sprache sind die ersten Evangelien und Dogmen verzeichnet, Paris ist das neue Jerusalem, und der Rhein ist der Jordan, der das geweihte Land der Freiheit trennt von dem Lande der Philister" (III, 533; 601).

Sätze aus den „Englischen Fragmenten" des Jahres 1830. Wer so von der Freiheit als „Religion der neuen Zeit" schreibt, verrät, daß er seine Zeit durchschaut zu haben glaubt. Ja, Heine hatte sie kennengelernt, diese Welt, als Kaufmannslehrling zuerst (Hamburg), dann in langen Studienjahren (Göttingen, Bonn, Berlin und wieder Göttingen), die mit der Promotion in Rechtswissenschaft 1825 abschlossen, später auf Reisen nach Polen, Italien und an die Nordsee. Und was er als 33jähriger in diesen „Englischen Fragmenten" zu Papier bringt, ist die Quintessenz einer gewachsenen, aus Krisen und Zweifeln,

Brüchen und Kompromissen gehärteten philosophischen, religiösen und politischen Überzeugung. Gerade das ist typisch für ihn: dieses nicht mehr auflösbare Amalgam aus Politischem und Religiösem, verbunden mit einem – aus dem Geist der Französischen Revolution gespeisten – *Zäsurbewußtsein:* Die *alte Zeit,* die Zeit der Dome und der abgelebten Götter, die Zeit von Feudalismus und geistiger Unfreiheit ist vorbei; wir leben jetzt in einer *neuen Zeit,* der Zeit einer neuen Gesellschaft, einer neuen Technik und Ökonomie, einer neuen Politik, ja, auch einer neuen Religion. Bereits als 27jähriger hatte Heine ein Gedicht mit dem Titel „Götterdämmerung" geschrieben (I, 150–152), und dort heißt es: „Ich hab durchschaut / Den Bau der Welt, und hab zu viel geschaut"; „Ich sehe durch den Grund der alten Erde, / Als sei sie von Kristall, und seh das Grausen." Und was hatte er konkret gesehen? „Riesensöhne", die ihre Eisenleitern anlegen, die „Himmelsfeste" stürmen und den alten Gott aus dem Himmel vertreiben! (I, 150–52). Kritik *und* neues Programm, Entlarvung der alten *und* Beschwörung einer neuen Religion, skeptischer Geist *und* enthusiastischer Wille zum Glauben an neue Offenbarungen: Wie kaum ein deutscher Autor des 19. Jahrhunderts ist Heine für uns Testfall schlechthin für das durch Wandlungen, Widersprüche und Krisen gewonnene Spannungsverhältnis von Religion und Literatur.

1. Die geliehene Religion: Parodie, nicht Erschütterung

Wer auf Heine zugeht, um den Spuren des Religiösen in seinem Leben und Werk nachzugehen, stößt sehr bald auf die eine Tatsache: Erstaunlich früh, also schon in den *20er Jahren,* ist in diesem Werk beinahe alles vorhanden, was vom Ton wie vom Thema her charakteristisch ist für den ganzen Heine. In seinen am Lebensende geschriebenen „Memoiren" (1850/55) erinnert sich Heine einmal, daß ihm bereits in seinem „dreizehnten Lebensjahr alle Systeme der freien Denker vorgetragen wurden, und zwar durch einen ehrwürdigen Geistlichen, der seine sazerdotalen Amtspflichten nicht im geringsten vernachlässigte", so daß er früh gesehen habe, „wie ohne Heuchelei Religion und Zweifel ruhig nebeneinander gingen" (XI, 557). Zeit seines Lebens versteht Heine sich – 1797 in ein liberales jüdisches Elternhaus Düsseldorfs hineingeboren – als Kind des „skeptischen achtzehnten Jahrhunderts" und ist stolz auf seine Geburtsstadt, wo „zur Zeit meiner Kindheit nicht bloß die Franzosen, sondern auch der französische Geist herrschte".

Die *ersten Gedichte,* die er als 20jähriger schreibt, lassen von einem Interesse an Religion wenig erkennen. Liebes- und Traumpoesie steht im Vordergrund, durchsetzt mit Sagen- und Märchenmotiven. Gelegentlich *biblische Stoffe,* darunter die berühmte Ballade „Belsatzar" (I, 54–56), wenn es ihm um die Darstellung des Unheimlichen geht (erst gegen Ende seines Lebens erkennt er die Schlüsselfunktion dieses Textes für sein eigenes Leben). *Religiöse Motive,* Selbstmord und Kreuzweg etwa (I, 101), wenn es ihm um Todes- und Schauerpoesie geht. Gelegentlich *biblische Figuren,* die „Heiligen drei Könige" etwa (I, 126), wenn Kölner Lokaltraditionen parodiert werden sollen, aber auch Gedichte auf die *Madonna,* entweder auf eine Maria im Kölner Dom (I, 79) oder auf die Funktion Marias im Zusammenhang einer „Wallfahrt nach Kevlaar" (I, 163–65). Später, sehr viel später, in seinen „Geständnissen" zwei Jahre vor seinem Tode 1856, wird er über diese Periode sagen: „Ich war immer ein Dichter, und deshalb mußte sich mir die Poesie, welche in der Symbolik des katholischen Dogmas und Kultus blüht und lodert, viel tiefer als andern Leuten offenbaren, und nicht selten in meiner Jünglingszeit überwältigte auch mich die unendliche Süße, die geheimnisvoll selige Überschwenglichkeit und schauerliche Todeslust jener Poesie: auch ich schwärmte manchmal für die hochgebenedeite Königin des Himmels, die Legenden ihrer Huld und Güte brachte ich in zierliche Reime, und meine erste Gedichtesammlung enthält Spuren dieser schönen Madonna-Periode, die ich in späteren Sammlungen lächerlich sorgsam ausmerzte" (XI, 492 f).

All das aber, was hier aus religiöser Tradition stammt, ist für ihn *Mittel zum poetischen Zweck,* lyrisches Material, das den eigenen Empfindungen dienstbar gemacht wird. Es ist motivgeschichtlich mehr epigonal als originell. Heine leiht sich von Religion, was er als Künstler braucht. *Origineller* ist der frühe

Heine in etwas anderem: *im Ton*. Wie kaum ein Autor vor und nach ihm vermag er über Religiöses geistreich und witzig, im Ton tänzelnder Leichtigkeit und ironischer Mühelosigkeit zu sprechen. Das hat auf die einen stets blasphemisch-verdächtig, auf die anderen stets kritisch-befreiend gewirkt. Verse des 27jährigen Jurastudenten und ehrgeizigen Schriftstellers, der vergeblich um gesellschaftliche Anerkennung kämpfte und so das Faust-Motiv der Teufelsverschreibung zum Zwecke des sozialen Erfolgs ironisierend aufgriff, klingen dann so:

> „Ich rief den Teufel und er kam,
> Und ich sah ihn mit Verwunderung an.
> Er ist nicht häßlich und ist nicht lahm,
> Er ist ein lieber, scharmanter Mann,
> Ein Mann in seinen besten Jahren,
> Verbindlich und höflich und welterfahren.
> Er ist ein gescheuter Diplomat,
> Und spricht recht schön über Kirch und Staat (...)
> Und als ich recht besah sein Gesicht,
> Fand ich in ihm einen alten Bekannten" (I, 125).

In anderen Texten probiert der Autor die Rolle Gottes aus und reflektiert seine privat wie beruflich schwierige Lage in ironischer Brechung:

> „Mir träumt': ich bin der liebe Gott,
> Und sitz im Himmel droben,
> Und Englein sitzen um mich her,
> Die meine Verse loben.
>
> Und Kuchen ess ich und Konfekt
> Für manchen lieben Gulden,
> Und Kardinal trink ich dabei,
> Und habe keine Schulden.
>
> Doch Langeweile plagt mich sehr,
> Ich wollt, ich wär auf Erden,
> Und wär ich nicht der liebe Gott,
> Ich könnt des Teufels werden" (I, 139).

Überhaupt gehört die ironisch-parodistische Rede von *Himmel und Hölle* zum *Standardrepertoire Heinescher Metaphorik* sein ganzes Werk hindurch. Man hat deshalb zu Recht von „komischer Mythologie" bei Heine gesprochen und beobachtet, „wie abhängig er vom Himmel war, ob er nun an ihn glaubte oder nicht"[3], und andere Kritiker haben darauf aufmerksam gemacht, daß Heines „früh auftauchende metaphysische Ironie" überraschende Abhängigkeiten von der „Barocktradition" zeige.[4]

Hinzu kommt ein zweites: An vielen Stellen seiner frühen Lyrik blitzt die für Heine so charakteristische Verbindung von Religions- und Liebespoesie auf. Eine Mischung aus *Religion und Erotik*, die Heine gerade am Madonna-Motiv so fasziniert haben dürfte:

> „Andre beten zur Madonne,
> Andre auch zu Paul und Peter;
> Ich jedoch, ich will nur beten,
> Nur zu dir, du schöne Sonne.
>
> Gib mir Küsse, gib mir Wonne,
> Sei mir gütig, sei mir gnädig,
> Schönste Sonne unter den Mädchen,
> Schönstes Mädchen unter der Sonne!" (I, 133).

Mühelos scheinende leichte Verse, ironische Souveränität, spöttisches Parlando: Nirgendwo läßt der junge Heine eine religiöse Betroffenheit erkennen. Im Gegenteil: Von Anfang an verfügt er als Schriftsteller über größte Virtuosität in der *parodistischen Verwendung* religiösen Sprachmaterials. Hermann Kesten hat deshalb Recht: „Heine benutzte die Materialien und Formen der ältern zeitgenössischen Autoren, ihr Vokabular, ihre Bilder, ihre Ideen parodistisch und zum Hohn und machte aus dem Hohn die neue Poesie. Er war Deutschlands größter Parodist."[5] Das gilt gerade auch in Sachen Religion. Heine lieh sich zum Zwecke poetischer Verwandlung, was er gerade brauchte: Jüdisches, Muslimisches, Christliches, Mythologisches. Er „verbrauchte das ganze Personal der Volksmärchen, Elfen, Nixen, Gespenster, den Teufel, und die Engel und Erzengel"[6]. Nein, Erschütterungen religiöser Art wie etwa bei Novalis, Hölderlin oder Kierkegaard waren ihm fremd.

Erschüttert wurde der junge Heine im wesentlichen von drei Problemen: seiner unglücklichen, weil nicht erwiderten *Liebe* zu seiner Cousine Amalie, der Suche nach einem *Brotberuf,* der letztlich nicht zu finden war (als Kaufmann gescheitert, als promovierter Jurist arbeitslos), und der *Schriftstellerei,* die ihn zwischen Selbstzweifel und Fremdkritik hin- und herriß. Man lese die „Briefe aus Berlin", die Heine als Student 1822 (25jäh-rig) für den heimatlichen „Rheinisch-Westfälischen Anzeiger" schrieb: Die Welt, die ihn hier interessierte, und die Weise, wie ihn Welt interessierte, ist in diesen Texten charakteristisch auch für die Zukunft, in der er zahlreiche solche Korrespondenzen schreiben sollte („Französische Maler" 1831; „Französische Zustände" 1832; „Lutetia", entstanden 1840–43). Und diese *Welt* beschreibt er stets als *Collage disparater Wirklichkeitsbe-reiche:* Kunst und Politik, Ästhetisches und Soziales, Mode und Musik, die Anekdoten und Histörchen, die großen Leute „da oben" und die kleinen Leute „da unten". Und plötzlich, mitten im Fluß der Ereignisse, die nur durch die geistreiche Montage des Beobachters zusammengehalten werden, kann eine Bemerkung über Religion aufblitzen, über Christentum und Freiheit. So etwa in den „Briefen aus Berlin" im Zusam-menhang mit der preußischen Kritik am Code Napoleon, der im Rheinland noch Gültigkeit hatte und den der Rheinländer Heine, der als Jude diesem Gesetzbuch seine Freizügigkeit und Entdiskriminierung verdankte, vehement verteidigte: „Möge am Rhein noch lange blühen jene echte Freiheitsliebe, die nicht auf Franzosenhaß und Nationalegoismus basiert ist, ... und jene echte Christusreligion, die nichts gemein hat mit verket-zernder Glaubensbrunst oder frömmelnder Proselytenmache-rei" (III, 61).

„Die echte Christusreligion": Der 25jährige hat früh die Formel gefunden, mit der er auch künftig Religion messen wird. Reli-gion steht zwar nicht im Zentrum seines Interesses in dieser Zeit, aber wenn Religion, dann mußte sie diesem Kriterium der Echtheit genügen. Zwischen 1822 und 1828, den „Briefen aus Berlin" und den eingangs zitierten „Englischen Fragmen-ten", kommt es zu den auch künftig alles bestimmenden reli-giösen, theologischen, kirchengeschichtlichen Einsichten. Schon früh nimmt er das *Doppelgesicht aller Religion* wahr:

„Verletzende Glaubensinbrunst" einerseits und „echte Christusreligion" andererseits; der katholische Priester seiner Jugend (Archetyp positiver Religiosität, von denen es im Werk Heines nur wenige gibt), bei dem „ohne Heuchelei Religion und Zweifel ruhig nebeneinander gingen", einerseits und „frömmelnde Proselytenmacherei" andererseits. Und was Proselytenmacherei bedeutete, sollte er bald am eigenen Leibe zu spüren bekommen.

2. „Bei Christ und Jude verhasst": Heines Taufe und die Folgen

Am 28. Juni 1825 ließ sich Heinrich Heine in Heiligenstadt nahe Göttingen von einem protestantischen Pfarrer taufen, bei dem er im Mai und Juni desselben Jahres christlichen Religionsunterricht bekommen hatte. Der Hintergrund ist hinlänglich bekannt[7]: Im August 1823 hatte die preußische Regierung das von Napoleon erlassene Edikt von 1812 teilweise wieder aufgehoben und es so den Juden in Deutschland unmöglich gemacht, etwa ein Lehramt an Schulen und Hochschulen zu erlangen. Gerade darauf aber hatte Heine seine beruflichen Hoffnungen gesetzt. Die Taufe war notwendig für einen jungen jüdischen Intellektuellen, der aufsteigen wollte und der erkannt hatte: „Der Taufzettel ist das Entréebillett zur europäischen Kultur" (XI, 622) – ein im Nachlaß gefundener Aphorismus von Heine, der nicht nur zynisch zu verstehen ist. Denn Heine – geistig auf den Schultern Moses Mendelsohns und Lessings stehend – sah „im Protestantismus ... in dieser Zeit, im Gegensatz zum Judentum und Katholizismus, die Religion der Zukunft vorgebildet"[8].

Die Taufe war also für Heine mehr als ein bloß oberflächlicher, realistischem Karrierekalkül entstammender Anpassungsopportunismus an eine (nun einmal so und nicht anders funktionierende) christliche Gesellschaft. So sehen es viele Interpreten und spielen seine Taufe damit herunter. Nein, die Ereignisse um die Taufe legen in Heine die Frage nach seiner religiösen Identität erstmals in aller Deutlichkeit frei. Die *Folgen* waren *einschneidend:* Zum einen wird Heines Auseinandersetzung mit Religion, mit dem Judentum vor allem (1822 war er noch in Berlin dem „Verein für Kultur und Wissenschaft der Juden" beigetreten), dichter, ernsthafter und betroffener. Es ist kein Zufall, daß Heine gleichzeitig mit der Tauf-Periode an seinem wichtigsten Stück jüdischer Literatur zu arbeiten beginnt: „Der Rabbi von Bacherach".

Zum anderen aber beginnt hier der *Weg Heines in die zweite Isolation:* Zur *ersten Isolation,* die er als Jude unter den Deutschen erlebte, kommt die zweite Isolation hinzu, die er als abtrünniger Jude von den Juden und als opportunistisch konvertierter Christ von den Christen erfährt. Denn Heines Erwartung war nicht erfüllt worden; die Taufe eröffnete ihm den erhofften beruflichen Weg in die Zukunft nicht. Er begriff sehr bald, daß dieser Schritt ihn im Gegenteil „bey Christ und Jude" gleichermaßen „verhaßt" gemacht hatte.[9] „Seine Rechnung war falsch", schreibt der Heine-Biograph Ludwig Marcuse denn auch zu Recht: „Den Juden war er ein Abtrünniger, den Christen ein zweifach Abtrünniger."[10] Denn der getaufte Jude Heine beginnt nun, die Defizite des bürgerlichen Christentums, das ihn zum Opportunismus gezwungen hatte, unnachsichtiger denn je zu verfolgen und anzuklagen. Er wird nun neben Feuerbach und Nietzsche der dritte große Kritiker der Religion im 19. Jahrhundert.

Anders gesagt: Die Taufe Heines ist nicht deshalb ernst zu nehmen, weil Heine sich etwa mit dem Christentum versöhnt hätte, sondern deshalb, weil sie für Heine die Frage verschärft: Was muß das für eine Religion sein, die andere religiöse Überzeugungen nicht tolerieren kann, ja diskriminieren muß und Konversionen als Machtmittel zur Durchsetzung von Absolutheitsansprüchen nötig hat? Und wie sehr Heine mit der Aufarbeitung dieser Problematik beschäftigt war, zeigen drei *literarische Schlüsseltexte* dieser Zeit:

(1) Im *Gedicht* „Donna Clara" (1826), das, wie Heine selbst bekennt, eine „Szene aus meinem eignen Leben" (II, 738) beschreibt, verspottet Heine die christliche Diskriminierungspraxis dadurch, daß sich der Geliebte der spanischen Schönheit Donna Clara, die ihrem Haß auf die „langnasigen", „gottverfluchten" und „schmutzigen" Juden freien Lauf zu lassen pflegt, ausgerechnet als Sohn eines Juden entpuppt.

(2) Im *Gedicht* „Almansor" (1826) beschreibt Heine den psychischen Druck, dem sich ein konvertierter spanischer Muslim ausgesetzt sieht, weil er sich um seiner Geliebten willen hat taufen lassen (I, 159–162).

(3) Das *Drama* „Almansor" drei Jahre zuvor, das als einziges von Heines Dramen eine (obendrein noch mißglückte) Aufführung erlebte (20. 8. 1823 in Braunschweig), war insofern noch pessimistischer, als auch die Konversionsbereitschaft des Muslimen für die christliche Gesellschaft nicht ausreichte, ihm die Geliebte zuzugestehen, so daß die Vereinigung der beiden Liebenden wieder einmal nur im „freiwillig" gewählten Tod erfolgen kann.

All diese Texte sind kritische Spiegeltexte in zweifacher Hinsicht: Sie verdeutlichen zum einen die ausweglose Situation des Autors, dem die christliche Gesellschaft die Irrsinnsalternative aufnötigte, entweder diskriminierter Jude zu bleiben oder gegen innere Überzeugung Christ zu werden; zum anderen stellen sie die verfahrene Situation einer Gesellschaft bloß, deren religiös zementierte Machtstrukturen zahllose Opfer produziert.

Heine wehrt sich gegen den Druck auf seine, für ihn typische Art: durch *Spott und Satire*. Dies sind seine Mittel einer „literarischen Religionskritik" (W. Gössmann[11]), mit deren Hilfe er sich den christlichen Bekenntnisdruck vom Leibe hält. Schon 1824 während seiner „Harzreise" – ein Besuch in Weimar bei dem bewunderten Goethe war vorausgegangen – schreibt Heine eine einzigartige Parodie auf die berühmte Gretchen-Frage, die seit Goethes „Faust" sprichwörtlich geworden ist: die Frage nach der Einstellung zur jeweiligen Religion, die zwischen zwei Liebenden irgendwann einmal aufzutreten pflegt.

„ ‚Daß du gar zu oft gebetet,
Das zu glauben wird mir schwer,
Jenes Zucken deiner Lippen
Kommt wohl nicht vom Beten her.

Jenes böse, kalte Zucken,
Das erschreckt mich jedesmal,
Doch die dunkle Angst beschwichtigt
Deiner Augen frommer Strahl.

Auch bezweifle ich, daß du glaubest,
Was so rechter Glauben heißt –
Glaubst wohl nicht an Gott den Vater,
An den Sohn und heilgen Geist?'

Ach, mein Kindchen, schon als Knabe,
Als ich saß auf Mutters Schoß,
Glaubte ich an Gott den Vater,
Der da waltet gut und groß;

Der die schöne Erd erschaffen
Und die schönen Menschen drauf,
Der den Sonnen, Monden, Sternen
Vorgezeichnet ihren Lauf.

Als ich größer wurde, Kindchen,
Noch viel mehr begriff ich schon,
Ich begriff, und ward vernünftig,
Und ich glaub auch an den Sohn;

An den lieben Sohn, der liebend
Uns die Liebe offenbart,
Und zum Lohne, wie gebräuchlich,
Von dem Volk gekreuzigt ward.

Jetzo, da ich ausgewachsen,
Viel gelesen, viel gereist,
Schwillt mein Herz, und ganz von Herzen
Glaub ich an den heilgen Geist. (...)

Tausend Ritter, wohlgewappnet,
Hat der heilge Geist erwählt,
Seinen Willen zu erfüllen,
Und er hat sie mutbeseelt.

Ihre teuren Schwerter blitzen,
Ihre guten Banner wehn!
Ei, du möchtest wohl, mein Kindchen,
Solche stolze Ritter sehn?

Nun, so schau mich an, mein Kindchen,
Schau mich an, und küsse dreist;
Denn ich selber bin ein solcher
Ritter von dem heilgen Geist" (I, 170–72).

„Einzigartig" dürfte an diesem Text folgendes sein: Zwar macht auch Heine ähnlich wie Goethe im „Faust" aus der religiösen Bekenntnis- eine erotische Werbeszene, verlegt also die tiefsten religiösen Bekenntnisse dorthin, wo sie hingehören: nicht vor eine Behörde, sondern in den Moment personaler Begegnung. Doch während Goethe seinem Heinrich Faust das Bekenntnis zum „namenlosen Gott" in allem Ernst und aller Grundsätzlichkeit in den Mund legt, bekommt bei Heinrich Heine die Rede vom trinitarischen Gott den Charakter einer Persiflage, und die ganze Bekenntnisszene dient zu nichts anderem mehr als der frivolen Anbiederung an ein Mädchen zum Zwecke ihrer erotischen Eroberung. Unnachsichtiger als Goethe durchschaut Heine den der harmlosen, unschuldig klingenden Bekenntnisfrage inhärenten Kontrollmechanismus, unterläuft ihn durch Formalorthodoxie (Trinität), die er inhaltlich freilich durch das angelegte entwicklungspsychologische Schema ad absurdum führt (nach der Devise: je älter man wird, an desto mehr christliche „Götter" kann man glauben). So das Religiöse ins Erotische umkehrend („Schau mich an, und küsse dreist"), kann er sich der Geliebten als der wahre „Ritter vom Heiligen Geist" anbieten. Was als Falle für den Mann gedacht war, erweist sich bei dieser raffinierten Kunst der Umkehr als eigentliche Falle für das Mädchen. Das inhaltlich umgedrehte Glaubensbekenntnis wird zur Waffe im erotischen Eroberungsspiel zwischen Mann und Frau. Das Mädchen, das ihn fassen wollte, wird am Ende selber gefaßt.

Man hat als Leser stets zu beachten: Heine ist ein *Meister des Rollenspiels, der Masken und Tarnungen.* Er ist ein Meister in der Inszenierung von Ausweichmanövern und geschickt getarnten Fallen. Wer ihn zu Bekenntnissen zwingen will, dem spielt er etwas vor, wer ihn stellen will, dem baut er Fallgruben, wer von ihm Formeln verlangt, der bekommt sie mit Satyrgrinsen zurück. Die Geständnisse, die er ablegt, oszillieren zwischen Spott und Ernst, zwischen Selbstentlarvung und Selbstbekenntnis. Die Ironie ist das Meistermittel der ständigen Selbstaufhebung der Realität in die Rolle. So wird er künftig immer verfahren, wenn er religiöse Orthodoxie (sei sie christlicher oder jüdischer Provenienz) dort treffen will, wo sie am verwundbarsten ist: bei ihren Katechismen, Formeln und

Scholastiken. Von der „Harzreise" 1824 angefangen, wo er in einem Katechismus plötzlich zu seiner Belustigung entdeckt, daß am Schluß dieses Buches das Einmaleins abgedruckt sei, was doch „mit der heiligen Dreiheitslehre bedenklich" kollidiere (III, 113), bis zu einem seiner letzten Gedicht-Zyklen, dem „Romanzero" von 1851, in dem er eine amüsante, funkelnde und geistreiche Satire auf die „Disputation" (XI, 158–172) zwischen einem orthodoxen Juden und einem orthodoxen Christen schreibt (wer verliert, muß sich beschneiden oder taufen lassen), wird er *so* die Orthodoxie bekämpfen...

3. WIDER DIE „POSITIVE RELIGION": HEINE AUF DEM „INDEX"

Kompromißlos bekämpft Heine vor allem das, was er die „positive Religion", genauer die „Staatsreligion" nennt. Es ist das ganze *System von Thron und Altar, Moral und Religion*, Christentum und Kultur, Gesellschaft und Kirche, das er für eine „Mißgeburt" hält. Dieses System halte die Unfreiheit in Deutschland aufrecht, den Glaubenszwiespalt, die Religionsparteiungen. Überall herrsche Mißtrauen, „überall Verketzerung, Gesinnungsspionage, Pietismus, Mystizismus, Kirchenzeitungsschnüffeleien, Sektenhaß, Bekehrungssucht, und während wir über den Himmel streiten, gehen wir auf Erden zu Grunde" (III, 517), nachzulesen in „Reisebilder. Vierter Teil: ‚Die Stadt Lucca' ".

Vom August bis Dezember 1828 hatte Heine *Italien* bereist: Trient, Mailand, Genua, Livorno, Lucca, Florenz. Es ist die große Gelegenheit, den real existierenden Katholizismus kennenzulernen und seine Position gegenüber der Religion noch einmal zu profilieren. 1829 erscheinen der dritte und vierte Teil der Reisebilder, die nicht nur die preußischen Zensurbehörden auf den Plan rufen (Verbot „wegen des darin herrschenden Geistes und wegen ihres in Betreff der Glaubenslehre anstößigen Inhalts": (IV, 881), sondern auch die katholischen Inquisitionsbehörden: 1836 werden die „Reisebilder" neben den Schriften über Deutschland und Frankreich auf den „Index der verbotenen Bücher" gesetzt, 1845 folgen die „Neuen Gedichte" (IV, 882).

Was aber war so anstößig an *Heines Auseinandersetzung mit dem Katholizismus?* Daß er die Jesuiten verspottet („Mich dünkt zuweilen, der Teufel, der Adel und die Jesuiten existieren nur so lange, als man an sie glaubt": III, 333)? Daß er – die Kühle des Domes zu Trient in der August-Hitze genießend – es sich nicht verkneifen kann, den „Katholizismus eine gute Sommerreligion" zu nennen (III, 346)? Daß er den Katholizismus für „eine gute Religion für einen vornehmen Baron" (III, 427) hält, die „nötig für die Bildung" sei, denn, sei man nicht katholisch, würde man die zur Bildung nötigen Bilder nicht verstehen (III, 428)? Oder daß er sich beim Katholizismus immer an „Leichenbegräbnisse" erinnert fühlt – bei all dem hier verbreiteten Weihrauch, „als wenn der liebe Gott, gottbewahre, eben gestorben wäre"? Oder daß für ihn der Katholizismus „keine Religion für einen Hamburger" (III, 427) ist? Daß er also „gegen die katholischen Pfaffen" schreibt, deren Entlarvung er über das Studium ihrer „Gesichter" („Originalgesichter sieht man aber nur in Italien": III, 484) betreiben will, in denen sich der Kontrast zwischen den „idealen Pflichten und Ansprüchen des geistlichen Standes" und den „unabweislichen Bedürfnissen der sinnlichen Natur", kurz der „uralte ewige Konflikt zwischen dem Geiste und der Materie" spiegele?

Nein, bei dieser Pfaffenschelte ist Heine witzig, aber nicht originell. Inhaltlich originell ist hier überhaupt weniges, und doch gewinnt die neuzeitliche Religionskritik bei Heine einen eigenen Ton und eine eigene Dichte. Es sind *drei Themen*, die in seinem Werk stets variiert wiederkehren:

(1) Die *Verquickung von Religion und Staat* hat Heine zufolge zu einer gegenseitigen Stützung der repressiven gesellschaftlichen Kräfte geführt. Für die Religion aber sei es verderblich, wenn sie vom Staat mit Privilegien ausgezeichnet werde, wenn der Staat ihre Diener besolde und diese dafür den Staat verträten. Die eine Hand wasche somit die andere, „ein Wischwasch entsteht, der dem lieben Gott eine Torheit und den Menschen ein Greul ist" (III, 517). Nein, nur „solange die Religionen mit anderen zu rivalisieren haben und weit mehr verfolgt werden als selbst verfolgen, sind sie herrlich und ehrenwert, nur da gibts Begeisterung, Aufopferung, Märtyrer und Palmen" (III, 518).

(2) Die Wahrnehmung der *sinnlichen, erotischen Dimension der Religion,* und zwar in negativer und positiver Hinsicht. Einerseits verspottet Heine den Verzicht auf Sinnlichkeit, der mit der Religion verbunden sei; andererseits macht er die Erfahrung, daß Religion die Sinnlichkeit gerade bei Frauen fördere. Typisch für ihn die Passage, in der er die katholische Franscheska in der italienischen Stadt Lucca beschreibt. Er begehrt sie gerade in dem Augenblick, als sie wegen ihrer religiösen Praxis eine Nacht auf Erotik verzichtet. Dieser Verzicht aber macht sie nur begehrenswerter: „Franscheska! rief ich, Stern meiner Gedanken! Gedanke meiner Seele! vita della mia vita! Meine schöne, oftgeküßte, schlanke, katholische Franscheska! für diese einzige Nacht, die du mir noch gewährst, will ich selbst katholisch werden – aber auch nur für diese einzige Nacht! O, die schöne, selige, katholische Nacht! Ich liege in deinen Armen, strengkatholisch glaube ich an den Himmel deiner Liebe, von den Lippen küssen wir uns das holde Bekenntnis, das Wort wird Fleisch, der Glaube wird versinnlicht, in Form und Gestalt, welche Religion! Ihr Pfaffen! jubelt unterdessen Eur Kyrie Eleison, klingelt, räuchert, läutet die Glocken, laßt die Orgel brausen, laßt die Messe von Palestrina erklingen – ‚das ist der Leib‘! – ich glaube, ich bin selig, ich schlafe ein – aber sobald ich des anderen Morgens erwache, reibe ich mir den Schlaf und den Katholizismus aus den Augen, und sehe wieder klar in die Sonne und in die Bibel, und bin wieder protestantisch vernünftig und nüchtern, nach wie vor" (III, 495 f.).

Nein, Heine hat nie Hemmungen verspürt, Religion und Sinnlichkeit direkt zu verquicken, religiöse Sprache als erotische zu benutzen und so z. B. dem Inkarnationsmotiv (das Wort ward Fleisch!) in blasphemischer Zuspitzung sexuelle Konnotation zu verleihen. Und er hatte ebenfalls nie Hemmungen, von Frauen gerade das zu erwarten, worüber er selber erhaben war: „Mylady, ich liebe keine Religionsverächterinnen. Schöne Frauen, die keine Religion haben, sind wie Blumen ohne Duft; sie gleichen jenen kalten, nüchternen Tulpen, die uns aus ihren chinesischen Porzellantöpfen so porzellanhaft ansehen" (III, 509). Der Katholizismus also: eine Religion für Hamburger zwar nicht, wohl aber für schöne Frauen?

Auch hier gilt: Man hat sich darauf einzustellen, daß dieser Autor seine Leser mit Lust am Verwirrspiel in die Irre zu führen beliebt. Man hat sich darauf einzustellen, daß es ihm Spaß macht, auf *drei Ebenen gleichzeitig mit Religion umzugehen*, souverän von der einen auf die andere Ebene zu springen, ohne nach rationalen Vermittlungen zu fragen, und auf der einen Ebene zuzugeben oder zu bestreiten, was er auf der nächsten aufhebt oder verteidigt. So ist bei Heine stets zu unterscheiden zwischen der *Ebene der rationalen Kritik*, der Entmythologisierung, der sezierenden Vernunft und Aufklärung, dann der *Ebene der sinnlich-erotisch-ästhetischen Wahrnehmung* und schließlich der *Ebene der pragmatischen Funktionalisierung*.

Konkret: Heine kann die traditionelle römische Messe im Dom zu Lucca auf der ästhetischen Ebene gelten lassen, sogar verteidigen, und sich berauschen an der bizarren Schönheit des Kultus, dem Reichtum der Gesten und Handlungen, der liturgischen Kleidung, die er aus mythischen Fernen kommen sieht, „altegyptisch", „Überbleibsel eines Priestertums, von dessen wundersamen Wesen nur die ältesten Urkunden etwas Weniges berichten, eines frühesten Priestertums, das die erste Weisheit erforschte, die ersten Götter erfand, die ersten Symbole bestimmte" (III, 500). Heine kann einem Mönch und dessen leidenschaftlicher Höllenpredigt, er, der Höllenspötter, etwas abgewinnen, weil es ihm Vergnügen macht, diesem Mann zuzusehen: „Auch mir gefällt er besser als mancher unserer sanften, homöopathischen Seelenärzte, die 1/10000 Vernunft in einen Eimer Moralwasser schütten, und uns damit des Sonntags zur Ruhe predigen" (III, 502). Und die Religion kann er, der „Freigeist", für Frauen akzeptieren, wenn sie in der Ehe etwas zur Aufheiterung der Frauen beiträgt, und so dem Manne indirekt zugute kommt: die Beichte also eine Art Psychopharmakon zur Lebenserleichterung im Ehekampf. Noch am Lebensende kann Heine in seinen „Geständnissen" in der für ihn typischen Mischung aus Ernst und Ironie schreiben, es sei „übrigens sehr gut, wenn die Frauen einer positiven Religion anhängen... Jedenfalls ist der Katholizismus der Frauen für den Gemahl sehr heilsam. Wenn sie einen Fehler begangen haben, behalten sie nicht lange den Kummer darüber im Herzen, und sobald sie vom Priester Absolution erhielten, sind sie wieder trällernd aufgeheitert und verderben sie ihrem Manne nicht die gute Laune oder Suppe durch kopfhängerisches Nachgrübeln... Der Unglauben ist in der Ehe jedenfalls gefährlich, und so freigeistisch ich selbst gewesen, so durfte doch in meinem Hause nie ein frivoles Wort gesprochen werden" (XI, 490).

(3) In Lessingscher Manier unterscheidet Heine strikt zwischen der *christlichen Religion und der Religion Christi*. Das waren noch Zeiten, meint er, als das Christentum noch seinem Stifter im Leiden geglichen habe. Zeiten, da in Palästina die Menschenliebe gepredigt und jene „Freiheits- und Gleichheitslehre" geoffenbart worden sei, die „auch später die Vernunft der größten Denker als wahr erkannt hat, und die, als französisches Evangelium, unsere Zeit begeistert" (III, 518)! Und heute dagegen? Man schaue sich die „Christentümer" an, „die in den verschiedenen Ländern als Staatsreligionen konstituiert worden, z. B. die römisch apostolisch katholische Kirche, oder gar jenen Katholizismus ohne Poesie, den wir als High Church of England herrschen sehen, jenes kläglich morsche Glaubensskelett, worin alles blühende Leben erloschen ist! Wie den Gewerben ist auch den Religionen das Monopolsystem schädlich, durch freie Konkurrenz bleiben sie kräftig, und sie werden erst dann zu ihrer ursprünglichen Herrlichkeit wieder erblühen, sobald die politische Gleichheit der Gottesdienste, so zu sagen die Gewerbefreiheit der Götter eingeführt wird" (III, 518).

Ist es so unbegreiflich, daß ein Mann, der die Kirche ob ihrer staatlichen Privilegien angreift, katholisch werden will um einer schönen Nacht willen, zur Liturgie ein ästhetisch-erotisches, kein dogmatisches Verhältnis hat, die Beichte bestenfalls als Eheerleichterungsinstrument gelten läßt, obendrein die Religion Christi gegen die christliche Religion ausspielt und die Gleichheit der Gottesdienste fordert, auf den Index gehört? Wer, wenn nicht er? Wo, wenn nicht hier, bündeln sich alle Häresien der Moderne: Rationalismus, Skeptizismus, spöttisch-frivole Freigeisterei, Demokratismus, Glaubensfreiheit und Gewissensfreiheit?

Aber vielleicht haben die Inquisitoren damals instinktsicher, wie nur Inquisitoren sein können, erkannt, daß Heine nicht deshalb gefährlich war, weil er die „Pfaffen" und das kirchliche System angriff, sondern weil er dort attackierte, wo die christlichen Kirchen am verwundbarsten sind: bei der Gestalt des Stifters selbst. Heines Kritik am Christentum erreicht dort ihre tiefste Ebene, wo er den Kirchen ihr Monopol auf die Verwaltung der Jesus-Figur entschlägt und seine Kritik beim Nazarener selbst ansetzt.

4. „Der Gott meiner Wahl": Konfrontation mit Jesus

Mit der Jesus-Figur verfolgt Heine sein ganzes Werk hindurch im wesentlichen drei Interessen[12]:
(1) Die Darstellung des *Grundkonflikts* zwischen der Freiheitsbotschaft des großen Einzelnen und der gewaltsamen Reaktion der Gesellschaft, den unlösbaren Zusammenhang also zwischen actio und passio, Botschaft und Kreuz. Jesus ist für Heine ein „Mystiker", der „in sich selbst die Offenbarung des Vaters erkannte und die Welt erlöste von der blinden Autorität steinerner Gesetze und schlauer Priester" (I, 451). Und gerade der Mystiker zeichne sich dadurch aus, daß er sich „in die Traumwelt seiner innern Anschauung zurückzieht und in sich selbst die Quelle aller Erkenntnis annimmt". Dadurch ist er „der Obergewalt jeder äußern Autorität entronnen, und die orthodoxesten Mystiker haben auf diese Art in der Tiefe ihrer Seele jene Urwahrheiten wieder gefunden, die mit den Vorschriften des positiven Glaubens im Widerspruch stehen, sie haben die Autorität der Kirche geleugnet und haben mit Leib und Leben ihre Meinung vertreten". Jesus: Er ist für Heine der „Erlöser", der „seine Brüder vom Zeremonialgesetz und der Nationalität befreite, und den Kosmopolitismus stiftete" (VII, 41). Und zugleich ist Jesus für ihn „ein Opfer seiner Humanität, und der Stadtmagistrat von Jerusalem ließ ihn kreuzigen und der Pöbel verspottete ihn" (VII, 41).
Auch hier gilt: Nicht aus dogmatischen, sondern aus *religionsgeschichtlichen, politischen, machtpsychologischen Gründen* war Heine an Jesus interessiert. Christus ist für ihn eine ungemein faszinierende Figur im weltgeschichtlichen „Götterkampf" zwischen den Göttern der Griechen und dem Gott

des Alten Testamentes. In diesem Kampf sei Christus der Gott, den er „am meisten liebe", bekennt Heine in einem der Religionsgespräche auf der italienischen Reise, „nicht weil er ein so legitimer Gott ist, dessen Vater schon Gott war und seit undenklicher Zeit die Welt beherrschte: sondern weil er, obgleich ein geborener Dauphin des Himmels, dennoch, demokratisch gesinnt, keinen höfischen Zeremonialprunk liebt, weil er kein Gott einer Aristokratie von geschorenen Schriftgelehrten und galonierten Lanzenknechten, und weil er ein bescheidener Gott des Volks ist, ein Bürger-Gott, un bon dieu citoyen. Wahrlich, wenn Christus noch kein Gott wäre, so würde ich ihn dazu wählen, und viel lieber als einem aufgezwungenen absoluten Gotte, würde ich ihm gehorchen, ihm, dem Wahlgotte, dem Gotte meiner Wahl" (III, 499f). Anders gesagt: Von dieser Figur des Nazareners spinnt sich für Heine, der zu den ersten gehört haben dürfte, „die einen politisch-demokratischen Jesus herausgestellt haben"[13], ein roter Faden durch die Geschichte, der Faden einer kosmopolitischen, demokratisch-republikanischen *Freiheitsgeschichte,* die in Luther einen weiteren (auch er ein „Mystiker", von Heine viel bewundert), in Napoleon einen vorläufig letzten Höhepunkt erreichte, so daß Heine das Schicksal des Korsen mit christologischer Metaphorik zu einem überzeitlichen Geschehen stilisieren kann („daß man in jenem einzigen Mann auch uns schlug, auch uns verhöhnte, und kreuzigte ... daß der Marterfelsen von St. Helena unser eigenes Golgatha war" XI, 502).

(2) Ein *zweites* kommt hinzu: Heine war an Jesus insbesondere auch um seines ganz *persönlichen Weges* willen interessiert. Das Porträt, das er von Jesus zeichnet, trägt auffälligerweise seine eigenen Züge, die Hermeneutik des Konflikts, mit der er die Jesus-Geschichte liest, ist die seines eigenen Lebens. Sein Selbstbewußtsein als Künstler war groß genug, um mit den großen Geistern der Menschheit auf vertrautem Fuße stehen zu können. Wofür Jesus kämpfte, dafür kämpfte auch er! Worunter der Jude aus Nazaret litt, darunter litt auch der Jude aus Düsseldorf. Anders gesagt: Jesus von Nazaret ist bei Heine eine *archetypische Gleichnisfigur,* mit deren Hilfe – im Akt der Selbsterkenntnis – der Schriftsteller sein eigenes Schicksal ironisch gebrochen reflektiert. Jesus wird dabei von Heine stets

in Schutz genommen, milde geschont. Und Heine wird damit zum Mitbegründer eines zweifachen literarischen Topos in der Literatur des 19. und 20. Jahrhunderts: dem *Topos der Schonung Jesu* bei noch so heftiger Religionskritik und dem Topos der *gleichnishaften Selbstdeutung* des eigenen Künstlerschicksals im Schicksal des Nazareners, wie wir es im 19. Jahrhundert direkt bei Philosophen wie Schopenhauer und Nietzsche, dann bei Malern wie van Gogh und Ensor, im 20. Jahrhundert indirekt bei Peter Weiss, Heinar Kipphardt und Heinrich Böll finden. Und wie weit diese ironische Identifikation ging, zeigt Heine in „Deutschland. Ein Wintermärchen" (1848), wo er Jesus in größter Vertrautheit als seinen „armen Vetter" anredet, seine Rolle als „Narr" und „Menschheitsretter" ironisch herausstellt und ihn als eine Art „Mitjournalisten ansprich, der sich verrechnet"[14] habe:

„Sie haben dir übel mitgespielt,
Die Herren vom hohen Rate.
Wer hieß dich auch reden so rücksichtslos
Von der Kirche und vom Staate!

Zu deinem Malheur war die Buchdruckerei
Noch nicht in jenen Tagen
Erfunden; du hättest geschrieben ein Buch
Über die Himmelsfragen.

Der Zensor hätte gestrichen darin
Was etwa anzüglich auf Erden,
Und liebend bewahrte dich die Zensur
Vor dem Gekreuzigtwerden.

Ach! hättest du nur einen andren Text
Zu deiner Bergpredigt genommen,
Besaßest ja Geist und Talent genug,
Und konntest schonen die Frommen!

Geldwechsler, Bankiers hast du sogar
Mit der Peitsche gejagt aus dem Tempel –
Unglücklicher Schwärmer, jetzt hängst du am Kreuz
Als warnendes Exempel!" (VII, 605f)

(3) An der Jesus-Figur thematisiert Heine aber auch eine durch das Christentum verschuldete *Verlustgeschichte*. Gewiß: dieser Jude Jesus habe mit seinem Kreuz die Götter der Antike verscheucht, um den Preis freilich, daß die Welt nun grau und dunkel geworden sei. „Es gab keine glücklichen Götter mehr, der Olymp wurde ein Lazarett wo geschundene, gebratene und gespießte Götter langweilig umherschlichen, und ihre Wunden verbanden und triste Lieder sangen. Die Religion gewährte keine Freude mehr, sondern Trost; es war eine trübselige, blutrünstige Delinquentenreligion" (III, 492 f).

Deshalb will er, Heine, der die alten Götter, wie er in seinem Gedicht „Die Götter Griechenlands" bekennt, nie geliebt habe, für die besiegten Götter noch einmal kämpfen: „für euch und eur gutes, ambrosisches Recht" (I, 207). Kämpfen will er also für den *verlorenen Anteil von Sinnlichkeit und Freude in der Religion,* wider die Leib- und Sinnenfeindlichkeit, wider den Spiritualismus und Asketismus des späteren Christentums.

5. Der „andere Heine": Solidarität, nicht Ironie

Halten wir einen Moment inne, bevor die Schilderung von Heines Entwicklung fortgesetzt wird. Denn berichtet werden muß an dieser Stelle auch von einem „anderen" Heine, den man normalerweise nicht zu Gesicht bekommt. Denn gerade auf der Reise durch Italien kommt es bei Heine zu einer verschärften Wahrnehmung der *Doppelgesichtigkeit* aller Religion. Der gleiche Heine, der die Ablösung der antiken „Festtagsgötter" durch den „bleichen, bluttriefenden Juden mit einer Dornenkrone auf dem Haupte, und mit einem großen Holzkreuz auf der Schulter" als Befreiung *und* Verlust beschreiben kann, der in aller ironischen Zweideutigkeit darüber reflektiert, ob die „Delinquentenreligion" des gekreuzigten Juden vielleicht für die „erkrankte und zertretene Menschheit" nötig sei nach der Devise: „Wer seinen Gott leiden sieht, trägt leichter die eignen Schmerzen" (vgl. III, 492 f), der gleiche Heine reagiert merkwürdig unironisch betroffen, als ihm in der Nähe von Lucca ein *Mönch* begegnet. Viel zu wenig wird in der Heine-Literatur wahrgenommen, daß sich die literarische Meisterschaft Heines in solch kleinen, aber symbolischen Szenen offenbart, daß Heine als Schriftsteller interpretiert werden will und nicht als Quasi-Philosoph, aus dessen Werk man eine Textcollage herausschneidet, um dann abstrahierend seine „Ideen", gar sein System herauszupräparieren.

Nicht zufällig setzt Heine an den Beginn des vierten Kapitels von „Die Stadt Lucca", in dem seine Polemik gegen das „katholische Pfaffentum" einen Höhepunkt erreicht, eine symbolische Episode: „Ich weiß nicht, ob der Mönch, der mir unfern Lucca begegnete, ein frommer Mann ist. Aber ich weiß, sein alter Leib steckt arm und nackt in einer groben Kutte, jahraus jahrein; die zerrissenen Sandalen können seine bloßen Füße nicht genug schützen, wenn er, durch Dorn und Gestrippe, die Felsen hinauf klimmt, um droben, in den Bergdörfern, Kranke zu trösten oder Kinder beten zu lehren; – und er ist zufrieden, wenn man ihm dafür ein Stückchen Brot in den Sack steckt, und ihm ein bißchen Stroh gibt, um darauf zu schlafen. ,Gegen *den* Mann will ich nicht schreiben', sprach ich zu mir selbst. ,Wenn ich wieder zu Hause in Deutschland, auf meinem Lehnsessel, am knisternden Öfchen, bei einer behaglichen Tasse Tee, wohlgenährt und warm sitze, und gegen die katholischen Pfaffen schreibe – gegen *den* Mann will ich nicht schreiben' " (III, 483f).

Ja, es gibt den doppelgesichtigen, den janusköpfigen Heine. Es gibt diesen „anderen Heine", einen Heine, der die „uneinnehmbare Festung Ironie" zeitweilig verlassen kann, um eine subjektive Betroffenheit zu zeigen, die er unter der Maske der Ironie oft gerade verbirgt. Noch deutlicher und grundsätzlicher die Szene am Ende des 5. Buches der „Stadt Lucca", wo Heine einen anderen Mönch beschreibt, der krank, alt und ärmlich aussieht und dem der Tod zu folgen scheint: „,Gegen *den* Mann will ich auch nicht schreiben', dacht ich, als ich den armen, bleichen Priester sah, dem der leibhaftige Tod zu Bette leuchtete. Ach! man sollte eigentlich gegen niemanden in dieser Welt schreiben. Jeder ist selbst krank genug in diesem großen Lazarett, und manche polemische Lektüre erinnert mich unwillkürlich an ein widerwärtiges Gezänk, in einem kleineren Lazarett zu Krakau, wobei ich mich als zufälliger Zuschauer befand, und wo entsetzlich anzuhören war, wie die

Kranken sich einander ihre Gebrechen spottend vorrechneten" (III, 491f).

Daß Heine selber gegen diese Einsicht handelte, als er gegen die deutschen Dichter der „Romantischen Schule", gegen Platen, vor allem aber gegen Ludwig Börne heftig polemisierte, ist hinlänglich bekannt. Der andere Heine aber, der zu entdecken wäre, der schonende, milde, solidarische Heine, hat die Fähigkeit, *situativ* zu denken und seine grundsätzlichen Positionen von den betroffenen Menschen her noch einmal zu relativieren. Diese *Relativität* ergibt sich für Heine *aus der Wahrnehmung der Opfer,* der unschuldig Leidenden, der Erniedrigten und Beleidigten. Die von Heine beschriebenen Mönche machen gerade nicht als Vertreter des katholischen Systems betroffen („objektiv" werden diese Mönche als Vertreter des Systems durchschaut), sondern als Opfer. Ihre Bedürfnis- und Anspruchslosigkeit gibt ihnen ein hohes Maß an Glaubwürdigkeit, ihre *Funktion für andere,* denen es ebenso dreckig geht wie ihnen, gibt ihnen ein eigenes Recht und eine eigene Würde. Gegen diese Mönche zu schreiben hieße diese Würde verletzen, die Menschen mit dem System zu identifizieren, zu Funktionsträgern zu degradieren und so einem objektiven Zynismus zu verfallen. Diese *Authentizität der Niedrigkeit* erzwingt die Frage nach dem eigenen Lebensstil: Wer hinter dem Ofen behaglich seinen Tee trinkt, sollte über Geschundene (auch wenn sie die Kutte tragen) nicht spotten; wer selber krank ist, sich nicht über Kranke mokieren. Heine aber war in seiner Religionskritik ein Polemiker und Satiriker – ein Zyniker war er nie.

6. „HELLENE" GEGEN „NAZARENER": HEINES
   PANTHEISTISCHER GLAUBE

Die Grundpositionen der Heineschen Auseinandersetzung mit Religion bilden sich also in den Jahren zwischen 1822 und 1828. Was er in den nächsten zwanzig Jahren von Paris aus schreiben wird (seit Mai 1831 lebt er dort), sind Verschärfungen, Vertiefungen, Ausweitungen des historischen Blickwinkels, kaum aber Änderungen in der Substanz. Die vier Hauptschriften

Heines aus den dreißiger Jahren, die eine engagierte Auseinandersetzung mit Religion enthalten, „Die Romantische Schule", „Zur Geschichte der Religion und Philosophie in Deutschland", „Elementargeister" (alle 1835) sowie das Buch über „Ludwig Börne" (erschienen 1840), verlängern die Perspektiven des Autors, die seit den zwanziger Jahren feststehen, und verschärfen sie politisch.

Losgelassen haben ihn die Fragen der Religion schon deshalb nie, weil Heine sich stets auch seiner *christlichen Kritiker erwehren* mußte. Viel an Bitterkeit gegenüber der „positiven Religion" erklärt sich bei Heine aus der Verteidigung gegen seine im Namen der Religion, argumentierenden Gegner: „Und immer ist es die Religion, und immer die Moral, und immer der Patriotismus, womit alle schlechten Subjekte ihre Angriffe beschönigen" (IX, 31). Diese unheilige Dreieinigkeit aus Religion, Moral und Vaterlandsliebe war Heine vor allem in der Auseinandersetzung mit dem Germanisten Wolfgang Menzel begegnet. Auch hier wehrt sich Heine dadurch, daß er den Stifter des Christentums gegen die Verwalter der Christenheit beansprucht: „Wenn einst das Christentum wirklich zu Grunde ginge (vor welchem Unglück uns die ewigen Götter bewahren wollen!), so würden es wahrlich nicht seine Gegner sein, denen man die Schuld davon zuschreiben müßte. Auf jeden Fall hat sich unser Herr und Heiland, Jesus Christus, nicht bei Herrn Menzel und dessen bayrischen Kreuzbrüdern zu bedanken, wenn seine Kirche auf ihrem Felsen stehen bleibt", so nachzulesen in der Schrift „Über den Denunzianten" 1837 (IX, 31).

Aber in dieser Phase zwischen 1831 und 1848 kommt es zu einer entscheidenden politisch-religiösen Radikalisierung, zu einem *neuen Glauben* bei Heine. In den „Englischen Fragmenten" hatte er noch von der Freiheit als der „Religion der neuen Zeit" abstrakt-utopisch geschwärmt, die seit der Französischen Revolution angebrochen sei. Jetzt in Paris – wohin er nicht zuletzt wegen seiner Begeisterung für die neue Französische Revolution (1831) gegangen war, wurde er Anhänger des Saint-Simonismus und glaubt in ihm nun eine sensualistisch-diesseitige, *das gesamte Leben integrierende Erlösungs- und Heilslehre* gefunden zu haben.[15] Davon überzeugt, daß „durch die Fortschritte der Industrie und Ökonomie, es möglich geworden die Menschen aus ihrem materiellen Elende herauszuziehen und auf Erden zu beseligen"[16], beginnt er seine früheren, in der Sprache religiöser Utopien beschriebenen Visionen von einer neuen Menschheit zu verdiesseitigen, seine eschatologischen Erwartungen nun mit gesellschaftlicher Realisierung zu verknüpfen.

Diese *Kehre aber von der Utopie zur Tat*, von der Vision zur Politik, war keine Absage an Religion. Martin Walser hat recht, wenn er in seinem Heine-Essay feststellt, daß Heine „ununterbrochen religiös" gewesen sei, daß er „alles, was er trieb, religiös betrieben" habe[17]. Im Gegensatz zu allen Sozialrevolutionären kämpfte Heine – wie er in „Religion und Philosophie in Deutschland" schreibt – „nicht für die Menschenrechte des Volks, sondern für die Gottesrechte des Menschen ... Wir wollen keine Sansculotten sein, keine frugale Bürger, keine wohlfeile Präsidenten: wir stiften eine Demokratie gleichherrlicher, gleichheiliger, gleichbeseligter Götter" (V, 570)!

Seltsam: Zum *zweiten Mal leiht* sich *Heine Religion*, diesmal nicht zum Zwecke parodistischer Distanz, sondern der enthusiastisch-ästhetischen *Steigerung und Überhöhung* seiner politischen Ideen. Mit dem ganz unironischen Gestus des *Propheten* einer neuen Zeit, mit dem distanzlosen Eifer eines *Apostels* einer neuen Religion, mit der ernsten Leidenschaft eines *Tribuns* für eine neue Politik strebt er eine neue Synthese an: „Zu gleicher Zeit Künstler, Tribun und Apostel"; „keinen Unterschied machen zwischen Leben und Schreiben, nimmermehr die Politik trennen von Wissenschaft, Kunst und Religion". So plädiert er jetzt für eine neue *Religion der Freude*, die er mit Hilfe religiösen Vokabulars nicht enthusiastisch genug beschreiben kann. Von der „ganzen Liturgie unserer heiligsten Ideen" ist jetzt bei ihm die Rede, von „Evangelium" und „Offenbarung", vom „großen Welterlösungswort" und dem „allgemeinen Heil"[18].

Anders und grundsätzlicher gesagt: Bei Heine erreicht der typisch neuzeitliche *Prozeß der Säkularisierung des Religiösen* und der *Sakralisierung des Profanen* zum Zwecke der politisch-gesellschaftlichen Veränderung einen frühen Höhepunkt im 19. Jahrhundert. Seine geistige Grundposition bringt er jetzt

mit der strengen *Antithese von „Hellene" und „Nazarener"*
zum Ausdruck – auf den ersten Blick verwirrende Chiffren.
Aber Heine will damit Grundhaltungen benennen, keine reli-
giösen Parteien. Juden und Christen können für ihn gemeinsam
„Nazarener" sein, und es können sich umgekehrt auch unter
Juden und Christen „Hellenen" finden. In der Schrift gegen
Börne heißt es ausdrücklich: „Alle Menschen sind entweder
Juden oder Hellenen, Menschen mit ascetischen, bildfeindli-
chen, vergeistigungssüchtigen Trieben oder Menschen von
lebensheiterem, entfaltungsstolzem und realistischem Wesen"
(VII, 18).
Rehabilitation des Fleisches, Verwirklichung des Himmels auf
Erden, Gottesrechte des Menschen, zum „Erlöser Gottes" wer-
den, indem man „Gott, der auf Erden im Menschen wohnt,
aus seiner Erniedrigung" errettet (VII, 575): das sind die
Schlüsselworte der neuen Religion der Freude. Und „alle
Motive seiner Freuden-Religion", so faßt Dolf Sternberger
zusammen, „das Hellenistische, das Antichristliche, das ‚Serafi-
sche', das Utopische, die Vergöttlichungs-Phantasie in jeglicher
Gestalt, ja die Vorstellung von ‚Emanzipation', die er so lange
hegte, und vom ‚Befreiungskampf der Menschheit', alle lassen
sich in diesem Punkt versammeln: die Abschaffung der Sünde,
nämlich des Sündenbewußtseins, das Ziehen des Pfahls aus
dem Fleische, die Lösung vom Moralgesetz und die Entthro-
nung des jenseitigen Gesetzgebers, die Stiftung rein menschlicher autonomer Glückseligkeit"[19]. Schlüsseltext dafür ist die
Passage aus "Deutschland. Ein Wintermärchen":

> „Es wächst heran ein neues Geschlecht
> Ganz ohne Schminke und Sünden,
> Mit freien Gedanken, mit freier Lust –
> Dem werde ich alles verkünden" (VII, 642).

Und in einem der am wenigsten verschlüsselten Gedichte über
den Saint-Simonismus zu Beginn der dreißiger Jahre, dann
aufgenommen in die „Neuen Gedichte" (1844), liest sich das
Glaubensbekenntnis dieser Phase so:

„Auf diesem Felsen bauen wir
Die Kirche von dem dritten,
Dem dritten neuen Testament;
Das Leid ist ausgelitten.

Vernichtet ist das Zweierlei,
Das uns so lang betöret;
Die dumme Leiberquälerei
Hat endlich aufgehöret.

Hörst du den Gott im finstern Meer?
Mit tausend Stimmen spricht er.
Und siehst du über unserm Haupt
Die tausend Gotteslichter?

Der heilge Gott der ist im Licht
Wie in den Finsternissen;
Und Gott ist alles was da ist;
Er ist in unsern Küssen" (VII, 325).

Deutlich wird vollends: Im Gegensatz zu allen Sozialpolitikern Börnescher oder Marxscher Provenienz formuliert Heine seine politischen Ideen in der „Bildersprache eines sensualistisch-sozialen Pantheismus"[20]. Und viel zu wenig wird beachtet, daß die religiöse Metaphorik, mit der Heine seine Programmatik vorträgt, kein überflüssiges, einem Künstler-Enthusiasmus entstammendes Dekor ist und deshalb nicht als „religiöse Überreste" (G. Lukács) abgetan werden kann, sondern als die Einforderung eines „Mehr" an humaner Vervollkommnung verstanden werden muß, die mit Sozialpolitik gerade nicht ausgeschöpft ist.

Hier lag schließlich der *tiefste Dissenspunkt* zwischen Börne sowie Marx auf der einen und Heine auf der anderen Seite. *Religion* ist für Heine in dieser Zeit nicht bloß Ideologie des von sich selbst entfremdeten Menschen, die endlich in konkrete Politik überführt werden muß. Religion ist für Heine Ausdruck einer durch Politik gerade nicht auflösbaren *Utopie des Menschen von sich selbst.* Der von ihm betonte Unterschied zwischen den „Menschenrechten des Volkes" und den „Gottesrechten des Menschen" ist kein gradueller, sondern ein fundamentaler. Er zeigt die Differenz zu allem politischen, sozialrevolutionären Pragmatismus, verhindert die Reduzierung des Humanum auf das Politisch-Gesellschaftliche und fordert eine *integrale Humanität,* bei der sich das Politische mit dem Privaten, das Gesellschaftliche mit dem Ästhetischen, die Arbeit mit der Schönheit verschwistert. Als Heine freilich nach 1848 begriff, „daß die Revolution der Deutschen am Ende nicht die Verwirklichung seines eudämonistischen Freiheitstraums bringen würde"[21], geriet er in eine *dritte Isolation:* neben der nationalen und religiösen nun auch in die politisch-ästhetische.

7. „UMWANDLUNG": HEINE ALS „ARMER TODTKRANKER JUDE"

Harter Schnitt. Szenenwechsel. Am 15. April 1849 schreibt Heine: „In manchen Momenten, besonders wenn die Krämpfe in der Wirbelsäule allzu qualvoll rumoren, durchzuckt mich der Zweifel, ob der Mensch wirklich ein zweybeiniger Gott ist, wie mir der selige Professor Hegel vor fünfundzwanzig Jahren in Berlin versichert hatte. Im Wonnemonath des vorigen Jahres mußte ich mich zu Bette legen, und ich bin seitdem nicht wieder aufgestanden. Unterdessen, ich will es freimütig gestehen, ist eine große *Umwandlung* mit mir vorgegangen. Ich bin kein göttlicher Bipede mehr; ich bin nicht mehr der ,freyeste Deutsche nach Goethe', wie mich Ruge in gesünderen Tagen genannt hat; ich bin nicht mehr der große Heide Nr. 2, den man mit dem weinlaubumkränzten Dionysos verglich ... ich bin kein lebensfreudiger, etwas wohlbeleibter Hellene mehr, der auf trübsinnige Nazarener weiter herablächelte – ich bin jetzt nur ein armer todtkranker Jude, ein abgezehrtes Bild des Jammers, ein unglücklicher Mensch!"[22]
Wir sind hier am *schwierigsten und umstrittensten Punkt in Heines Verhältnis zur Religion:* der sogenannten Bekehrung des späten Heine. Viel ist hier hineingelesen worden, was aus kirchlich-theologischem, viel ist hier bestritten und heruntergespielt worden, was aus religionskritischem Wunschdenken kam. Wir wollen uns an die Zeugnisse halten (nachzulesen im Nachwort zu „Romanzero" 1851; in der „Vorrede zur zweiten Auflage von ,Zur Geschichte der Religion und Philosophie in

Deutschland'" 1852, in „Geständnisse" 1854 oder in Briefen)
und sie der Autorintention entsprechend zu interpretieren versuchen.
Tatsache ist:
(1) Von Mai 1848 an leidet Heine an einer unheilbaren Krankheit, der Rückenmarkschwindsucht, die Lähmungen von
Augenlidern, Händen, Füßen und Beinen mit sich bringt. Die
Beine sterben ab, und der ganze Körper schrumpft allmählich
zusammen auf das Maß eines Kindes. Acht qualvolle Jahre lang
– bis zu seinem Tod am 17. Februar 1856 – hält diese entsetzliche
Krankheit ihn ans Bett gefesselt, das Heine nur noch als seine
„Matratzengruft" beschreiben kann.
(2) Diese neuen Erfahrungen mit sich selbst, das heißt mit der
Gebrechlichkeit und Kreatürlichkeit seines Körpers, führen bei
Heine zu *neuen Erfahrungen mit dem Gott seiner jüdischen
Ahnen*, dem Gott des Alten Testamentes: „Wer seinen Gott
verloren hat, der kann ihn in diesem Buche wiederfinden, und
wer ihn nie gekannt, dem weht hier entgegen der Odem des
göttlichen Wortes" (V, 512). Diese *Hinwendung zum persönlichen Gott der Bibel* ist verbunden mit einer dreifachen Absage:
a. *Absage an den Atheismus:* In den „Geständnissen" (1854)
schildert Heine die politischen Hintergründe seines „Rück-
tritts", die eng mit seiner Distanz zur kommunistischen Bewegung zu tun haben: „Als ich sah, daß Schmierlappen von Schu-
ster- und Schneidergesellen in ihrer plumpen Herbergsprache
die Existenz Gottes zu leugnen sich unterfingen – als der
Atheismus anfing, sehr stark nach Käse, Branntwein und Tabak
zu stinken: da gingen mir plötzlich die Augen auf, und was
ich nicht durch meinen Verstand begriffen hatte, das begriff
ich jetzt durch den Geruchssinn, durch das Mißbehagen des
Ekels, und mit meinem Atheismus hatte es, gottlob! ein Ende"
(XI, 467).
b. *Absage an den Pantheismus:* „Auf meinem Wege", läßt
Heine im Nachwort zu „Romanzero" (1851) seine Leser wissen, „fand ich den Gott der Pantheisten, aber ich konnte ihn
nicht gebrauchen. Dies arme träumerische Wesen ist mit der
Welt verwebt und verwachsen, gleichsam in ihr eingekerkert,
und gähnt dich an, willenlos und ohnmächtig ... Wenn man
nun einen Gott begehrt, der zu helfen vermag – und das ist

doch die Hauptsache – so muß man auch seine Persönlichkeit, seine Außerweltlichkeit und seine heiligen Attribute ... annehmen" (XI, 182f). Nein, der Gott der Pantheisten war für Heine unter den neuen Bedingungen „im Grunde gar kein Gott", so „wie überhaupt die Pantheisten eigentlich nur verschämte Atheisten" seien (XI, 183).

c. *Absage an Kirchlichkeit:* Kaum hatten sich Meldungen über Heines religiöse Wandlung in Deutschland herumgesprochen, schossen die Gerüchte ins Kraut. Heine sei kirchlicher geworden, hieß es, gar zum Katholizismus konvertiert! Hatte er sich nicht immerhin 1841 katholisch trauen lassen mit dem Zugeständnis, auch seine Kinder katholisch erziehen zu wollen? Schon muß Heine sich gegen solch „christliche Zudringlichkeit", solche fromme Indiskretion zur Wehr setzen: Seine religiösen Überzeugungen seien „frei geblieben von jeder Kirchlichkeit" (XI, 184), betont er. In Sachen Dogma und Kultus sei er „derselbe geblieben", der er immer gewesen sei (XI, 488f), „nach Damaskus", um wie Saulus ein Paulus zu werden, sei er nie gereist (V, 511). Ja, Heine muß versichern, daß er der Vernunft nie entsagt, nie abgeschworen habe. Tatsache ist also:

(3) Heine *durchschaut* auch hier die *Macht- und Vereinnahmungsmechanismen* der Frommen, die seine angebliche Bekehrung zum Zwecke ihrer Selbstbestätigung ausnutzen. Und so tut Heine alles, um die Vereinnahmung seiner „Umwandlung" für eine religiöse oder kirchliche Ideologie zu verunmöglichen. Seine Stilmittel sind auch hier Selbstparodie, Eigenironie und das Verwischen der Grenzen von Rolle und Realität. Schon in seiner „Geschichte der Religion und Philosophie in Deutschland" 1834 hatte er geschrieben: „Auf dem Totenbette sind so viele Freidenker bekehrt worden – aber macht nur kein Rühmens davon! Diese Bekehrungsgeschichten gehören höchstens zur Pathologie und würden nur schlechtes Zeugnis geben für Eure Sache" (V, 634). Und deshalb ist die Terminologie, die Heine wählt, wohl zu beachten: Er redet von seiner „Umwandlung" (V, 511), seiner „Rückkehr" („ich bin zurückgekehrt zu Gott, wie der verlorene Sohn, nachdem ich lange Zeit bei den Hegelianern die Schweine gehütet": XI, 182). Heine redet von „Wiedererweckung" des „religiösen Gefühls", wis-

send um den Ideologieverdacht. Er ist „*dennoch*" *religiös*. Warum?

(4) Die Antwort kann nur lauten: Heine brauchte jetzt Gott. Besser: *Er brauchte in seiner Krankheit das Sprechen von Gott*, brauchte – nüchtern gesagt – Gott als Adressaten seiner Klage, seines Schreis, seines Protestes, seiner Fragen. Es ist die „Verzweiflung des Leibes", wie er an Laube schreibt, die ihn sagen läßt: „Gottlob, daß ich jetzt wieder einen Gott habe, da kann ich mir doch im Übermaß des Schmerzes einige fluchende Gotteslästerungen erlauben; dem Atheisten ist eine solche Labung nicht vergönnt."[23] Er blieb auch hier theologisch ein „Pragmatist", wie der Jude Ernst Simon mit Recht feststellt: Der „elend gewordene Heine braucht einen persönlichen Gott, ,der zu helfen vermag – und das ist doch die Hauptsache'"[24]. Deshalb, weil Heine jetzt reden mußte, wovon er nicht länger schweigen wollte, und weil er jemanden brauchte, *zu* dem er reden konnte, wird ihm das Buch wieder wichtig, das er lange nicht mehr gelesen hatte: die *Bibel*. Für dieses Buch findet er jetzt die zärtlichsten Vergleiche; es sei „wie die Sonne, die uns wärmt, wie das Brot, das uns nährt; ein Buch, das so traulich, so segnend gütig uns anblickt, wie eine alte Großmutter" (V, 512). Merkwürdige Erfahrungen macht er mit sich: „Nachdem ich mein ganzes Leben hindurch mich auf allen Tanzböden der Philosophie herumgetrieben, allen Orgien des Geistes mich hingegeben, mit allen möglichen Systemen gebuhlt, ohne befriedigt worden zu sein ... jetzt befinde ich mich plötzlich auf demselben Standpunkt, worauf auch der Onkel Tom steht, auf dem der Bibel, und ich kniee neben dem schwarzen Betbruder nieder in derselben Andacht" (XI, 480). Eine merkwürdige Szene in der Tat: der verlorene jüdische Sohn Seite an Seite mit seinem schwarzen christlichen Bruder – vereint im Gebet!

(5) Die religiöse Grundhaltung, zu der Heine findet, hat freilich mit demütiger Schicksalsergebenheit, frommer Anpassung, Kapitulation der Vernunft vor dem Dogma, Zukreuzekriechen eines Ex-Ketzers im Angesicht der Not nichts zu tun. Es ist gerade nicht die „typische Tragödie des bürgerlichen Atheisten" (G. Lukács). Denn *Heines Weise, religiös zu sein, geht weiterhin zusammen mit Skepsis* gegenüber der Schöpfung, mit Fragen an Gott, mit Rebellion gegen die Ordnung, mit Infragestellung

des Status quo. Das spezifisch Heinesche, das ihn aus der Literaturgeschichte des 19. und 20. Jahrhunderts heraushebt, liegt gerade darin, daß sich in seiner Weise, religiös zu sein, *Demut und Rebellion*, Hinnahme des Unabänderlichen und Widerstand dagegen, Akzeptanz und Infragestellung Gottes zugleich verschmelzen. Gewiß, es geht um eine „Rückkehr" zu Gott. Aber um eine Rückkehr im Akt des Protestes, eine „Umwandlung" in Form des Widerstandes, eine „Wiedererweckung" im Gewande der Rebellion. Es ist eine Rückkehr zu Gott, bei der der verlorene Sohn den Vater angesichts des Elends der Welt zur Rede stellt. Eine Rückkehr also *nicht* mit der demütigen Bitte um Vergebung, sondern mit brennenden Fragen auf den Lippen:

„Warum schleppt sich blutend, elend,
Unter Kreuzlast der Gerechte,
Während glücklich als ein Sieger
Trabt auf hohem Roß der Schlechte?

Woran liegt die Schuld? Ist etwa
Unser Herr nicht ganz allmächtig?
Oder treibt er selbst den Unfug?
Ach, das wäre niederträchtig.

Also fragen wir beständig,
Bis man uns mit einer Handvoll
Erde endlich stopft die Mäuler –
Aber ist das eine Antwort?" (XI, 201 f)

Nein, ein solcher Text (aus dem Zyklus „Zum Lazarus") ist nicht das reuige „Pater peccavi" des verlorenen Sohnes, sondern das hiobartige „Vater, warum muß das so sein?", in knappe, karge, vollendet kurze Verse gebracht. Anders gesagt: Die Krankheit legt in Heine eine Schicht melancholischer Kargheit, trauernder Lakonie frei, die für religiöse Lyrik ihresgleichen sucht.
(6) Die Weise also, wie dieser „todkranke Jude", Lazarus und Hiob zugleich, mit Gott redet, hat mit „theologischer Beschwichtigung" nichts gemein. Heine „beugte" sich nicht.[25] Daraus freilich zu folgern, „Gottvater" habe „an diesem nicht gerade reuigen Sünder kaum großes Vergnügen haben" können,

weil er von Heine wie ein „Spielkamerad" benutzt werde (L. Marcuse), unterschätzt diesen Gott und Vater doch erheblich. Nein: daß Heine auch in seiner Krankheit noch mit Gott ironisch, spöttisch, geistreich umgehen kann, hat weniger damit zu tun, daß hier mit Gott gespielt wird, sondern mit der Freiheit des Menschen auch vor Gott, die in der biblischen Hiob-Freiheit begründet ist. So lautet denn einer der Schlüsseltexte aus dieser Zeit „*Miserere*":

„O Gott, verkürze meine Qual,
Damit man mich bald begrabe;
Du weiß ja, daß ich kein Talent
Zum Martyrtume habe.

Ob deiner Inkonsequenz, o Herr,
Erlaube, daß ich staune:
Du schufest den fröhlichsten Dichter, und raubst
Ihm jetzt seine gute Laune.

Der Schmerz verdumpft den heitern Sinn
Und macht mich melancholisch;
Nimmt nicht der traurige Spaß ein End,
So werd ich am Ende katholisch.

Ich heule dir dann die Ohren voll,
Wie andre gute Christen –
O Miserere! Verloren geht
Der beste der Humoristen!"(XI, 332f)

Gerade dieser Text zeigt, daß Heine noch fähig war, ein Gespräch mit Gott in verschiedenen Rollen zu führen: „Manchmal als duldender christlicher Lazarus, manchmal als aufbegehrender jüdischer Hiob, zuletzt unter immer stärkerer Identifikation mit dem leidenden ‚nazarenischen' Jesus", so Ernst Simon zu Recht.[26] Aber über das „Christusantlitz", das Besucher bei diesem Mann in der Matratzengruft zu erkennen glaubten, huschte noch immer das „Lachen des Mephistopheles". In der Tat: Als letzte „Rolle" Heines erscheint die des *leidenden Christus, eines Christus mit Mephistolächeln.*[27]
(7) Die Rückkehr zu Gott hatte bei Heine folglich nichts mit frommer Bekehrung zu tun. Auch nach der Rückkehr bleiben

die Widersprüche der Welt, muß *Gott mit seiner Schöpfung noch versöhnt werden!* Denn die Rückkehr zu Gott löste für Heine keine Probleme, sondern schuf neue. Warum die Schöpfung so ist, wie sie ist, blieb eine unbeantwortete Frage. Von daher – folgen wir Wolfgang Preisendanz – erklärt sich die Suche nach Schöpfungsformeln im Werk Heines, das häufige Auftreten von „Schöpfungsliedern" (VII, 356–59), Reflexionen über den Sinn von Schöpfung überhaupt (vgl. XI, 625)[28]. Schon in der Gedichtsammlung „Nordsee" ist von der „großen Gottesironie" die Rede; in den „Bädern von Lucca" von der „Ironie des großen Weltbühnendichters", in der „Stadt Lucca" von der „Weltironie", in den „Geständnissen" von einem möglichen „Spaß Gottes" an dem Elend der Welt. Dies zeigt deutlich: Für Heine war eine Hegelsche Aufhebung aller Widersprüche, Brüche und Disharmonien der Welt in eine große Weltsynthese nicht mehr nachvollziehbar. Leben, Gesellschaft und Geschichte stehen ein für allemal im Zeichen der „Weltironie". Vielleicht war es wirklich die „letzte und schaurigste Leistung Heines" daß er „das Gift des Zweifelns, das er im Buch Hiob destilliert fand, nicht vorzeitig ausgeschieden hat, daß er es um sich fressen ließ, bis ins Mark (...), daß doch gerade die Blasphemie dadurch religiös wird, daß sie nicht aufhört, auf Rechtfertigung des Leidens zu dringen. Ironisch schlägt die religiöse Ergebung in Lästerung um, ironisch verkehrt sich aber die Blasphemie in Demut."[29] In der Tat scheint dies das Besondere der letzten Phase Heines: ein eigentümliches geistiges Amalgam von Blasphemie *und* Demut, Ironie *und* Gottesglaube. Im Gespräch über eines seiner Lazarus-Gedichte soll der späte Heine einmal auf den Vorwurf, das Gedicht könne atheistisch genannt werden, lächelnd geantwortet haben: „Nein, nein, religiös; blasphemisch-religiös"![30]

(8) Die „Umwandlung" Heines kann theologisch demnach nur als *Wiederfinden des rechten Maßes zwischen Gott und Mensch,* Schöpfer und Geschöpf, Kreator und Kreatur verstanden werden. Das frühe Jugendgedicht über den babylonischen König Belsatzar oder Nebukadnezar, der Gott frevelnd herausgefordert hatte, bekommt nun für den späten Heine den Charakter eines Schlüsseltextes für sein ganzes Leben. Jetzt erkennt er, daß er, als er noch gesund und feist gewesen sei und im „Zenit"

seines „Fettes" gestanden habe, so „übermütig" gewesen sei, „wie der König Nebukadnezar vor seinem Sturze" (V, 510). Nebukadnezar also als Archetyp des Menschen, der sein Maß verloren hatte, „der sich selbst für den lieben Gott hielt, aber von der Höhe seines Dünkels erbärmlich herabstürzte, wie ein Tier am Boden kroch und Gras aß – (es wird wohl Salat gewesen sein). In dem prachtvoll grandiosen Buch Daniel steht diese Legende, die ich nicht bloß dem guten Ruge, sondern auch meinem noch viel verstocktern Freunde Marx, ja auch den Herren Feuerbach, Daumer, Bruno Bauer, Hengstenberg und wie sie sonst heißen mögen, diese gottlosen Selbstgötter, zur erbaulichen Beherzigung empfehle" (V, 510).

Welche Verbindung sind Kritik und Glaube im literarischen Werk Heines eingegangen? So haben wir eingangs gefragt. Die *Antwort* kann jetzt lauten: Heinrich Heine ist Testfall eines im Medium der Literatur sich vollziehenden Denkens, das die Chancen und Utopien einerseits und die Krisen und Umbrüche des modernen Bewußtseins andererseits spiegelt und so der Religiosität eine kritisch-aufklärerische Bedeutung verschafft, die sie gegen die Einwände der klassischen Religionskritik resistenter macht.[31] Kurz: Nicht trotz, sondern wegen der großen Umbrüche in seinem Werk (von der parodistischen Distanz zur subjektiven Betroffenheit, von der ironisch-heiteren Selbstüberschätzung zur humanen Selbstrelativierung coram deo, von der geliehenen zur erlittenen Religion), nicht trotz, sondern wegen seiner Ausnahmeexistenz[32] in der dreifachen Isolation von Nation, Politik und Religion ist Heinrich Heine Testfall eines modernen Bewußtseins, das unter den Bedingungen der Aufklärung in neuer, gewandelter Weise religiös zu sein vermag. Wie dies im 20. Jahrhundert dann weiter aussieht, zeigen die folgenden Kapitel.

III. FRANZ KAFKA UND DIE UNHEIMLICHKEIT DER WELT

„Er ist ein freier und gesicherter Bürger der Erde, denn er ist an eine Kette gelegt, die lang genug ist, um ihm alle irdischen Räume freizugeben, und doch nur so lang, daß nichts ihn über die Grenzen der Erde reißen kann. Gleichzeitig aber ist er auch ein freier und gesicherter Bürger des Himmels, denn er ist auch an eine ähnlich berechnete Himmelskette gelegt. Will er nun auf die Erde, drosselt ihn das Halsband des Himmels, will er in den Himmel, jenes der Erde. Und trotzdem hat er alle Möglichkeiten und fühlt es; Ja, er weigert sich sogar, das Ganze auf einen Fehler bei der ersten Fesselung zurückzuführen."[1] Sind das die Äußerungen eines Mannes, dessen ganzes Werk buchstäblich ausgespannt zu sein scheint zwischen Himmel und Erde, dessen ganzes Werk offenbar durchdrungen war von religiösen Fragestellungen von dostojewskischem Tiefgang, dessen Sinnen und Trachten einzig darauf ging, mit Hilfe der Literatur die religiösen Grundfragen der Menschheit noch einmal zu illustrieren? Franz Kafka – ein Mann, der seine religiöse Programmschriftstellerei auf die Formel brachte: „Ich bemühe mich, ein richtiger Anwärter der Gnade zu sein. Ich warte und schaue"?[2] Ein Dichter, der seine Bestimmung darin sah, „das isolierte Sterbliche in das unendliche Leben, das Zufällige in das Gesetzmäßige hinüberzuführen"?[3] Franz Kafka, ein Mann, für den der Dichter noch „eine prophetische Aufgabe"[4] in dieser Welt zu erfüllen hatte?

1. KEIN RELIGIÖSER SCHRIFTSTELLER

Doch seltsam: Wer als Theologe auf den *Schriftsteller* Franz Kafka (1883–1924) zugeht, wer aus theologischer Neugierde in seinen Erzählungen und Romanen, seinen Novellen und Kurzprosatexten nach religiösen Themen, Figuren und Problemstellungen sucht, wird enttäuscht![5] Generationen von Theologen, die sich mit Enthusiasmus auf das Werk des Juden

Franz Kafka stürzten, haben übersehen, daß im gesamten literarischen Werk, sowohl in dem veröffentlichten als auch in dem unveröffentlichten, von spezifisch religiösen Themen, Figuren oder Problemstellungen gerade nicht die Rede sein kann.

Ganz selten, daß Franz Kafka direkt *religiöse Menschen* beschreibt, wie etwa jenen „Beter", um den eine der frühen Prosaskizzen kreist: „Gespräch mit dem Beter", publiziert im März/April 1909, als Kafka 26 Jahre alt war, oder wie jenen Gefängnisgeistlichen im Romanfragment „Der Prozeß", der den Helden Josef K. in ein Gespräch über seine Schuld verwikkelt, oder wie jenen Priester, der seine Meßgewänder zerzupft, wie er im „Landarzt" erwähnt ist. Aber schon hier wird deutlich, daß dieses Personal keine spezifisch religiöse, sondern eine milieuillustrierende Funktion hat: „Es gab eine Zeit, in der ich Tag um Tag in eine Kirche ging, denn ein Mädchen, in das ich mich verliebt hatte, betete dort kniend eine halbe Stunde am Abend, unterdessen ich sie in Ruhe betrachten konnte" – so z.B. beginnt der Prosatext „Gespräch mit dem Beter"[6], einem Beter, der die Aufmerksamkeit des Helden nicht erringt, weil er fromm wäre, sondern weil dieser Beter sich auf eine skurrile Weise in der Kirche beträgt. Und die Präsenz des Erzählers in der Kirche hatte nichts mit Gläubigkeit zu tun, sondern mit der Faszination für ein Mädchen.

Nicht anders bei religiös klingendem *Vokabular* in den Kafkaschen Prosatexten. Soll man angesichts der Tatsache, daß der Held der Erzählung „Die Verwandlung", Gregor Samsa, seinen „5-Uhr-Zug" verpaßt, auf das gebrochene Verhältnis Kafkas zum „Pentateuch", den 5 Büchern Mose, schließen oder bei dem ebenfalls verpaßten 7-Uhr-Zug „an die sieben letzten Worte vom Kreuz" denken, „die sieben Sakramente, die sieben Schmerzen der Muttergottes, die sieben christlichen Tugenden", wie ein abenteuerlich kombinierender Interpret es tat?[7] Oder soll man auf das Faktum, daß am Ende der Erzählung „Das Urteil", als Georg Brendemann unter dem Verurteilungsfluch seines Vaters bereits aus dem Hause eilt, eine Bedienerin, im Begriff, die Treppen hinaufzusteigen, den Namen „Jesus" ausruft, christliche Erlösungs-Kathedralen für den in den Tod sich stürzenden Helden bauen? Oder soll man aus der Tatsache, daß der Landvermesser K. zum Schloß keinen Zutritt erlangt, ja, daß er sich dieser rätselhaften Schloßwelt nicht einmal richtig nähern kann, folgern – wie Max Brod es tat –, hier werde genau das erzählt, was die Theologie „Gnade" nenne, die göttliche Lenkung des menschlichen Schicksals?[8] Ja, soll man aus der Tatsache, daß die Kafkaschen Schlüsselworte wie Urteil, Verwandlung, Gesetz, Botschaft, Brudermord, Prüfung, Heimkehr dem religiösen Bereich entstammen, folgern, hier sei ein religiöser Schriftsteller am Werke?

Nichts von alledem. Bei alldem handelt es sich um die Spätfolgen eines sprachlichen Säkularisierungsprozesses, der im Kafkaschen Werk einen seiner frühen Höhepunkte im 20. Jahrhundert erlebt hat. All diese Schlüsselworte, dem religiösen Bereich entnommen, haben Autonomie gewonnen in einem völlig säkularisierten Sprachraum, sind nicht religiös zu vereinnahmen, sondern in ihrer Funktion präzise interpretatorisch zu eruieren: „Ich war steif und kalt, ich war eine Brücke, über einem Abgrund lag ich. Diesseits waren die Fußspitzen, jenseits die Hände eingebohrt, in bröckelndem Lehm habe ich mich festgebissen. Die Schöße meines Rockes wehten zu meinen Seiten. In der Tiefe lärmte der eisige Forellenbach. Kein Tourist verirrte sich zu dieser unwegsamen Höhe, die Brücke war in den Karten noch nicht eingezeichnet. – So lag ich und wartete; ich mußte warten. Ohne einzustürzen kann keine einmal errichtete Brücke aufhören, Brücke zu sein" – so beginnt das Prosastück „Die Brücke" (von Mitte Dezember 1916)[9], in dem es nicht um die Beschreibung der Transzendenz, sondern der Grundsituation des Menschen geht, ausgespannt zwischen zwei Polen, buchstäblich über dem Abgrund hängend. Nein: Wer meint – in der Nachfolge Max Brods – die Kafkaschen Texte als allegorische Verschlüsselungen eindeutiger religiöser Botschaften interpretieren zu dürfen, wer meint, die Kafkasche Bildersprache in eine fixe theologische Nomenklatur überführen zu können, hat nichts von deren Komplexität verstanden. In welcher Weise aber ist Kafkas Werk von religiöser Bedeutung? Antwort: Man schaue auf sein Personal und die Art seiner Geschichten, und man wird langsam begreifen, worin die Bedeutung dieses Werkes auch für den religiösen Leser heute liegt.

2. Seine Personen: Menschen in Zwischenwelten

Es ist schon ein merkwürdiges *Personal*, das uns in den Kafkaschen Erzählungen begegnet – und zwar von Anfang an, als
der 25jährige Prager Jurist ab 1908 erste Arbeiten zu veröffentlichen beginnt. Hier ein Gespräch mit einem Beter, dort ein
Gespräch mit einem Betrunkenen; hier ein junger Kaufmann,
der sich eines Tages zum Tode verurteilt findet, dort ein Han-
delsreisender, der eines Morgens aufwacht und in einen Käfer
verwandelt ist; hier ein Landarzt, der zu einem Todkranken
gerufen wird und der selber am Ende den Tod findet, dort ein
Schuster wie in der Skizze „Ein altes Blatt", in dessen Stadt
die Nomaden hausen und der sich dem Untergang des Vaterlandes nicht entgegenstemmen kann.
Merkwürdige Gestalten in der Tat, die dieses Werk bevölkern:
ein *Lebewesen auf der Grenze von Affe und Mensch* wie in
„Ein Bericht für eine Akademie", dem die Rückkehr ins Affen-
dasein ebenso versperrt ist wie die Akzeptanz des vollen
Menschseins; ein *Offizier* auf der Grenze von Normalität und
Wahnsinn wie in der „Strafkolonie", der sich am Ende mit der
genial konstruierten Folterungsmaschine selber umbringt; ein
Trapezkünstler wie in der Erzählung „Erstes Leid", der sein
Trapez nicht mehr verlassen will und dessen ganzer Ehrgeiz
darin besteht, ein zweites Trapez für seine Übungen zu bekommen; ein *Hungerkünstler*, der die Speise nicht finden konnte,
die ihm schmeckte; ein Lebewesen auf der Grenze von Tod
und Leben wie der Jäger Gracchus, ein *Untoter*, der weiterleben
muß, weil er das letzte Schiff zur Abfahrt in das Jenseits verpaßt
hat.
Und immer wieder werden von Kafka *Junggesellen* beschrieben: nicht nur Georg Brendemann und Gregor Samsa, sondern
auch Josef K. und der Landvermesser, von Prosastücken wie
„Das Unglück des Junggesellen" oder „Blumenfeld, ein älterer
Junggeselle" gar nicht zu reden...
Alles in allem Figuren auf der Grenze bei Kafka, Bewohner
zweier Welten, Grenzgänger von Traum und Wirklichkeit,
Leben und Tod, Sein und Nichtsein oder Einsame, Reisende,
Menschen ohne Heimat, ohne Ruhe, ohne klare Identität. Sie
alle machen dieses Werk des Prager Juden so unverwechselbar.

Seltsam aber: Alle diese Gestalten, auch wenn sie zu Zwischen-welten gehören, sind Gestalten ohne große Fallhöhe, ohne spektakuläre Herkunft, ohne überragende Größe. Nicht *wer* sie sind, ist entscheidend, sondern was mit ihnen geschieht, was ihnen widerfährt, was an ihnen gezeigt werden kann. Anders gesagt: Jeder, der diesen Figuren begegnet, wird zu einer Überprüfung seiner bisherigen Maßstäbe gezwungen, wird selber in Zwischenräume gezogen, wo die normalen Gesetzmäßigkeiten aufgehoben zu sein scheinen, wird konfrontiert mit einer ganz anderen Sicht der Wirklichkeit. Genau das aber ist es, was seine Geschichten zeigen wollen: nicht kausal erklärbare Wandlungen, sondern plötzliche Ver-wand-lungen; nicht das entwickelte Urteilsvermögen gereifter Individuen, sondern deren plötzliche Ver-urteilung; nicht einen Lebensweg über viele biographische Stationen, sondern dessen plötzlichen Abbruch. „Zum letztenmal Psychologie", so lautet denn auch einer der Kafkaschen Aphorismen![10]

So oder ähnlich fangen bereits die *frühen Geschichten* Kafkas an, unspektakulär, den Alltag aufgreifend und Normalität suggerierend:

„Wenn man in der Nacht durch eine Gasse spazieren geht und ein Mann, von weitem schon sichtbar – denn die Gasse vor uns steigt an und es ist Vollmond –, uns entgegenläuft, so werden wir ihn nicht anpacken, selbst wenn er schwach und zerlumpt ist, selbst wenn jemand hinter ihm läuft und schreit, sondern wir werden ihn weiterlaufen lassen.

Denn es ist Nacht, und wir können nicht dafür, daß die Gasse im Vollmond vor uns aufsteigt, und überdies, vielleicht haben diese zwei die Hetze zu ihrer Unterhaltung veranstaltet, vielleicht verfolgen beide einen Dritten, vielleicht wird der Erste unschuldig verfolgt, vielleicht will der Zweite morden, und wir würden Mitschuldige des Mordes, vielleicht wissen die zwei nichts voneinander, und es läuft nur jeder auf eigene Verantwortung in sein Bett, vielleicht sind es Nachtwandler, vielleicht hat der erste Waffen.

Und endlich, dürfen wir nicht müde sein, haben wir nicht so viel Wein getrunken? Wir sind froh, daß wir auch den zweiten nicht mehr sehn."

So der frühe Prosatext „Die Vorüberlaufenden", erstmals gedruckt Anfang März 1908 in der Zeitschrift „Hyperion", als Kafka erste acht Prosastücke unter dem Titel „Betrachtung" publiziert.[11]

Charakteristisch für diese Szene – wie dann für das Kafkasche Prosawerk überhaupt – ist der Einsatz bei einem alltäglichen Vorgang, hier einem Nachtspaziergang. Doch dieser Nachtspaziergang wird nicht in aller Ruhe erzählt. Gleich zu Beginn wird mit Möglichkeiten („Wenn"-Sätze) gespielt, mit Hypothesen, wie man reagieren würde, wenn einem ein Mann entgegenliefe. Auf dieses Spiel mit immer neuen Möglichkeiten aber kommt es Kafka hier an. Denn mit diesen Möglichkeiten hat sich die Wirklichkeit verändert, so daß nun eine innere Dramaturgie in dem Spaziergänger der Nacht entsteht: Vielleicht, vielleicht, vielleicht ... Der nächtliche Spaziergänger umstellt sich also mit einem Wall von Hypothesen, die nur das eine Ziel haben, seine Distanz zu rechtfertigen und dem Angesprochensein auszuweichen. Aber klar ist: Einmal mit der Möglichkeit der Begegnung konfrontiert, ist die so sicher geglaubte eigene Wirklichkeit verstört, ist Unruhe in die abgesicherte Welt des Spaziergängers eingebrochen.

Ähnlich in der Skizze „Der Fahrgast", die ebenfalls bereits aus der Sammlung „Betrachtung" stammt:

„Ich stehe auf der Plattform des elektrischen Wagens und bin vollständig unsicher in Rücksicht meiner Stellung in dieser Welt, in dieser Stadt, in meiner Familie. Auch nicht beiläufig könnte ich angeben, welche Ansprüche ich in irgendeiner Richtung mit Recht vorbringen könnte. Ich kann es gar nicht verteidigen, daß ich auf dieser Plattform stehe, mich an dieser Schlinge halte, von diesem Wagen mich tragen lasse, daß Leute dem Wagen ausweichen oder stillgehn, oder vor den Schaufenstern ruhn. – Niemand verlangt es ja von mir, aber das ist gleichgültig.

Der Wagen nähert sich einer Haltestelle, ein Mädchen stellt sich nahe den Stufen, zum Aussteigen bereit. Sie erscheint mir so deutlich, als ob ich sie betastet hätte. Sie ist schwarz gekleidet, die Rockfalten bewegen sich fast nicht, die Bluse ist knapp und hat einen Kragen aus weißer kleinmaschiger Spitze, die linke Hand hält sie flach an die Wand, der Schirm in ihrer Rechten steht auf der zweitobersten Stufe. Ihr Gesicht ist braun, die Nase, an den Seiten schwach gepreßt, schließt rund und breit ab. Sie hat viel braunes Haar und verwehte Härchen an der rechten Schläfe. Ihr kleines Ohr liegt eng an, doch sehe ich, da ich nahe stehe, den ganzen Rücken der rechten Ohrmuschel und den Schatten an der Wurzel.

Ich fragte mich damals: Wieso kommt es, daß sie nicht über sich verwundert ist, daß sie den Mund geschlossen hält und nichts dergleichen sagt?"[12]

Auch hier ist der Ausgangspunkt wieder eine banale alltägliche Situation. Berichtet wird von einem Mann in einer Straßenbahn, von dem man überdies erfährt, daß er unsicher sei bezüglich seiner Stellung in der Welt, in der Stadt und in der Familie. Dieses Wort „Stellung" läßt aufhorchen. Der zufällige Standort in der Straßenbahn wird zum Absprungbrett für eine Reflexion über die Standortbestimmung des Helden überhaupt. Unsicherheit herrscht vor, Unklarheit über das Warum: Warum man überhaupt hier stehe, warum man sich überhaupt an der Halteschlinge festhalte, warum man sich überhaupt von diesem Wagen fahren lasse. Das ist das eine: Die *Warumfrage ist zum Rätsel geworden.* Und das andere: Selbst das Stellen der Warumfrage geschieht instanzenlos, wird von keinem mehr verlangt, ist somit gleichgültig geworden.

Doch dann kommt es zur Konfrontation mit einem beliebigen Mädchen, das soeben im Begriff ist, aus der Straßenbahn auszusteigen. Wie bei einer Kameraführung nimmt der Erzähler dieses Mädchen plötzlich ins Visier. Eine Großaufnahme entsteht, bei der auch die geringsten Details registriert werden und so eine merkwürdige Bedeutungsaura bekommen. Das aber ist das Entscheidende: Durch die exakte Registrierung all der Details am Körper dieses Mädchens, vom Rock über die Bluse bis zum Gesicht, der Nase, den Haaren und dem Ohr bekommt dieses konkrete Mädchen auf einmal eine seltsame Bedeutung, die nicht weiter aufgeschlüsselt, die aber durch die genaue Registrierung aller Details *suggeriert* wird. Das Erscheinen des Mädchens in der Straßenbahn wird zu einem Sinn-Ereignis, ohne daß dessen Sinn entschlüsselt würde. Das Mädchen wird zu einem Zeichen, ohne daß noch auf etwas verwiesen würde. Das Mädchen wird so zu einem Symbol, das aber Eindeutiges nicht mehr bedeutet. So endet dieses Prosastück mit der Rätselfrage, die die Projektion des Betrachters auf dieses Mädchen ist: die Verwunderung darüber, daß dieses Mädchen gar nicht verwundert ist über seine eigene Stellung in der Welt...

3. SEINE GESCHICHTEN: STRATEGIEN DER WIRKLICHKEITSVERRÄTSELUNG

Zwei Beispiele des frühen Kafka, die zeigen: Wer sich mit Kafkaschen Texten konfrontiert, wird nicht mit direkten religiösen Problemstellungen, der wird mit der Frage nach der Wirklichkeit überhaupt konfrontiert. Nach einer Wirklichkeit, die – wie in dem Text „Die Vorüberlaufenden" – von der Überfülle anderer Möglichkeiten konterkariert wird oder deren Sinn – wie in dem Prosatext „Der Fahrgast" – radikal in Frage steht. Anders gesagt: Nicht jenseits der Texte, sondern *in der Struktur der Texte selber liegt die Kafkasche Verrätselung der Wirklichkeit verborgen*. Die Texte verweisen nicht auf ein „Jenseits", auf ein noch zu entschlüsselndes metaphysisches Irgendwo, sondern brechen mit Hilfe der Erzählstrategie die eindimensionale, bisher so sicher geglaubte Wirklichkeit auf.

Nirgendwo hat Kafka, dieser Angestellte einer Versicherungsanstalt, diese Verunsicherungsstrategie virtuoser betrieben als in seiner ersten Erzählung „Das Urteil", die er nach eigenen Angaben in einer einzigen Nacht geschrieben hat, der Nacht vom 22. auf den 23. September 1912, und mit der sein eigentliches *Hauptwerk* beginnt.[13] Denn diese Erzählung hat man in ihrer grundsätzlichen Bedeutung nur dann verstanden, wenn man das Problem der *Perspektivenbrechungen* verstanden hat. Das Problem der Perspektivenbrechung aber ist das Problem der Wirklichkeitsdeutung schlechthin.

Wie harmlos fängt auch in dieser Erzählung alles an. Alles verbleibt zunächst im Raum des jungen Kaufmanns Georg Brendemann, der nach dem Tod seiner Mutter vor zwei Jahren mit seinem alten Vater nun in gemeinsamer Wirtschaft lebt. Wir erfahren, daß Georg soeben einem Freunde in Sankt Petersburg einen Brief geschrieben hat. Einem Freund, der ein

Geschäft in Petersburg betreibt, dem es wirtschaftlich aber schlecht geht und der zwischen Entfremdung in der neuen Heimat und Entfremdung durch eine mögliche Rückkehr in die alte Heimat hin und her schwankt. Georg selber war nach dem Tod der Mutter und dem Teilrückzug des Vaters aus dem Geschäft zu einem erfolgreichen Kaufmann geworden und hatte sich überdies mit einem Mädchen aus wohlhabender Familie verlobt. Aus Rücksicht wollte er dem Freund ursprünglich seine Erfolgsgeschichte verschweigen. Der Freund sollte nicht zu Neid angestachelt, seine Unzufriedenheit nicht noch gesteigert werden. Doch auf ausdrücklichen Wunsch der Verlobten teilt Georg seinem Freund das glückliche Ereignis der Verlobung mit und lädt ihn zugleich zur Hochzeit ein.

Das alles erfahren wir aus der *Perspektive von Georg,* all das sind Charakteristika, die uns in seinem Raum suggerieren: Bei Georg Brendemann handelt es sich um einen geschäftlich erfolgreichen, privat glücklichen jungen Mann, der sich nicht nur rührend um seinen alten Vater kümmert, sondern mit ebensoviel rührender Anteilnahme sich um das Schicksal seines Freundes sorgt, ja, der sich aus Taktgefühl eher zurücknimmt, eher bescheiden versteckt, als daß er in dem Freund Neidgefühle anstachelte. Mit diesen Informationen ausgestattet, geht nun der Leser zusammen mit Georg in einen anderen Raum hinüber: in den Raum des Vaters, in ein Zimmer jenseits des Ganges, in dem Georg – wie es heißt – „seit Monaten nicht gewesen war"[14], hatte Georg doch mit dem Vater vor allem im Geschäft, in einem gemeinsamen Speisehaus oder im gemeinsamen Wohnzimmer zu tun. Zum ersten Mal seit vielen Monaten betritt also Georg die ganze private Welt des Vaters. Und mit diesem *Raumwechsel* tritt auf einmal ein *Perspektivenwechsel* ein. Wirklichkeitsdramaturgie ist bei Kafka stets auch Raumdramaturgie, auf der dann auch die Spannung seiner Erzählung „Die Verwandlung" beruhen wird, wo ebenfalls Räume einer Wohnung zu dramatischen Wirklichkeitsräumen werden.

Raumwechsel ist Perspektivenwechsel. Und in der Tat ist plötzlich aus der *Perspektive des Vaters* alles anders. Auf die harmlos klingende Mitteilung Georgs, daß er dem Freund in Petersburg nun doch die Verlobung angezeigt habe, geht der Vater zunächst scheinbar zustimmend ein. Erste Unsicherheiten kommen auf, als der Vater plötzlich anmahnt, Georg solle die „volle Wahrheit" sagen. Seit dem Tod der Mutter seien „gewisse unschöne Dinge vorgegangen". Ja, Georg solle den Vater nicht „täuschen". Täuschen? Täuschen darin – so der Vater plötzlich –, ob er „wirklich diesen Freund in Petersburg" habe.[15] Die Reaktion von Georg ist zunächst noch gelassen: Er ist besorgt um den Gesundheitszustand des Vaters, ja interpretiert dessen Äußerung als die Reaktion eines altgewordenen, psychisch und physisch geschwächten Mannes. Georg macht sich Vorwürfe, den Vater vernachlässigt zu haben, insbesondere, als er dessen nicht ganz reinliche Wäsche sieht. Ja, er beschließt, den Vater in seinen künftigen Haushalt mitzunehmen. Und so trägt er den Vater in dessen Bett, und wiederum scheint alles gut; die Perspektive des Sohnes ist unbelastet, unverwirrt, unzerstört.

Da kommt die zweite Attacke des Vaters. Auf die gutgemeinte Beschwichtigung: „Sei nur ruhig, Du bist gut zugedeckt", wirft der Vater auf einmal die Decke zurück, steht aufrecht im Bett und greift den Sohn frontal an. Plötzlich offenbart der Vater, daß er den Freund in Petersburg ebenfalls kenne. Plötzlich offenbart er, daß er den Sohn bei seinen „falschen Briefchen nach Rußland" durchschaut habe. Ja, plötzlich stellt der Vater auch den ganzen Entschluß des Sohnes zu heiraten als das egoistische Unternehmen eines Lüstlings dar: „Da hat sich mein Herr Sohn zum Heiraten entschlossen... Weil sie die Röcke gehoben hat ... weil sie die Röcke so gehoben hat, die widerliche Gans ... weil sie die Röcke so und so und so gehoben hat, hast Du Dich an sie herangemacht, und damit Du an ihr ohne Störung Dich befriedigen kannst, hast Du unserer Mutter Andenken geschändet, den Freund verraten und Deinen Vater ins Bett gesteckt, damit er sich nicht rühren kann."[16] Der entscheidende Stoß ist damit geführt: Der Sohn, der ein glücklicher, erfolgreicher, liebevoll sorgender und taktvoll zurückhaltender Mensch schien, steht auf einmal aus der Perspektive des Vaters als rücksichtsloser, liebloser und betrügerischer Egoist da. Und der Vater? Er, der aus der Perspektive des Sohnes ein altgewordener, vernachlässigter, physisch wie psychisch geschwächter alter Mann zu sein schien, entpuppt sich als verschlagener, konspirativer, tyrannischer Greis, der dem Sohn seine Erfolgsstory neidet, ihm Schuldvorwürfe im Blick auf den Tod der Mutter macht und den Freund in Petersburg gegen den eigenen Sohn ausspielt. Ein Vater, der dem Sohn in der gemeinsamen Wohnung auflauert ...

Und so, nachdem der Vater mit der Decke, die er von sich schleuderte, auch die Decke von Enttäuschungen und Entstellungen weggezogen hatte, verurteilt er nun den eigenen Sohn zum Tode: „Jetzt weißt Du also, was es noch außer Dir gab, bisher wußtest Du nur von Dir! Ein unschuldiges Kind warst Du ja eigentlich, aber noch eigentlicher warst Du ein teuflischer Mensch! – Und darum wisse: Ich verurteile Dich jetzt zum Tode des Ertrinkens!"[17]

Das also ist es, was die Erzählungen Kafkas enthüllen: die plötzliche Konfrontation des Menschen mit einer anderen Perspektive als der bisher so sicher geglaubten, so krisenfest abgesicherten. Die plötzliche Enthüllung, daß man sich getäuscht habe über das, was man bisher annahm, daß das als Lüge erscheint, was man bisher so sicher voraussetzte, kurz, daß alles ganz anders ist, was man bisher autosuggestiv für bare Münze nahm. „Jetzt weißt Du also, was es noch außer Dir gab, bisher wußtest Du nur von Dir!" – das ist der Kernsatz der Kafkaschen *Strategie der Wirklichkeitsverrätselung,* wo dem Bürger über die Aufdeckung der Selbsttäuschungen gleichsam der Boden der Wirklichkeit unter den Füßen weggezogen wird. „Ein unschuldiges Kind warst Du ja eigentlich, aber noch eigentlicher warst Du ein teuflischer Mensch!" – das ist der Schlüsselsatz einer Kafkaschen *Anthropologie der Verrätselung,* der Entlarvung der Doppelgesichtigkeit aller Wirklichkeit, wo der Gute jederzeit zum Teufel, der Unschuldige zum Schuldigen, der Gläubige zum Getäuschten werden kann.

Und die *Kehrseite* dieser Problematik? Sie besteht in der Verdrängung dieser verrätselten Wirklichkeit, im Blindsein für die radikalen Wandlungen, in der Verharmlosung des Unheimlichen – so in der Erzählung „Die Verwandlung", geschrieben wenige Wochen nach dem „Urteil" zwischen dem 17. November und dem 7. Dezember 1912. Denn das eigentlich Erschreckende an dieser Erzählung ist ja nicht die Tatsache, daß sich Gregor Samsa eines Morgens – aus unruhigen Träumen erwachend – „in seinem Bett zu einem ungeheuren Ungeziefer verwandelt" findet[18]. Das eigentlich Erschreckende ist die Weise, wie die Familie dieses Gregor mit diesem Faktum umgeht. Gewiß: Die Eltern sind zunächst ganz und gar beunruhigt, doch scheint das Maß der Beunruhigung in keinem Verhältnis zu dem zu stehen, was ihrem Sohn widerfahren ist. Nicht ein einziges Mal wird das Faktum, daß der Sohn nun als Käfer in seinem Zimmer herumkrabbelt, in seiner Ungeheuerlichkeit wirklich thematisiert. Gewiß, die Mutter hat, wie es heißt, einen „irrsinnigen Ausdruck der Augen"[19], aber Schwester und Vater sind am Schluß der Erzählung nur daran interessiert, Gregor als Käfer „loszuwerden"[20]. Und als Gregor dann wirklich „krepiert"[21] und als Kadaver in seinem Zimmer liegt, lebt auch die Mutter wieder auf.

So endet denn diese Erzählung mit dem Aufbruch von Vater, Mutter und Schwester aus der gemeinsamen Wohnung. Man fährt „mit der Elektrischen ins Freie vor der Stadt". Ja, Vater und Mutter finden, daß ihre Tochter „in der letzten Zeit trotz aller Plage, die ihre Wangen bleich gemacht hatte, zu einem schönen und üppigen Mädchen aufgeblüht" sei. Es sei Zeit, nun auch „einen braven Mann für sie zu suchen". Und „wie eine Bestätigung ihrer neuen Träume und guten Absichten" kam es den Eltern vor, als am Ende ihrer Fahrt „die Tochter als erste sich erhob und ihren jungen Körper dehnte"[22]. Keine Frage: All dies sind *Erkenntnissignale einer Verdrängung*, die unfähig macht, mit den Abgründigkeiten im eigenen Leben umzugehen, das Unheimliche als Zäsurerfahrung zu thematisieren, das Widersinnige und Scheußliche als Bruchstellen der Alltagsbanalität überhaupt wahrzunehmen. Da der Leser aber nach der Erzählung weiß, daß das Unheimliche als zweite Wirklichkeit stets in unsere Wirklichkeit einbrechen kann, ist nicht auszuschließen, daß auch der junge Körper dieser Tochter sich eines Tages in ein scheußliches Untier verwandeln wird...

4. WIDER DIE BÜRGERLICHE VERBLÜFFUNGSRESISTENZ

Konterkarierung der Wirklichkeit durch immer neue Möglichkeiten, Brechung der Perspektiven, Einbruch des Unheimlichen in die Realität – das Werk Franz Kafkas ist eine einzige

Attacke auf die bürgerliche Selbstsicherheit, Unerschüttertheit und Verblüffungsresistenz. Hier, und nur hier liegt auch die religiöse Relevanz dieser Kafkaschen Prosa: Das Kafkasche Prosawerk ist nicht religiös, aber in höchstem Maße religiös relevant. Das heißt konkret: Im Aufbrechen scheinbarer Plausibilitäten, in der Entlarvung scheinbarer Sicherheiten, in der Verstörung liebgewonnener Perspektiven erweist sich Kafka als subtiler Poet der Abgründigkeit, der *so* im Leser Grundfragen nach dem Warum und Wozu, nach Halt und Sinn mit immer neuen Fragen präzisiert. Nicht die Lösung der Fragen, sondern immer präzisere Fragen – das ist das Ergebnis der Kafkaschen Erzählstücke.[23] Und beschrieben wird dies alles in einer minutiösen, realistisch getreuen, detailbesessenen Prosa, in der die Erschütterung der Wirklichkeit nicht mit expressionistischem Pathos inszeniert, sondern im konkreten Alltagsleben demonstriert wird: „Einmal dem Fehlläuten der Nachtglocke gefolgt" – es ist niemals wieder gutzumachen – so im „Landarzt". Einmal an das Hoftor gepocht wie in „Der Schlag ans Hoftor" – und schon tritt der Richter auf den Plan, schon ist die eigene Wohnung einem Gefängnis wie zum Verwechseln ähnlich. Einmal verleumdet, wie Josef K. im „Prozeß" – und schon ist man ein Verhafteter und Angeklagter, der das Gericht nie mehr losbekommt ...
Perspektivenwechsel ohne letzte Perspektivität freilich bei Kafka, Wirklichkeitsverrätselung ohne Wirklichkeitssinn, Aufgabe von alten Plausibilitäten ohne letztes Ziel – das ist die Kafkasche Grundsituation, die er an hellsichtig machenden *Aufklärungsgeschichten* illustriert. „Ich befahl mein Pferd aus dem Stall zu holen. Der Diener verstand mich nicht. Ich ging selbst in den Stall, sattelte mein Pferd und bestieg es. In der Ferne hörte ich eine Trompete blasen, ich fragte ihn, was das bedeute. Er wußte nichts und hatte nichts gehört. Beim Tore hielt er mich auf und fragte: ‚Wohin reitet der Herr?' ‚Ich weiß es nicht', sagte ich, ‚nur weg von hier, nur weg von hier. Immerfort weg von hier, nur so kann ich mein Ziel erreichen.' ‚Du kennst also Dein Ziel', fragte er. ‚Ja', antwortete ich, ‚ich sagte es doch. Weg-von-hier – das ist mein Ziel' " – so oder ähnlich klingen die Kafkaschen Gleichnisgeschichten[24], die auf nichts mehr verweisen als auf das Rätsel des Lebens selber, die keinen

transzendenten Sinn mehr vortäuschen und in denen das „weg von" schon das Ziel ist. Das „weg von" einem Leben, das – welche Richtung man auch läuft – zur Falle geworden zu sein scheint: „Ach, sagte die Maus, die Welt wird enger mit jedem Tag. Zuerst war sie so breit, daß ich Angst hatte, ich lief weiter und war glücklich, daß ich endlich rechts und links in der Ferne Mauern sah, aber diese langen Mauern eilen so schnell aufeinander zu, daß ich schon im letzten Zimmer bin, und dort im Winkel steht die Falle, in die ich laufe. Du mußt nur die Laufrichtung ändern, sagte die Katze, und fraß sie."[25] Woraus aber erklärt sich lebensgeschichtlich bei Kafka die Beschreibung solcher Grundsituationen? Antwort: Sie erklärt sich zum großen Teil aus seinem *Selbstverständnis als Künstler und seinen Selbsterfahrungen als Jude.*

5. Selbstzweifel: Kafka als Künstler

Keiner der großen christlichen Theologen war Kafka so nahe wie *Sören Kierkegaard.* Nicht nur wegen der ähnlichen Selbstverbohrung in eine schier unendliche Reflexion über die eigene Existenz. Nahe auch wegen der biographisch so ähnlichen Situation, der Unfähigkeit, sich an eine Frau zu binden. Am 21. August 1913 trägt Kafka in sein Tagebuch ein: „Ich habe heute Kierkegaard ‚Buch des Richters' bekommen. Wie ich es ahnte, ist sein Fall trotz wesentlicher Unterschiede dem meinen sehr ähnlich, zumindestens liegt er auf der gleichen Seite der Welt. Er bestätigt mich wie ein Freund."[26] Keine Frage: Wie Kierkegaards Verhältnis zu Regine Olsen, so war *Kafkas Verhältnis zu Felice Bauer.* So skrupellos, wie der Däne über seine eigene Existenz auf der Grenze von Glaube, Literatur und bürgerlichem Leben nachdachte, so auch dieser Prager, dessen Prozeß der Selbstquälerei seinen Höhepunkt in der Zusammenstellung einer ganzen Liste von Argumenten erfährt, warum er heiraten oder die Heirat lieber bleiben lassen solle:

„1. Unfähigkeit, allein das Leben zu ertragen, nicht etwa Unfähigkeit, zu leben, ganz im Gegenteil, es ist sogar unwahrscheinlich, daß ich es verstehe, mit jemandem zu leben, aber unfähig bin ich, den Ansturm meines eigenen Lebens, die Anforderungen meiner eigenen Person, den Angriff der Zeit und des Alters, den vagen Andrang der Schreiblust, die Schlaflosigkeit, die Nähe des Irrseins – alles dies allein zu ertragen, bin ich unfähig. Vielleicht, füge ich natürlich hinzu. Die Verbindung mit F. wird meiner Existenz mehr Widerstandskraft geben. (...) 3. Ich muß viel allein sein. Was ich geleistet habe, ist nur ein Erfolg des Alleinseins. 4. Alles, was sich nicht auf Literatur bezieht, hasse ich, es langweilt mich, Gespräche zu führen (selbst wenn sie sich auf Literatur beziehen), es langweilt mich, Besuche zu machen, Leiden und Freuden meiner Verwandten langweilen mich in die Seele hinein. Gespräche nehmen allem, was ich denke, die Wichtigkeit, den Ernst, die Wahrheit. 5. Die Angst vor der Verbindung, dem Hinüberfließen. Dann bin ich nie mehr allein... 6. Ich bin vor meinen Schwestern, besonders früher war es so, oft ein ganz anderer Mensch gewesen als vor andern Leuten. Furchtlos, bloßgestellt, mächtig, überraschend, ergriffen wie sonst nur beim Schreiben. Wenn ich es durch Vermittlung meiner Frau vor allen sein könnte! Wäre es dann aber nicht dem Schreiben entzogen? Nur das nicht, nur das nicht! 7. Allein könnte ich vielleicht einmal meinen Posten wirklich aufgeben. Verheiratet wird das nie möglich sein."[27]

Diese *Selbstzweifel* bekam Kafka sein Leben lang nicht los. Ein Leben lang schwankte er zwischen der Bindung an die Welt des Bürgertums, die Welt des Vaters, die Welt von Ehe, Familie, Beruf und bürgerlicher Anständigkeit – und der Welt der Literatur, des Schreibtriebs, einer Welt radikalen Alleinseins und kompromißloser Hingabe an das Werk. Dabei wußte Kafka, daß *beide Welten ihr Recht* hatten. Das aber machte gerade seine Zerrissenheit aus. Was er bei der einen gewann, verlor er bei der anderen. Beides war ihm gleich unerträglich, das bürgerliche Leben ebenso wie die Literatur.
In einem fiktiven Brief an den Vater von Felice Bauer schreibt er:

„Mein Posten ist mir unerträglich, weil er meinem einzigen Verlangen und meinem einzigen Beruf, das ist in der Literatur, widerspricht. Da ich nichts anderes bin als Literatur und nichts anderes sein kann und will, so kann mich mein Posten niemals zu sich reißen, wohl aber kann er mich gänzlich zerrütten. Davon bin ich nicht weit entfernt. Nervöse Zustände schlimmster Art beherrschen mich, ohne auszusetzen, und dieses Jahr der Sorgen und Quälereien um meine und Ihrer Tochter Zukunft hat meine Widerstandslosigkeit vollständig erwiesen. (...) Sie könnten fragen, warum ich diesen Posten nicht aufgebe und mich – Vermögen besitze ich nicht – nicht von literarischen Arbeiten zu erhalten suche. Darauf kann ich nur die erbärmliche Antwort geben, daß ich nicht die Kraft dazu habe und, soweit ich meine Lage überblicke, eher in diesem Posten zugrunde gehen, aber allerdings rasch zugrunde gehen werde."[28]

Nein, Freiheit zu erlangen, sich für eine Alternative zu entscheiden, in *einem* Leben glücklich zu werden, war Kafkas Sache nicht. Eindeutigkeiten im Leben, das So-und-nicht-anders, das wollte ihm weder in der Kunst noch im gelebten Leben gelingen: „Der Standpunkt der Kunst und des Lebens ist auch im Künstler selbst ein verschiedener" – so im 3. Oktavheft 1917/18[29]. Wie Hermann Hesse und Thomas Mann betrieb auch er schonungslose Seelenanalyse und kompromißlose Selbstentlarvung. Und weil Kafka diese Schonungslosigkeit auch sich selber gegenüber praktizieren konnte, konnte er in solchen Momenten zugeben, daß sein *Schreiben Lohn für „Teufelsdienst"* sei. Zwei Jahre vor seinem Tod, am 5. Juli 1922, an Max Brod:

„Das Schreiben ist ein süßer wunderbarer Lohn, aber wofür? In der Nacht war es mir mit der Deutlichkeit kindlichen Anschauungsunterrichtes klar, daß es der Lohn für Teufelsdienst ist. Dieses Hinabgehen zu den dunklen Mächten, diese Entfesselung von Natur aus gebundener Geister, fragwürdige Umarmungen und was alles noch unten vor sich gehen mag, von dem man oben nichts mehr weiß, wenn man im Sonnenlicht Geschichten schreibt. Vielleicht gibt es auch anderes Schreiben. Ich kenne nur dieses; in der Nacht, wenn mich die Angst nicht schlafen läßt, kenne ich nur dieses. Und das Teuflische daran scheint mir sehr klar. Es ist die Eitelkeit und Genußsucht, die immerfort um die eigene oder auch um eine fremde Gestalt – die Bewegung vervielfältigt sich dann, es wird ein Sonnensystem der Eitelkeit – schwirrt und sie genießt. Was der naive Mensch sich manchmal wünscht: ‚Ich wollte sterben und sehen, wie man mich beweint', das verwirklicht ein solcher Schriftsteller fortwährend, er stirbt (oder er lebt nicht) und beweint sich fortwährend. Daher kommt eine schreckliche Todesangst, die sich nicht als Todesangst äußern muß, sondern auch auftreten kann als Angst vor Veränderung, als Angst vor Georgental. (...) Die Definition des Schriftstellers, eines solchen Schriftstellers, und die Erklärung seiner Wirkung, wenn es eine Wirkung überhaupt gibt: Er ist der Sündenbock der Menschheit, er erlaubt den Menschen, eine Sünde schuldlos zu genießen, fast schuldlos."[30]

6. Ein Zwischenwesen: Kafka als Jude

Wie es einen Riß zwischen Kunst und Leben gab, zwischen Literatur und Bürgerlichkeit im Leben Kafkas, so auch einen Riß in seinem *Judentum.* Einen Riß freilich, den Kafka sowohl in seiner existentiellen Verzweiflung als auch in seiner literarischen Produktivität erkannte. Juni 1921 an Max Brod über die deutsch-jüdischen Schriftsteller:

„Weg vom Judentum ... wollten die meisten, die deutsch zu schreiben anfingen, sie wollten es, aber mit den Hinterbeinchen klebten sie noch am Judentum des Vaters und mit den Vorderbeinchen fanden sie keinen neuen Boden. Die Verzweiflung darüber war ihre Inspiration. (...) Sie lebten zwischen drei Unmöglichkeiten (...): der Unmöglichkeit, nicht zu schreiben, der Unmöglichkeit, deutsch zu schreiben, der Unmöglichkeit, anders zu schreiben, fast könnte man eine vierte Unmöglichkeit hinzufügen, die Unmöglichkeit zu schreiben (denn die Verzweiflung war ja nicht etwas durch Schreiben zu beruhigendes, war ein Feind des Lebens *und* des Schreibens, das Schreiben war hier nur ein Provisorium, wie für einen, der sein Testament schreibt, knapp bevor er sich erhängt, – ein Provisorium, das ja recht gut ein Leben lang dauern kann), also war es eine von allen Seiten unmögliche Literatur, eine Zigeunerliteratur, die das deutsche Kind aus der Wiege gestohlen und in großer Eile irgendwie zugerichtet hatte, weil doch irgendjemand auf dem Seil tanzen muß."[31]

Weil doch irgendjemand auf dem Seil tanzen muß... Das ist die Situation des Trapezkünstlers wie des Hungerkünstlers, die Situation des Künstlers, der in die Rolle des Bewunderten schlüpft und sich als solcher zugleich verachtet. Eines Künstlers, der aus Verzweiflung schreibt, mit Schreiben die Verzweiflung aber nicht bewältigt, sondern steigert, weil auch diese Verzweiflungsrolle noch einmal dem Beifall der anderen ausgesetzt ist und dieser Beifall wiederum die eigene Zwiespältigkeit nur noch um so bewußter erleben läßt. Gab es einen Ausweg aus diesem Dilemma Bürger–Künstler? Den gab es für Kafka nicht: „Dieses Schreiben", heißt es Ende März 1923 in einem Brief an den Arzt und Freund Robert Klopstock, „ist mir in einer für jeden Menschen um mich grausamsten (unerhört grausamen, davon rede ich gar nicht) Weise das Wichtigste auf Erden, wie etwa einem Irrsinnigen sein Wahn (wenn er ihn verlieren würde, würde er ‚irrsinnig' werden) oder wie einer Frau ihre Schwangerschaft ... Und darum halte ich das Schreiben in zitternder Angst vor jeder Störung umfangen, und nicht nur das Schreiben, sondern auch das dazugehörige Alleinsein."[32]

Nein, westeuropäisch gebildet und westjüdisch assimiliert, gab es für Kafka *kein Zurück mehr in die Glaubensfestigkeit jüdischer Orthodoxie* oder die emotionale Geborgenheit des osteuropäischen Chassidismus, so sehr ihn auch die Begegnung mit Jizhak Löwys jiddischer Theatergruppe faszinierte, so sehr er auch die von Martin Buber herausgegebenen „Chassidischen Geschichten" liebte. Nein, obwohl Kafka, der noch mit 13 Jahren Bar-Mizwa empfangen hatte, sich ab 1911 mit der eigenen jüdischen Tradition auseinanderzusetzen begann, obwohl er sich ab 1917 um das Hebräische bemühte, obwohl er sich – schon unter dem Eindruck der fortgeschrittenen Tuberkulosekrankheit – mit dem Gedanken trug, sogar Palästina zu besuchen, und obwohl er noch ein halbes Jahr vor seinem Tod, vom November bis Dezember 1923, in Berlin zusammen mit Dora Diamant die „Hochschule für die Wissenschaft des Judentums" besuchte: Einen Ausweg aus der Welt des Judentums fand er ebensowenig wie einen Ausweg aus dem Problem des Künstlertums. Es blieb dabei:

So wie es für den Affenmenschen in „Ein Bericht für eine Akademie" (April 1917) keine Rückkehr mehr gab zu seinem früheren Affenleben, so auch für den Juden Kafka keine Rückkehr mehr in eine jüdische Glaubenssicherheit. So aber, wie es auch für den Affenmenschen nur eine Nachahmung der Menschenwelt gab, eine imitierende Zurschaustellung auf dem Varieté der Welt, so auch für den „Mensch gewordenen" Franz Kafka. „Es verlockte mich nicht, die Menschen nachzuahmen; ich ahmte nach, weil ich einen Ausweg suchte"[33] – so der Affe –, und genau das ist die Situation Kafkas zwischen Judesein und Nicht-mehr-Jude-sein-Können: „Durch eine Anstrengung, die sich bisher auf der Erde nicht wiederholt hat, habe ich die Durchschnittsbildung eines Europäers erreicht. Das wäre an sich vielleicht gar nichts, ist aber insofern doch etwas, als es mir aus dem Käfig half und mir diesen besonderen Ausweg, diesen Menschenausweg verschaffte"[34] – präziser kann man die Lage des entwurzelten, entfremdeten Westjudentums nicht mehr beschreiben. Nein, ein Jude unter Juden zu werden, aufzugehen im Volk, wie es am Schluß seiner jüdischen Geschichte, der Erzählung „Josefine, die Sängerin oder Das Volk der Mäuse" heißt, „in gesteigerter Erlösung"[35] – das konnte, das wollte er nicht. Diese Erzählung blieb Ausdruck einer Utopie im buchstäblichen Wortsinn: Ausdruck eines Nicht-Ortes, einer Nicht-Heimat des Juden Franz Kafka...

7. Die Radikalisierung der Gottesfrage

Und insofern Kafkas Wirklichkeitserfahrung als Künstler und Jude eine Erfahrung ist, wo Traum und Realität, Zugehörigkeit und Nichtzugehörigkeit, Wahrheit und Täuschung, Verhaftetsein und Losgelöstheit, Gemeinschaftssehnsucht und Einsamkeitsbedürfnis zugleich verschwimmen, ist auch seine *Auseinandersetzung mit der Gottesfrage* zutiefst ambivalent. *Drei Schlüsseltexte* gibt es, in denen diese Ambivalenz radikal zum Ausdruck kommt.
(1) Da ist die unübertreffliche Türhüter-Parabel „Vor dem Gesetz"[36]. Von ihr gehen zwei sich logisch scheinbar ausschließende Informationen aus. Zunächst steht fest: Das Gesetz existiert und ist für jeden einzelnen prinzipiell da. Aber der einzelne findet keinen Zugang mehr zu ihm – und zwar bis an sein Lebensende, aus welchen Gründen auch immer. Das aber ist für die Menschen dieser Parabel offensichtlich kein Grund, das Streben nach dem Gesetz aufzugeben, aus der Erfahrung

der Vergeblichkeit zu folgern, dieses Streben sei sinnlos oder das Gesetz sei absurd. Mit der gleichen Sicherheit, mit der die Existenz des Gesetzes behauptet wird, wird uns in der Parabel mitgeteilt: „Alle streben doch nach dem Gesetz"! Wobei es dazu wiederum in den Kafkaschen Erzählungen ein groteskes Gegenbild gibt: die Tötungsmaschine in der „Strafkolonie", die bekanntlich dem Verurteilten das „Gesetz" in Gestalt des Wortes „Sei gerecht" in die Haut schneidet und ihn gerade damit umbringt...

(2) Ähnlich ist die Situation des Menschen im „Schloß"-Roman. Auch hier steht bei allem, was an diesem Schloß unsicher ist, das eine fest: Das Schloß existiert wirklich und nicht nur in der Einbildung des Helden, es überragt den Menschen, übersteigt ihn, „transzendiert" ihn gewissermaßen als ein großes Gegenüber. Sicher ist überdies, daß es eine, wenn auch rätselhaft undurchsichtige, Kommunikation zwischen der Dorf- und der Schloßwelt gibt; daß ein Weg ins Innere des Schlosses führt, der zwar durch immer neue Zimmer und immer neue Barrieren verstellt ist, den es aber gibt und den ein Bote (Barnabas) gegangen ist, zumindest bis in die Kanzleien oder den Vorbau des Schlosses.[37]

Zugleich aber ist klar, daß der Mensch, hier vertreten durch den Landvermesser K., nur eine Annäherung an das Schloß versuchen kann. Von sich aus kann er diese Welt nie erreichen, es sei denn, er werde gerufen. Diese Vergeblichkeit aber – und das ist auch hier das Erstaunliche – ist für K. kein Grund zur Resignation oder zum Zynismus, kein Grund, das ganze Bemühen für sinnlos zu erklären oder die Existenz des Schlosses zu leugnen. Der Landvermesser gibt die Hoffnung nie auf, durch das Schloß in der menschlichen Gemeinschaft des Dorfes Heimatrecht zu erlangen, ins Schloß zu gelangen oder auch im Schloß angenommen zu sein.

In diesem Sinne wird man das Kafkasche *Schloß* durchaus als *Symbol für Transzendenz* verstehen dürfen, einer Transzendenz freilich, die sich entzieht, rätselhaft bleibt, negativ bestimmt ist. Mit dem französischen Kafka-Interpreten Claude David wird man zusammenfassend sagen dürfen: „Das einzige, was feststeht, ist, daß ein Schloß da ist und daß der Sinn von ihm ausgeht... Die unüberbrückbare Distanz des Schlosses wird von K. als eine Herausforderung empfunden. Immer wieder versucht er, eine persönliche Berührung zu erzwingen; diese Distanz ist zwar das größte Ärgernis, ist aber gleichzeitig auch der Sog, der ihn in Bewegung setzt und ihm ein Leben gibt, indem er sein Leben in Frage stellt; ohne diesen Durst würde er nur das dumpfe Leben der Dorfbewohner führen. Diese Distanz ist das eigentlich bewegende Moment, die geheime Triebfeder, vielleicht die List des Daseins."[38] In der Tat: Das Erstaunliche an solchen Kafkaschen Gleichnisgeschichten, das Erstaunliche an seiner Sicht der Wirklichkeit besteht in der Gleichzeitigkeit des scheinbar Widersprüchlichen: der Vergeblichkeitserfahrung einerseits und des immer wieder neuen Versuchens andererseits.

Von daher wird auch klar, daß gerade der „Schloß-Roman" kein Grund ist, Kafka einen „Atheos absconditus" (G. Lukács) zu nennen oder gar einen „verschämten Atheisten"(G. Anders). Auch hier dürfte Claude David richtiger interpretiert haben: „Kafka ist kein Atheist. Was sich hinter dem kläglichen Alltag verbirgt, ist nicht das Nichts; etwas ist da, und dieses Etwas genügt, um alle Lebenden zu verpflichten (...) Nicht alle Werke Kafkas haben diesen theologischen Hintergrund. Im *Schloß* aber ist die theologische Perspektive geradezu evident. Indem wir diesen Roman als theologische Fabel deuten, kann es auch den Anschein haben, daß wir in die Irrungen der frühen Kafka-Kritik zurückverfallen. Die hier beschriebene Theologie ist aber Max Brods rationalistischer Deutung direkt entgegengesetzt. Für Max Brod mußte am Ende der gute Wille belohnt werden: ‚Wer immer strebend sich bemüht, den können wir erlösen'; am Ende der Gralssuche war das Schloß eine Burg der Gnade. Von Gnade ist aber in dem Buch niemals die Rede; oder wenn die Möglichkeit einer solchen erscheint – wie in der Bürgel-Episode –, wird sie sofort von K. als beschämendes Angebot abgelehnt. ‚Ich will keine Gnadengeschenke vom Schloß', hatte er schon dem Gemeindevorsteher geantwortet, ‚sondern mein Recht'. Auch die Verdienste kommen nicht in Betracht; der Eintritt in das Schloß läßt sich nicht verdienen; es scheint im Gegenteil eine eiserne Prädestination zu walten. Der gute Wille und überhaupt die moralische Ebene werden im *Schloß* wie überall bei Kafka von vornherein ausgeklammert.

Auf der anderen Seite müßte man aber aufhören, die in diesem Roman dargestellte Welt als Bild des Absurden aufzufassen: das Absurde ist freilich überall da; es nimmt den ganzen Vordergrund in Anspruch. Die Dummheit, die Bosheit, die Arroganz der Leute, die inhumane Ordnung der riesigen Verwaltung, die Vergeblichkeit aller Bemühungen, all das ist absurd. Gerade diese Absurdität macht es aber notwendig, den Weg nach dem Sinn anzutreten. Das Entscheidende ist das Absconditum, dessen Anwesenheit wir darzustellen versucht haben. Wer nur den Vordergrund sieht, verfehlt den Sinn des Buches."[39]
(3) Aber es gibt noch einen dritten Schlüsseltext, der noch radikaler ist als all die anderen: die Parabel „Eine kaiserliche Botschaft". Hier wird von einem Kaiser berichtet, der noch auf dem Sterbebett einem Boten „die Botschaft" ins Ohr geflüstert habe, eine Botschaft, von der es ausdrücklich heißt, daß der Kaiser sie „gerade dir" gegeben habe, und die ihm so wichtig gewesen sei, daß er sie sich durch den Boten habe wiederholen lassen, um die Richtigkeit durch Kopfnicken zu bestätigen. Der Bote aber ist nun unfähig, den riesigen Palast des Kaisers überhaupt zu verlassen und die Botschaft dem Empfänger zu übermitteln. Ausdrücklich heißt es am Ende dieses kurzen Prosatextes: „Niemand dringt hier durch und gar mit der Botschaft eines Toten – Du aber sitzt an Deinem Fenster und erträumst sie dir, wenn der Abend kommt."[40]
Klar ist auch in dieser Geschichte nur: Es gibt eine Botschaft des Kaisers an mich, und ein Bote, der die Botschaft richtig verstanden hat, ist an mich unterwegs. Aber völlig unklar ist zugleich: Erstens: Kann der Bote mich überhaupt erreichen angesichts der zahllosen Hindernisse auf dem Weg zu mir, angesichts der Tatsache, daß bisher noch nie ein Bote aus dem Palast gedrungen ist? Zweitens: Ist der Kaiser tot oder noch am Leben? (Die Auskunft: „niemand dringt hier durch und gar mit der Botschaft eines Toten" – ist eine Vermutung!). Drittens – und damit radikalisiert Kafka seine Position über die anderen Prosatexte hinaus: Völlig unklar ist, ob die Tatsache einer „kaiserlichen Botschaft" an mich der Realität entspricht oder nur geträumt ist. Der letzte Satz der Parabel: „Du aber sitzt an Deinem Fenster und erträumst sie Dir, wenn der Abend kommt", bringt Traum und Wirklichkeit, Glaube und Zweifel,

Gewißheit und Unsicherheit in die Schwebe. War in der Türhüter-Parabel die Existenz des Gesetzes unbefragt, war am Schloß wenigstens dessen Vorhandensein unbezweifelt, so muß hier offenbleiben, ob die Botschaft des Kaisers der Wirklichkeit oder der Einbildung entspringt, Realität oder Wunschdenken ist.

Aber alle drei Texte sind Geschichten, welche das Verhältnis Kafkas zu einer den Menschen überragenden, transzendierenden Realität zum Ausdruck bringen. Sie machen deutlich: Es gibt bei Kafka zwar die Erfahrung der Gottesabwesenheit, aber keine Gottesleugnung, die Erfahrung der Gottesfinsternis, aber keine Gottesvergleichgültigung, die Erfahrung der Verrätselung von Transzendenz, aber keine Verneinung von Transzendenz. Es gibt bei Kafka die immer wieder enttäuschte Hoffnung, aber nicht die Aufgabe des Suchens. Es gibt bei Kafka die Abgründigkeit und Unheimlichkeit menschlicher Wirklichkeitserfahrung, aber auch die bleibende „Sehnsucht nach dem prophezeiten Tag". Es gibt bei Kafka die Desillusionierung, aber auch den unausrottbaren „Traum", „wenn der Abend kommt"...

Wer so dichte Symbole einer „negativen Transzendenz" (E. Heller[41]) in seinen Texten schaffen konnte; wer in seinen literarischen Annäherungsversuchen so chiffrierte, so rätselhafte Transzendenzerfahrungen gestalten konnte, bei denen die transzendente Wirklichkeit undurchsichtig, ängstigend bleibt, bei denen Menschen aber ein Weg offen gelassen wird, eine Hoffnung nicht zerschlagen, bei dem überrascht es nicht, daß er sich auch als *religiöser Aphoristiker*, als Virtuose „theologischer Phantasien" (C. David[42]) zu profilieren verstand. Es ist ja kein Geheimnis, daß das Werk neben dem eigentlich literarischen Teil ganz eigentümliche Passagen enthält, wo *Kafka als religiöser Aphoristiker*, als Meister des Paradoxes in Erscheinung tritt, als ein Denker freilich, der die Paradoxien nicht aus Lust am Rätsel erfindet, sondern zum Ausdruck des Unsagbaren und Widersprüchlichen der Wirklichkeit macht. Dieses *zweite literarische Werk* umfaßt die acht Oktavhefte, die von Max Brod so genannten „Betrachtungen über Sünde, Leid, Hoffnung und den wahren Weg"; verschiedene Notizen und Skizzen aus dem Nachlaß, etwa die von Max Brod so genannten „Aufzeichnungen aus dem

Jahre 1920" mit dem Titel „Er"; schließlich zahlreiche Tage-
buch- und Briefaufzeichnungen. Wohlgemerkt: Was Kafka hier
hinterlassen hat, ist nicht direkt ins literarische Werk eingewan-
dert, sondern steht als Material neben dem Werk, als Material,
das nicht Literatur geworden ist. Kafka starb zu früh, mit 41
Jahren, als daß er dies alles zu einer großen Synthese hätte
verarbeiten können – wenn er es gekonnt oder gewollt hätte.

8. Splitter religiöser Überzeugungen

Dieses Material ist nicht zu systematisieren. Aber gewisse
Grundthemen und Stilelemente lassen sich erkennen. Da stehen pointierte Aphorismen mit *blitzartigem Perspektivenwechsel* neben längeren meditativen Passagen. „Ein Käfig
ging einen Vogel suchen"[43]; „einer staunte darüber, wie leicht
er den Weg der Ewigkeit ging; er raste ihn nämlich abwärts"[44];
„ein Glaube wie ein Fallbeil, so schwer, so leicht"[45]: Solchen
Aphorismen stehen längere Reflexionen wie diese gegenüber:
„Der Mensch kann nicht leben ohne ein dauerndes Vertrauen
zu etwas Unzerstörbarem in sich, wobei sowohl das Unzerstörbare als auch das Vertrauen ihm dauernd verborgen bleiben
können. Eine der Ausdrucksmöglichkeiten dieses Verborgen-
bleibens ist der Glaube an einen persönlichen Gott."[46]
Und doch erhalten diese Aufzeichnungen, nimmt man auch
das Tagebuch hinzu, ihre größte Dichte dort, wo sich Kafka
mit *biblischem Erbe* auseinanderzusetzen beginnt. Übersieht
man seine Auseinandersetzung mit biblischen Traditionen, so
dominieren Themen wie Gericht, Vertreibung aus dem Paradies, Sündenfall, nicht aber Exodus, Prophetie und Erlösung.
Kafkas selektive Hermeneutik filtert aus den biblischen Traditionen Versagens-, Vertreibens- und Gerichtserfahrungen heraus, und zwar mit einer Selbstverständlichkeit, die sich aus der
persönlichen Affinität zu solchen Themen erklärt.
Kafka als Bibelleser: Das ist für uns ein Stück Erhellung trau-
matischer Lebenszusammenhänge; ein Stück Trauerarbeit an
Nichtgelungenem, Gescheitertem; ein Stück Einholung der
Bibel in ein Gespräch buchstäblich über Leben und Tod, kurz:
die Rückgewinnung einer letzten Ernsthaftigkeit im Umgang

mit dem biblischen Text. Was meinte er, wenn er im „Tagebuch" schrieb: „Nur das Alte Testament sieht"[47]?

Man hat ihn einen modernen Hiob genannt. Vielleicht nicht zu Unrecht. Aber wenn Kafka ein Hiob war, dann einer, der bloß noch unter Gottes Abwesenheit leiden konnte. Kein Hiob jedenfalls, der Gottes gütige Hand zu guter Letzt erfuhr und sich von Gott ins Recht gesetzt sah. Im Gegenteil, ein Hiob, der sich als ein aus dem Paradies endgültig Vertriebener erfuhr, ohne Aussicht auf Rückkehr. Deshalb faszinierte ihn keine Geschichte der Bibel mehr als die von der *Vertreibung aus dem Paradies und dem Sündenfall:* „Warum klagen wir wegen des Sündenfalles? Nicht seinetwegen sind wir aus dem Paradiese vertrieben worden, sondern wegen des Baumes des Lebens, damit wir nicht von ihm essen."[48] In solchen paradoxen Aphorismen begreift Kafka seine eigene ausweglose Situation: „Wir sind nicht nur deshalb sündig, weil wir vom Baum der Erkenntnis gegessen haben, sondern auch deshalb, weil wir vom Baum des Lebens noch nicht gegessen haben. Sündig ist der Stand, in dem wir uns befinden, unabhängig von Schuld"[49] – in solchen Sätzen reflektiert Kafka das für ihn aussichtslose Problem der Omnipräsenz der Sünde, der Allgegenwart der Schuld. Das Alte Testament, seine Figuren und Geschichten, ist für ihn das Buch der Konfrontation mit seiner eigenen ausweglosen Existenz, kein Trost-, sondern ein Erkenntnisbuch, das unerbittlich bis in die Tiefen und Untiefen des Menschen „sieht".

Keiner der großen Schriftsteller der deutschen Literatur des 20. Jahrhunderts hat so unmittelbar biblische Aussagen über Schöpfung, Sündenfall, Paradiesvertreibung und Gesetz auf sich bezogen; bei keinem der großen Schriftsteller wird die Bibellektüre so zu einem quälenden Aufklärungsprozeß über sich selbst. Die Tagebücher machen klar, wie bedrückend eng Bibelexegese und Seelendiagnose nebeneinanderstehen können. 1916 heißt es: „Wüten Gottes gegen die Menschenfamilie. Die zwei Bäume, das unbegründete Verbot, die Bestrafung aller (Schlange, Frau und Mann), die Bevorzugung Kains, den er durch die Ansprache noch reizt. Die Menschen wollen sich durch meinen Geist nicht mehr strafen lassen."[50] Es ist die Zeit, in der Kafka wieder einmal einen Höhepunkt im selbstquälerischen Prozeß erlebt, ob er mit Felice Bauer weiterleben soll.

„Unglückliche Nacht. Unmöglichkeit, mit F. zu leben. Unerträglichkeit des Zusammenlebens mit irgend jemandem. Nicht
Bedauern dessen; Bedauern der Unmöglichkeit, nicht allein zu
sein. Weiter aber: Unsinnigkeit des Bedauerns, sich fügen und
endlich verstehn. Von der Erde aufstehn. Halte dich an das
Buch."[51] Und gleich in der nächsten Eintragung fällt dieser
merkwürdige Satz: „Nur das Alte Testament sieht – nichts
noch darüber zu sagen."
Und keine 14 Tage später bricht es aus Kafka heraus, in einem
bei ihm so seltenen, direkt gebetsartigen Text:

> „Erbarme Dich meiner, ich bin sündig bis in alle Winkel meines
> Wesens. Hatte aber nicht ganz verächtliche Anlagen, kleine gute
> Fähigkeiten, wüstete mit ihnen, unberatenes Wesen, das ich war,
> bin jetzt nahe am Ende, gerade zu einer Zeit, wo sich äußerlich
> alles zum Guten für mich wenden könnte. Schiebe mich nicht zu
> den Verlorenen. Ich weiß, es ist eine lächerliche, in der Ferne und
> schon sogar in der Nähe lächerliche Eigenliebe, die daraus spricht,
> aber lebe ich einmal, so habe ich auch die Eigenliebe des Lebendi-
> gen, und ist das Lebendige nicht lächerlich, dann auch seine not-
> wendigen Äußerungen nicht. – Arme Dialektik! Bin ich verurteilt,
> so bin ich nicht nur verurteilt zum Ende, sondern auch verurteilt,
> mich bis zum Ende hinein zu wehren."[52]

Nur das Alte Testament sieht? Von Adam und Eva, Kain und
Abel, Abraham und Mose konnte Kafka reden, vom Neuen
Testament, von Jesus Christus aber sprach er höchst selten.
Wenn überhaupt, dann in einer für ihn so charakteristisch paradoxen Wendung, die ahnen läßt, wie Kafka mit Christus literarisch umgegangen wäre. Können wir dem Gespräch mit Gustav
Janouch trauen, so hat Kafka gesagt: „Und Christus? Kafka
neigte den Kopf. Das ist ein lichterfüllter Abgrund. Man muß
die Augen schließen, um nicht abzustürzen".[53]
Lichterfüllter Abgrund – dieses Paradox verdeutlicht ein letztes
Mal: Beides gehört zu Kafka, Licht *und* Dunkel, Sehnsucht
und Abgrund. „Ich bin nicht von der allerdings schon schwer
sinkenden Hand des Christentums ins Leben geführt worden
wie Kierkegaard" – notiert er sich im vierten Oktavheft, „und
habe nicht den letzten Zipfel des davonfliegenden jüdischen
Gebetmantels noch gefangen wie die Zionisten. Ich bin Ende

oder Anfang."[54] Das war er wohl in der Tat: Kafka war Ende *oder* Anfang, aber nie ruhende Mitte. Nie Zentrum einer vom Glauben vorgegebenen und von der Geschichte bestätigten Entwicklung! Nie Symbol des Exodus, nie Anwalt messianischer Erlösung! Wie schrieb er doch im dritten Oktavheft 1917:

„Wir sind, mit dem irdisch befleckten Auge gesehen, in der Situation von Eisenbahnreisenden, die in einem langen Tunnel verunglückt sind, und zwar an einer Stelle, wo man das Licht des Anfangs nicht mehr sieht, das Licht des Endes aber nur so winzig, daß der Blick es immerfort suchen muß und immerfort verliert, wobei Anfang und Ende nicht einmal sicher sind. Rings um uns aber haben wir in der Verwirrung der Sinne oder in der Höchstempfindlichkeit der Sinne lauter Ungeheuer und ein je nach der Laune und Verwundung des Einzelnen entzückendes oder ermüdendes kaleidoskopisches Spiel. Was soll ich tun? oder: Wozu soll ich es tun? sind keine Fragen dieser Gegenden."[55]

IV. RAINER MARIA RILKE UND DIE METAMORPHOSEN DES RELIGIÖSEN

Die Ausgangsthese vorweg: Kaum einer der großen Schriftsteller des 20. Jahrhunderts dürfte dem Christentum *zugleich* so fern und so nah gewesen sein; kaum einer hat sich so bitter und sarkastisch von Christus und der Kirche distanziert und *zugleich* die Welt der Kirche und die Gestalt Christi so extensiv in sein Werk hineingenommen; kaum einer ist von „Religion" so weit weg und ihr *zugleich* so stark verhaftet wie der Poet Rainer Maria Rilke (1875–1926). Rilkes Distanz zum Christentum, ja, seine bittere Ablehnung von Christus und Kirche: davon muß zunächst die Rede sein, wenn man glaubwürdig von Rilkes Weise der Verarbeitung, ja, vom einzigartigen Prozeß der Metamorphose des Religiösen in seinem Werk reden will.[1]

1. DIE FATALE ROLLE DER RELIGION FÜR EIN KIND

Am Anfang stand – Gott sei es geklagt – ein bestimmter Typus von *Mutter!* Am Anfang stand eine Kindheit im katholischen Prag unter ihrem fatalen Erziehungskonzept: Der Knabe wurde zum Ersatz für ein verstorbenes Töchterchen sechs Jahre lang wie ein Mädchen erzogen. Am Anfang stand ihre schwülstige Frömmigkeit: „Um Mitternacht – die gleiche Stunde, wo unser Heiland geboren wurde, – und da es zum Samstag ging, – wurdest Du sofort ein Marienkind! – der gnadenreichen Madonna geweiht", schrieb Sophie (= Phia) Rilke 1922 an ihren Sohn. „Papa und ich segneten, küßten Dich – – unser helles Glück flüchtete im Dankgebet zu Jesus und Maria. Klein und zart war unser süßer Bubi, – aber prächtig entwickelt – und als er vormittags im Bettchen lag, bekam er das kl. Kreuzchen, – so wurde ‚Jesus' sein erstes Geschenk."[2] Am Anfang stand die Lebensenttäuschung einer Frau, die zu spät gemerkt hatte, daß der Ex-Offizier und Eisenbahninspektor Joseph Rilke nicht der erhoffte elegante Vertreter einer gesellschaftlich und kulturell glänzenden Familie war, sondern ein relativ

„beschränkter und zuweilen soldatisch-grober Ehemann, der weder ihr Verlangen nach Liebe, noch ihren gesellschaftlichen Ehrgeiz befriedigen konnte".[3]

Kompensation verschaffte sich Phia Rilke, die sich bald schon von ihrem Mann trennen sollte, ständig in Badeorten verkehrte und sich gern in vornehmes Schwarz kleidete, um so den Stil verwitweter Erzherzoginnen nachzuahmen, vor allem durch ihre *Religiosität*, die sie bis zum *Fanatismus* betrieb: „Einer der Fluchtwege Sophiens aus der enttäuschenden Wirklichkeit war ihr Glaube an eine Geisterwelt, die sie mit den Bildern einer oberflächlichen Religiosität, die sich verzückt gebärdete, zu einem seltsamen Gemisch von Madonnen und Gespenstern, Jesuskindern und spiritistischen Beschwörungen zu vereinen wußte. Sophie war keine gewerbsmäßige Spiritistin, zweifelte aber kaum an der Realität spiritistischer Erscheinungen."[4] Kein Wunder, daß diese Mischung aus katholischer Frömmigkeit und heidnischem Aberglauben auch ihr Kind René beeinflussen mußte, der bei jedem Kirchenbesuch offensichtlich nicht nur die Wunden Christi am Kreuz zu küssen hatte, sondern dem auch ständig Geistergeschichten erzählt wurden. Ihren Sohn hatte Phia Rilke unter Benutzung eines kleinen Messingkruzifixes erzogen, das sie selber bis ins Alter hinein behielt: „Sehen Sie, da habe ich René gelehrt, wie man beten muß – war drei Jahre alt –, daß das große Schmerzen waren vom Heiland, daß wir deswegen nie klagen dürfen, wenn wir Schmerzen haben."
Und der kleine René muß eines Abends, als er nicht einschlafen konnte, nach Angaben der Mutter so reagiert haben: „Aber Mama, wie kann ich denn einschlafen – habe doch dem lieben Gott noch keinen Kuß gegeben", worauf Phia ihm ihr kleines Messingkruzifix hingereicht haben soll...[5]

Welche *Wirkungen* eine solche Christusfrömmigkeit *auf den jungen Rilke* selber hatte, auf einen Jungen, der nach der Trennung der Eltern eine äußerst unglückliche Schulzeit hauptsächlich in Militärinternaten (1886–1891) verbrachte[6], geht aus einem *Rechenschaftsbrief* hervor, den Rilke an seinem *19. Geburtstag*, 1894, schrieb, und zwar an seine damalige Freundin Valerie von David-Rhonfeld (eines der frühesten autobiographischen Zeugnisse überhaupt, das wir besitzen). Bereits im kritischen Rückblick auf seine Kindheit notiert Rilke:

„Du kennst die lichtarme Geschichte meiner verfehlten Kindheit und Du kennst diejenigen Personen, welche Schuld daran tragen, daß ich nichts oder wenig Freudiges aus jenen Werdetagen zu merken vermag (...) In meinem kindlichen Sinn glaubte ich durch meine Geduld nahe dem Verdienste Jesu Christi zu sein, und als ich einst einen heftigen Schlag ins Gesicht erhielt, so daß mir die Knie zitterten, sagte ich dem ungerechten Angreifer – ich höre es noch heute – mit ruhiger Stimme: ‚Ich leide es, weil Christus es gelitten hat, still und ohne Klage, und während du mich schlugst, betete ich zu meinem guten Gott, daß er dir vergebe.‘ ... Ich floh dann immer zurück bis in die äußerste Fensternische, verbiß meine Tränen, die dann erst in der Nacht, wenn durch den weiten Schlafsaal das regelmäßige Atmen der Knaben hallte, sich ungestüm und heiß Bahn brachen. Und eben in der Nacht, in der meine Geburt sich, ich weiß nicht zum wievielten Male, jährte, war es, daß ich im Bette aufkniete und mit gefalteten Händen um den Tod bat. Es wäre mir damals eine Krankheit als sicheres Zeichen einer Erhörung erschienen, allein die kam nicht. Dafür entwickelte sich zu jener Zeit der Trieb zu dichten, der mir schon in seinen kindlichen Anfängen Trost verschaffte."[7]

Bemerkenswert an diesem Brief ist nicht nur die Erwähnung frühkindlicher Angstbewältigung und Todeswünsche, sondern vor allem das anerzogene *Verhältnis des Kindes zu Christus.* Die von der Mutter dem Kind offensichtlich schon früh abgeforderten religiösen Rituale sind hier ebenso zu erkennen wie die Technik der Angstbewältigung bei dem heranwachsenden Jungen. Durch die Übernahme der Rolle des widerstandslos-leidenden Christus wird die kindliche Selbstquälerei spirituell überhöht; Wehrlosigkeit und Verzicht auf Durchsetzungsfähigkeit werden religiös legitimiert. Christo-Masochismus tritt an die Stelle von Selbstbewußtsein und Selbstwertgefühl.
So verwundert es nicht, daß Rilkes Verhältnis zu seiner Mutter, die ihn um fünf Jahre überleben sollte (gest. 1931), bis an sein Ende zutiefst zwiespältig blieb. In späteren Texten drückt er nicht nur sein Grauen aus „vor ihrer zerstreuten Frömmigkeit, vor ihrem eigensinnigen Glauben, vor allem diesem Verzerrten und Entstellten"[8], sondern spielt auch immer wieder auf die

Rolle Christi in Phias Leben an. In einem *Gedicht* aus dem Jahre 1915 kann der 40jährige schreiben:

„Ach wehe, meine Mutter reißt mich ein.
Da habe ich Stein auf Stein zu mir gelegt,
und stand schon wie ein kleines Haus,
um das sich groß der Tag bewegt,
sogar allein.
Nun kommt die Mutter, kommt und reißt mich ein. (...)

Von ihr zu mir war nie ein warmer Wind.
Sie lebt nicht dorten, wo die Lüfte sind,
Sie liegt in einem hohen Herz-Verschlag
und Christus kommt und wäscht sie jeden Tag" (III, 101 f).[9]

Und wie ein Kommentar zu diesem Gedicht liest sich der Bericht von Herta Koenig über eine Begegnung mit Rilkes Mutter im selben Jahr 1915 in München. Sie hatte sich mit Rilke und dessen Mutter in einer vegetarischen Gaststätte mit Namen „Ethos" (Rilke war Vegetarier!) getroffen, und Herta Koenig war das veränderte Verhalten Rilkes in Gegenwart seiner Mutter aufgefallen: „Es gibt Mütter, in deren Gegenwart man höchstens vierzehnjährig ist, als ob man auch für gewöhnlich dreißig oder fünfzig Jahre zählen mag. Ich merkte plötzlich, daß Rilke steil vor sich niedersah – anders als sonst mit jenem Ausdruck gütiger Bescheidenheit, den er beim Eintritt in ein Zimmer, beim Niedersetzen zur Mahlzeit mitbrachte – es war ein kleiner, weher, entmutigter Knabenzug; als hätte er soeben Tadel bekommen; obgleich nichts geschehen war als das Beraten und Aussuchen nach der langen ‚Ethos'-Speisekarte"[10] ...

2. DER GEGENGLAUBE: LIEBE ALS RELIGION

Man muß hier nicht lange tiefenpsychologisch analysieren, um zu begreifen, daß die Rilke anerzogene, kindlich-pubertäre Religiosität, diese beinah pathogene Mischung aus Lebensangst und Leidensbereitschaft in dem Moment wie ein Spuk verschwinden mußte, als der Knabe erwachsen zu werden und selbständig zu denken begann. Schon im Jahr vor dem zitierten

Schlüsselbrief hatte der 18jährige sein „Glaubensbekenntnis"
formuliert, das er selber – der genaue Tag scheint ihm wichtig
gewesen zu sein – auf den „2. April 1893" datiert:

„Ihr lippenfrommen Christen
nennt mich den Atheisten
und flieht aus meiner Näh',
weil ich nicht wie ihr alle
betöret in der Falle
des Christentumes geh.

Ich weiß es, eure Lehren,
die wissen zu bekehren,
die machen fromm und – dumm.
Denn nur damit ihr sündigt,
hat man euch einst verkündigt
das Evangelium.

Und eure Priester sorgen,
daß heute oder morgen
euch nicht mehr Klarheit wird.
Wacht mit Gesetz und Strafe
doch über seine Schafe
der ‚unfehlbare' Hirt.

O! heil'ger weiser Vater,
der du des Herrn Berater
auf dieser Erde bist,
Du bist der erste Sünder –
verzeih, ich sags gelinder:
du bist der erste Christ.

Und deine Lämmer lehren:
Die Dreiheit sollt ihr ehren
jetzt und in Ewigkeit.
(Füllt nur den Opferkasten, –
dann seid ihr von den Lasten
der Schulden bald befreit.)

Die Schafe folgen alle,
sobald mit lautem Schalle
die Kirchenglocke hallt; –

sie fühlen sich entschädigt,
wenn nur der Pfaff die Predigt
verschlafen niederlallt.

Der spricht von Tod und Ende,...
sie falten ihre Hände
und weinen sich halb blind.
Dann murmeln sie ein: Amen,
und gehn... – in Gottes Namen, –
wie glücklich sie doch sind! –

Sie sind ja doch gereinigt
und werden nie gepeinigt
von Fegefeuerglut.
Christ ist für sie gestorben,
hat ihnen Heil erworben
durch sein geheiligt Blut.

Er lehrte sie dies Leben
und alles – hinzugeben
wie er, – der Menschensohn.
Einst würd' in andern Welten
Gott Vater es vergelten
mit seinem höchsten Lohn!...

,Du wirst dann untergehen',
ruft ihr, ,nicht auferstehen,
wenn die Posaune gellt!'
„Habt Dank, – ich bleibe liegen,
ich lasse mir's genügen
an dieser *einen* Welt. –

Ich glaub an eine Lehre,
von der man sagt, sie wäre
auf Erden selbst sich Lohn.
Die Lehre, die ich übe,
die Lehre heißt die Liebe,
sie ist mir Religion'" (VI, 489 ff).

Nein, bissiger, selbstbewußter und großsprecherischer kann
man sich als halbwüchsiger Abiturient nicht vom Christentum
seiner Eltern, von der Kirche seines Milieus, von der Religion

seiner Prager Umwelt distanzieren. Hier wendet ein angehender Poet 200 Jahre aufklärerische Religionskritik virtuos auf seinen eigenen Fall an. Das Christentum? Es wird als „Falle" durchschaut; frech wird ein Zusammenhang von Frommheit und Dummheit konstatiert; sarkastisch wird die Verkündigung des Evangeliums umgekehrt: um der Erzeugung von Sünden willen sei es gepredigt worden; spöttisch werden die Priester und der „unfehlbare" Papst der bewußten Volksverdummung angeklagt; im Stile von Heine wird der Trinitätsglaube verspottet; im Stile von Voltaire macht man sich lustig über die Gläubigen als „Lämmer" und „Schafe"; im Geiste Nietzsches[11] wird der Erlösungsglaube der Christen satirisch entlarvt. Und um dem Ganzen die Krone aufzusetzen, verabschiedet sich der 18jährige mit dem lässigen Selbstbewußtsein eines galanten Lebemannes, als man ihm mit dem Jüngsten Gericht droht: „Habt Dank, – ich bleibe liegen, ich lasse mir's genügen an dieser *einen* Welt", um dann „die Liebe" als alleinseligmachende „Religion" zu preisen. Begreiflich, daß Rilke es nie wagte, ein solches Produkt aus Religionsspott, Pfaffenschelte und Kirchenzynismus je zu veröffentlichen. Aber welch ein Auftakt für ein Schriftstellerleben!

3. „ALLES VERLOREN" – AUCH CHRISTUS, AUCH GOTT

Ebenfalls von ihm selbst nie veröffentlicht wurde eine Gedicht aus der gleichen Zeit, in dem der 18jährige im Stil von Heines „Deutschland. Ein Wintermärchen" in offensichtlich autobiographischer Tönung sein *Verhältnis zu Christus* beschreibt. Wie der fahrende Satiriker im Heineschen Poem seine Reaktion auf einen Bildstock in der Nähe Paderborns (den Gekreuzigten darstellend) beschreibt, um in einer Mischung aus Ironie und Betroffenheit das Schicksal des „armen Vetter" aus Nazaret zu reflektieren, so beschreibt auch der junge Rilke ein erstes Mal in dieser persönlich klingenden Weise seine Haltung zum Nazarener. Und wieder distanziert sich Rilke unmißverständlich von der Gläubigkeit seiner eigenen Kindheit und betreibt im Geist von David Friedrich Strauss (vgl. X, 102) und Friedrich Nietzsche radikale Entmythisierung Christi als Sohn Gottes.

„Still stand ich da, das Auge voll von Tränen,
das arme Herz zwiespältger Zweifel voll.
Und da vor meinen Augen sah ich jenen,
zu dem sie flehten, daß er helfen soll. –
Was konnte *ich* nicht beten? warum schaute
ich immer nur das bunte Blech – nicht mehr? ...
Er war ein Mensch, wie ich, – doch er vertraute
auf seine eigne Stärke allzusehr. –
Er war ja groß – er hatte edle Ziele
sich vorgesteckt. Doch *eines* macht ihn klein:
daß er im Übermaße der Gefühle
verleugnete ein schlichter Mensch zu sein...
Gerade damals, als auf tausend Wegen
sich in der Welt verbreitet seine Macht,
da hätt er wohl mit Stolze sagen mögen:
Ich bin ein Mensch, ein *Mensch,* der dies vollbracht.
Doch da erwachte in ihm das Begehren,
geehrt zu sein, das Vieler Größe beugt, –
er wollte, daß von goldenen Altären
für ihn der Rauch einst in die Lüfte steigt.
Er wollte nicht als Mensch verehret werden, –
nein, lieber trug er Schande, Schmach und Spott, –
nein, lieber wollte leiden er und sterben,
am Kreuze sterben, – aber doch – als Gott.
Nun ist mirs klar, warum ich ihn nicht lieben
noch achten kann, und kein Gebet ihm weih:
Er wäre als Mensch so göttlich groß geblieben,
und nun als Gott erscheint er menschlich klein! –
Ich sah empor, wo mit verdrehten Blicken
das bunte Bild am schlichten Kreuze hing.
Längst war es Tag – ich drehte ihm den Rücken
und trocknete die Tränen mir – – – und ging..." (VI, 492f).

„Er wollte nicht als *Mensch* verehret werden" – „nun ist mir's
klar, warum ich ihn *nicht lieben* noch achten kann": Seltsam,
wie präzise bereits dem 18jährigen klar war, was er an diesem
Christus ablehnte. Und uns heutigen Lesern hilft es dabei
wenig, wenn man konstatiert, daß Rilkes Kritik ein traditionel-
les Christus-Bild voraussetzt, das nicht mehr das unsrige ist.

Wir haben uns – von der kritischen Exegese belehrt – daran gewöhnt, daß Christus sich weder für Gottes Sohn, noch gar für Gott gehalten hat; daß der geschichtliche Jesus keinesfalls wollte, „daß von goldenen Altären für ihn der Rauch einst in die Lüfte steigt". Müßig ist es, darüber zu spekulieren, was gewesen wäre, wenn Rilke ein anderer Christus in der Kirche verkündet worden wäre. Wir haben zu konstatieren: Mit diesem Gedicht verabschiedet sich ein erwachsen Gewordener von Christus-Kult und Christus-Dogma seiner Kirche; hier dreht jemand einer 2000jährigen Glaubensgeschichte des Christentums buchstäblich den Rücken, das Herz „zwiespältger Zweifel voll", die Tränen noch im Auge, die dieser Abschied hervorgerufen hat, und geht seine eigenen Wege. „Längst war es Tag" geworden – auch für René Maria Rilke...

Ja, er geht seinen eigenen Weg nun auch als *Schriftsteller*. In Gedichtbänden wie „Larenopfer" (1895) und „Traumgekrönt" (1896), beide noch in der Prager Zeit entstanden, erweist er sich als impressionistischer Stimmungskünstler, als Epigone von Romantik und Anhänger der Neuromantik. Kirchliches Material, gerade auch aus dem katholischen Prag, ist reichlich verarbeitet: „Bei Sankt Veith", „Im Dome", „In der Kapelle Sankt Wenzels", „Im Straßenkapellchen", „Das Kloster", „Bei den Kapuzinern" heißen solche Texte (von den 90 Gedichten aus „Larenopfer" haben 14 ein katholisches oder jüdisches Thema). Aber das Kirchliche oder Jüdische („Rabbi Löw" I, 61–64) ist ihm hier nichts als Kulisse, das Religiöse nichts als Anlaß zur Beschreibung von Stimmungen, Eindrücken, Farben und Räumen. Seine eigentlichen Glaubensprobleme vertraut er diesen harmlosen Versen nicht an.

Doch wohin er geistig geraten war, macht ein kurzes Prosastück deutlich, noch in Prag geschrieben, ein, wie er selber sagt, „halb tiefernstes, halb satirisches" Glaubensbekenntnis unter dem Titel „Der Apostel" (Anfang 1896). Beschrieben wird hier nicht ein christlicher Glaubenszeuge, ein Jünger des Mannes aus Nazaret, sondern der Auftritt eines antichristlichen Propheten, eines Jüngers von Zarathustra. Erzählt wird, wie bei einem bürgerlich-aristokratischen Bankett, bei dem von einer „Wohltätigkeitsveranstaltung" die Rede ist, ein anwesender Gast, den man bisher ob seiner „durchgeistigten Züge" für einen Künstler gehalten hat, aufsteht und zum Entsetzen der Anwesenden vulkanartig ein Glaubenszeugnis im Geiste Nietzsches herausschleudert:

„Sie tun ein Werk der Liebe; *ich* geh in die Welt, um die Liebe zu töten. Wo ich sie finde, da morde ich sie, und ich finde sie oft genug in Hütten und Schlössern, in Kirchen und in der freien Natur. Aber ich folge ihr unerbittlich ... Hören Sie: die Menschen waren unreif, als der Nazarener zu ihnen kam und ihnen die Liebe brachte. Er, in seinem lächerlich kindischen Edelmut, glaubte ihnen ein Gutes zu tun! – Für ein Geschlecht von Giganten wäre die Liebe ein herrliches Ruhekissen, in dessen wollüstiger Weise sie neue Taten träumen dürften. Den Schwachen aber ist sie Ruin" (VII, 454f). So geht es weiter und endet ganz im Geiste Zarathustras mit der Beschwörung von Willen und Macht, mit der Verachtung der Masse der Kranken, Schwachen und Krüppel und der Apotheose („Er sah wie ein Gott aus") der wenigen Starken, Großen, Gewaltigen und Göttlichen. Nietzsche-Phantasien des 21jährigen: „Ich gehe in die Welt und predige den Starken: *Haß! Haß! Aberhaß!"* (VII, 488f).

Ja, er geht zunehmend seine eigenen Wege und *probiert die verschiedensten Rollen nacheinander aus*[12]: Einmal ist er der geistes-aristokratische Verächter der Volksmassen im Geiste Zarathustras; ein anderes Mal der Ästhet und Poet romantischer Schwermut, der mitunter tatsächlich in dieser Maske unter den Massen am Graben in Prag auftaucht, schwarz gekleidet, in der Hand eine einzige langstielige Iris. Einmal ist er der Verfasser dramatischer Monologe („Psycho-Dramen"), grob naturalistischer Erzählungen über das Schicksal armer Leute, die in ihrer unverblümten Sozialkritik Gerhart Hauptmann noch übertrafen („Frühfrost" und „Jetzt und in der Stunde unseres Absterbens" heißen solch schwülstig-naturalistische Dramoletts, die in Prag sogar eine Aufführung erleben); dann wieder ist er – in Anlehnung an Goethes „Tasso" – der selbsternannte „Schloßpoet" auf Schloß Weleslavin (westlich von Prag) bei Láska van Oestéren, der Tochter einer Familie niederen Adels, die ebenfalls schriftstellerte und von Rilke angeschwärmt wurde. Einmal ist er der engagierte Volkserzieher, der im Selbstverlag eine Zeitschrift („Wegwarten") herstellt und kostenlos auf der Straße an Arme und Arbeiter verteilt; dann wieder ist er der tschechische Patriot, der mit Gedichten aus „Böhmens Hain und Flur" in preziöser latinisierender Verfremdung den „Laren", den römischen Schutzgottheiten des Hauses und der Heimat „Opfer" darbringt...

Endlich aber macht Rilke sich von seiner Prager Welt los wie jener fiktive *Ewald Tragy,* der im Mittelpunkt von Rilkes gleichnamiger, stark autobiographischer Erzählung (1898) steht. Die Hauptfigur durchläuft einen schmerzlichen Prozeß der Ablösung vom Elternhaus. Sie ist auf dem Sprung von zu Hause fort, abzureisen, wegzufahren. Und wie Rilke selbst, ringt Tragy um seine *Berufung als Künstler,* die er gegen die verständnislosen Eltern durchsetzen muß. In einem Gespräch mit dem französischen Hausmädchen der Familie kommt es am Abend vor der Abreise zu dem Bekenntnis:

„Sind Sie ein Dichter, bitte? Ganz rot ist sie und erschrocken wie ein Kind.

Das ist es eben, Fräulein, erklärt er – ich weiß nicht. Und einmal muß man es doch wissen, nicht? So oder so. *Hier* kommt man zu keiner Klarheit darüber. Man kann nicht forttreten von sich, es fehlt die Ruhe, der Raum fehlt, die Perspektive.

Verstehen Sie das, Fräulein?

Vielleicht – nickt die Französin, aber – – ich meine – Ihr Herr Vater muß doch Freude haben und dann Ihre – – –

Meine Mutter, wollen Sie sagen. Hm. Ja, das hat schon so mancher behauptet. Wissen Sie, meine Mutter ist krank. Sie werden ja wohl gehört haben – obwohl man vermeidet, hier ihren Namen zu brauchen. Sie hat meinen Vater verlassen. Sie reist. Sie hat immer nur so viel mit, als sie unterwegs braucht, auch von Liebe – ich weiß lange nichts von ihr, denn wir schreiben uns seit einem Jahr nicht mehr. Aber gewiß erzählt sie zwischen zwei Stationen im Coupé: Mein Sohn ist ein Dichter –

Pause. –

Ja, und dann mein Vater. Er ist ein trefflicher Mensch. Ich hab ihn lieb. Er ist so vornehm und hat ein goldechtes Herz. Aber die Leute fragen ihn: Was ist Ihr Sohn? Und da schämt er sich und wird verlegen. Was soll man sagen? *Nur* Dichter? Das ist einfach lächerlich. Selbst wenn es möglich wäre – das ist ja kein Stand. Er trägt nichts, man gehört in keine Rangsklasse, hat keine Pensions-berechtigung, kurz: man steht in keinem Zusammenhang mit dem Leben.

Deshalb darf man das nicht unterstützen und zu nichts ‚Gut' und ‚Amen' sagen. Begreifen Sie jetzt, daß ich meinem Vater nie etwas zeige – überhaupt niemandem hier; denn man beurteilt meine Versuche nicht, man haßt sie von vornherein, und man haßt mich in ihnen. Und ich habe selbst so viel Zweifel. Wirklich: ganze Nächte liege ich mit gefalteten Händen wach und quäle mich: ‚Bin ich würdig?' (...)

Sie haben doch noch nichts verloren?

Da faltet Ewald die Hände im Schooß und sieht zum Fenster hinaus.

Pause.

Sie sind so jung –, tröstet ihn das Mädchen zaghaft.

Oh, macht er. Er ist wirklich überzeugt, daß das Leben für ihn eigentlich abgetan ist; nicht, daß er mittendurch gegangen wäre, aber ein für allemal vorbei. Er lügt also jetzt nicht und ist wahrhaft traurig: Jung? Ist es *das*, bitte? Ich habe Alles verloren ...

Pause.

auch Gott, und er bemüht sich, jedes Pathos zu vermeiden" (VII, 530f; 534f).

Alles verloren – auch Gott! Kein Wunder, daß Rilke nach dem Zusammenbruch der Welt des Prager Katholizismus sich *Ersatzideologien* suchte. Die *Astrologie* vermochte er dabei noch ironisch zu verspotten; er glaube nicht an die Sterne des Himmels, heißt es in einem Gedicht über „Astrologie", sondern an die sternenhaften Augen der Mädchen, deshalb schätze er „vor allen Wissenschaften" besonders „die Astrologie" (SW V, 67f). Aber ernsthaft beginnt sich Rilke mit der Übersiedlung nach München im September 1896 (Beginn des Studiums der Kunstgeschichte) mit dem *Spiritismus* zu beschäftigen und Anschluß an spiritistische Kreise unter *Karl Freiherr Du Prel*, einem bekannten Reiseschriftsteller und Okkultisten (1839–1899), zu suchen. Dessen Bücher „Das Rätsel des Menschen" (1892) und „Der Spiritismus" (1893), die den Spiritismus wissenschaftlich zu begründen suchten, studiert er jetzt eifrig. Ja, in einem Brief an Du Prel macht Rilke sogar deutlich, was ihn am Spiritismus fasziniert: „Abgesehen von dem Reiz des Geheimnisvollen haben die Gebiete des Spiritismus für mich eine bedeutsame Anziehungskraft, weil ich im Erkennen der vielen müßigen Mächte und im Unterwerfen ihrer Gewalt die große Erlösung ferner Nachfahren sehe und glaube, daß zumal jeder Künstler durch den Nebelqualm des kargen Materialismus zu jenem Seelenahnen sich durchringen muß, das ihm die goldene Brücke baut in uferlose Ewigkeiten." Und nicht ohne kirchenkritische Spitze dient sich Rilke dem Baron bereits als künftiger „Verbündeter" an: „Wenn ich in das Wesen Ihrer Wissenschaft eindringen darf, vielleicht ist es mir mal vergönnt, mit Wort und Feder einer von den Verbündeten des neuen Glaubens zu werden, der hoch über die Kirchturmkreuze ragt und wie erstes Morgenahnen sonnt auf den fürstlichsten Gipfeln."[13] Und wie wenn er dieser Verbündete im Geiste bereits wäre, verweist Rilke auf eine bald von ihm zu erscheinende Arbeit mit dem Titel „Christus-Visionen".

Von da ab wird Rilke sich immer wieder mit dem Spiritismus befassen. 1912 nimmt er auf Schloß Duino als interessierter Zuhörer an Séancen teil und fertigt Protokolle von ihnen an, und zwar nach den Aufzeichnungen der Planchette (ein auf zwei Laufrollen oder Gleitern ruhendes, mit einem Bleistift versehenes Brett, auf dem die Finger der Teilnehmenden leise ruhen, während „es" schreibt). Wir haben davon auszugehen: Rilke glaubte zwar nicht unbedingt an solche Offenbarungen und sprach sich selbst alle mediale Tauglichkeit ab. Er war aber wohl doch davon überzeugt, „daß die bei derartigen Gelegenheiten freigesetzten Kräfte auf irgendeine Art und Weise auch ihn beeinflussen"[14].

4. Das andere Christus-Bild: die „Christus-Visionen"

Zurück nach München. Langsam werden *zwei geistige Fronten* sichtbar, gegen die der junge Rilke sich abzusetzen beginnt: gegen den „kargen Materialismus" einerseits und gegen die „Kirchturmkreuze" andererseits. Und kaum nach München übergesiedelt, wird denn auch die Auseinandersetzung Rilkes mit dem Christentum noch einmal grundsätzlich. Zwischen Oktober 1896 und Sommer 1897 entstehen acht „Christus-Visionen", die Rilke im Brief an Du Prel bereits erwähnte und in denen er noch einmal in aller wünschenswerten Deutlichkeit sein Christusverständnis niederlegt. So konventionell die Verse hinsichtlich Reim und Rhythmus sein mögen, ihr Inhalt kann nicht radikaler genug gedacht werden. Nietzsche dürfte mit seinem „Antichrist" auch hier geistig Pate gestanden haben. Vielleicht auch Friedrich Werner van Oestéren, der Bruder Láskas, der wenige Jahre später mit seinem antijesuitisch gezielten Roman „Christus, nicht Jesus" Aufsehen erregen sollte. Einflußreich vor allem aber wurde eine der faszinierendsten Frauengestalten des späten 19. Jahrhunderts: *Lou Andreas-Salomé* (1861–1937), die Rilke im Mai 1897 in München kennenlernte, während er an den „Christus-Visionen" arbeitete. Lou, Tochter eines russischen Generals und einer deutschen Mutter, die 1887 den Sprachwissenschaftler Carl Andreas geheiratet hatte, war eine Frau, die bereits in Nietzsches Leben eine beträchtliche Rolle gespielt hatte: Ablehnung eines Heiratsantrags durch Nietzsche; 1894 Publikation der ersten Nietzsche-Biographie. Sie beginnt nun, den 14 Jahre jüngeren angehenden Poeten René Rilke in ihren Bann zu ziehen. Lou hatte gerade einen bemerkenswerten religionskritischen Essay „Jesus der Jude" veröffentlicht, in dem sie ihr Jesus-Bild und ihre Theorie von der Entstehung des Christentums dargelegt hatte.[15] Ihre Argumentation: Während Jesus selber als das große „religiöse Genie" durch seine Gottesunmittelbarkeit noch die tiefsten geistigen Anliegen des Judentums verkörpert habe („Der Jude grübelt nicht über seinen Gott, er leidet, lebt, fühlt ihn") und so „der schärfste Ausdruck des Judentums selbst und keineswegs dessen ‚Überwinder'" gewesen sei, habe das Judentum durch die Ablehnung Jesu alle Chancen zur Erneuerung verspielt; es sei endgültig verknöchert und schließlich abgestorben. Das Heidentum aber habe, im Jenseitsglauben Erlösung suchend, sich gerade des Auferstehungsglaubens bemächtigt. Christliche Theologie entsteht jetzt aus der mächtigen Sehnsucht dieses Jenseitsglaubens heraus – mit Jesus als Himmelsgott in der Mitte. Die Folge? Das Christentum hat jetzt „keine Ähnlichkeit" mehr mit Jesu ureigenstem Anliegen, „mit dem inneren, höchsten Seelenprozeß, in dem ein einzelnes religiöses Genie seine Gottoffenbarung empfängt und verkündet". Von diesem Vorgang gilt, was vom Ursprung der Götter überhaupt gilt: Die Not der Menschen treibt zur Gott-Schöpfung![16] Jesus, das „religiöse Genie"; der Jude Jesus, der aus einer Gott-unmittelbarkeit heraus lebte; das Christentum als Religion der Vergottung Jesu aus der Sehnsucht nach einem Erlöser heraus; Gott eine Schöpfung des Menschen: In diese Richtung dachte auch Rainer Maria Rilke (Lou hatte den ihr zu preziös klingenden Namen René kurzerhand in Rainer verwandelt). In seinem ersten Brief an Lou spricht er denn auch davon, dieser Essay verhalte sich zu seinen Christus-Gedichten „wie Traum zu Wirklichkeit, wie ein Wunsch zur Erfüllung"[17].

Worum geht es bei Rilkes „Christus-Visionen", in denen der Dichter in einer Folge von zunächst acht Szenen seinen Jesus jeweils gegenüber verschiedenen Personen („die Waise", „die Kinder") oder an verschiedenen Orten auftreten läßt („Jahrmarkt", „Venedig", „Judenfriedhof")? Radikaler noch als im Christus-Gedicht von 1893 setzt sich Rilke hier mit der Frage der Vergottung Jesu auseinander. Unterstellte Rilke in seinem frühen Text Jesus selber noch ein Interesse an seiner Deifizierung, so geht er jetzt entschieden weiter, und zwar in vierfacher Hinsicht:

(1) Rilke legt jetzt *Jesus selbst die Absage an seine Gottheit* und damit die Absage an alle Gott-Projektionen des Menschen in den Mund. Einer Dirne (6. Vision) gegenüber erinnert sich dieser Christus an die Frage, die ihm einstmals gestellt worden sei: „Bist du Gottes Sohn?" Jetzt erklärt er definitiv: „Nein, ich bin es nicht, ich bin kein Gott... Wir sind der ewge Erbfluch dieser Welt: der ewige Wahn ich – du die ewige Dirne" (V, 151 f). Und in der 4. Vision macht der Rilkesche Christus einem Maler gegenüber das Grundgesetz aller Projektion klar:

„Da ward ich – Gott. Und nur der niegewußte
Gott könnte groß sein, der nicht folgen mußte
dem ungestümen Ruf der Menge, die
ihn brünstig brauchte. Doch in wahngeblähter
Beharrlichkeit langt früher oder später
der Pöbel alle Götter aus dem Äther,

und in den bangen Blicken ihrer Beter
zerschmelzen sie" (V, 142).

(2) Bis dahin in der deutschen Literatur hinsichtlich der Chri-
stusdarstellung unerhört ist die hier vollzogene *sexuelle Entta-
buisierung Christi*. In derselben 6. Vision läßt Christus sich
von der Hure verführen. Provoziert von der Aufforderung,
statt „das Leben dumpf (zu) verträumen, das Leben (zu) leben"
(V, 150), kommt es zu einer orgiastischen sexuellen Vereinigung
zwischen Jesus und der Hure – des Nachts in einer Kneipe mit
dem beziehungsreichen Namen „Zu den Engeln".

(3) Neu ist auch das Motiv des *sterbensunfähigen Jesus* (5.
Vision). Seit die Jünger Jesus aus dem Grabe gestohlen hätten,
„von ihrem eigenen Glaubensprahlen betört", kommt dieser
Christus nicht mehr zur Ruhe. Immer wieder wird er gekreuzigt, muß er wie der „ewige Jude", wie Ahasver, wandern über
die Erde, ein Untoter, ein Halbgestorbener, der täglich neu
stirbt und neu lebt:

> „Von Kreuz zu Kreuze muß ich Buße zahlen:
> wo sie ein Querholz in (den) Boden pfahlen,
> dort muß ich hin auf blutigen Sandalen
> und bin der Sklave meiner alten Qualen
> mir wachsen Nägel aus den Wundenmalen,
> und die Minuten pressen mich ans Kreuz" (V, 147).

(4) Radikal neu ist schließlich (8. Vision) die von Jesus selbst
vollzogene *Abrechnung mit Gott*. Auf dem Judenfriedhof in
Prag erscheinend, wo der alte Rabbi Löw begraben liegt, fühlt
sich dieser Rilkesche Christus von Jehova „mißbraucht"; er
habe das alte Gottesbild erneuern wollen, dann aber feststellen
müssen, daß dieser Gott im Grunde gar nicht mehr existiert.
Der Himmel, in den dieser Christus aufgestiegen ist, ist leer:

> „Und dann von tausend Erdensorgen schwer
> stieg meine Seele in den hohen Himmel,
> und meine Seele fror; denn er war *leer*.
> So warst du niemals – oder warst nicht mehr,
> als ich Unsel'ger auf die Erde kam.
> Was kümmerte mich auch der Menschheit Gram,

wenn Du, der Gott, die Menschen nicht mehr scharst
um Deinen Thron. – Wenn gläubiges Gefleh
nur Irrsinn ist, Du nie Dich offenbarst,
weil Du nicht bist. – Einst wähnt' ich, ich gesteh,
ich sei (die) Stimme Deiner Weltidee...
Mein Alles war mir, Vater, Deine Nähe...
Du Grausamer, und wenn Du niemals warst,
so hätte meine Liebe und mein Weh
dich schaffen müssen bei Gethsemane" (V, 158).

Entschiedener wird man sich kaum vom Christusglauben der
Kirche, vom Christus von Dogma und Kult entfernen können
als Rilke in seinen „Christus-Visionen". Radikaler kann man
den Nazarener kaum entdivinisieren und entkultisieren, indem
man ihn zu einer Mischung aus Proletarier und Narren, aus
Wahnsinnigem und Besessenem macht, zu einem Täuscher und
Getäuschten zugleich. Nach Jean Pauls „Rede des toten Christus vom Weltgebäude herab, daß kein Gott sei" hatte man
dies in der deutschen Literatur so nie mehr gehört: Ein Dichter
läßt seinen Christus erklären, der Himmel sei leer, Gott eine
Fiktion, Gebet im Grunde Irrsinn.[18] Jesus Christus – nichts
als die ewige Projektionsfolie des Menschen, die Sehnsuchtsphantasie nach Vergöttlichung und Erlösung – der ewige Wahn!
Und wie sehr Rilke sich über den Bruch mit seinem Kindheits-
Christus im klaren, wie sehr er sich bewußt war, welch völlig
eigenes Christus-Bild er hier entworfen hatte, unbekümmert
um Rücksichten auf kirchliche Traditionen und bürgerliche
Konventionen, macht seine Reaktion auf eine kleine Münchner
Kunstaffäre um ein *Christus-Bild des Malers Fritz von Uhde*
deutlich (X, 351–356). Die Alte Pinakothek München hatte
sich entschlossen, Uhdes Bild „Himmelfahrt" anzukaufen,
aber nur, wenn Uhde sich bereit erklärte, noch Änderungen
daran vorzunehmen. Uhde hatte zugestimmt. Die Tatsache
aber, daß ein Künstler bereit war, in Sachen Kunst mit sich
handeln zu lassen, brachte Rilke auf die Barrikaden. In einem
Artikel schüttete er seinen ganzen Hohn und Spott über dieses
Verfahren aus, das Rückschlüsse auf sein eigenes Christus-Bild
zuläßt, das er soeben noch kompromißlos entworfen und
schließlich nicht veröffentlicht hatte.

Ironisch schrieb Rilke:

> „Wenn man schon einmal Christusmaler ist, darf man das Publikum nicht enttäuschen. Wie die anderen aus diesem Gefühl heraus ihr ‚jährliches Drama' schreiben, so muß man seinen ‚jährlichen Christus' malen. Und als Belohnung für Fleiß und Beharrlichkeit kauft ein königliches Institut endlich aus der Wahl von Erlösern einen an. Und zwar den offiziellsten: die Himmelfahrt. Und nun ganz aufrichtig: das Wenigste, was man von einem königlich sanktionierten Christus verlangen muß, ist, daß er fliegen kann. Und weil es dem Angekauften ziemlich beschwerlich fiel, so mußte Herr v. Uhde ihm jetzt wohl in seinem Atelier wohl noch ein paar Privatstunden dieser überaus intimen Kunst angedeihen lassen, ehe er dauernden Aufenthalt in der Pinakothek erhielt; denn darauf zielt eigentlich der bewußte Satz von der ‚Änderung' hin" (X, 353).

In diesen vier Jahren, zwischen 1893 und 1897 also, hatte sich Rilkes Ablösung von der religiösen Welt seiner Prager Jahre vollzogen. In Sachen Christentum war er hier zu Einsichten gelangt, die er bis zu seinem Ende nicht preisgeben wird. Gewiß, nicht immer thematisiert Rilke diese seine Christentums-Kritik mit der gleichen Heftigkeit. Jahrelang kann sie unaufgewühlt den geistigen Horizont seines Selbstverständnisses als Mensch und Künstler bilden. 1901 tritt Rilke konsequent und unspektakulär aus der katholischen Kirche aus, als er sich entschlossen hat, die Bremer Protestantin Clara Westhoff zu heiraten. Nur manchmal bricht es in aller Schärfe wieder aus ihm heraus. So Ende 1912 auf einer *Reise durch Spanien*.

5. „RABIATE ANTICHRISTLICHKEIT" UND DIE ENTDECKUNG DES ISLAM

Das spanische Toledo war hier das große Erlebnis gewesen, das Toledo El Grecos.[19] Diese auf einem Bergmassiv gelegene, exponierte Stadt, in der sich Europäisches und Orientalisches, Christliches, Jüdisches und Arabisches so einzigartig vermischt hatten, löste in Rilke, kaum war er angekommen, Visionen von der Urschöpfung aus, Urbilder von „Welt, Schöpfung, Gebirg und Schlucht, Genesis". Er müsse immer an einen Pro-

pheten denken bei dieser Gegend, einen Propheten, über den das Prophezeien jederzeit kommen könne, die „immense Sehung rücksichtsloser Gesichte" – so gebärde sich diese Natur rings um die Stadt.[20] Kein Wunder, daß Rilke in einer solchen Urlandschaft nur *ein* Buch lesen wollte: das *Alte Testament:* „Der Maßstab ist fast der gleiche, man schlägt die Bibel auf und liest in der Landschaft weiter, einer Landschaft, die nicht redet, die prophezeit, über die der Geist ihrer Großheit kommt, überall, vor jedem Tor bricht sie in Größe aus, und die Stadt selbst ist so unmittelbar ohne eine Schicht, die sie isoliert, auf der Erde, auf die erschaffene Erde gestellt, wie auf alten Kupfern der Turm zu Babel."[21] Ja, Urbilder waren durch diese Stadt in ihm hochgekommen, und Rilke konnte sich die Entstehung dieses Ortes nur erklären, indem er auf Mythisches und Legendarisches zurückgriff – ganz und gar typisch für jemanden wie ihn, der vom poetischen Schauen, nicht vom philosophischen Analysieren lebte: „Ich begreife augenblicklich die Legende, daß Gott, da er am vierten Schöpfungstag die Sonne nahm und stellt, sie genau über Toledo einrichtete"[22]; oder: „Man denkt an keine Geschichte bei dieser Stadt, sie hat nur Legende; ein Eremit und ein wildes Tier verständigten sich zur Bestattung der ägyptischen Maria, so, meint man, müßten auch hier ein Heiliger und ein Löwe gemeinsam am Werk gewesen sein, damit dies entstehen konnte."[23]
In dieser Stadt also erlebte Rilke eine unerhörte *Unmittelbarkeit* zu Gott, eine Kontaktnahme mit den Ursprüngen von Schöpfung, ein Abtauchen in die Genesis der Welt. Kein Wunder, daß er neben dem Alten Testament auf der Spanienreise auch den *Islam* zu entdecken beginnt und anfängt, den *Koran* zu lesen. Beiden ist ja gemeinsam die Thematisierung der unmittelbaren Beziehung von Schöpfer und Geschöpf, Gott und Mensch: „Ich lese den Koran, er nimmt mir, stellenweise, eine Stimme an, in der ich so mit aller Kraft drinnen bin, wie der Wind in der Orgel."[24] Schon die „Neuen Gedichte" vier Jahre zuvor (1908) lassen eine Auseinandersetzung mit Mohammed erkennen. Rilke ist in seinem Gedicht „Mohammeds Berufung" ganz und gar konzentriert auf den Moment, als der Kaufmann Mohammed durch einen Engel Gottes die Botschaft erhält, die sein Leben verändert – ganz wie es auch dem Künst-

ler ergeht, dessen Leben durch eine „Offenbarung" verändert wird und der die Berufung fühlt, das Wort zu verkünden.

> „Da aber als in sein Versteck der Hohe,
> sofort Erkennbare: der Engel, trat,
> aufrecht, der lautere und lichterlohe:
> da tat er allen Anspruch ab und bat
>
> bleiben zu dürfen der von seinen Reisen
> innen verwirrte Kaufmann, der er war;
> er hatte nie gelesen – und nun gar
> ein *solches* Wort, zu viel für einen Weisen.
>
> Der Engel aber, herrisch, wies und wies
> ihm, was geschrieben stand auf seinem Blatte,
> und gab nicht nach und wollte wieder: *Lies*.
>
> Da las er: so, daß sich der Engel bog.
> Und war schon einer, der gelesen *hatte*
> und konnte und gehorchte und vollzog" (II, 638).

Die Kehrseite dieser Erfahrung ist eine erneute *Kritik am real existierenden Christentum*. In Cordoba hatte sich Rilke über die Tatsache geärgert, wie sehr die große Moschee dort für christliche Zwecke umgebaut worden sei: „Diese in das strähnige Innere hineinverfilzten (!) Kirchen, man möchte sie auskämmen wie Knoten aus schönem Haar. Wie große Brocken sind die Kapellen der Dunkelheit im Hals steckengeblieben, die darauf angelegt war, Gott fortwährend mild zu verschlukken, wie Saft einer Frucht, die zergeht. Jetzt noch wars rein unerträglich, die Orgel und das Respondieren der Chorherren in diesem Raum zu hören... das Christenthum, dachte man unwillkürlich, schneidet Gott beständig an wie eine schöne Torte, Allah aber ist ganz, Allah ist heil."[25]
Ja, einmal in Rage geraten, steigert sich Rilke im Verlauf der Reise zu einer *Tirade gegen das Christentum*, die bis in die Bildwahl hinein ihresgleichen sucht. Von Ronda aus schreibt er an die Fürstin Thurn und Taxis (17. Dezember 1912):

> „Übrigens müssen Sie wissen, ich bin seit Cordoba von einer beinah rabiaten Antichristlichkeit ... Hier meint man in einem christlichen Lande zu sein, nun, auch hier ists längst überstanden,

christlich wars. ... Jetzt ist hier eine Gleichgültigkeit ohne Grenzen, leere Kirchen, vergessene Kirchen, Kapellen, die verhungern, – wirklich, man soll sich länger nicht an diesen abgegessenen Tisch setzen und die Fingerschalen, die noch herumstehen, für Nahrung ausgeben. Die Frucht ist ausgesogen, da heißts einfach, grob gesprochen, die Schalen ausspucken. Und da machen Protestanten und amerikanische Christen immer noch wieder einen Aufguß mit diesem Teegrus, der zwei Jahrtausende gezogen hat. Mohammed war auf alle Fälle das Nächste, wie ein Fluß durch ein Urgebirg bricht er sich durch zu dem einen Gott, mit dem sich großartig reden läßt jeden Morgen, ohne das Telefon ,Christus', in das fortwährend hineingerufen wird: *Hollah, wer dort?* – und niemand antwortet."[26]

München 1896 mit den „Christus-Visionen", die Spanienreise 1912 mit dem Entsetzen über das Gott-verstellende Christentum: Ein drittes Mal bricht die Christentums-Kritik aus Rilke heraus, als er – schon auf Schloß Muzot – 1922 die „Duineser Elegien" und die „Sonette an Orpheus" vollendet hatte. Im „Brief des jungen Arbeiters" (1922) fühlt er sich gedrängt, noch einmal all das zu präzisieren, was ihm längst geistiger Besitz geworden war (XI, 1111–1127):
Christus? „Wer ist denn dieser Christus, der sich in alles hineinmischt?"
Das Kreuz? „Ich kann mir nicht vorstellen, daß das Kreuz bleiben sollte, das doch nur ein Kreuzweg war. Es sollte uns gewiß nicht überall aufgeprägt werden, wie ein Brandmal."
Erlösung? „Wenn dieser Christus uns dazu geholfen hat, es mit hellerer Stimme, voller, gültiger zu sagen, um so besser, aber laßt ihn doch endlich aus dem Spiel. Zwingt uns nicht immer zu dem Rückfall in die Mühe und Trübsal, die es ihn gekostet hat, uns, wie er sagt, zu ,erlösen'. Laßt uns endlich dieses Erlöstsein antreten."
Christentum? „Sie haben aus dem Christlichen ein métier gemacht, eine bürgerliche Beschäftigung, sur place, einen abwechselnd abgelassenen und wiederangefüllten Teich."
Und die *Alternative? Christus?* Er habe nichts anderes gewollt, als auf Gott zu „zeigen" – so wie auch der Koran nichts anders habe sein wollen als ein „Zeigefinger" zu Gott: „Und einmal

117

habe ich den Koran zu lesen versucht, ich bin nicht weit gekommen, aber soviel verstand ich, da ist wieder so ein mächtiger Zeigefinger, und Gott steht am Ende seiner Richtung, in seinem ewigen Aufgang begriffen, in einem Osten, der nie alle wird. Christus hat sicher dasselbe gewollt. Zeigen."

Das Leben hier und jetzt? Das „Hiesige", das „Irdische" ist nicht schlecht zu machen, sondern recht zu gebrauchen: „Das Hiesige recht in die Hand nehmen, herzlich liebevoll, erstaunend, als unser, vorläufig, Einziges; das ist zugleich, es gewöhnlich zu sagen, die große Gebrauchsanweisung Gottes, *die* meinte der Heilige Franz von Assisi aufzuschreiben in seinem Lied an die Sonne, die ihm im Sterben herrlicher war als das Kreuz, das ja nur dazu dastand, in die Sonne zu *weisen...* Wie oft mögen wohl solche Versuche gemacht worden sein, die Versöhnung herzustellen zwischen jener christlichen Absage (an die Welt) und der augenfälligen Freundschaft und Heiterkeit der Erde."

Verhältnis zu Gott? Entscheidend ist: *Ruhen* in Gott, ganz Da-Sein für Gott: „Ich will, sehen Sie, anwendbar sein an Gott, so wie ich da bin; was ich hier tue, Arbeit, das will ich weitertun auf ihn zu ohne daß mir mein Strahl gebrochen wird, wenn ich das so ausdrücken darf, auch nicht in Christus, der einst für viele das Wasser war... Ich will mich nicht schlecht machen lassen um Christi willen, sondern gut sein für Gott. Ich will nicht von vornherein als ein Sündiger angeredet sein, vielleicht bin ich es nicht. Ich habe so reine Morgen! Ich könnte mit Gott reden, ich brauche niemanden, der mir Briefe an ihn aufsetzen hilft."

Anwendbar sein an Gott; gut sein für Gott; mit Gott reden: Wie geht all das zusammen mit Rilkes religionskritischer Denunziation des Gottesglaubens? Wie geht das zusammen mit der in „Ewald Tragy" geäußerten Überzeugung vom Verlust Gottes? Wie geht das zusammen mit den in den „Christus-Visionen" beschriebenen Überzeugungen: Der Himmel – leer; Gott – eine Fiktion; Gebete – die ewige Illusion des Menschen? Nochmals, wir haben uns darauf einzustellen: Wie keiner der großen Schriftsteller des 20. Jahrhunderts war Rilke weit entfernt vom Christentum und *zugleich* ganz nahe. Wir sind Zeugen eines eigentümlichen Transformationsprozesses des Religiösen, einer spezifischen Metamorphose des Christlichen, für die es in der deutschen Literatur kaum eine Parallele gibt. Keiner der großen Autoren hat so mit der christlichen Metaphysik aufgeräumt und sich zugleich aus dem Erbe des Christentums so frei „bedient" wie Rainer Maria Rilke; keiner hat sich so entschieden zu seiner rabiaten Antichristlichkeit bekannt und sich zugleich den christlichen Kosmos so schöpferisch angeeignet wie dieser Prager Poet. Sehen wir genauer zu.

6. Kunst und Religion: die Reise nach Italien

Für seine Texte benutzt Rilke traditionelle christliche *Formen:* Sein „Stundenbuch" imitiert die altfranzösischen Livres d'heures, seit dem späten Mittelalter gebräuchliche, oft mit Miniaturen verzierte Laien-Breviere. Seine „Geschichten vom lieben Gott" sind christlichen *Legenden* nachgebildet. Sein „Marien-Leben" orientiert sich an christlicher *Ikonographie,* das Leben der Madonna meditativ reflektierend. Und immer wieder greift Rilke zur Gestaltung von *„Gebeten",* von *„Requiem"* (I, 469; II, 647–664; III, 104–107), *Gottesdiensten* und *Kirchenbesuchen.*

Zum Ausdruck seines *Kunstverständnisses* schlüpft Rilke gern in kirchlich vorgeprägte Rollen: Seine „Gebete der Mädchen zu Maria" sind nicht ohne die italienischen Maler-Mönche Fra Angelico oder Fra Bartolomeo zu verstehen; sein „Stundenbuch" nicht ohne deren russische „Brüder in Sutanen", die Mönche der Ikonenmalerei: Künstlertum und Mönchtum, Hingabe an Gott und Hingabe an die Kunst gehören für ihn zusammen.

Der lyrische Kosmos Rilkes ist voll von *archetypischen religiösen Gestalten:*

– *Gestalten aus dem Alten Testament:* „*David* singt vor Saul" (II, 488); „*Josuas* Landtag" (II, 490); „Tröstung des *Elia"* (II, 563); „*Saul* unter den Propheten" (II, 564); „*Samuels* Erscheinung vor Saul" (II, 565); „*Prophet"* (II, 566); „*Jeremia"* (II, 567); „*Absaloms* Abfall" (II, 569); „*Esther"* (II, 570); „*Adam"* (II, 583); „*Eva"* (II, 584); „*Judiths* Rückkehr" (III, 38); „Der Tod *Moses"* (III, 102f).

– Gestalten aus dem *Neuen Testament:* „Die Heiligen drei Könige" (I, 411); „Der Auszug des verlorenen Sohnes" (II, 491); „Auferweckung des *Lazarus*" (III, 49f); „Die Worte des Herrn an *Johannes* auf Patmos" (III, 108f; 440–43).

– *Christliche Heiligengestalten:* „Sankt *Sebastian*" (II, 507) und „Sankt *Georg*" (II, 618; vgl. III, 28); „Sankt *Christopherus*" (II, 58–60); „Martyrinnen" (I, 382); „Die Heilige" (I, 383).

– Und immer wieder die Figuren von *Christus* und *Maria:* „Der Ölbaum-Garten" (II, 492); „Kreuzigung" (II, 581); „Der Auferstandene" (II, 552); „Abendmahl" (II, 591); „Emmaus" (III, 55); „Christi Höllenfahrt" (III, 57); „Verkündigung" (I, 409). Oder „Pieta" (II, 494); „Marien-Prozession in Gent" (II, 536); „Magnificat" (II, 583); „Himmelfahrt Mariae" (III, 46f).

– Und nicht zu vergessen die vielen *Engelsfiguren* in Rilkes Werk: nicht nur in den „Duineser Elegien", sondern auch in zahlreichen Gedichten vorher: „Die Engel" (I, 380); „Der Schutzengel" (I, 281).

Wie erklärt sich das alles? Wie erklärt sich diese Distanz und diese Nähe zugleich? Wie vereinbart sich die Rede von Gott mit der Ablehnung Gottes? Antwort: *Rilkes Verständnis von Gott ist nicht zu verstehen ohne sein Verständnis von Kunst.*

Von April bis Mai 1898, Rilke war 23 Jahre alt, war er erstmals nach *Italien* gefahren. In Florenz und Umgebung hatte er die Bilder der großen italienischen *Maler der Renaissance* gesehen: Fra Angelico (1400–1455), Fra Bartolomeo (1472–1517), Botticelli (1445–1510), Ghirlandaio (1449–1494), Raffael (1483–1520) und Michelangelo (1475–1564) allen voran. Seinem „Florenzer Tagebuch" vertraut er – in Abgrenzung gegen die Kunst der „Philister" („die man genießen kann wie einen Nachmittagsschlaf oder wie eine Prise Schnupftabak") – sein *Verständnis von Kunst* an, und zwar erstmals in dieser Härte und Grundsätzlichkeit. Hier fallen Sätze, die von nun an zum Grundbestand Rilkeschen Selbstverständnisses gehören werden: Kunst sei „das Mittel Einzelner, Einsamer, sich selbst zu erfüllen". Der Künstler schaffe für sich, „einzig für sich"; er müsse „Hindernis um Hindernis überbrücken und Stufe um Stufe bauen, bis er endlich hineinblicken kann in sich selbst"[27].

Ja, Rilke hatte geglaubt, eine „Offenbarung" über Botticelli oder Michelangelo von der Italienreise heimbringen zu können, mußte aber feststellen, daß er *sich selbst* zu entdecken begann: „Jeder schafft die Welt neu mit seiner eigenen Geburt; denn jeder ist die Welt." Und jetzt kann er sogar zu Vergleichen aus der Welt der Orden greifen, um sein Kunstverständnis zu illustrieren: „Des Künstlers Schaffen ist ein Orden."[28] Kein Wunder, daß Rilke eine besondere Affinität zu den Florentiner Malermönchen Fra Angelico und Fra Bartolomeo empfand, die in frommer Ergebenheit und Einsamkeit – ohne auf den Beifall des Publikums zu spekulieren – ihr Kloster San Marco ausgestaltet hatten. *Der Mönch in der Zelle* – ganz hingegeben an die Kunst, ganz hingegeben an Gott, der Mönch, der ein Bild malt, um Gott allein zu dienen, um Gott in sich zu finden: das wird nun das Paradigma des Rilkeschen Kunstverständnisses. Denn auch für diese großen Malermönche gilt:

> „Und wenn sie zehntausendmal Madonnen machten und Heilige, und wenn manche von ihnen im Mönchsgewande und auf den Knieen malten, und wenn ihre Madonnen Wunder tun bis in diese Tage herein: sie haben alle doch nur einen Glauben besessen, und eine Religion hat sie durchglüht: die *Sehnsucht nach sich selbst.* Ihre höchsten Entzückungen waren die Funde, welche sie in ihrer eigenen Tiefe taten. Zitternd hoben sie sie ins Licht. Und weil das Licht damals des Gottes voll war, so nahm ER ihre Gaben an."[29]

Das also war Rilke in der Begegnung mit Renaissancemalerei aufgegangen (vgl. „Fernsichten. Skizzen aus dem Florenz des Quattrocento", VII, 500–503; „Intérieurs", X, 399–412): Was immer der Künstler schafft – und schaffe er das noch so frömmste Kunstwerk –, im Tiefsten und Letzten drückt er nur das aus, was in ihm selber, holt er ans Licht, was im Dunkel seiner eigenen Seele verborgen ist. Auf Gott übertragen heißt das: *Auch Gott muß jeweils neu mit jedem Kunstwerk geschaffen werden.* Denn der Gott der Kindheit sei ja tot, meint Rilke, der Gott, der alle zu Kindern und somit unmündig gemacht habe: „Er muß einmal sterben dürfen. Denn wir wollen selbst Väter werden." Ja, der alte Gott ist für Rilke tot, und „jeder kommt in Trauerkleidern vom Sterbebette seines Kindheitsgottes; aber bis er zuversichtlich und festlich geht, geschieht *in ihm* die Auferstehung Gottes"[30].

Das ist nun der Grundgedanke, der von jetzt an Rilkes *Gottes-und Kunstverständnis* beherrschen wird: „Gott ist das älteste Kunstwerk"; „Auferstehung Gottes" vollzieht sich im und durch den einsamen, über der Masse der Menschen stehenden Künstler. Ja, Rilke sah den „letzten Wert" gerade auch seines „Florenzer Tagebuchs" in der Erkenntnis eines Künstlertums, das nur ein *Weg* sei und in einem reifen Dasein sich einstmals erfüllen werde. Man kann nicht klar genug sehen, welche Überzeugung von der Aufgabe des Künstlers sich in dem 23jährigen Rilke jetzt festgesetzt hatte: *Kunst ist Neu-Schaffung*, Freisetzung einer innersten Wirklichkeit im Künstler selber. Und nur diese innerste Wirklichkeit ist wirklich. Kunst ist somit einem *Gebär-Vorgang* vergleichbar, einem Geburts-Prozeß, hat mit dem Geheimnis Mutterschaft zu tun.

Und so kann es nicht erstaunen, warum Rilke sowohl im „Tagebuch" wie in seinen lyrischen Texten aus dieser Zeit immer wieder auf *Mädchen- und Madonnengestalten* zu sprechen kommt. Es ist der auf den Renaissance-Bildern, vor allem auf den Bildern Botticellis dargestellte Typus der mütterlichen Jungfrau, der ihn faszinierte: „Damals habt ihr die Madonnen als mütterliche Jungfrauen geschaffen; unsere Geliebten werden jungfräuliche Mütter sein", notiert er sich in sein Tagebuch.[31] Und genau diese Paradoxie entsprach seinem Frauen- und Künstlerbild: Jungfrau und doch nicht; Mutter und doch keine. Erste Madonnen-Texte entstehen („Gebete der Mädchen zu Maria"), und die Madonna ist ja der Typus einer Mutter, die zwar den Sohn gebiert, ohne aber aufzuhören Jungfrau zu sein:

„Du wolltest wie die andern sein,
die sich scheu in Kühle kleiden;
deine Seele wollte seiden
ihre müden Mädchenleiden
weiterblühn am Lebensrain.
Aber tief aus deinem Kranken
wagte eine Kraft zu ranken,
– Sonnen lohten, Samen sanken:
und du wurdest wie der Wein.

Und jetzt bist du süß und satt
wie ein Abend auf uns allen, –
und wir fühlen, wie wir fallen,
und du machst uns alle matt ...

Schau, unsere Tage sind so eng
und bang das Nachtgemach;
wir langen alle ungelenk
den roten Rosen nach.

Du mußt uns milde sein, Marie,
wir blühn aus deinem Blut,
und du allein kannst wissen, wie
so weh die Sehnsucht tut;

Du hast ja dieses Mädchenweh
der Seele selbst erkannt:
sie fühlt sich an wie Weihnachtsschnee,
und steht doch ganz in Brand..." (I, 182f).

Diese Verse kann man nur verstehen, wenn man Boticellische
Madonnenfiguren vor Augen hat: all die jungfräulichen Frauen,
aus deren schwermütigen Gesten und müden Gesichtern die
Enttäuschung über eine nie erreichte Reife zu sprechen scheint,
als wären sie nicht Frucht geworden, sondern Blüte geblieben.
Mit solchen poetischen Bildern, die einem bestimmten Frauen-
typus des Jugendstils, der femme fragile entsprachen, entwarf
Rilke Chiffren zur *Selbstdeutung des Künstlers*: Auch der
Künstler muß das Wort gebären, und indem er es gebiert, wird
er zur Mutter, ohne doch Mutter je sein zu können.
So lag denn der Wert der Reise nach Florenz für Rilke vor
allem in der *Präzisierung dessen, was die Kunst für ihn zu
leisten* habe. Die religiöse Dimension spielte dabei eine wichtige
Rolle. Rilke kann jetzt ausdrücklich sagen, daß gerade der
Nichtkünstler eine Religion im tieferen Sinne besitzen müsse.
„Atheist sein" in diesem Sinne sei „Barbar sein"[32]. Aber mit
„Gott" war jetzt bei Rilke keine „Überwelt" mehr gemeint,
kein christliches „Jenseits", sondern die wirklichste Wirklich-
keit im Herzen der Dinge, die gerade der Künstler im Kunstwerk zeigt, hervorbringt, verobjektiviert. Und so endet das
„Florenzer Tagebuch" mit den enthusiastischen Sätzen:

„So rankt sich jedes Geschlecht wie eine Kette von Gott zu Gott. Und jeder Gott ist die ganze Vergangenheit einer Welt, ihr letzter Sinn, ihr einheitlicher Ausdruck und zugleich die Möglichkeit eines neuen Lebens. Wie andere ferne Welten zu Göttern reifen werden – weiß ich nicht. Aber für uns ist die Kunst der Weg; denn unter uns sind die Künstler die Durstigen, die alles in sich trinken, die Unbescheidenen, die nirgends Hütten baun, und die Ewigen, die über die Dächer der Jahrhunderte reichen. Sie empfangen Stücke des Lebens und geben das Leben. Wenn sie einmal aber das Leben empfangen haben und die Welt in sich tragen mit allen Mächten und Möglichkeiten, werden sie etwas geben – darüber hinaus... Ich fühle also: daß wir die Ahnen eines Gottes sind und mit unseren tiefsten Einsamkeiten durch die Jahrtausende vorwärtsreichen bis zu seinem Beginn. Das fühle ich!"[33]

7. Die Reise nach Russland und der „Gott" des „Stundenbuchs"

Kunst als Weg zu Gott; der Künstler als Ahne Gottes: Rilke hatte schon bald Gelegenheit, all diese gedanklichen Ansätze zu erweitern, als er gut ein Jahr nach der Italienreise mit Lou zu einer ersten *Reise durch Rußland* aufbricht (April bis Juni 1899); eine zweite erfolgt gut ein Jahr später, von Mai bis August 1900. Es ist die russische *Ikonenmalerei*, die ihn jetzt wie magisch anzieht, und auch hier drängen sich ihm Gedanken zur Kunst ähnlich wie in Italien wieder auf. Beim Betrachten der russischen Ikonen, die ja oft mit Gold- und Silberplatten belegt sind und nur im Gesichtsbereich eine Öffnung, einen Hohlraum freilassen, so daß der Eindruck von Tiefe verstärkt wird, war ihm aufgefallen:

„Was im höchsten Sinne von jedem Kunstwerke gilt, dem Fühlenden gegenüber: daß es nur eine Möglichkeit ist, der Raum, in welchem der Schauende wiederschaffen muß, was der Künstler zuerst geschaffen hat, das erfüllt sich im Rahmen dieser Bilder durch die Frömmigkeit derjenigen, die davor beten. Unzählige Madonnen schaut das Volk in die hohlen Ikonen hinein, und seine schöpferische Sehnsucht belebt beständig mit milden Gesichtern die leeren Ovale. Hier muß der Künstler einsetzen, indem er, ohne an der gewohnten Form zu rühren, innerhalb der goldenen Krusten die Visionen des Volkes erfüllt; und indem er ihm Gelegenheit giebt, auch über diesen neuen Bildinhalt hinaus zu träumen, hat er Aussicht von Schönheit zu Schönheit aufzusteigen und dabei das ganze Volk mitzuerheben in die reifen Wirklichkeiten seiner Seele" (X, 496).

Kaum ist Rilke aus Rußland zurück, faßt er seine Eindrücke von der Reise im ersten Buch dessen zusammen, was später das „Stundenbuch" sein wird, im „Buch vom mönchischen Leben" (entstanden September/Oktober 1899). Später folgen die Bücher „Von der Pilgerschaft" sowie „Von der Armut und vom Tode", die alle zusammen 1905 veröffentlicht werden. Den in Italien entdeckten und in Rußland vertieften Gedanken vom Künstler als Gottes-Gebärer faßt Rilke schon im ersten Buch in die unerhörten Verse, die er einem russischen Ikonen-Maler-mönch in den Mund legt:

„Wir bauen an dir mit zitternden Händen
und wir türmen Atom auf Atom.
Aber wer kann dich vollenden,
du Dom" (I, 261).

Oder noch deutlicher:

„Was wirst du tun, Gott, wenn ich sterbe?
Ich bin dein Krug (wenn ich zerscherbe?)
Ich bin dein Trank (wenn ich verderbe?)
Bin dein Gewand und dein Gewerbe,
mit mir verlierst du deinen Sinn" (I, 275).

Was haben wir hier vor uns? Ist Gott hier das pure Geschöpf der „Einbildungskraft" des Menschen? Ist die Rede von Gott hier nichts als ein „psychologischer Vorgang im Menschen"? Sind das ganze „Stundenbuch" und so viele andere Texte Rilkes nichts als Produkte einer raffinierten „Seelen-Irreführung durch das Medium einer pseudoreligiösen Sprache, deren Aufgabe es ist, dem Dichter wie seinem Leser das krasse materialistische Fundament zu verschleiern"?[34] Sind das nicht „fromme Unverschämtheiten", wie Karl Barth gegen Rilke (unter

Anspielung auf Angelus Silesius!) zürnte?[35] „Unverschämtheiten", die obendrein noch einem Mönch in den Mund gelegt
werden? Oder ist Rilke umgekehrt ein „melancholischer
Atheist" in diesem Buch, ein „Ungläubiger mit schlechtem
Gewissen"?[36]

Um solche Kritik auf ihren Sachgehalt zu überprüfen, muß
man sich näher auf die Texte einlassen. Tut man dies, so wird
man um die Feststellung nicht herumkommen, daß es neben
solchen nach reiner Projektion klingenden Versen auch andere
Sprechhaltungen von Gott in diesem „Stundenbuch" gibt. Ja,
das „Stundenbuch" hat sein Spezifikum gerade darin, daß es
eine Überfülle von Metaphern entwirft, die Gott benennen,
aber nirgendwo wirklich definieren. Gott ist der „uralte Turm",
er ist „dunkel und wie ein Gewebe von hundert Wurzeln", er
ist der „Nachbar", von dem nur eine „schmale Wand" trennt,
er ist die „Dunkelheit" und die „große Kraft". Gott – das ist
die „werdende Tiefe", der noch unvollendete „Dom", ein
„Raum", ein „Angesicht", eine „grenzenlose Gegenwart", das
„Ding der Dinge", das „Leiseste", „Tiefste", „Sanfte", der
„Wald der Widersprüche", der „Rätselhafte". Und so geht es
weiter, und ein Bild überhäuft das nächste. Ja, wie Wellen über-
schlagen sich die Bilder, überholen sich, korrigieren sich, heben
sich auf. Man könnte dies die Technik des Bildersturmes nennen, die *Technik der Metaphernexplosion*.

Aber diese Technik beruht nicht bloß auf Zufall, auf inspirierter
Eingebung; eine literarische Strategie wird erkennbar. Rilke
kann mit diesen sich überschlagenden, ohne wirklichen Anfang
und ohne wirkliches Ende rauschhaft dahinfließenden Verskaskaden zeigen, wie sehr die Wirklichkeit Gottes buchstäblich
grenzenlos, unbegreiflich, unsagbar ist. Die überquellende
Fülle der Bilder ist Ausdruck der Tatsache, daß Gott letztlich
in kein Bild hineingeht, von keinem Wort begrenzt werden
kann, von keinem Vergleich erfaßt. *Gott ist das vibrierende
Leben selbst*, die Unruhe in aller Ruhe und die Ruhe in aller
Unruhe, das Dröhnen im Schweigen und das Schweigen im
Dröhnen. Gott – das kann Rilke literarisch zeigen – ist das
Ganze dieser tausendfältigen, vielfacettigen, das Höchste wie
das Niedrigste zugleich umfassenden Wirklichkeit. Gott ist
nicht „jenseits aller Dinge", ist nicht „draußen" oder „droben",

sondern *in* allen Dingen, *im* Herzen der Wirklichkeit, *in* der Seele der Welt: „Ich finde dich in allen diesen Dingen, denen ich gut und wie ein Bruder bin"! Anders gesagt: Die Fülle der Worte für Gott ist nicht Ausdruck einer Hybris, sondern im Gegenteil einer letzten Sprachohnmacht; der *überquellende Reichtum der Metaphern ist Indikator einer letzten Un-Sagbarkeit Gottes.*

Hat man einmal erkannt, daß Transzendenz und Immanenz, Diesseits und Jenseits, Gott und die Dinge bei Rilke nicht zwei getrennte Wirklichkeitsbereiche mehr sind, sondern zusammengehören, eine komplexe Einheit bilden, wird man auch die *Stellung des Menschen* begreifen, der ja zwischen Gott und Schöpfung eine besondere Position innehat, eine eigentümlich dritte Wirklichkeit bildet. Der Mensch gehört zur Schöpfung und kann doch selber Schöpfer sein. Der Mensch ist in der Schöpfung und ihr zugleich gegenüber. Diese Zwitterstellung des Menschen muß bestimmt werden, und Rilke tut dies, indem er das Verhältnis des Menschen zu Gott *zwischen Selbstbewußtsein und Demutshaltung oszillieren* läßt. Da ist auf der einen Seite die Sprache des *Selbstbewußtseins des schöpferischen Menschen:* „Wenn ich dich male, Gott, du merkst es kaum"; „Du freust dich Aller, die dich gebrauchen wie ein Gerät"; „Aber manchmal im Traum, kann ich diesen Raum überschaun, tief vom Beginnen, bis zu des Daches goldenem Grate. Und ich seh: meine Sinnen bilden und bauen die letzten Zierrate." Und Höhepunkt dieser Sprache des Selbstbewußtseins ist zweifellos der zitierte Satz: „Mit mir verlierst du deinen Sinn"!

Dagegen steht auf der anderen Seite die *Sprache der Demut.* Es ist ja kein Zufall, daß Rilke (vor allem im ersten und zweiten Buch) die Rolle eines Mönchs gewählt hat, um sein Gottesverständnis zu artikulieren, einen Menschen also, dessen Leben radikal *im Dienste* Gottes steht, der sich Regeln und Bindungen unterworfen hat. „Wir dürfen dich nicht eigenmächtig malen" – dieser Vers gleich zu Beginn des „Buches vom mönchischen Leben" deutet die Selbstbegrenzung und Selbstzurücknahme des Menschen an. Dieser will nicht sich selber malen, sondern Gott durch seine Malerei die Ehre geben, wissend, daß eine Kunst, die Gott in ein Bild einfangen will, Blasphemie wäre.

Deshalb ist das Leben des Mönch-Künstlers (und damit des Künstlers überhaupt) im Grunde ein *Widerspruch* in sich selbst, eine unmögliche Möglichkeit: Als Künstler muß er objektivieren, Ab-Bilder schaffen, von denen er (als Gläubiger) aber weiß, daß sie „vor Gott" scheitern *müssen*. Nur von dieser Paradoxie her lassen sich solch „anstößige" Verse richtig verstehen: „Wir bauen dich" – aber mit „*zitternden* Händen". Kierkegaards „Furcht und Zittern" als Grundhaltung des Gläubigen vor Gott ist hier nicht weit. Und damit ist schon klar, daß auch die Frage: „Aber wer kann dich vollenden, du Dom?" nicht als blasphemische, sondern nur als rhetorische Frage gemeint sein kann. Nein, der Künstler als Gott-Gebärer ist bei Rilke nicht der Gott-Erzeuger; der Künstler ist nicht der Erfinder, der Macher Gottes, genausowenig wie derjenige, der die Luft aus seinen Lungen bläst, in diesem Moment die Luft „macht" oder „erzeugt". Der Künstler bringt nur etwas hervor, was immer schon auf dem Grund der Wirklichkeit ruht, macht hörbar und sichtbar, was längst dunkel, verborgen, wurzelhaft existiert – so wie der Atmende von der Luft bereits lebt, die er durch den Atemvorgang hörbar macht. Rilke ist kein platter Feuerbachianer. Sein Spitzensatz: „Mit mir verlierst du deinen *Sinn*" will wörtlich verstanden werden. Es heißt nicht: Mit mir verlierst du deine Existenz oder deine Lebensberechtigung. Denn so – zum dritten Mal die Analogie mit der Luft – wie die Luft buchstäblich sinnlos wird, wenn keine Lungen da sind, die sie atmen, so verliert auch Gott seinen Sinn dadurch, daß der Künstler ihn nicht im Kunstwerk sichtbar macht und so alles „verewigt".

Der Text des „Stundenbuches" gibt selber Hinweise darauf, daß Rilke den Vorwurf der „frommen Unverschämtheit" geahnt haben mußte. Denn das „Buch vom mönchischen Leben" greift diese Kritik bereits auf, aber gerade an dieser Stelle kommt es zu bemerkenswerten paradoxalen Gleichzeitigkeiten von Demut und Selbstbehauptung:

„Ist das *vermessen*, mein Gott, *vergieb*.
Aber ich will dir damit nur sagen:
Meine beste Kraft soll sein wie ein Trieb,
so ohne Zürnen und ohne Zagen;
so haben dich ja die Kinder lieb.

Mit diesem Hinfluten, mit diesem Münden
in breiten Armen ins offene Meer,
mit dieser wachsenden Wiederkehr
will ich *dich bekennen,* will ich *dich verkünden*
wie keiner vorher.

Und ist das Hoffahrt, so laß mich hoffährtig sein
für mein *Gebet,*
das so *ernst* und *allein*
vor deiner wolkigen Stirne steht" (I, 259).

Von daher ist klar, daß man der Rede von Gott in diesem
hochkomplexen Text nicht mit grobschlächtigen Kategorien
wie „pseudoreligiöse Sprache", „Produkt menschlicher Einbildungskraft", Verschleierung eines „materialistischen Funda-
mentes" oder „Atheismus" beikommen kann. Keine traditionelle Kategorie kann Rilkes Position wirklich erfassen. Und
das ist schon deshalb schwierig, weil Rilke sich im zweiten
Buch „Von der Pilgerschaft" (entstanden im September 1901 in
Worpswede) selber noch stärker und ausdrücklicher als im
ersten Buch von traditionellen Gegenpositionen absetzt: von
den „Heiden", den „Fragenden" und auch den „Christen".
Rilke macht klar, daß sein Gott nichts zu tun hat mit irgendeiner Form von *wundersüchtigem Aberglauben:*

„Du könntest den Bergen die Adern aufschneiden
als Zeichen eines großen Gerichts;
aber dir liegt nichts
an den Heiden" (I, 319).

Rilke macht klar, daß sein Gott nichts zu tun hat mir irgendeiner Form *gewollten Suchens und Fragens:*

„Dir liegt an den Fragenden nichts.
Sanften Gesichts
siehst du den Tragenden zu.

Alle, welche dich suchen, versuchen dich.
Und die, so dich finden, binden dich
an Bild und Gebärde" (I, 319).

Und Rilke will schließlich nicht, daß sein Gott etwas zu tun
hat mit *Christentum und Kirche:*

„Du willst nicht streiten mit allen Listen
und nicht suchen die Liebe des Lichts;
denn dir liegt nichts
an den Christen" (I, 319).

„Und keine Kirchen, welche Gott umklammern
wie einen Flüchtling und ihn dann bejammern
wie ein gefangenes und wundes Tier, –
die Häuser gastlich allen Einlaßklopfern
und ein Gefühl von unbegrenztem Opfern
in allem Handeln und in dir und mir.

Kein Jenseitswarten und kein Schaun nach drüben,
nur Sehnsucht, auch den Tod nicht zu entweihn
und dienend sich am Irdischen zu üben,
um seinen Händen nicht mehr neu zu sein" (I, 329f).

Die *Alternative?* Es geht Rilke darum, Gott Gott sein zu lassen;
Gott reifen zu lassen; Gottes Gesetz sichtbar zu machen:

„Ich aber will dich begreifen
wie dich die Erde begreift;
mit meinem Reifen
reift
dein Reich.

Ich will von dir keine Eitelkeit,
die dich beweist.
Ich weiß, daß die Zeit
anders heißt
als du.

Tu mir kein Wunder zulieb.
Gieb deinen Gesetzen recht,
die von Geschlecht zu Geschlecht
sichtbarer sind" (I, 319).

Darum also geht es: *das Gesetz Gottes sichtbar machen – durch
Kunst,* das Vergängliche in der Welt zurückholen und verewigen
– durch das Wort des Künstlers:

„Für dich nur schließen sich die Dichter ein
und sammeln Bilder, rauschende und reiche,

und gehn hinaus und reifen durch Vergleiche
und sind ihr ganzes Leben so allein...
Und Maler malen ihre Bilder nur,
damit du *unvergänglich* die Natur,
die du vergänglich schufst, zurückempfängst:
alles wird ewig.
Sieh, das Weib ist längst
in der Madonna Lisa reif wie Wein;
es müßte nie ein Weib mehr sein,
denn Neues bringt kein neues Weib hinzu.
Die, welche bilden, sind wie du.
Sie wollen Ewigkeit. Sie sagen: Stein
sei ewig. Und das heißt: sei dein!" (I, 315)

So muß man das „Stundenbuch" lesen als eine einzige *Absage an Materialismus, Atheismus und Aberglauben.* Lesen als einzigen großen Versuch, nach dem Zusammenbruch der alten Metaphysik von Gottes Wirklichkeit dennoch zu reden. Lesen als Versuch, nach dem „Tode Gottes" das Reden von Gott zu retten durch Übernahme in die Kunst. Nachdem der traditionelle Glaube den Himmel entleert hat, ist der Künstler das Paradigma des schöpferischen Menschen, der die Rede von Gott gleichsam birgt und Gott das zurückgibt, was er immer gewesen ist: die wirklichste Wirklichkeit im Herzen der Dinge; die vibrierende Kraft, die alles zusammenhält; die pulsierende Energie, die als Einheit allem zugrunde liegt. Das „Stundenbuch" – ein Sprachabenteuer in Sachen Gott mit Hilfe von Verskaskaden, Worthäufungen, Metaphernaufschüttungen, um dem Unsagbaren Sprache zu geben und dem Unaussprechlichen Worte zu verleihen. Vollzogen von einem Künstler, der Gottesgebärer und Gottesknecht gleichzeitig ist, Zarathustra und Franz von Assisi zugleich (der „braune Bruder" des dritten Buches „Von der Armut und vom Tode"). Wie hatte doch Rilke in seinem Essay „Über Kunst" aus dieser Zeit (1898) geschrieben:

„Die anderen haben Gott hinter sich wie eine Erinnerung. Dem Schaffenden ist Gott die letzte, tiefste Erfüllung. Und wenn die Frommen sagen: ‚Er ist‘, und die Traurigen fühlen: ‚Er war‘, so lächelt der Künstler: ‚Er wird sein‘. Und sein Glauben ist mehr als Glauben; denn er selbst baut an diesem Gott. Mit jedem

Schauen, mit jedem Erkennen, mit jeder seiner leisen Freuden fügt er ihm eine Macht und einen Namen zu, damit der Gott endlich in einem späten Urenkel sich vollende, mit allen Mächten und allen Namen geschmückt. Das ist die Pflicht des Künstlers" (X, 427).

8. Religion ja – Religionsunterricht nein

Das „Stundenbuch" und die gleichzeitig entstandenen „Geschichten vom lieben Gott" hatten unter dem Eindruck der Reisen nach Italien und Rußland Rilkes Kunst- und Gottesverständnis herauskristallisiert. In einem großen literarischen Wurf wie dem „Stundenbuch" hatte Rilke versucht – wenn man es geistesgeschichtlich lozieren will –, den neuzeitlichen Ausdifferenzierungsprozeß der Wirklichkeitsbereiche in eine „religiöse" und eine „säkulare" Welt zu überwinden und Religion nicht mehr länger als eine Dimension unter mehreren, sondern als Tiefendimension aller Wirklichkeit zu begreifen. Die *politische Probe* aufs Exempel lieferte Rilke im Jahr 1905, als er sich mit einem schwedischen *Reformschulversuch* („Samskola") befaßte und darüber in einem Artikel berichtete. Hier war er auf einen Schultypus gestoßen, der so ungefähr das Gegenteil von den Militäranstalten war, die ihn als Jungen das Fürchten gelehrt hatten:

> „Es ist eine ungewöhnliche, eine völlig unimperativische Schule; eine Schule, die nachgibt, eine Schule, die sich nicht für fertig hält, sondern für etwas Werdendes, daran die Kinder selbst, umformend und bestimmend, arbeiten sollen. Die Kinder, in enger und freundlicher Beziehung mit einigen aufmerksamen, lernenden, vorsichtigen Erwachsenen, Menschen, Lehrern, wenn man will. Die Kinder sind in dieser Schule die Hauptsache. Man begreift, daß damit verschiedene Einrichtungen fortfallen, die an anderen Schulen üblich sind. Zum Beispiel: jene hochnotpeinlichen Untersuchungen und Verhöre, die man Prüfungen genannt hat, und die damit zusammenhängenden Zeugnisse" (X, 672).

Und eines der Fächer, die an dieser Schule fortgefallen waren, war der *Religionsunterricht.* Rilke findet das „konsequent und mutig" (X, 680). Denn:

„Eine autoritative Beeinflussung an dieser empfindlichsten Stelle inneren Eigenlebens hätte alles Gerechte und Menschliche, das hier versucht worden ist, wieder aufgewogen. Man hat sich entschlossen, die biblischen Stoffe nach den reinsten, absichtslosesten Quellen als Historie vorzutragen, und man will nach und nach dazu kommen, Religion nicht ein- oder zweimal in der Woche zu geben, nicht heute von 9 bis 10, sondern immer, täglich, mit jedem Gegenstande, in jeder Stunde" (X, 680).

Religion mit *jedem* Gegenstande in *jeder* Stunde: Hier blitzt die Einheitskonzeption Rilkes – gespiegelt am neuen Konzept einer Reform-Schule – noch einmal auf. Und so begrüßt er denn auch, zur Stellungnahme aufgefordert, eine Initiative der *Bremischen Lehrerschaft zur Schulreform,* die ebenfalls die Abschaffung des Religionsunterrichts beinhalten sollte (X, 683–686; vgl. XII, 1447–1451). Vehement beklagt Rilke in seiner Stellungnahme, wie sehr „Leben und Wirklichkeit" aus der Schule „hinausgedrängt" worden seien. Durch diese „unbegreifliche, widernatürliche Abschnürung" sei die Schule „abgestorben": ihr ganzer Inhalt sei „zu kalten Klumpen erstarrt". Auch das Leiseste, Feinste und Flüchtigste, gemeint ist die Religion, habe man „als kompakten Gegenstand" behandeln wollen. Das Gegenteil von Religion aber sei damit erreicht worden. Das *Gegenteil.*
Aber – so fragt Rilke – wer könnte glauben, daß Religion sich *so* unterdrücken lasse: weder durch diese Art von Verabreichung noch einfach durch Abschaffung. Religion werde – gerade wo eine Stelle ihr vermauert werde – „tausend andere Zugänge" finden. Sie werde uns „bedrängen" und „anfallen", wo wir es am wenigsten erwarteten. Denn gerade so käme ja Religion zu den Menschen: „von Überfall zu Überfall", „in der Gestalt des Unerwarteten, des Unsagbaren, des Absichtslosen".
Hat man verstanden, was im Tiefsten und Letzten Religion ist, nämlich der Urgrund aller Wirklichkeit, der Inbegriff *aller Dinge,* das den Menschen immer wieder neu Er-greifende, dann hat man auch verstanden, daß es in Sachen Religion nicht Wissende, Überlegene und Fertige gibt, daß vielmehr alle, Kinder ebenso wie Erwachsene, Lernende, Demütige und Empfan-

gende sind. Ja, folgt man dem „Stundenbuch", so sind gerade die Kinder (in denen die Entzweiung des Bewußtseins noch nicht herrscht) näher als die Erwachsenen an Gott. Das war bei Rilke mehr als die romantische Kinderverklärung eines verhinderten Vaters. Das war theoretisch-pädagogisch reflektiert und mit Blick auf die Erziehungspraxis konkretisiert – und zwar auf der Basis eines nachmals berühmten Buches „Das Jahrhundert des Kindes" (1900; dt. 1902), geschrieben von der dänischen Schriftstellerin, Frauenrechtlerin und Rilke-Förderin *Ellen Key*, für das Rilke sich in einer Rezension einsetzte (X, 584–592). Rilke hielt daran fest: Gerade die Kinder sind für „Religion" empfänglicher, weil für sie die Wirklichkeit noch eine *große Einheit* ist. So konnte denn Rilke bereits im „Stundenbuch" seinen Mönch sagen lassen:

„So bin ich nur als Kind erwacht,
so sicher im Vertraun
nach jeder Angst und jeder Nacht
dich wieder anzuschaun.
Ich weiß, sooft mein Denken mißt,
wie tief, wie lang, wie weit –:
du aber bist und bist und bist,
umzittert von der Zeit.

Mir ist, als wär ich jetzt zugleich
Kind, Knab und Mann und mehr.
Ich fühle: nur der Ring ist reich
durch seine Wiederkehr" (I, 297).

Hat man also verstanden, wie sich vom richtigen Religionsverständnis her die bisherigen Hierarchien und Rangfolgen umkehren, dann hat man auch – und so schließt sich der Rilkesche Argumentationskreis – den richtigen Ansatz für eine Schulreform. Erwachsene *und* Kinder, Lehrer *und* Schüler sind nicht mehr hierarchisch getrennt, sondern sind eins im Lernen, Empfangen und Hören:

„Darin liegt die große bereichernde Bedeutung Ihres Fortschritts: in den unendlich gesteigerten und erweiterten Ansprüchen, die mit der Fortlassung des Religionsunterrichtes an alle anderen Gegenstände der Schularbeit gestellt werden. Der ganze Unterricht muß, von diesem Augenblicke an, sich verändern: an Stelle der Überlegenheit, die den Lehrenden von den Kindern entfernt, tritt eine neue Zusammenfassung und Einheit. Denn, daß vor dem Ewigen und Unsagbaren nun keiner mehr der Wissende und Gebende ist, sondern beide Teile, wo es sich um das Größte handelt, Demütige sind und Empfangende, das ist ihre lebensgroße Gemeinsamkeit und ihre gemeinsame Arbeit" (X, 685f).

9. „Sehen lernen": Cézanne und die Folgen

Die Einübung des richtigen Gottesverständnisses bedeutet zugleich eine Einübung des richtigen Verhältnisses des Menschen zur Welt, zu „den Dingen". Hat man einmal begriffen, daß Gott im Herzen aller Dinge ruht, der Dinge „tiefer Inbegriff" (I, 327) ist, dann hören die Dinge auf, seelenloses Material, wesenloser Stoff, instrumentalisierbare Masse für den Menschen zu sein. Dann hört eine für die Moderne typische Einstellung des Menschen zur Schöpfung auf: das Habenwollen, das Verfügenwollen, das Benennen, das Vergewaltigen, das Verbrauchen. Der Mönch des „Stundenbuches" will die Dinge in Gott („in dir") stattdessen „nur bescheiden und schlichthin benamen" (I, 295) und „die Dinge so wie keiner lieben" (I, 297).

Dieser Gedanke des bescheidenen und schlichten „Benamens" der Dinge vertieft sich nach dem „Stundenbuch" und entwikkelt sich bei Rilke immer mehr zu einer programmatischen *Poetik des „sachlichen Sagens" der Dinge.* Neue Texte entstehen, die sich von der Stimmungskunst und dem oft überzogenen Pathos der frühen Gedichte unterscheiden. Wieder sind es die *Maler,* die dem Poeten die Wirklichkeit neu sehen helfen: Jetzt aber nicht mehr die Maler-Mönche der italienischen Renaissance oder der russischen Ikonenmalerei, sondern Zeitgenossen: die Maler der Künstlerkolonie Worpswede (vor allem: Heinrich Vogler, Paula Modersohn-Becker, Clara Westhoff), dann der Pariser Bildhauer Auguste Rodin, schließlich van Gogh und Cézanne. Das geistige Zentrum Rilkes verlagert sich von Florenz und Moskau nach *Paris,* wo er von August 1902 an bis zum Ausbruch des Ersten Weltkrieges in unregelmäßigen Abständen leben wird, u.a. auch einige Monate lang (Anfang 1906) als Privatsekretär des berühmten Auguste Rodin.

Was *Paris* für Rilke bedeutete, beschreibt der autobiographische, nur schwach verschlüsselte Tagebuch-Roman „Die Aufzeichnungen des Malte Laurids Brigge", den Rilke 1904 unter dem Eindruck des ersten Paris-Aufenthaltes zu schreiben beginnt und den er erst 1910, im Jahr des Erscheinens, abschließt. Paris bedeutet: Konfrontation mit allen Dimensionen der Wirklichkeit, mit allen Nuancen der dinglichen Außenwelt, einschließlich all des Scheußlichen, Ekelerregenden, Widerwärtigen, wie es nur eine Großstadt beinhalten kann. Wie sein fiktives Ich, der 28 Jahre alte Däne Malte, der letzte seines Adelsgeschlechtes, der in Paris eine Existenz als Schriftsteller zu leben versucht, geht es auch Rilke vor allem darum, *Sehen zu lernen*. Sehen aber ist für beide mehr als Wahrnehmung der Außenwelt, mehr als Registrieren und Beschreiben. Sehen ist imaginative Durchdringung der Außenwelt bis zu dem Punkt, wo die Dinge ihre Tiefenstruktur freigeben, wo die ihnen verborgene Wahrheit und eigentliche Wirklichkeit zum Vorschein kommt:

> „Ich lerne sehen. Ich weiß nicht, woran es liegt, es geht alles tiefer in mich ein und bleibt nicht an der Stelle stehen, wo es sonst immer zu Ende war. Ich habe ein Inneres, von dem ich nicht wußte. Alles geht jetzt dorthin. Ich weiß nicht, was dort geschieht" (XI, 710f).

Mit diesem Tiefenblick ausgestattet, flaniert der Held des Romans durch die Straßen von Paris und beginnt den Leuten buchstäblich hinter ihre Gesichter zu blicken:

> „Die Straße war zu leer, ihre Leere langweilte sich und zog mir den Schritt unter den Füßen weg und klappte mit ihm herum, drüben und da, wie mit einem Holzschuh. Die Frau erschrak und hob sich aus sich ab, zu schnell, zu heftig, so daß das Gesicht in den zwei Händen blieb. Ich konnte es darin liegen sehen, seine hohle Form. Es kostete mich unbeschreibliche Anstrengung, bei diesen Händen zu bleiben und nicht zu schauen, was sich aus ihnen abgerissen hatte. Mir graute, ein Gesicht von innen zu sehen, aber ich fürchtete mich doch noch viel mehr vor dem bloßen wunden Kopf ohne Gesicht" (XI, 712).

Das genau war es, was Rilke zu entdecken begann und was er seinem Malte in den Mund legte: „eine vollkommen andere Auffassung aller Dinge", eine „veränderte Welt". Alles war jetzt wieder neu in Paris, und man wurde „Anfänger" in seinen „eigenen Verhältnissen" (XI, 775). So wie der große französische Lyriker Charles Baudelaire in seinem berühmten Aas-Gedicht („Une Charogne") auch das Scheußliche und Widerwärtige zur Sprache zu bringen wagte, so wollte auch *Rilkes Malte sich allem stellen, was diese Welt enthielt.* Er sah es als Aufgabe des Künstlers an, „in diesem Schrecklichen, scheinbar nur Widerwärtigen das Seiende zu sehen, das unter allem Seienden gilt. Auswahl und Ablehnung giebt es nicht" (XI, 775). Ja, so wie ein Mann in Flauberts Erzählung von „Sankt Julianus, dem Gastfreien" aus christlicher Bußgesinnung und Fürsorge selbst einem Aussätzigen Gastfreundschaft gewährte, so sollte auch der Dichter danach beurteilt werden, „ob einer es über sich bringt, sich zu dem Aussätzigen zu legen und ihn zu erwärmen mit der Herzwärme der Liebesnächte" (XI, 775). Aber neben Dichtern wie Baudelaire und Flaubert waren es die Maler, die Rilke jetzt ein Ethos des Arbeitens vor der Natur lehrten, eine Abkehr von der schwärmerischen Innerlichkeit des Frühwerks, eine Umorientierung von der neuromantischen Seelen- und Stimmungskunst weg zur dinglichen Außenwelt. *Cézanne* wurde hier von entscheidender Bedeutung, seit Rilke sich anläßlich einer Ausstellung 1907 (Cézanne war im Jahr zuvor gestorben) mit diesem Maler auseinanderzusetzen begann. Drei Aspekte sind es, die das Cézanne-Erlebnis bei Rilke so durchschlagend machen, und wir sind Zeugen dieses Erlebnisses durch die Briefe, die Rilke im Zeitraum von Juni bis November 1907 an seine Frau Clara geschrieben hat.[37]
(1) Cézanne wird für Rilke zum *Archetyp einer Künstlerexistenz,* die den Zwiespalt von Bürgerlichkeit und Künstlerauftrag radikal durchlebt. Immer wieder kommt Rilke in seinen Briefen auf die Tatsache zu sprechen, daß Cézanne, der bis zu seinem 40. Lebensjahr als Bohémien gelebt habe, die letzten 30 Jahre seines Lebens nur noch gearbeitet habe, ohne „Freude eigentlich, wie es scheint, in fortwährender Wut, im Zwiespalt mit jeder einzelnen seiner Arbeiten, deren keine ihm das zu erreichen schien, was er für das Unentbehrlichste hielt"[38]. Ja,

die Arbeit sei Cézanne so wichtig gewesen, daß er sogar die Beerdigung seiner geliebten Mutter gemieden habe, weil die Arbeit „keine Ausnahme" gestattet habe. Immer wieder beschwört Rilke das Bild des alten, kranken, einsamen Künstlers, der äußerlich zu einem skurrilen Kauz geworden war, und den die Kinder auf dem Wege zwischen Atelier und Wohnung zum Spott mit Steinen zu bewerfen begannen:

> „Alt, krank, von der gleichmäßigen täglichen Arbeit jeden Abend bis zur Ohnmacht verbraucht (so sehr, daß er oft um 6 beim Dunkelwerden nach einem sinnlos eingenommenen Abendbrot schlafen ging), böse, mißtrauisch, jedesmal auf dem Weg zu seinem Atelier verlacht, verspottet, mißhandelt, – den Sonntag aber feiernd, die Messe und Vesper hörend wie als Kind und von Madame Brémond, seiner Haushälterin, sehr höflich ein etwas besseres Essen verlangend –: hoffte er von Tag zu Tag vielleicht doch noch das Gelingen zu erreichen, das er als das einzige wesentliche empfand."[39]

Hier sah Rilke durchaus *Parallelen zu seinem eigenen Selbstverständnis als Künstler*. Zwei konkret erlebte Beispiele von Künstlerexistenzen vor Augen, Tolstoi und Rodin, die ebenfalls unter unerträglichen Spannungen zwischen Beruf und Ehe zu leiden hatten, sind die Cézanne-Briefe auch die Signale einer Rechtfertigung für ein Leben in selbstgewählter Einsamkeit um des Werkes willen, einer Rechtfertigung, zu der man als Ehemann und Vater eines Kindes (1901 Geburt der einzigen Tochter Ruth) nun wahrhaftig gezwungen war. Und als die von ihm so verehrte Freundin und Malerin Paula Modersohn-Becker ausgerechnet im Kindbett stirbt, nimmt Rilke dies zum Anlaß, in einem ersten „Requiem" (1908) dieses Problem grundsätzlich zu thematisieren. Hier fällt das bittere Wort von der alten „Feindschaft zwischen dem Leben und der großen Arbeit" (II, 655 f).

(2) Cézanne wird bei Rilke zum Archetyp einer Künstlerexistenz der *sachlichen, absichtslosen Verwirklichung der Dinge (réalisation)*. Das Bild des Hundes, des alten Tieres, das stundenlang geduldig vor den Dingen sitzen und nur schauen konnte, drängte sich Rilke auf, wenn er Cézanne beschrieb. Dessen auf der Leinwand erscheinende Dinge seien keine

Nachahmung und Abzeichnung, keine unsachgemäßen Verge-waltigungen oder subjektiven Verzerrungen, sondern in höchstem Maße die Dinge selber – in einem nie gesehenen Gleichgewicht von Farben und Formen, einer ungeahnten Balance zwischen den Gegenständen da draußen und den Dingen auf der Leinwand. Hier gehe die Farbe völlig auf in der Verwirklichung der Dinge, hier sei ein einzigartiges „Gleichgewicht" zwischen Urbild und Abbild geschaffen! Und das genau war es, was Rilke als Auftrag auch an sich selber erfuhr. Das war es, was er an Cézanne bewunderte:

> „Diese Arbeit, die keine Vorlieben mehr hatte, keine Neigungen und keine wählerischen Verwöhntheiten, deren kleinster Bestandteil auf der Waage eines unendlich beweglichen Gewissens erprobt war und die so unbestechlich Seiendes auf seinen Farbeninhalt zusammen-zog, daß es in einem Jenseits von Farbe eine neue Existenz, ohne frühere Erinnerungen, anfing. Es ist diese unbegrenzte, alle Einmischung in eine fremde Einheit ablehnende Sachlichkeit, die den Leuten die Portraits Cézannes so anstößig und komisch macht."[40]

(3) Cézanne ist für Rilke der Archetyp einer *neuen Verbindung von Kunst und Religion*. In Cézanne erkennt Rilke den Künstler, der durch sein Anschauen und Verwirklichen der Dinge diese „bis ins Unzerstörbare" hinein gesteigert habe; der aus den Dingen seine „Heiligen" habe machen können, der sie habe zwingen können, „schön zu sein, die ganze Welt zu bedeuten und alles Glück und alle Herrlichkeit"[41]. Ja, Rilke scheut sich nicht, für die Arbeit des Künstlers religiös so besetzte Begriffe wie Gnade und Sünde in Anspruch zu nehmen. Und wieder ist es der gleiche Gedanke, der schon im „Malte"-Roman auftaucht (Werk und Biographie sind hier austauschbar geworden!): Unerbittlich müsse der Künstler auch im Schrecklichen und scheinbar nur Widerwärtigen das Seiende sehen; eine Auswahl sei nicht zugelassen, denn ein einziges Ablehnen dränge ihn aus dem Zustand der „Gnade", mache ihn „ganz und gar sündig". Und wiederum verweist er auf Flauberts Legende von Sankt Julianus:

> „Dies Sich-zu-dem-Aussätzigen-Legen und alle eigene Wärme bis zu der Herzwärme der Liebesnächte, mit ihm teilen: dies muß

irgendwann im Dasein eines Künstlers gewesen sein, als Überwindung zu seiner neuen Seligkeit ... Hinter dieser Hingabe beginnt,
mit Kleinem zunächst die Heiligkeit: das einfache Leben einer
Liebe, die bestanden hat, die ohne sich dessen je zu rühmen, zu
allem tritt, unbegleitet, unauffällig, wortlos. Die eigentliche Arbeit,
die Fülle der Aufgaben, alles fängt erst hinter diesem Bestehen an,
und wer bis dorthin nicht hat gelangen können, der wird im
Himmel wohl die Jungfrau Maria zu sehen bekommen, einzelne
Heilige und kleine Propheten, den König Saul und Charles le Témé-
raire –: aber von Hokusai und Lionardo, von Li Tai Pe und Villon,
von Verhaeren, Rodin, Cézanne, – und gar vom lieben Gott wird
man ihm auch dort nur erzählen können".[42]

Deutlich wird: Die Demutshaltung des „Stundenbuches" war
hier noch einmal so radikalisiert worden (das *besitz- und
absichtslose Schauen der Dinge!*), daß Rilke zur Kennzeichnung
dieser Grundhaltung des Dichters nun das höchste Wort aus
der Sprache der Religion anwenden konnte: „Heiligkeit"! Im
„Requiem" für Paula Modersohn-Becker kann es deshalb heißen:

> „Und so wie Früchte sahst du auch die Fraun
> und sahst die Kinder so, von innen her
> getrieben in die Formen ihres Daseins.
> Und sahst dich selbst zuletzt wie eine Frucht,
> nahmst dich heraus aus deinen Kleidern, trugst
> dich vor den Spiegel, ließest dich hinein
> bis auf dein Schauen; das blieb groß davor
> und sagte nicht: das bin ich; nein: dies ist.
> So ohne Neugier war zuletzt dein Schaun
> und so besitzlos, von so wahrer Armut,
> daß es dich selbst nicht mehr begehrte: heilig" (II, 649).

10. Metamorphose des Religiösen in den „Neuen Gedichten"

Diese Poetik des „sachlichen Sagens", die dann so nachmals
berühmte Texte wie „Der Panther" (II, 505), „Blaue Hortensie"
(II, 519), „Römische Fontäne" (II, 529) oder „Das Karussell.

Jardin du Luxembourg" (II, 530) hervorgebracht hat, hatte nun auch Konsequenzen für die Verarbeitung religiöser Traditionen. Und wieder kommt es hier zu einer neuen Metamorphose des Religiösen, zu einer neuen Aneignung und schöpferischen Umwandlung kirchlichen und biblischen Materials.

(1) *Gebet als Akt der Beziehung zu den Dingen*
Wie im „Stundenbuch", das ja ganz aus Gebeten bestand, benutzt Rilke auch weiterhin die Form des Gebets. Im „Buch der Bilder" findet sich ein Text mit dem Titel *„Gebet"*. Aber Gebet hat hier nun eine andere Funktion:

> „Nacht, stille Nacht, in die verwoben sind
> ganz weiße Dinge, rote, bunte Dinge,
> verstreute Farben, die erhoben sind
> zu Einem Dunkel Einer Stille, – bringe
> doch mich auch in Beziehung zu dem Vielen,
> das du erwirbst und überredest. Spielen
> denn meine Sinne noch zu sehr mit Licht?
> Würde sich denn mein Angesicht
> noch immer störend von den Gegenständen
> abheben? Urteile nach meinen Händen:
> liegen sie nicht wie Werkzeug da und Ding?
> Ist nicht der Ring selbst schlicht
> an meiner Hand, und liegt das Licht
> nicht ganz so, voll Vertrauen, über ihnen, –
> als ob sie Wege wären, die, beschienen,
> nicht anders sich verzweigen, als im Dunkel?..." (I, 401).

Der Unterschied zum „Stundenbuch" liegt auf der Hand. Angeredet wird hier nicht mehr Gott, sondern die „stille Nacht". Das Gebet hat kein Gegenüber, keine transzendente Instanz mehr, sondern wandelt sich zu einem Akt der *Meditation,* der *Selbstbesinnung* und der Selbstlozierung des Betenden. Gefragt wird nicht nach dem Willen eines Gottes, gefragt wird nach der Beziehung des Menschen zu der Welt der Dinge. Das Entscheidende ist nicht mehr die Vertikale unten-oben, sondern die Horizontale, das Verhältnis des Menschen zu den „Gegenständen". Und die Nacht ist dafür die höchst gelegene Zeit.

Denn die *Nacht* ist nicht irgendeine Tageszeit für Rilke, sondern der Raum, in dem die Verhältnisse der Dinge untereinander sich neu ordnen und in dem dann auch die Beziehung des Menschen zur Welt neu gesehen werden kann. Die Nacht ist im Unterschied zum Tag nicht die Zeit der Trennung (Hell-Dunkel), nicht die Zeit der klaren Unterscheidung (Unten-Oben), sondern die Zeit der Einheit, die Zeit der Verschmelzung, die Zeit der Tiefe. Die Nacht ist also die Zeit, in der der Mensch dadurch das richtige Verhältnis zu den Dingen bekommt, daß seine Sinne nicht mehr allzusehr „mit Licht" spielen und sich sein Gesicht nicht mehr „störend" von den Gegenständen abhebt. Das Dunkel und die Stille sind die „Orte", wo der Mensch zu den Dingen „Vertrauen" bekommt. *Da-Sein* ist das Entscheidende: Dasein wie das Werkzeug, wie der Ring an der Hand. Das ist das einzige, worum nach Rilke der Mensch besorgt sein sollte und wofür das „Gebet" inständiger Ausdruck ist: im „Dunkel", in der „Stille" die richtige „Beziehung" zu den Gegenständen erhalten lernen. Und man begreift die Strategie des Rilkeschen Beerbungsvorganges von Religion, der *Kontinuität* und gleichzeitig *Diskontinuität* signalisiert: Wie jenem traditionellen Beter geht es auch Rilke um eine Besinnung auf das Tiefste im Menschenleben. Zugleich kennt dieses „Gebet" aber kein angeredetes „Gegenüber" mehr, sondern nur die Beziehungsstrukturen in dieser einen Welt.

(2) Der Prophet als Spiegel des Künstlers
In den „Neuen Gedichten" findet sich unter den zahlreichen alttestamentarischen Gestalten, denen Rilke Gedichte widmet, auch ein Gedicht über „Jeremia":

> „Einmal war ich weich wie früher Weizen,
> doch, du Rasender, du hast vermocht,
> mir das hingehaltne Herz zu reizen,
> daß es jetzt wie eines Löwen kocht.
>
> Welchen Mund hast du mir zugemutet,
> damals, da ich fast ein Knabe war:
> eine Wunde wurde er: nun blutet
> aus ihm Unglücksjahr um Unglücksjahr. .

Täglich tönte ich von neuen Nöten,
die du, Unersättlicher, ersannst,
und sie konnten mir den Mund nicht töten;
sieh du zu, wie du ihn stillen kannst,

wenn, die wir zerstoßen und zerstören,
erst verloren sind und fernverlaufen
und vergangen sind in der Gefahr:
denn dann will ich in den Trümmerhaufen
endlich meine Stimme wiederhören,
die von Anfang an ein Heulen war" (II, 567f).

Das Gedicht fängt einen Moment ein, wo Jeremia, der große
Unheils- und Leidensprophet der Schrift, schon aus der Rückschau sein zwiespältiges Schicksal reflektiert. Rilke hält sich
dabei an die biblischen Grundzüge: Auch der biblische Jeremia
(7./6. Jhdt. v. Chr.) wehrt sich bekanntlich gegen den Auftrag
Gottes mit dem Einwand, er sei „zu jung" (Jer 1,6); auch der
biblische Jeremia hatte – angesichts der bevorstehenden Zerstörung Jerusalems durch die babylonischen Heere (587) – dem
Volk „Unglücksjahr um Unglücksjahr" anzukündigen. Auch
der biblische Jeremia hatte nicht verhindern können, daß Jerusalem zerstört wurde und nun ein „Trümmerhaufen" ist, er,
der begonnen hatte, mit Gott zu hadern („Warum dauert mein
Leiden ewig?": 15,18), der den Tag verflucht hatte, an dem er
geboren wurde (20,14), und der später im Exil Ägyptens
anonym sterben sollte ...
Rilkes Text aber legt darüber hinaus allen Wert auf den *zwang-
haften Charakter des prophetischen Auftrags,* der entscheidend
mit dem Gottesbild zusammenhängt. Gott ist in diesem
Gedicht der „Rasende", der „Unersättliche". Gerade dies
macht ja die Zwiespältigkeit des Prophetenschicksals aus: die
Zumutung Gottes an einen Menschen, den Mund aufzutun,
um „auszureißen und niederzureißen, zu vernichten und ein-
zureißen" (Jer 1,10) oder – wie es im Gedicht heißt – täglich
„von neuen Nöten" zu tönen, was gleichzeitig den Propheten
selber in größte Not versetzt. Dieser Zusammenhang interessiert Rilke, denn diese Erfahrung macht auch der Künstler:
daß man reden muß und dadurch gleichzeitig in Not gerät,
sich gleichzeitig ins Abseits manövriert. Man wird also das

„Jeremia"-Gedicht nicht verstehen können, wenn man es nicht als *chiffrierte Selbstdeutung des Künstlers* versteht. Rilke ist an dem Prophetenthema also nicht um einer alttestamentlichen Theologie willen, sondern um der Selbstdeutung seines eigenen Schicksals als Künstler willen interessiert, und „es wäre durchaus möglich, die Unerbittlichkeit des ‚Herrn' mit den Forderungen von Rilkes Vorbildern (Rodin zuerst und dann Cézanne und van Gogh) zu vergleichen: ‚Il faut travailler, rien que travailler ... J'ai donné ma jeunesse'"[43]. Diese Erfahrung war Rilke wohl vertraut, berufen zu sein und die Zumutung und Unerbittlichkeit der Forderung eines unersättlichen Gottes, des Gottes der Kunst, über sich zu spüren.

(3) „Kreuzigung" als Versprachlichung des Widerwärtigen
Wohin das Programm des „sachlichen Sagens" führen kann, wird in den „Neuen Gedichten" sehr klar an dem Poem über die „Kreuzigung":

> „Längst geübt, zum kahlen Galgenplatze
> irgend ein Gesindel hinzudrängen,
> ließen sich die schweren Knechte hängen,
> dann und wann nur eine große Fratze
>
> kehrend nach den abgetanen Drein.
> Aber oben war das schlechte Henkern
> rasch getan; und nach dem Fertigsein
> ließen sich die freien Männer schlenkern.
>
> Bis der eine (fleckig wie ein Selcher)
> sagte: Hauptmann, dieser hat geschrien.
> Und der Hauptmann sah vom Pferde: Welcher?
> und es war ihm selbst, er hätte ihn
>
> den Elia rufen hören. Alle
> waren zuzuschauen voller Lust,
> und sie hielten, daß er nicht verfalle,
> gierig ihm die ganze Essiggalle
> an sein schwindendes Gehust.
>
> Denn sie hofften noch ein ganzes Spiel
> und vielleicht den kommenden Elia.
> Aber hinten ferne schrie Maria,
> und er selber brüllte und verfiel." (II, 581).

Drastischer kann man wohl in der Tat nicht zeigen, wohin „sachliches Sagen" führt. Denn Sachlichkeit bis zur Nüchternheit und Unterkühltheit herrscht hier vor. Und wieder – auch in dieser Phase – kommt es zu einer neuen Auseinandersetzung Rilkes mit dem Nazarener. Ging es Rilke im Christus-Gedicht von 1893 noch darum, den persönlichen Abschied von einem Christus, der sich für „Gott" hielt, zu beschreiben, „voll von Tränen", das eigene Herz „zwiespältiger Zweifel" voll; ging es ihm in den Christus-Visionen 1896/97 noch um eine Selbstdarstellung Christi als des Kämpfenden, Leidenden, Armen und Getäuschten, so herrscht in diesem neuen Gedicht nun *völlige Distanz, kalte Sachlichkeit.* Rilke ist ganz und gar daran interessiert, die Kreuzigung Jesu bis in die brutalsten Details hinein als konkretes Geschehen zu vergegenwärtigen – ohne alle Schönfärberei, ohne alle theologische Überhöhung, ohne alle fromme Spiritualisierung (vgl. im selben Gedichtband auch: „Der Ölbaum-Garten": II, 492–94).

Deshalb schon in der ersten Zeile der Hinweis auf den kahlen Platz des Galgens, auf das Gesindel, die Fratze der Knechte, die „abgetanen Drei". Deshalb die bewußt kalkulierten, abstoßenden Reime: „Henkern" auf „schlenkern", „Lust" auf „Gehust". Deshalb die Benutzung von verfremdender Alltags- und Milieusprache: „Selcher" nimmt ein bayrisch-österreichisches Wort für „Metzger" auf. Deshalb die distanzierte Perspektive des Hauptmanns, der gar nicht so genau weiß, wer hier eigentlich geschrien haben soll. Deshalb der Hinweis auf die schreiende Madonna, das Gebrüll und den Verfall des Gekreuzigten am Ende. Nein, Rilke tut hier alles, um jede traditionelle theologische oder spirituelle Bedeutung des Kreuzes-Geschehens von vornherein ad absurdum zu führen. Eher macht er sich die Perspektive der Henker zu eigen, derjenigen, die noch „ein ganzes Spiel" lang erhoffen, daß der Prophet Elia sich zeige. Eher übernimmt er also die Perspektive derjenigen, die keine Ahnung haben, was mit diesem Tode auf dem Spiele steht. Die „Kreuzigung" wird in den „Neuen Gedichten" zum Paradigma des „sachlichen Sagens", das bereit ist, auch das Abstoßende und Widerwärtige als Teil der Wirklichkeit einzubeziehen und ins Wort zu bringen.

(4) Auferstehung: Begreifen, was Liebe ist
Eines der großen Themen aus dieser Zeit ist das Thema der
Liebe, und Rilke geht gerade hier seinen gänzlich eigenen Weg.
Seinen „Malte"-Roman hatte er mit einer Umkehr des neutestamentlichen Gleichnisses vom verlorenen Sohn enden lassen:
Der verlorene Sohn wurde zum Typus eines Menschen, der
nicht geliebt werden wollte. Denn die Liebe hatte für Rilke
auch immer etwas Zwanghaftes, Besitzergreifendes, Anspruch-
erhebendes. Wer liebt, macht den anderen zum Gegenstand
seiner Liebe, zum Objekt seiner Zuneigung, zum Gefangenen
seiner Hingabe.
Diesem Verständnis stellt Rilke eine Weise von Liebe entgegen,
die ohne Besitzansprüche auskommt, ohne Erwiderung, ohne
Gegenüber! In den „Neuen Gedichten" verschlüsselt er diese
Problematik in einem Text über den „Auferstandenen":

> „Er vermochte niemals bis zuletzt
> ihr zu weigern oder abzuneinen,
> daß sie ihrer Liebe sich berühme;
> und sie sank ans Kreuz in dem Kostüme
> eines Schmerzes, welches ganz besetzt
> war mit ihrer Liebe größten Steinen.
>
> Aber da sie dann, um ihn zu salben,
> an das Grab kam, Tränen im Gesicht,
> war er auferstanden ihrethalben,
> daß er seliger ihr sage: Nicht –
>
> Sie begriff es erst in ihrer Höhle,
> wie er ihr, gestärkt durch seinen Tod,
> endlich das Erleichternde der Öle
> und des Rührens Vorgefühl verbot,
>
> um aus ihr die Liebende zu formen
> die sich nicht mehr zum Geliebten neigt,
> weil sie, hingerissen von enormen
> Stürmen, seine Stimme übersteigt" (II, 582).

Auch in diesem Gedicht läßt Rilke alle theologischen Aspekte
der Auferstehung Christi beiseite. Nichts von der kosmologi-
schen, christologischen oder eschatologischen Dimension der

Auferstehung ist hier erkennbar. Rilke spiegelt die Auferstehung einzig und allein in der Figur Maria Magdalenas, die ja schon in der Schrift die große Liebende war. Und Liebe ist denn auch das Thema des Gedichtes, verdeutlicht an der großen Zäsur, die durch den Tod Jesu markiert ist. *Vor dem Tod*, zu seinen Lebzeiten, hatte Jesus es Maria Magdalena nicht verweigern können, daß sie ihn zum Gegenstand ihrer Liebe machte. Und diese Liebe fand ihren Ausdruck noch einmal unter dem Kreuz und schließlich am Grabe, an das diese Frau, „Tränen im Gesicht", gegangen war, um dem Geliebten einen letzten Dienst zu erweisen. Dann aber die große Wende: Erst *nach dem Tode* Jesu, erst in ihrer „Höhle" – eine Anspielung Rilkes darauf, daß einer Legendentradition zufolge Maria Magdalena ihr Leben später in einer Höhle verbracht habe –, erst in ihrer Höhle begreift diese Frau, daß sie eine Lektion hätte lernen sollen: die Lektion von einer Liebe, die sich „nicht mehr zum Geliebten neigt", neigen braucht, weil sie jetzt ganz frei ist. Die Lektion also von einer Liebe ohne Besitz, ohne Anspruch, ohne Gegenüber.

Mit „Auferstehung" ist also bei Rilke keine Glaubensüberzeugung im christlichen Sinn verbunden (der Glaube an den durch Christus bewirkten Tod des Todes). Auferstehung ist hier vielmehr ein *Symbol für eine neue Einstellung des Menschen zu einer Urdimension seines Lebens: der Liebe.* „Um ihrethalben" sei Jesus auferstanden, heißt es denn auch ausdrücklich im Text. Jesus ist auferstanden, um dieser Frau wenigstens nach dem Tode das zu vermitteln, was sie vor dem Tode schon hätte begreifen sollen: daß Liebe nur rein ist, wenn sie aus dem Verzicht kommt, wenn sie ohne den Geliebten vollzogen wird. Im Verhältnis von Maria Magdalena und dem auferstandenen Christus spiegelt Rilke also sein Verständnis von der wahren, gegenstandslosen, besitzlosen Liebe wider, so wie denn auch die berühmten Verse aus seinem „Requiem" für Paula Modersohn-Becker lauten:

„Denn *das* ist Schuld, wenn irgendeines Schuld ist:
die Freiheit eines Lieben nicht vermehren
um alle Freiheit, die man in sich aufbringt.
Wir haben, wo wir lieben, ja nur dies:

einander lassen; denn daß wir uns halten,
das fällt uns leicht und ist nicht erst zu lernen" (II, 654).

11. Die Rede von Gott im Gewande des Buddhismus

Daß die Gedanken zur besitzlosen, gegenstandslosen Liebe
Konsequenzen auch für die Beziehung des Menschen zu Gott
haben müssen, liegt auf der Hand. Dabei ist auffällig, daß in
der Phase des „Malte"-Romans und der „Neuen Gedichte" –
zieht man das „Stundenbuch" zum Vergleich heran – die Rede
von Gott bei Rilke in den Hintergrund tritt. Aber sie hört
keineswegs auf, wird vielmehr frei von allem Enthusiastischen und Überquellenden. Die Unverzichtbarkeit der Rede
von Gott war ja im „Stundenbuch" eindrücklich demonstriert
und konnte nun sparsamer und zurückhaltender eingesetzt
werden.
Wichtig sind im „Malte"-Roman dabei weniger die Anspielungen auf die Religion der Kindheit des Helden, auf den *Vater,*
der „Gott gegenüber vollkommen korrekt und von tadelloser
Höflichkeit" gewesen sei, eine Art „Jägermeister bei Gott" in
seiner Art, in der Kirche dazustehen, abzuwarten und sich zu
verneigen (XI, 810). Oder auf die *Mutter,* für die es eine „Seligkeit" gewesen wäre (hätte sie gekonnt), „stundenlang zu knien
und sich hinzuwerfen und sich recht mit dem großen Kreuz
zu gebärden vor der Brust und um die Schultern herum" (XI,
810). Solche Anspielungen verweisen auf autobiographischen
Hintergrund und sind – kennt man die Vorgeschichte – jetzt
im „Malte"-Roman ebensowenig originell wie die satirischen
kirchenkritischen Anspielungen auf den Prediger Dr. Jesper-
sen.
Wichtiger ist schon, daß Rilke an seinem Helden Malte noch
einmal eine in Sachen Gott entscheidende *Entwicklungsphase*
demonstriert: In der Ablösung vom Gott der Eltern sei dieser
Gott „zersprungen", heißt es, mit der Folge, daß man nun
„ganz von vorn" habe anfangen müssen (XI, 810). Und dieses
„ganz von vorn anfangen" ist denn in der Tat die Ausgangs-
erfahrung des 18jährigen angehenden Dichters in diesem
Roman. Schon zu Beginn seiner „Aufzeichnungen" hatte sich

sein Umbruchbewußtsein, sein Bewußtsein von Neuanfang und Zäsur, zu immer dramatischeren Fragen gesteigert:

> „Ist es möglich, (...) daß man noch nichts Wirkliches und Wichtiges gesehen, erkannt und gesagt hat? Ist es möglich, daß man Jahrtausende Zeit gehabt hat zu schauen, nachzudenken und aufzuzeichnen, und daß man die Jahrtausende hat vergehen lassen wie eine Schulpause, in der man sein Butterbrot ißt und einen Apfel?
> Ja, es ist möglich.
> Ist es möglich, daß man trotz Erfindungen und Fortschritten, trotz Kultur, Religion und Weltweisheit an der Oberfläche des Lebens geblieben ist? (...)
> Ja, es ist möglich. (...)
> Ist es möglich, daß es Leute giebt, welche ‚Gott' sagen und meinen, das wäre etwas Gemeinsames? ... Ist es möglich, zu glauben, man könne einen Gott haben, ohne ihn zu gebrauchen?
> Ja, es ist möglich" (XI, 726–28).

Einen Gott haben, ohne ihn zu gebrauchen: Das ist das Programm, besser, das ist der Kerngedanke des Glaubens, zu dem Rilke nun gefunden hatte. Im „Malte"-Roman wird dies an der Beschreibung eines blinden Zeitungsverkäufers im Jardin du Luxembourg demonstriert. Nachdem Malte sich gezwungen hatte, diese Elendsgestalt genau anzuschauen, getreu dem Programm des sachlichen Sagens, geht es ihm blitzartig auf:

> „Mein Gott, fiel es mir mit Ungestüm ein, so *bist* du also. Es giebt Beweise für deine Existenz. Ich habe sie alle vergessen und ich habe keinen je verlangt, denn welche ungeheuere Verpflichtung läge in deiner Gewißheit. Und doch, nun wird mirs gezeigt. Dieses ist dein Geschmack, hier hast du Wohlgefallen. Daß wir doch lernten, vor allem aushalten und nicht urteilen. Welche sind die schweren Dinge? Welche die gnädigen? Du allein weißt es". (XI, 903)

Eine Stelle, wo der Name Gott – so Käte Hamburger zu Recht – nicht „blasphemisch" verwendet ist, sondern als „Ausdruck der Existenzerkenntnis, der Wahrheit irdischer Existenz, die Leid und Elend ist".[44]
Einen Gott haben, ohne ihn zu gebrauchen: Dem entspricht die schon im „Malte"-Roman verfolgte Idee der *besitzlosen*

Liebe – auch Gott gegenüber. In der Gestalt der Abelone, der unverheiratet gebliebenen jüngsten Schwester von Maltes Mutter, beschreibt Rilke die Figur einer wahrhaft verzichtenden, wahrhaft freien Liebenden, die von Malte angeschwärmt wird:

> „Manchmal früher fragte ich mich, warum Abelone die Kalorien ihres großartigen Gefühls nicht an Gott wandte. Ich weiß, sie sehnte sich, ihrer Liebe alles Transitive zu nehmen, aber konnte ihr wahrhaftiges Herz sich darüber täuschen, daß Gott nur eine Richtung der Liebe ist, kein Liebesgegenstand? Wußte sie nicht, daß keine Gegenliebe von ihm zu fürchten war? Kannte sie nicht die Zurückhaltung dieses überlegenen Geliebten, der die Lust ruhig hinausschiebt, um uns, Langsame, unser ganzes Herz leisten zu lassen? Oder wollte sie Christus vermeiden? Fürchtete sie, halben Wegs von ihm aufgehalten, an ihm zur Geliebten zu werden?" (XI, 937)

Anders gesagt: *Das Verhältnis Liebender-Geliebter spiegelt sich für Rilke auf der Ebene Gott-Mensch wider.* Nur wenn für den Menschen Gott nicht Objekt, sondern Richtung ist, nur wenn umgekehrt aber auch der Mensch für Gott nicht Objekt seiner Gegenliebe ist, dann entstehen Verhältnisse seliger Freiheit, gefüllten Da-Seins. Ausgehend von dem Satz des jüdischen Philosophen Spinoza: „Wer Gott liebt, kann nicht danach streben, daß Gott ihn wiederliebt", reflektiert Rilke gerade in dieser Zeit immer stärker das Problem der Gegenliebe Gottes, wie ein Reden-Entwurf zu diesem Thema zeigt, der Fragment geblieben ist (XI, 1042–45):

> „Gehen nicht seither alle unsere Erfahrungen dahin, daß die Gegenwart eines geliebten Gegenstands zwar für den Beginn der Liebe hülfreich ist, ihrem späteren Großsein aber Kummer und Abbruch tut? Und stimmen nicht mit diesen Erfahrungen die Schicksale aller Liebenden überein, wie man sie uns überliefert hat? Ist es möglich, in den Briefen der großen Verlassenen länger den unbewußten Jubel zu übersehen, der im Klang ihrer Klagen ist, so oft ihnen zum Bewußtsein kommt, daß ihr Gefühl auch den Geliebten nicht mehr vor sich hat, sondern nur seine eigne schwindelnde, seine selige Bahn?" (XI, 1044)

Objektlose Gottes-Liebe im doppelten Sinn des Wortes (als genitivus subjectivus und objectivus verstanden!) – das ist das

Rilkesche Programm. Und was dies für das Gottesverständnis bedeutet, läßt sich nirgendwo eindrücklicher demonstrieren als an der Gegenüberstellung von *zwei Gottes-Texten* aus den „Neuen Gedichten". Der eine reflektiert die traditionelle Position des Christentums und signalisiert bereits den Zusammenbruch dieser Welt; der andere greift die Tradition des Buddhismus auf, in die Rilke nun sein eigenes Gottes- und Wirklichkeitsverständnis hineinprojiziert. 1907 entsteht das Gedicht „Gott im Mittelalter":[45]

„Und sie hatten Ihn in sich erspart
und sie wollten, daß er sei und richte,
und sie hängten schließlich wie Gewichte
(zu verhindern seine Himmelfahrt)

an ihn ihrer großen Kathedralen
Last und Masse. Und er sollte nur
über seine grenzenlosen Zahlen
zeigend kreisen und wie eine Uhr

Zeichen geben ihrem Tun und Tagwerk.
Aber plötzlich kam er ganz in Gang,
und die Leute der entsetzten Stadt

ließen ihn, vor seiner Stimme bang,
weitergehn mit ausgehängtem Schlagwerk
und entflohn vor seinem Zifferblatt" (II, 502f).

Dieses Sonett erzielt seine Spannung durch den Moment der Zäsur, auf den es Rilke hier anlegt. Neun Zeilen lang beschreibt er den traditionellen Umgang mit Gott, das traditionelle Gottesbild und Gottesverständnis, den traditionellen Gottesgebrauch und -verbrauch der Menschen. Neun Zeilen lang schildert Rilke das Interesse der Menschen an Gott: an seiner Existenz überhaupt und an seiner Existenz als Richter. Schon die erste Strophe arbeitet dabei mit dem Bild der Uhr. Die großen Kathedralen sind wie Gewichte eines Uhrwerks, die durch ihre Last und Masse das Funktionieren der Uhr in Gang halten. Gott sollte funktionieren „wie eine Uhr" und dem „Tun und Tagwerk" der Menschen „Zeichen" geben. Anders gesagt: Gott hatte („im Mittelalter") eine klar bestimmte Ordnungs-

und Orientierungsfunktion für das Leben der Menschen. Er wurde gebraucht und verbraucht.

Doch plötzlich ist in diesem Gedicht alles anders. Plötzlich befreit sich dieser Gott von der engen Funktion, auf die man ihn reduziert hat, und dieser „ganz in Gang" gekommene Gott, dieser Gott, der nicht mehr nach Last und Masse der Kirchen funktioniert, löst Entsetzen aus, Bangigkeit und Flucht. Gott kann „weitergehen", jetzt aber mit „ausgehängtem Schlagwerk".

Dagegen lautet das Gedicht über „Buddha" so:

> „Als ob er horchte. Stille: eine Ferne...
> Wir halten ein und hören sie nicht mehr.
> Und er ist Stern. Und andre große Sterne,
> die wir nicht sehen, stehen um ihn her.
>
> O er ist Alles. Wirklich, warten wir,
> daß er uns sähe? Sollte er bedürfen?
> Und wenn wir hier uns vor ihm niederwürfen,
> er bliebe tief und träge wie ein Tier.
>
> Denn das, was uns zu seinen Füßen reißt,
> das kreist in ihm seit Millionen Jahren.
> Er, der vergißt was wir erfahren
> und der erfährt was uns verweist" (II, 496).

Angeregt zu diesem Gedicht wurde Rilke durch eine Buddha-Statue, die sich in Rodins Garten in Meudon befand. In einem Brief vom September 1905 hatte Rilke bereits auf die „fanatische Schweigsamkeit" eines Buddha-Bildnisses hingewiesen, dem er begegnet sei.[46] Und in der Tat ist die Eingangszeile des Gedichtes „als ob er horchte" nur aus der Betrachter-Position heraus zu verstehen. Schlüsselworte sind „Stille", „Ferne", „Stern". Schlüsselbegriffe sind vor allem die Worte „alles" und „wirklich". Sie bereiten das Entscheidende vor: Dieser Buddha ist ein „Gott", der unserer gerade nicht bedarf, der, wenn wir uns vor ihm niederwürfen, gerade nicht reagieren würde. Buddha ist der Gott, zu dem der Mensch keine Beziehung eingehen kann, der weder geliebt werden noch wiederlieben will und der gerade so den Menschen frei macht. Ein Gott, der die Wahrheit, die Wirklichkeit *ist*, ausgedrückt in der Metapher des Millionen Jahre alten Kreisens. Buddha ist der Gott, der bereits erfahren hat, was uns noch „verweist" – ein doppeldeutiges Wort, Tadel und Wegweisen zugleich bedeutend. So kann Buddha dann in einem späteren Gedicht Rilkes „Mitte aller Mitten, Kern der Kerne" genannt werden, ein Gott, an dem nichts „hängt" und der so ganz im Kontrast zu dem Gott des Mittelalters steht, der von den Interessen der Menschen beschwert ist.

Mit all diesem Hintergrundwissen können wir uns nun an das schwierige Spätwerk von Rilke wagen.

12. Das Wirklichkeitsverständnis im Spätwerk

„Hin geh ich durch die Malvasinka
die Kinderreih, wo sanft und gut
die kleine Anka oder Ninka
in ihrem letzten Bettchen ruht.

Auf einem schmalen Schollenhügel
kniet, ganz versteckt in hohem Mohn,
mit staubigem, gebrochnem Flügel
ein Engelchen aus rohem Thon.

Das flügellahme Kindchen flößte
mir Mitleid ein, – das arme Ding …
Da, sieh! Von seinen Lippen löste
sich leicht ein kleiner Schmetterling. – " (I, 23)

Originalton „Larenopfer", 1895. Titel dieses unsäglichen Produktes: „Der Engel"! Keine 17 Jahre später, am 21. Januar 1912 – Rilke hält sich gerade auf dem Schloß der Fürstin Thurn und Taxis in Duino an der Adria auf – entsteht die erste Elegie mit den berühmten Eingangsversen: „Wer, wenn ich schriee, hörte mich denn aus der Engel/Ordnungen?" (II, 685). Deutlicher kann man in der Tat den Entwicklungsschritt Rilkes nicht illustrieren: Von einem harmlosen Stimmungspoem um eine zerbrochene Engelsfigur auf dem Prager Friedhof („Malvasinka"), das selbst für die „Larenopfer" ungewöhnlich peinlich ist, hin zu einer Dichtung, wo der Engel zu einer kalkulierten und doch tiefpoetischen Anschauungsform für das eigene Daseinsverständnis geworden ist. Wie ist diese neue Dichtung unter religiösem Aspekt zu verstehen?[47]

Es ist nach der geschilderten Vorgeschichte ja längst keine Überraschung mehr, daß Rilke mit Versatzstücken aus der religiösen Welt des Christentums seine eigenen Metamorphosen betrieb. So auch bei der Figur des Engels, bei der er selber noch zu Lebzeiten bereits alle Identifikation mit christlichen Engelsgestalten abgewiesen hatte. Der Engel in den „Duineser Elegien", auf deren Vollendung am 26. Februar 1922 auf Château Muzot Rilke ganze zehn Jahre zu warten hatte, hat denn bekanntlich auch nicht das Geringste zu tun mit denjenigen Götterboten, die in der jüdisch-christlichen Tradition Gottes Willen an den Menschen weitergeben, jenen Zwischenwesen, deren Präsenz hier auf Erden Nähe und Distanz *Gottes* versinnbildlichen sollen.

Denn das ist das erste, was bei diesen Elegien auffällt: Die direkte Rede von Gott ist jetzt fast völlig verschwunden. Bestand das „Stundenbuch" noch vollständig aus Gebeten, enthielt der „Malte" wenigstens noch Spuren gebets- oder klagehafter Anrufungen Gottes, so kommt das Wort Gott lediglich zweimal in den zehn Elegien vor (II, 687; 714), und dann auch nur wie nebenbei. Seine Stelle haben die Engel eingenommen oder auch „die Götter" (2. Elegie: II, 692), der „Weltraum" (II, 685) oder das „Weltall" (II, 719). Diese relativ beliebigen Synonyme zeigen schon, daß es Rilke auf eine Ausgestaltung der Welt Gottes in diesen Texten nicht ankam. Ihn interessierten auch hier nicht systematisch-theologische Reflexionen über das Verhältnis von Gott, Schöpfung und Mensch oder über das Verhältnis von Gott, Engel und Mensch oder über den Unterschied zwischen „Gott" und „Göttern", der ja nun geistes- und religionsgeschichtlich wahrhaftig von Bedeutung ist. Gerade die Vagheit der Wortwahl, ungewöhnlich bei ansonsten so exakt und präzise gesetzten Worten, unterstreicht sein Desinteresse daran. Den Elegien geht es um etwas anderes. Worum? Es geht – um es stark verkürzt auf eine Formel zu bringen – um *Selbsterkenntnis* des Menschen und die *Stellung des Menschen in der Welt*.

Um diese Stellung des Menschen aber zu beschreiben, baut Rilke *riesige Räume* auf, läßt er große Dimensionen entstehen, welche erst sichtbar machen, wo der Mensch wirklich steht.

Und so sind die Elegien nicht zu verstehen ohne die hier geöffneten Räume, von denen es zumindest vier gibt:
– Da ist unabhängig vom Menschen der *Weltraum* oder das *Weltall*, da sind die Ordnungen der *Engel* und unabhängig davon noch einmal die Wirklichkeit *Gottes* oder der *Götter*;
– da ist die *Welt des Ich oder Wir*, von der es heißt, sie sei die „gedeutete Welt" (1. Elegie). Zu dieser Welt gehören auch andere Gruppen: die Tiere, die „Fahrenden" (die Künstler der 5. Elegie), die Liebenden;
– da ist die *Innenwelt des Ich*, in der visionär, traumhaft oder erinnerungshaft Gestalten der Vergangenheit hochsteigen, wenn der „Vorhang" des „Herzens" sich öffnet: die Mutter (3. Elegie), der Vater (4. Elegie) oder die Puppe (4. Elegie);
– und da ist die *Welt der „jungen Toten"*, der „Früheentrückten", für die das Totsein „mühsam" (1. Elegie) ist, die also noch eine Zeitlang eine Verbindung zur Welt der Lebenden haben und sich erst allmählich aus dieser Welt lösen.
An diesem Raumgefüge aber ist entscheidend: Die Welten durchdringen einander, sind nicht voneinander geschieden, sondern bilden eine *komplexe Einheit*. Diesseits und Jenseits, Leben und Tod, Zeit und Ewigkeit sind nicht sauber voneinander getrennte Ebenen oder Phasen, sondern gehen ineinander über. Und das gilt für die Engel, die Liebenden und Früheentrückten mehr als für den Menschen. Von den Engeln heißt es schon in der 1. Elegie: „Engel (sagt man) wüßten oft nicht, ob sie unter/Lebenden gehn oder Toten". Von den Früheentrückten in derselben Elegie: „Schließlich brauchen sie uns nicht mehr, die Früheentrückten ... Aber wir, die so große/Geheimnisse brauchen, denen aus Trauer so oft/seliger Fortschritt entspringt: *könnten* wir sein ohne sie?" Und gerade die Liebenden lassen etwas ahnen von der Ewigkeit in der Zeit.
Hat man verstanden, daß die Öffnung der riesigen Räume die Funktion der Selbstlozierung des Menschen hat, versteht man auch die Funktion der verschiedenen *Vergleichsgruppen*, die in den Elegien um den Menschen aufgebaut werden: vor allem die Engel, die Liebenden und die Tiere. Sie dienen zu nichts anderem als zur poetisch-bildhaften Selbstinterpretation und Selbstrelativierung des Menschen; sie sind *Spiegel der menschlichen Selbsterkenntnis:*

– Da sind die *Tiere*, die schon der ersten Elegie zufolge merken,
daß wir Menschen nicht sehr „verläßlich" sind in unserer
„gedeuteten Welt". Sie werden in der 8. Elegie vollends zu
Symbolgestalten dafür, daß das „Offene" tief da ist:

> „Was draußen *ist*, wir wissens aus des Tiers
> Antlitz allein; denn schon das frühe Kind
> wenden wir um und zwingens, daß es rückwärts
> Gestaltung sehe, nicht das Offne, das
> im Tiergesicht so tief ist. Frei von Tod.
> *Ihn* sehen wir allein; das freie Tier
> hat seinen Untergang stets hinter sich
> und vor sich Gott, ...
> *Wir* haben nie, nicht einen einzigen Tag,
> den reinen Raum vor uns, in den die Blumen
> unendlich aufgehn" (II, 714).

– Da sind die *Liebenden*. Sie zeigen die großen Möglichkeiten,
aber auch die tiefen Entfremdungen des Menschen. Die Liebenden haben ja stückweise realisiert, worauf es ankommt: „reines
Dauern", „Ewigkeit", „Sein" (2. Elegie). Ihr „berühmtes
Gefühl" kann nicht genug „gepriesen" werden (1. Elegie).
Doch zugleich scheitern die Liebenden auch immer wieder
aneinander: „Sie verdecken sich nur mit einander ihr Los" (1.
Elegie: II, 685). Deshalb ist es Zeit, diese „ältesten Schmerzen"
endlich fruchtbar zu machen und dem Ideal der partnerlosen,
objektlosen Liebe nachzustreben. Deshalb ist es Zeit, "liebend
uns vom Geliebten (zu) befrein und es bebend (zu) bestehn"
(II, 687).
– Der größte Abstand des Menschen besteht freilich zu den
Engeln. Wer sind die Engel? Um es nochmals unzweideutig
herauszustellen: „Engel" sind hier nicht zu verstehen als mythische Wesen oder überweltliche Personen, obwohl sie wie Wesen
oder Personen angeredet werden. *Die Engel der Elegien sind
Chiffren zur Selbstdeutung des Menschen.* Die Engel haben
nur die Funktion zu zeigen, was der Mensch (noch) nicht ist.
Denn die Engel haben ja – wie es ausdrücklich heißt – das
„stärkere Dasein". Zugleich sind die Engel „schrecklich" und
„schön", wobei die „Schönheit" nur des Schrecklichen *Anfang*
ist (1. Elegie). Ja, die Menschen existieren überhaupt eigentlich

nur, weil die stärkeren Wesen sie „gelassen", *noch nicht* zerstört haben. Die Engel sind – so heißt es dann in der 2. Elegie – die fast „tödlichen Vögel der Seele". Damit ist vollends klar: Die Engel verkörpern eine vom Menschen unterschiedene Daseinsform: als „frühe Geglückte", als „Verwöhnte der Schöpfung", als „Pollen der blühenden Gottheit", als Wesen, die wie „Spiegel" die ausgestrahlte, „entströmte" eigene Schönheit wieder einfangen und nicht wie die Menschen abgeben (2. Elegie). Der Mensch lebt also – im Vergleich zu den genannten verschiedenen Gruppen – im Zustand der „Entzweiung" (4. Elegie: II, 699). Für die Menschen gilt deshalb: Bleiben ist nirgends (1. Elegie); wo sie fühlen, „verflüchtigen" sie (2. Elegie); Feindschaft ist ihnen das Nächste (4. Elegie). Und so kann die 4. Elegie im Kontrast zur Natur- und Tierwelt die Situation des Menschen folgendermaßen beschreiben:

„Wir sind nicht einig. Sind nicht wie die Zug-
vögel verständigt. Überholt und spät,
so drängen wir uns plötzlich Winden auf
und fallen ein auf teilnahmslosen Teich.
Blühn und verdorrn ist uns zugleich bewußt" (II, 697).

So ist die *Situation des Menschen im Grunde eine un-mögliche, eine frag-würdige.* Im Entscheidenden bleiben nur Fragen. An die Liebenden: „Habt ihr Beweise?" (2. Elegie), an die Engel: „Wer seid ihr?" (2. Elegie). Im Entscheidenden bleibt nur die Klage, daß der Mensch weder Engel noch Menschen „brauchen" kann (1. Elegie), bleibt das Verhalten und das Verschlukken des Lockrufs, der die Situation noch einmal verändern könnte. Denn selbst das Ausschreien dieser Un-möglichkeit ist nutzlos. Warum? Weil selbst dann, wenn der Mensch schriee, aus der Engel Ordnung niemand hört. Die Elegien beginnen denn auch (was man nicht übersehen sollte) mit einer als Frage formulierten doppelten Hypothese, die als verneinte die Situation der Vergeblichkeit, der Ausweglosigkeit des Menschen verstärkt: „*Wenn* ich schriee" – aber ich tue es nicht! Und selbst wenn ich es täte – es wäre nutzlos, weil diejenigen, auf die es ankommt, nicht hören. Und sogar eine dritte Hypothese wird aufgestellt und verneint: Denn selbst wenn einer der Engel den Menschen ans Herz nähme, der Mensch verginge vor dessen

„stärkerem Sein". „Wer, wenn ich schriee, hörte mich denn":
Es ist der *nicht*geschrieene Schrei, es ist der *nicht*gehörte Anruf,
es ist die verschluckte Klage, die in diesem Text die Spannung
fast bis ins Unerträgliche steigert und die Entfremdung des
Menschen radikal überhöht, weil der Adressat noch nicht einmal hört, dem diese Klage entgegengeschleudert werden
könnte. Gewiß, es gibt in den Elegien einige Anzeichen, daß
der Mensch trotzdem gebraucht wird:

> „Ja, die Frühlinge brauchten dich wohl. Es muteten manche
> Sterne dir zu, daß du sie spürtest. Es hob
> sich eine Woge heran im Vergangenen, oder
> da du vorüberkamst am geöffneten Fenster,
> gab eine Geige sich hin. Das alles war Auftrag" (II, 686).

Aber die Gegenfrage folgt sofort: „Bewältigest du's?" So bleibt
dem Menschen nichts als *Hören*. Und dieses Hören ist mehr
als das Registrieren von Geräuschen oder Informationen.
Hören heißt seine Existenz ganz auf Empfangen ausrichten,
heißt: sich von etwas bestimmen lassen, dessen Produzent man
nicht selbst ist. Ein Hören ist gefordert, wie „Heilige" hörten,
„Heilige", die schon in der 1. Elegie „Unmögliche" genannt
werden, weil sie in ihrer Erdenschwere zwar knien, doch
zugleich durch die vorbehaltlose Öffnung für das Göttliche
gleichsam „vom Boden" aufgehoben sind (II, 687). Gewiß,
beim Menschen heute – daran läßt Rilke an derselben Stelle
keinen Zweifel – geht es nicht mehr einfach um *Gottes* Stimme;
denn die könnte der Mensch genausowenig ertragen wie die
der Engel. Es geht vor allem um die *Umpolung der menschlichen Existenz auf das Vernehmen, das Hören und Empfangen:*
„Aber das Wehende höre,/die ununterbrochene Nachricht, die
aus Stille sich bildet" (II, 687).
Was steckt hinter solch seltsamen Wendungen wie „Auftrag"
und „Nachricht", wo doch völlig unklar bleibt, wer das Subjekt
des Auftrags, wer der Absender der Nachricht ist? Paradox
genug: Wir haben uns in den Elegien auf eine *zweite Aussage-
reihe* einzustellen, ähnlich wie im „Stundenbuch" viele Jahre
zuvor. So wie es im „Stundenbuch" ein Oszillieren zwischen
Selbstbewußtsein und Selbstzurücknahme des Menschen, zwischen Kühnheit und Demut gab, so gibt es in den Elegien

gegen den Strom der analytischen Entzweiungsbeschreibung den *Gegenstrom von Versöhntheit mit dem Dasein*, von Preisung des Hierseins, von Rühmen dieses Lebens hier und jetzt. Die Elegien oszillieren zwischen: „Bleiben ist nirgends" (1. Elegie) und: „Hiersein ist herrlich" (7. Elegie).

Anders gesagt: Aus der Erfahrung der Entfremdung folgt bei Rilke keine Weltverachtung oder Weltflucht. Das Ziel ist nicht die Auslöschung oder Vernichtung des Seins, sondern die Erfahrung des reinen Seins, des gefüllten Da-Seins. Und das beginnt nicht erst nach dem Tode, sondern hier und jetzt, obwohl der Tod als Moment des Lebens nicht tabuisiert wird. Den Frühverstorbenen ist gerade nicht „Unrecht" geschehen, denn sie leben jetzt auf ihre Weise in reinem Sein. Wodurch aber entsteht die Erfahrung des gefüllten Seins im Hier und Jetzt? Antwort: Durch das, was der Künstler tut: *Verwandlung der Dinge*.

Die Denkrichtung der Elegien ist also – ganz auf der Linie von Rilkes bisherigem Kunst-, Gottes- und Wirklichkeitsverständnis – nicht nach „drüben" oder „droben" gerichtet, auf ein transzendentes Jenseits, sondern nach *innen*: „Nirgends, Geliebte, wird Welt sein, als innen" (7. Elegie: II, 711)! Leben – es „geht hin mit Verwandlung" (II, 711). Deshalb bedarf es der traditionellen Religionen, der „Tempel" nicht mehr:

„Diese, des Herzens, Verschwendung
sparen wir heimlicher ein. Ja, wo noch eins übersteht,
ein einst gebetetes Ding, ein gedientes, geknietes –,
hält es sich, so wie es ist, schon ins Unsichtbare hin.
Viele gewahrens nicht mehr, doch ohne den Vorteil,
daß sie's nun *innerlich* baun, mit Pfeilern und Statuen, größer!"
(II, 711)

Und erstaunlich und tröstlich zugleich: Diese Fähigkeit des Menschen zur Verwandlung durch das Anschauen der Dinge ist das einzige, was der Mensch gegenüber den Engeln, also gegenüber diesen überlegenen Wesen, einzubringen hat:

„Engel,
dir noch zeig ich es, *da!* in deinem Anschaun
steh es gerettet zuletzt ...

War es nicht Wunder? O staune, Engel, denn *wir* sinds,
wir, o du Großer, erzähls, daß wir solches vermochten, mein Atem
reicht für die Rühmung nicht aus" (7. Elegie: II, 712).

Anders gesagt: Durch die Fähigkeit, die Dinge zu verwandeln
und so zu verewigen, reicht der Mensch ein Stück näher an
das „stärkere Dasein" der Engel heran. Die Kluft zwischen
Mensch und Engel beginnt sich ein wenig zu schließen. Die
Engel, die sonst nur den Menschen gelassen verschmähen, können „staunen".
Gewiß, an der Situation der Vergänglichkeit hat sich für den
Menschen grundsätzlich nichts geändert; er bleibt der Schwin-
dendste, der Flüchtigste. Der Mensch bleibt

„Zuschauer, immer, überall,
dem allen *zu*gewandt und nie hinaus!
Uns überfüllts. Wir ordnens. Es zerfällt.
Wir ordnens wieder und zerfallen selbst" (8. Elegie: II, 716).

Gewiß, auch gegenüber den Engeln hat der Mensch jetzt keinen
Grund zur Selbstüberschätzung:

„*ihm*/kannst du nicht großtun mit herrlich Erfühltem; im Weltall,
wo er fühlender fühlt, bist du ein Neuling. Drum zeig
ihm das Einfache, ...
Sag ihm die Dinge. Er wird staunender stehn; wie du standest
bei dem Seiler in Rom, oder beim Töpfer am Nil" (9. Elegie: II, 719).

Aber der *unverzichtbare, einzigartige „Auftrag" ist jetzt klar
benannt:*

„Erde, ist es nicht dies, was du willst: *unsichtbar*
in uns erstehn? – Ist es dein Traum nicht,
einmal unsichtbar zu sein? – Erde! unsichtbar!
Was, wenn Verwandlung nicht, ist dein drängender Auftrag?"
(9. Elegie: II, 720)

Damit war für Rilke die Ernte eingebracht, zumal im Prozeß
desselben Schaffensrausches im Februar 1922, in dem die Vollendung der Elegien gelang, noch *55 Sonette* folgten, die nun
vollends nicht mehr an „Gott" oder die „Götter", sondern
eindeutig an den „Gott" der Künstler, den Gott mit der Leier,

an Orpheus gerichtet waren. In zahllosen Briefen und Gesprächen beginnt Rilke jetzt einen Prozeß der Selbstdeutung, Selbststilisierung, ja Selbstverklärung, der den im Anhängerkreis jetzt ebenfalls einsetzenden Idealisierungsprozeß nur noch verstärkte. Aus Rilke wurde ein Seher-Dichter, ein Botschaftskünstler, eine nachchristliche Priestergestalt, ein visionärer Mythopoet. Seine „Verehrung wuchs nicht nur, sondern nahm zuweilen eine Art religiöse Unbedingtheit an – ähnlich wie sie dem Werk Stefan Georges und wieder dem späten Hölderlin der späten Hymnen und Fragmente entgegengebracht wurde", so leise tadelnd auch Romano Guardini, der hinzufügt, daß damals eine Kritik an Rilke Gefahr gelaufen sei, „nicht mehr sachlich gewürdigt, sondern als unerlaubt zurückgewiesen zu werden"[48]. Rilke selbst benutzte religiöse Begriffe, um sein Kreativitätserlebnis auf Muzot zu beschreiben: „Gnade", „Orkan im Geist", „Auftrag", „rätselhaftes Diktat", „Ehrfurcht", „Sendung". Und in einem Brief an seine Frau aus dieser Zeit scheut er nicht den Hinweis: „Wo ein Dunkel bleibt, da ist es von der Art, daß es nicht Auf-Klärung fordert, sondern Unterwerfung"![49]

In einem jedenfalls hatte sich Rilke nicht unterworfen: in Sachen christlichen Jenseitsglaubens. Von einem evangelischen Pfarrer, Rudolf Zimmermann, herausgefordert, nahm er Anfang der 20er Jahre noch einmal in der Rückschau Stellung zu seinen Etappen in Sachen Religion und Gott:

– Die „*Geschichten vom lieben Gott*"? Gott habe er damit aus der „Gerücht-Sphäre in das Gebiet unmittelbarer und täglicher Erlebbarkeit" versetzen wollen. Denn die „Abgetrenntheit, die endgültig gewordene Jenseitigkeit Gottes" habe ihn von Kindheit an erstaunt und beunruhigt.[50]

– Das „*Stundenbuch*"? Was sei es anderes gewesen als „in noch viel leidenschaftlicherem Grade ein Versuch, die unmittelbarste Gottesbeziehung herzustellen"?[51]

– Der „*Malte*"-Roman? Sei nicht die Verfassung „dieses vereinsamten jungen Menschen begreiflich" und damit „die ganze vorläufig noch bestehende Hoffnungslosigkeit alles Menschlichen"? Nie sei die Religion doch anmaßender aufgetreten, „als wo sie meint, trösten zu können"! Aber zugleich gelte: „Das Einsehen unserer Trostlosigkeit wäre zugleich der

Moment, in dem unsere eigentliche religiöse Produktivität einsetzen könnte"![52]
So wundert es nicht, daß Rilke, der schon mit dem ersten „Glaubensbekenntnis" als 18jähriger bekannt hatte, daß er die „christliche Vorstellung eines Jenseits" nicht liebe (so nochmals in einem Brief 1923, drei Jahre vor seinem Tod)[53], der „allen modernen Religionen" vorwarf, „daß sie ihren Gläubigen Tröstungen und Beschönigungen des Todes" geliefert hätten, aber keine Mittel, sich „mit ihm zu vertragen und zu verständigen"[54], der von früh an gegen Christus als „Mittler" zwischen Gott und Mensch polemisiert hatte, auch bei seiner eigenen Totenfeier keinen priesterlichen „Mittler" sehen wollte.[55] Als er am 2. Januar 1927 auf dem kleinen Bergfriedhof zu Raron beigesetzt wurde, wurde zwar der Tradition des katholischen Friedhofs gemäß eine stille Messe gelesen. Aber am Grabe standen einige Freunde und Bekannte, die alle religiösen Anspielungen mieden. Einer sprach die Verse aus der 1. Elegie von den „Früheentrückten", die sich des Irdischen langsam entwöhnten, und von der Trauer, aus der so oft „seliger Fortschritt" entspringe ...
Er, der so souverän über den Zusammenhang von Tod und Leben gesprochen hatte, hatte sich schwer getan, seinen eigenen, durch immer stärker fortschreitende Leukämie am Ende sehr schmerzhaften Tod literarisch zu verarbeiten. Die Verse über den Tod, mit denen er sein „Buch der Bilder" 20 Jahre zuvor abgeschlossen hatte, waren jetzt so nicht mehr wiederholbar:

> „Der Tod ist groß,
> Wir sind die Seinen
> lachenden Munds.
> Wenn wir uns mitten im Leben meinen,
> wagt er zu weinen
> mitten in uns" (I, 477).

Der letzte Text, den wir von Rilkes Hand haben, auf dem Sterbebett geschrieben, ist frei von allem Pathetischen, Enthusiastischen und Abstrakten. Er ist keine allgemeine Auseinandersetzung mit „dem Tod", sondern eine bis ins Sprachliche hinein präzise, konkrete Auseinandersetzung mit dem furchtbaren *Schmerz im eigenen Körper*:

„Komm du, du letzter, den ich anerkenne,
heilloser Schmerz im leiblichen Geweb:
wie ich im Geiste brannte, sieh, ich brenne
in dir; das Holz hat lange widerstrebt,
der Flamme, die du loderst, zuzustimmen,
nun aber nähr' ich dich und brenn' in dir.
Mein hiesig Mildsein wird in deinem Grimmen
ein Grimm der Hölle nicht von hier.
Ganz rein, ganz planlos frei von Zukunft stieg
ich auf des Leidens wirren Scheiterhaufen,
so sicher nirgend Künftiges zu kaufen
um dieses Herz, darin der Vorrat schwieg.
Bin ich es noch, der da unkenntlich brennt?
Erinnerungen reiß ich nicht herein.
O Leben, Leben: Draußensein.
Und ich in Lohe. Niemand der mich kennt" (III, 511).

V. JOSEPH ROTH UND DER GLAUBE AN GOTTES „WUNDER"

Viel war er bereits durch Europa gereist, hatte ein unstetes Leben geführt, Moses Joseph Roth, geboren 1894 in Brody in Galizien, als Kaiser Franz-Joseph noch die österreichisch-ungarische Monarchie regierte.[1] Am Krieg hatte er, der Sohn jüdischer Eltern, teilgenommen und dadurch sein literaturwissenschaftliches Studium an der Universität Wien vorzeitig beendet. Nach dem Kriege war er wie viele aus der Bahn geraten, hatte seine Studien nicht fortgesetzt, sich aber als Journalist und Redakteur bald einen Namen gemacht.[2] Viele Feuilletons und Reportagen hatte er geschrieben: einmal für sozialdemokratische Blätter wie den „Vorwärts" oder die Wiener „Arbeiterzeitung", einmal für bürgerliche Journale wie die „Frankfurter Zeitung" oder das „Prager Tagblatt". Auch eigene Romane hatte er in diesen Zeitungen abdrucken lassen: „Das Spinnennetz" (1923), „Hotel Savoy", „Die Rebellion", beide im Jahre 1924. Ein Jahr später ist er Feuilletonkorrespondent der „Frankfurter Zeitung" in Paris, ein geliebter Posten, den er freilich im Jahr darauf bereits an Friedrich Sieburg verliert. Joseph Roth geht auf Wanderschaft, berichtet aus Rußland, Albanien und vom Balkan, schreibt über Deutschland, Polen und Italien. 1922 hatte er vor der Wiener israelitischen Kultusgemeinde nach jüdischem Ritus Friederike Reichler geheiratet, eine Wiener Jüdin, die von nun an sein unstetes Leben teilte und letztlich daran zerbrach ...

1. EIN BUCH UND VERLEGENE REAKTIONEN

Da veröffentlicht er, der sich bisher als Autor sozialkritischer Feuilletons und Romane bekannt gemacht hatte, mit 36 Jahren 1930 einen Roman aus biblischem Stoff: „Hiob". Untertitel: Roman eines einfachen Mannes. Die Kritiker waren verblüfft, ja, sind verblüfft bis heute. Hatte Roth in seinen früheren Romanen vornehmlich den gesellschaftlichen Umbruch der

Zeit nach dem Ersten Weltkrieg geschildert und entwurzelte Existenzen, soziale Konflikte, politische Unruhen in den Großstädten Europas beschrieben, so tritt in der Hauptfigur des „Hiob"-Romans ein „alltäglicher Jude" in den Mittelpunkt: Mendel Singer, ein schlichter Bibellehrer für Kinder aus dem winzigen Ort Zuchnow im zaristischen Vorkriegs-Rußland. Hatte Roth seine bisherigen Romanfiguren vor allem im bürgerlich-industriellen Milieu angesiedelt, so beschreibt er jetzt das Kleine-Leute-Milieu ostjüdischer Provenienz, aus dem er selber stammte.

Und in diese Welt läßt Joseph Roth nun *Schicksal einbrechen*, das sich bis zur Unerträglichkeit steigert. Gottesfürchtig und gesetzestreu wie sein biblischer Bruder Hiob, immer besorgt, Gottes Vorschriften peinlich genau zu erfüllen, wird nun auch dieser ohnehin armselige und sozial verachtete Mann von einem Schicksalsschlag nach dem anderen getroffen. Alles fängt damit an, daß sein jüngster Sohn, Menuchim, als schwachsinniges Kind auf die Welt kommt. Zwar läßt sich seine Frau, Deborah, durch die *Weissagung eines Wunderrabbis* trösten: „Menuchim, Mendels Sohn, wird gesund werden. Seinesgleichen wird es nicht viele geben in Israel. Der Schmerz wird ihn weise machen, die Häßlichkeit gütig, die Bitternis milde und die Krankheit stark" (V, 11).[3]

Aber das alles war nur die Vorahnung von dem, was folgen sollte: Der älteste Sohn Jonas wird zum russischen Militärdienst eingezogen, für einen Juden gleichbedeutend mit sündhafter Entfremdung von der Welt des jüdischen Gesetzes. Der zweite Sohn Schemarjah entzieht sich dem bereits, flieht nach Amerika, wo er zwar privat (Heirat und Kinder) und geschäftlich erfolgreich, zugleich aber ebenfalls für die Welt gläubiger Gesetzesobservanz verloren ist. Aus Schemarjah ist Sam geworden. Und als auch die Tochter Mirjam sich mit einem Kosaken einläßt („Kosak" ist für traditionsbewußte Juden Symbol alles Teuflischen schlechthin: von Pogromen bis zur sexuellen Verführung), packt Mendel Singer mit seiner Frau sein Bündel, wandert ebenfalls in die Vereinigten Staaten aus, muß allerdings das schwachsinnige Kind Menuchim in Rußland zurücklassen. Doch auch dort, in New York, kommt er nicht zur Ruhe. Der Erste Weltkrieg bricht aus, und das völlig Wider-

sinnige passiert: Sein Sohn Schemarjah fällt als Soldat in amerikanischen, sein Sohn Jonas wird vermißt als Soldat in russischen
Diensten, und ob dieser neuen Schläge bricht nun auch die
Ehefrau Deborah zusammen und stirbt. Und um das Elend
vollzumachen: Die Tochter Mirjam verfällt dem Wahnsinn und
muß in einer Anstalt untergebracht werden ...

Das ist der Einstieg in eine Geschichte, auf deren Höhepunkt
der fromme, gesetzestreue Jude seinem Glauben an Gott abzu-
schwören beginnt. Und so kommt es in diesem Roman zu
einer einzigartigen Szene in der deutschen Literatur, als der
brave, gottestreue Mann seine Gebetsutensilien (Gebetriemen,
Gebetmantel und Gebetbücher) zusammenrafft und sich vor-
stellt, wie sie in den Flammen eines Ofens verbrennen:

> „Aus, aus, aus ist es mit Mendel Singer! (...) Er hat keinen Sohn,
> er hat keine Tochter, er hat kein Weib, er hat keine Heimat, er hat
> kein Geld. Gott sagt: Ich habe Mendel Singer gestraft; wofür straft
> er, Gott? Warum nicht Lämmel, den Fleischer? Warum straft er
> nicht Skowronnek? Warum straft er nicht Menkes? Nur Mendel
> straft er! Mendel hat den Tod, Mendel hat den Wahnsinn, Mendel
> hat den Hunger, alle Gaben Gottes hat Mendel. Aus, aus, aus ist
> es mit Mendel Singer" (V, 101).

Was haben wir hier vor uns in einem Buch des Jahres 1930?[4]
Den Roman eines Mannes,

(1) der eine entscheidende „Wendung zum Religiösen"[5] und
damit eine Entwicklung durchgemacht hat, bei der „aus einem
Modernisten und Neuerer ein Traditionalist und Erbe, aus
einem der witzigsten Spötter einer der frömmsten Prediger"
geworden ist (H. Kesten[6])? Der „Hiob"-Roman also *Produkt
einer religiösen Wende?* Joseph Roth ein Mann, der sich gegen
Ende seines Lebens einige Jahre „fromm gebärdete" (H.
Kesten[7]), ein „Mythomane"[8], der nicht nur ständig neue
Lebensgeschichten von sich erfand, sondern auch in Fragen
von Glauben und Moral eine Art Rollenspieler war, ein Mas-
kenträger und Schausteller?

(2) der gerade *keine Wende* durchgemacht, sondern auch hier
seine „Gesellschaftskritik" der 20er Jahre fortgesetzt hat[9], so
daß für die religiöse Problematik gesagt werden kann: „Der

Roman drückt nicht die Hinwendung seines Autors zum Gottesglauben aus, wohl aber den Unglauben in die Fähigkeit des Menschen, sein Los aus eigener Kraft zu verändern" (H. Nürnberger[10]). Der „Hiob"-Roman also nichts als die *Fortsetzung der Sozialkritik* seines Autors?

(3) der zwar im „Hiob"- und in den späteren Österreich-Romanen („Radetzkymarsch", „Kapuzinergruft") – die religiöse Dimension gestaltete (im Gegensatz zu seinem früheren Skeptizismus im Geiste Montaignes), aber allein aus dem Grunde, weil er als ein „politisch orientierungslos gewordener heimatloser Nomade ohne soziale Sicherheit" jetzt *„transzendente Konstruktionen"* wie Ostjudentum und Altösterreich nötig gehabt habe (B. Hüppauf[11])? Der „Hiob"-Roman also Produkt einer nur sozialpsychologisch zu deutenden Krise des Autors?

Es ist ein merkwürdiges Schauspiel, bestimmte Vertreter der deutschen Literaturkritik bei ihrem Versuch zu beobachten, die religiöse Dimension in Leben und Werk des Joseph Roth sachlich zu interpretieren. Von Überschätzung und Ignorierung bis hin zu sozialpsychologischer „Durchschauung" reicht die Spannweite einer Kritik, die so nichts als ihre eigene *Verlegenheit* offenbart. War Joseph Roth aber vor dem „Hiob"-Roman wirklich nichts als ein „witziger Spötter"? Läßt sein „Hiob" wirklich nichts von einem persönlichen „Gottesglauben" des Autors erkennen? Oder suchte sein Autor wirklich krampfhaft „transzendente Konstruktionen", weil er mit seinen politischen Ideen gescheitert war? Wir werden sehen. Doch bevor wir auf den „Hiob"-Roman im Detail zu sprechen kommen, muß die Frage geklärt werden: Was ist das geistig-religiöse Profil des Joseph Roth? Gibt es Konstanten oder nur Brüche? Gibt es sich durchhaltende Grundlinien oder nur radikale Wandlungen?

2. Die religiösen Wurzeln des jungen Roth

Als Moses Joseph Roth im Jahre 1894 geboren wurde, galt die galizische Stadt *Brody* als eine Art „neues Jerusalem". Fast 18 000 Einwohner hatte sie, 2/3 davon Juden, rund 15 000 Menschen, von denen die überwiegende Mehrheit freilich in bitter-armen Verhältnissen lebte. Roths Mutter muß „eine Jüdin von kräftiger, erdnah slawischer Statur" gewesen sein, die „oft ukrainische Lieder" gesungen habe, denn sie sei „sehr unglück-lich" gewesen. Das jedenfalls berichtet der Sohn später in einem Brief und fügt – bezeichnend für ihn – hinzu: Die „Armen sind es, die bei uns zu Hause singen, nicht die Glücklichen, wie in westlichen Ländern. Deshalb sind die östlichen Lieder schöner und wer ein Herz hat und sie hört, ist nahe dem Weinen" (B, 165).[12] Früh von ihrem Mann verlassen, mußte Roths Mutter ihren Sohn allein erziehen. Man weiß vom Vater wenigstens noch, daß er im Jahr 1910, als Roth 16 Jahre alt war, „im Wahnsinn" gestorben sein muß.

Im jüdischen Glauben erzogen, hat man sich Joseph Roth also als Teil dieser *jiddisch-sprechenden ostjüdischen Welt Galiziens* vorzustellen. Roth verbrachte seine ersten Jahre in Brody „zwar keineswegs im Getto, wohl aber in einer fast geschlossenen jüdischen Siedlung"[13]. Aber Brody war auch der Ort, in dem sich bereits zwei jüdische Welten vermischten und überlager-ten: die Welt des *Chassidismus,* die Welt orthodoxer und doch lebensfroher jüdischer Alltagsfrömmigkeit, und die Welt der *Haskala,* die Welt der kulturoffenen jüdischen Aufklärung. Das hieß für Roth: In der Volksschule wurde er noch traditio-nell jüdisch erzogen, mußte hebräische Grammatik studieren und etwa den ganzen Pentateuch ins Deutsche übersetzen. Seine höhere Schulbildung aber bezog er bereits durch das Kron-prinz-Rudolf-Gymnasium in Brody und kam so mit der deutschsprachigen Kultur in Verbindung. Goethe und Schiller, Lessing und Hölderlin und immer wieder Heine wurden nun für den lernbegierigen jüdischen Jungen zu Leitsternen seiner künftigen Entwicklung. Die Assimilation und Emanzipation des jungen Roth vertiefte sich somit im Zeichen einer Aufklä-rung, wie sie spätestens seit der Amerikanischen und Französi-schen Revolution für Juden begonnen hatte.

Anders gesagt: Für Joseph Roth gab es schon früh – ebenso wie für den 11 Jahre älteren Franz Kafka – *kein Zurück mehr zur Orthodoxie,* d. h. zur Befolgung des jüdischen Ritualgeset-zes (Halacha). Die jüdisch-orthodoxe Tradition ist bei ihm spätestens seit dem Gymnasium nur noch als gebrochene präsent. Mit 13 Jahren mußte sich Roth denn auch nicht wie seine orthodoxen Mitschüler der Zeremonie von Bar-Mizwa unterziehen, sondern wurde nach dem Brauch der reformierten Juden „konfirmiert". Jahre später analysiert Roth denn auch die Situation des Judentums zwischen Tradition und Moderne in einem Brief an Stefan Zweig unmißverständlich:

> „Und, was die Juden betrifft: so ist dieses Volk erstens in Auflösung begriffen (dank Rußland) und wird in 50–100 Jahren nicht mehr vorhanden sein. Zweitens: sind die heutigen Juden – weil sie seit 200 Jahren nicht mehr in ihrer geistigen Heimat leben, gar nicht mehr imstande, physiologisch nicht, die Leiden ihrer Ahnen zu ertragen. Haben Sie Talmud gelernt? Beten Sie jeden Tag zu Jehovah? Legen Sie Tefilim? Nein, es ist vorbei – und man trägt eben mitten im Deutschtum als ein Deutscher das Erbe, das von allen andern Völkern der gesitteten Erde, wenn nicht immer freudig angenommen, so doch zumindest nicht mit dem Gummiknüppel bestraft wird" (B, 257).

Freilich – und das ist charakteristisch für ihn: *beide Welten,* die Welt des frommen Glaubens und die Welt der kulturoffenen Moderne, *hinterließen Spuren* beim jungen Roth. Schon früh überlagert sich in ihm ein Hang zu Wunderglläubigkeit und Aberglauben mit einem ebenso starken Drang nach Aufklärung und Kritik. Zwar hatte er sich mit Religionsspöttern wie Heinrich Heine beschäftigt und bisweilen mit dem Atheismus geliebäugelt, aber seine religiösen Urbedürfnisse dadurch nicht verloren. Und nichts ist illustrativer für diese eigentümliche Paarung von Kopf und Herz, Verstand und Gefühl, Gottesleugnung und Gebetsdrang als jene Notizbucheintragung, in der der 25jährige 1919 über seine *frühen religiösen Auffassungen* Rechenschaft ablegt:

> „Ich haßte den Teufel. Aber an Gott glaubte ich nur schüchtern und während ich genau wußte, daß er nicht existierte, betete ich dennoch zu ihm. Zwei Jahre lang, von meinem 14. bis zum 16. Lebensjahr, war ich ein Atheist. Ich sah zum Himmel empor und wußte, daß er aus blauer Luft bestand. Ich hatte aber gar nicht gemerkt, daß Gott nicht verschwunden, sondern gleichsam nur übergesiedelt war, aus dem Himmel irgendwohin anders, ich wußte

nicht wohin, wahrscheinlich aber in meine Nähe. Daß niemand die Welt regierte, war mir offenbar. Daß aber Jemand meine eigenen Wege überwachte, fühlte ich. Ich betete oft und meine Gebete waren sehr kurz. Sie bestanden in einem Gedanken, ja, nur in einem Einfall. Der, zu dem ich betete, half immer, er strafte niemals. Ja, ich schämte mich nicht, ihn um seine Unterstützung bei meinen unedlen, beinahe verbrecherischen, auf jeden Fall aber sündhaften Unternehmungen zu bitten. Er half auch da. Ich hätte ihn immer verleugnet. Aber desto eifriger glaubte ich ihn. Er war da, wie eine Wirklichkeit. Erst zwei Jahre später wuchs Gott, den ich nur für mich in Anspruch genommen hatte, zum Weltengott und Herrn des Alls. Daß er mir gut gesinnt war, gleichsam aus alter Kamerad-schaft, wußte ich. Ich fürchtete ihn nicht. Ich vertraute ihm. Und wenn mir Schlimmes widerfuhr, war mir's keine Strafe, sondern eine mir noch verborgene, maskierte Gnade."[14]

Auch der Krieg änderte an dieser Einstellung nichts. Im Gegen-teil. Die Beschäftigung mit existentiellen und religiösen Fragen nimmt nun auch literarische Gestalt an, wie Roths *erste Gedichte* zeigen. Sie tragen aufschlußreiche Titel wie „Welträt-sel" und „Bruder Mensch". Und überraschenderweise findet sich unter ihnen auch ein *Christus-Gedicht,* das Roth 1917 im „Prager Tagblatt" sogar veröffentlichen konnte:

„O Herr! Oh, damals litt ich nicht –
ich jauchzte über meine Wunden
und durch den Flor der dunklen Stunden
ging ich der Liebe Weg zum Licht –
Doch jetzt durchwühlt mich diese Qual
der Brüder, die einander hassen:
ich kann von meinem Kreuz nicht lassen
und sterbe täglich tausendmal.

O Herr; diese Tage sind rot
weil sie in heißem Blute schwammen
und alle Nächte sind nur Flammen
von deren Brand der Himmel loht ...
ich berge still mein Angesicht
und harre auf mein Auferstehen:
Denn – Herr – nun will ich wieder gehen
der Weltenliebe Weg zum Licht" (I, 1104).

Wir wissen nichts Näheres über den biographischen Hintergrund oder gar über den Anlaß zu diesem Gedicht. Eines aber scheint klar: die Anspielung auf die Situation während des Kriegs. In der ersten Strophe erfolgt ein Hinweis auf den Völkerhaß, in der zweiten Strophe die Skizzierung einer Welt in Flammen. Und stilkritisch gelesen gehört dieser Text zweifellos in eine expressionistische Zeitstimmung[15], wo pathetisch aufgeladene „Gebete" („Oh Herr"; „durchwühlt mich diese Qual") zur literarischen Konvention gehörten. Zugleich aber fällt die Sicherheit auf, mit der Roth als jüdisch Erzogener mit christlichen Archetypen wie Kreuz und Auferstehung literarisch umzugehen versteht.

Deutlich wird, daß die Situation des Krieges für den Autor eine Zäsur markiert, und zwar im doppelten Sinn: Die erste Strophe arbeitet noch mit der Gegenüberstellung von damals und jetzt, die zweite Strophe mit dem Kontrast von jetzt und einst. Konkret: Das „damals" der ersten Strophe bezieht sich auf eine persönliche, private Krise des Autors (Liebe!), die dieser mit einer gewissen Freude genossen zu haben scheint (der Genuß der Liebesqual).

Jetzt aber ist alles anders. Jetzt geht es nicht mehr um private Probleme, sondern um das Schicksal der Völkergemeinschaft. Und der durch den Krieg ausgebrochene Völkerhaß ist das „Kreuz", an dem man selber jeden Tag zu sterben scheint. Die zweite Strophe führt von der allgemeinen Situation wieder zurück auf das Ich. Das „dieser Tage" bezieht sich überdeutlich auf die Situation des Krieges, der durch Metaphern wie Flammen und Blut gekennzeichnet wird. Der einzelne scheint dagegen ohnmächtig („berge still mein Angesicht"). Und das einzige, was bleibt, ist die Hoffnung auf ein „Auferstehen" – und zwar im Geiste der „Weltenliebe", die als „Weg zum Licht" beschrieben wird. Der ganze Text ist in Gebets-Form gehalten, ein Poem auf der Grenze von Gedicht und Gebet, mehr Fingerübung als große Lyrik, vermag aber die geistige und politische Situation des jungen Roth schlaglichtartig zu beleuchten.

Nach dem Krieg gelingt es Roth sehr bald, als Journalist Fuß zu fassen. Begreiflich, daß seine literarische Beschäftigung mit religiösen Themen jetzt abnehmen mußte. Roths Interessen sind in erster Linie politischer Natur. Aber von einer Ablehnung oder Vergleichgültigung der Religion kann auch jetzt keine Rede sein. Im Gegenteil: Wenn Roth auf Religiöses in seinen Feuilletons zu sprechen kommt, so geißelt er vor allem die „Indienstnahme der religiösen Glaubensinhalte zur Propagierung einer politischen Idee", etwa eines „übersteigerten Nationalismus"[16]. Nicht die Inhalte der Religion lehnt Roth ab, sondern deren *ideologische Funktionalisierung.* Ja, sein letzter Roman dieser frühen literarischen Phase, „Die Rebellion" aus dem Jahr 1924, greift sogar die religiöse Problematik ausdrücklich auf.

Im Zentrum dieses Buches steht Andreas Pum, ein Soldat, der, verwundet, als Invalide nach Wien zurückkehrt, noch bevor der Krieg zu Ende ist. Sein Glaube an die überlieferte gesellschaftliche Ordnung, das „heilige Reich" der Monarchie, blieb noch unerschüttert trotz seines persönlichen Schicksals. Erst *nach* dem Kriege, nach dem Untergang der Monarchie, nach Ausrufung der Republik, bricht nun auch für ihn die Welt von Religion und Politik zusammen. Als er – aus der Bahn geworfen – zum Gesetzesbrecher wird und ins Gefängnis kommt, steigen auch *erste Zweifel an seinem Gottesglauben* in ihm hoch. Dramatisch steigern sich diese Zweifel zur Gottesanklage, als er, der jetzt eine Existenz als Toilettenwärter fristen muß, wegen Wiederaufnahme seines Verfahrens nochmals vor Gericht steht. In einer visionären Szene schleudert Andreas nun Gott all seinen Haß und seine Bitterkeit entgegen:

> „Aus meiner frommen Demut bin ich erwacht zu rotem, rebellischem Trotz. Ich möchte Dich leugnen, Gott, wenn ich lebendig wäre und nicht vor Dir stünde. Da ich Dich aber mit meinen Augen sehen und mit meinen Ohren höre, muß ich Böseres tun als Dich leugnen: Ich muß Dich schmähen! Millionen meinesgleichen zeugst Du in Deiner fruchtbaren Sinnlosigkeit, sie wachsen auf, gläubig und geduckt, sie leiden Schläge in deinem Namen ... Andere, die Du liebst und nährst, dürfen uns züchtigen und müssen Dich nicht einmal preisen. Ihnen erläßt Du Gebete und Opfer, Rechtschaffenheit und Demut, damit sie uns betrügen ... Gegen Dich rebelliere ich, nicht gegen jene. Du bist schuldig, nicht Deine Schergen. Hast Du Millionen Welten und weißt Dir keinen Rat? Wie ohnmächtig ist Deine Allmacht! Hast Du Milliarden Geschäfte

und irrst Dich in den einzelnen? Was bist Du für ein Gott! Ist Deine Grausamkeit Weisheit, die wir nicht verstehen – wie mangelhaft hast Du uns geschaffen! Müssen wir leiden, weshalb leiden wir nicht alle gleich? Hast Du nicht genug Segen für alle, so verteile ihn gerecht! Bin ich ein Sünder – ich wollte Gutes tun! ... Ach, ich wollte, ich könnte Dich noch leugnen. Du aber bist da. Einzig, allmächtig, unerbittlich, die höchste Instanz, ewig – und es ist keine Hoffnung, daß Dich Strafe trifft, daß Dich der Tod zu einer Wolke zerbläst, daß Dein Herz erwacht. Ich will Deine Gnade nicht! Schick mich in die Hölle" (IV, 330f).

Keine Frage: Das war im Jahre 1924 bereits ein Wetterleuchten von „Hiob"!

3. Ein Jude auf Wanderschaft

Zwei Jahre später, von Ende August bis Dezember 1926, bereist Joseph Roth für die „Frankfurter Zeitung" das neue Rußland, die *Sowjetunion*. Seine Berichte sind freilich nicht die eines Revolutions-Enthusiasten, eines gläubigen Jüngers von Bolschewismus und Leninismus, und in dieser *Distanz zum Sozialismus* unterscheidet sich Roth von vielen Schriftsteller-Kollegen seiner Zeit. Aus Rußland schreibt er als skeptischer Beobachter, der gerade an der *religiösen Frage* die *Doppelgesichtigkeit der Revolution* zu illustrieren versteht. Roth anerkennt zunächst die Tatsache, daß in Rußland gegenwärtig „Waffenstillstand" zwischen Staat und Kirche herrsche und daß es den religiösen Minderheiten jetzt besser gehe als unter dem „orthodoxen Zarismus" (II, 638). Doch zugleich macht er sich lustig über das „Un-Revolutionäre, Reaktionäre, Spießige" der „antireligiösen Propaganda", über die „unglaubliche Primitivität" des Materialismus, über die antiquierte „Antireligiosität" der Bolschewisten. In einer Satire läßt Roth sogar den „lieben Gott in Rußland" inkognito über die Straße gehen, einen Gott, der nun aller lästigen Aufgaben ledig sei, wie sie ihm die alte Staatsreligion auferlegt hätte. Für Blitz, Donner und Hagel mache man jetzt nicht mehr ihn verantwortlich. Den irdischen Begriffen von Recht und Unrecht brauche er sich jetzt nicht mehr anzupassen. Zum Schutz der Großen leihe er nicht mehr seinen Namen her, denn den größten Teil seiner Funktionen habe nun die kommunistische Partei übernommen und auf mehrere kleine Götter aufgeteilt. Allsichtigkeit und Allwissenheit habe nun die Staatspolizei geerbt. Ja, der liebe Gott in Rußland kann sich jetzt allein seinen unerforschlichen Ratschlüssen widmen und sich beschränken auf die Verwaltung der Unermeßlichkeit des Ewigen. Selbst einen Theaterabend kann er genießen, weil er ja die Blasphemie in dem aufgeführten Theaterstück nun nicht mehr zu strafen brauche. Pointe des Ganzen: „Der Berichterstatter ging und schrieb in sein Tagebuch: ‚Heute sprach ich mit dem lieben Gott. Er lebt in Rußland wie Gott in Frankreich' " (II, 683).

Deutlich wird: Auch die *Rußland-Reise* hatte Joseph Roth in Sachen Religion nicht verändert, sondern noch einmal sichtbar gemacht, wie ernst es Roth mit dem *authentisch Religiösen* stets nahm. Verändert hatte sich freilich ein Doppeltes: das Verhältnis des Juden Roth zu einer konkreten religiösen Tradition, dem Katholizismus, und seine Bereitschaft, anderen darüber zu berichten und diese seine neue Einstellung damit ein Stück „öffentlich" zu machen. Schon im Juni 1926 hatte Roth seine Option für die Reise nach Rußland in einem Brief an die „Frankfurter Zeitung" so gerechtfertigt:

„Ich darf Ihnen bei dieser Gelegenheit gestehen – ohne Sie mit einer Beichte belästigen zu wollen – daß mein Verhältnis zum Katholizismus und zur Kirche von einer verblüffend andern Art ist, als man von einer flüchtigen Kenntnis meiner Person, meiner Aufsätze und selbst meiner Bücher glauben könnte. Schon dieser Umstand allein garantiert mir eine gewisse Distanz zu den Dingen in Rußland" (B, 92).

Kaum in Rußland angekommen, beschreibt sich Roth auf eine seltsam widersprüchliche Weise, die von nun an zu seinem Charakteristikum werden wird. Aus Odessa im September 1926 an Bernard von Brentano, den damaligen Berliner Korrespondenten der „Frankfurter Zeitung":

„Niemals habe ich so stark gefühlt, daß ich ein Europäer bin, ein Mittelmeer-Mensch, wenn Sie wollen, ein Römer und ein Katholik, ein Humanist und ein Renaissance-Mensch ... Es ist ein Glück, daß ich nach Rußland gefahren bin. Ich hätte mich niemals kennen gelernt ... Das Problem aber ist hier keineswegs ein politisches, sondern ein kulturelles, ein geistiges, ein religiöses, ein metaphysisches" (B, 94f).

Ja, wie sehr sich Roths neue *katholizismusfreundliche Einstellung* zu festigen begonnen hatte, macht ein Brief an den gleichen Partner vom Juli 1927 deutlich, in dem Roth dem Freund zum Tod von dessen Vater kondoliert:

> „Wahrscheinlich war er von jenen Menschen, die es in Deutschland nicht mehr gibt und nicht mehr geben wird, ein Mensch mit der Atmosphäre des alten Römischen Reiches Deutscher Nation und ein Antiprotestant. Sie wissen wieviel mich mit dieser Atmosphäre verbindet, mögen auch die meisten, die in ihr leben, politisch anders denken als ich ... Vielleicht darf ich Ihnen jetzt sagen, daß Ihnen solche Augenblicke sogar notwendig und fruchtbar werden könnten. Sie verbinden uns mit dem Jenseits, sie sind als gingen wir in die Kirche, in die wir ja nicht gehen" (B, 107).

Mehr noch: Folgt man kundigen Recherchen, so muß man davon ausgehen, daß Joseph Roth in dieser Zeit nicht nur katholizismusfreundlich und antiprotestantisch eingestellt war, nicht nur die metaphysische Dimension sehr stark betonte, sondern zur gleichen Zeit auch die Atmosphäre des alten österreichischen Kaiser-Reiches in der Gestalt seiner „K.u.K-apostolischen Majestät" zu beschwören begann: „Und spätestens 1929, nach der Besprechung von ‚Zipper und sein Vater' durch Friedrich Muckermann S. J. im ‚Gral' muß er mit dem Pater die Korrespondenz aufgenommen haben, einen Briefwechsel, den es bisher noch nicht aufzufinden gelang. Bezeichnend ist auch, daß in diesen Jahren die Realität für den Reporter metaphysische Züge anzunehmen beginnt."[17]
Wir erreichen hier einen entscheidenden Punkt im Verständnis von Joseph Roth. Denn was ihn *unverwechselbar* macht, ist gerade die Selbstbeschreibung in Kategorien des Widersprüchlichen, das *Denken in Paradoxien*, die nicht nur unbewußt gelebte, sondern nun auch bewußt artikulierte Wahrnehmung von Mischungen und Vermischungen, die in einer zerrissenen

Zeit wie dem 20. Jahrhundert zur Signatur der Epoche gehören. Was früher widersprüchlich zu sein schien, in seiner Person ist es vereint; was getrennten Welten angehörte, hier gehört es zusammen: Katholizität *und* Judentum, europäisch-mittelmeerische Kultur *und* ostjüdisches Erbe. Joseph Roth: *ein literarischer Zeitzeuge der Simultaneität des Widersprüchlichen* in ein und derselben Person.

So kann er denn auch 1927 seine eigene jüdische Welt in einer einzigartigen Reportage unter dem Titel „Juden auf Wanderschaft" (II, 827–902) beschreiben. Wie kaum ein Schriftsteller vor ihm vermag Roth in eindrücklichen Skizzen zu illustrieren: Die Juden der modernen Zeit – das sind nach wie vor Menschen ohne Heimat, ohne Nation, ohne Ruhe, getrieben, vertrieben, verfolgt. Die Juden im 20. Jahrhundert – das sind Menschen, die zugleich in verschiedenen Welten leben müssen, in der Welt der Orthodoxie und zugleich in der Welt der Aufklärung; in der Welt der Tradition und zugleich der Welt der Moderne; in der Welt der Ghettos im Osten und in der Welt der Großstädte im Westen. Die Juden der Moderne – das ist ein Volk auf der Suche nach einer endgültigen Heimstätte, die man – folgte man der Vision der Zionisten – jetzt sogar wieder in Palästina, dem alten „Erez Israel", gefunden zu haben glaubte. Simultaneität des Widersprüchlichen, paradoxe Mischungen kennzeichnen gerade dieses Volk zu Beginn des 20. Jahrhunderts: all die Ostjuden im Westen, in den Gettos von Wien, Berlin und Paris; all die aufgeklärten Juden im Osten, in den Vierteln von Brody, Lemberg und Warschau.

4. „HIOB" ALS SPIEGEL EINES LEBENS IN DER KRISE

Joseph Roth war ein erfolgreicher Autor geworden, der – rastlos in seinen Reisen (ein Leben nur in Hotels) und seinem Schreiben (manchmal drei Romane gleichzeitig) – seinem literarischen Höhepunkt zustrebte. 1927 und 1928 erscheinen neue Bücher: „Die Flucht ohne Ende" und „Zipper und sein Vater". Roth war nun ein hochbezahlter Feuilletonist, Romancier und Reiseschriftsteller, der es sich später sogar leisten konnte, mit der „Frankfurter Zeitung" eine Zeitlang zu brechen und – zum

Entsetzen seiner Freunde – ein hochdotiertes Angebot der politisch völlig konträren, „stocknationalistischen" „Münchner Neuesten Nachrichten" anzunehmen (August 1929 bis Mai 1930).

Da wird er im Frühjahr 1928 während einer Frankreichreise (B, 122) mit der Tatsache konfrontiert, daß seine *Frau Friedl* zunehmend der *Schizophrenie* verfällt und zu verwahrlosen beginnt. Roth will diese Krankheit zunächst nicht wahrhaben, auch dann nicht, als Friedl plötzlich im März 1928 völlig heruntergekommen bei Freunden in Frankfurt auftaucht (B, 124). *Gut einein-half Jahre* schleppt Roth seine unter Wahnvorstellungen leidende Frau durch Hotels in Europa, ob in Polen (B, 130), Frankreich (Herbst 1928 bis Spätfrühling 1929) oder Berlin (Hotel am Zoo: ab Spätfrühling 1929). Roth ist von der Vorstellung besessen, er selber könne seine Frau heilen. Die wenigen Briefe aus dieser Zeit sind meist beschwichtigend abgefaßt: Seiner Frau ginge es bereits „besser" (B, 126[18]). Zunehmend belasten ihn *Schuldgefühle* und *Selbstvorwürfe:* Allzu oft hatte er seine Frau allein gelassen; allzu oft hatten seine Unstetigkeit und Rastlosigkeit die eheliche Gemeinschaft belastet; allzu oft hatte tatsächliche oder vermeintliche Untreue zu Eifersuchtsszenen geführt. Und Roth hatte denn auch keine allzu großen Hemmungen, noch während Friedls akuter Krankheit Beziehungen zu zwei anderen Frauen einzugehen, zu der Schauspielerin Sybil Rares (1929) und zu Andrea Manga Bell, die ab 1931 sogar für fünf Jahre seine Lebensgefährtin werden sollte. Die Schuldgefühle aber waren da. Am 7. März 1929 heißt es aus Paris:

„Was meine Frau betrifft, so ist ihre jetzige Krankheit nur eine akute Verschärfung einer chronischen Schwäche, einer vollkommenen Widerstandslosigkeit, an der ich selbst nicht unschuldig bin, die zum Teil ihre Ursachen in verschiedenen Ereignissen hat. Und an diesen Dingen, von denen ich seit Monaten und bald seit Jahren nicht sprechen kann, bin ich tiefer bedrückt, als von Krankheiten. Vielleicht kann ich sie erst nach 10 Jahren schreiben, wenn ich dann noch ein Schriftsteller bin. Vorläufig schleppe ich an ihnen und quäle mich" (B, 148).

Erst als Friedl Mitte 1929 einen Selbstmordversuch[19] begeht, erkennt Roth, daß er den Rat anderer suchen und einen Sanato-

riumsaufenthalt erwägen muß. In seiner Hilflosigkeit studiert er nicht nur medizinische und psychiatrische Literatur (B, 161), konsultiert Ärzte und Psychiater, er greift auch auf ihm vertraute, atavistische religiöse Formen zurück, die er aus seiner galizischen Kindheit kennt. Auf Roths Bitten wird ein *ostjüdischer Wunderrabbi* aus dem Ghetto in der Berliner Hirtenstraße geholt, der Friedl die Krankheit austreiben soll. Roths Biograph berichtet, daß dieser Rabbi wie besessen gebetet und Formeln heruntergeleiert haben soll und überhaupt so vor Inbrunst außer sich geraten sei, daß Friedl ihn offenbar zu beachten begonnen habe: „Roth selber fühlte sich fasziniert und hingezogen zu dem Jiddisch sprechenden Rabbi, gab ihm größere Geldsummen, fragte ihn aus und unterhielt sich mit ihm stunden- und tagelang über Gott, Glauben und menschliches Schicksal. Nach einigen lichten Momenten, die die ‚Austreibung‘ bei ihr bewirkte, verfiel Friedl indessen in eine Lethargie, die nur von Stöhnen und giftigen, haßerfüllten Ausfällen unterbrochen wurde."[20]
Es nützte alles nichts. Schon aus beruflichen Gründen ist Roth gezwungen, Mitte 1929 Friedl jetzt doch, wenigstens vorübergehend, in die Berliner Nervenheilanstalt Westend einliefern zu lassen und später bei Freunden unterzubringen. In den Briefen dieser Zeit häuft sich die Unglücks-Metaphorik, mit der Roth sein „Schicksal" beschreibt: „miserabel", „Unglück" (B, 140f), „Qual" (B, 154), „Not" (B, 155), „traurigste Umstände" (B, 154), „schrecklichste Zeit meines Lebens" (B, 158). Im September 1929 schreibt er an Stefan Zweig:

> „Meine Frau ist sehr schwer krank in die Nervenheilanstalt Westend überführt worden, und ich lebe seit Wochen ohne Möglichkeit, eine Zeile zu schreiben und ringe mir mühsam das zum Leben notwendige Zeilenschreiben ab. Ich erspare Ihnen eine nähere Schilderung meines Zustandes. Das Wort Qual hat plötzlich einen grauenhaften Inhalt bekommen, und das Gefühl, vom Unglück umgeben zu sein, wie von großen, schwarzen Mauern, verläßt mich nicht für einen Augenblick" (B, 154).

Und im Dezember 1929 an den Schriftsteller René Schickele:

> „Ich schreibe Ihnen in größter Not. Gestern bin ich nach München gefahren, geflohen. Seit August ist meine Frau schwerkrank, Psy-

chose, Hysterie, absoluter Selbstmordwille, sie lebt kaum – und ich gehetzt und umringt von finsteren und roten Dämonen, ohne Kopf, ohne die Fähigkeit, einen Finger zu rühren, ohnmächtig und gelähmt, hilflos, ohne Aussicht auf Besserung" (B, 155 f).

Dies ist nun die Zeit, in der Joseph Roth an seinem *Roman* „Hiob" zu schreiben beginnt, vermutlich im Herbst 1929. Im Frühjahr 1930 jedenfalls (B, 158; 164) dürfte der Text im wesentlichen abgeschlossen gewesen sein. Gewiß, die Wahl eines so bekannten Stoffes, die Entscheidung für ein so existentielles Thema hatte nicht zuletzt auch *finanzielle Gründe*. Roth erhoffte gerade bei diesem Buch eine relativ hohe Auflage von 15 000 Exemplaren und eine amerikanische Übersetzung. Er brauchte gerade in dieser Zeit mehr Geld denn je (B, 158f). Und so vereinbarte er zunächst mit den „Münchner Neuesten Nachrichten" für den Vorabdruck dieses Romans ein Honorar in der horrenden Höhe von 20 000 Mark. Doch die Vereinbarung zerschlug sich, und die „Frankfurter Zeitung" bekam wieder den Vorzug (Vorabdruck vom 14. September bis 31. Oktober 1930). Das Buch wurde erfolgreich (25 000 Auflage noch vor 1933), und auch die amerikanische Übersetzung erwies sich als ein Glücksfall (B, 183).
Entscheidend aber war die *geistig-moralische Krise*, die Roth nun in diesem Roman zu bewältigen versuchte. Entscheidend war die religiöse Frage, die Roth ein Leben lang beschäftigt hatte und die nun einen neuen Ausdruck finden mußte. In die Geschichte des Mendel Singer ist denn auch alles eingewoben, was die Welt des Joseph Roth bis dahin kennzeichnete:
– Glänzend vorbereitet durch den brillanten Essay „Juden auf Wanderschaft" war Roth nun in der Lage, das *ostjüdische Milieu* eines „einfachen Mannes" plastisch zu beschreiben: dessen Weltsicht, dessen Gebräuche, dessen Glauben und Riten, dessen Auffassung vom Leben des Menschen unter Gottes Gebot.
– Vielerfahren in der jüdischen *Welt des Umbruchs* und der Auflösung, konnte Roth gerade dies nun in einem Roman exemplarisch thematisieren. Denn die Welt der jüdischen Tradition – ohnehin stets gefährdet durch die Pogromstimmung ihrer „christlichen" Umwelt – trifft ja gerade im „Hiob" auf die Welt der Moderne. Die Welt der Orthodoxie wird zusätzlich

bedroht – gewissermaßen nun „von innen" – durch die Welt der Assimilation und Emanzipation. Die Mitglieder der *Familie Singer* werden denn auch zu *Symbolgestalten* dieser jüdischen Welt zwischen Treue zur Tradition und Trieb zur Anpassung an die Moderne. Während Mendel und Deborah die Welt unveränderter Beharrung verkörpern, werden die Kinder (Jonas, Schemarjah und Mirjam) bereits zu Symbolgestalten einer Assimilation, die letztlich freilich zum Untergang führt. Und nur das zunächst schwachsinnige Kind Menuchim bekommt zu guter letzt eine positive Rolle als Typus gelungener Anpassung.[21]

– Verarbeitet ist die ganz *private Situation* des Joseph Roth. Belegbar ist, daß Roth der im Roman dem Wahnsinn verfallenen Mendel-Tochter Mirjam Züge seiner eigenen Frau mitgegeben hat.[22] Belegbar ist, daß Roth im Herbst 1929 die ersten Seiten von „Hiob" im Hause eines Freundes schrieb, während Friedl „schwer gestört im Nebenzimmer" gesessen haben soll.[23] Belegbar ist, daß Roth sich mit Schuldgefühlen plagte, die er nicht zuletzt mit Alkohol zu unterdrücken suchte. Belegbar ist die Parallele mit dem Wunderrabbi. Belegbar ist, daß Roth selber Monat für Monat, Jahr um Jahr auf ein „Wunder" gewartet hat, das seine Situation mit einem Schlage hätte ändern können. Im Oktober 1930, der „Hiob" war gerade erschienen, an seine Schwiegermutter: „Ich habe mit dem Leben abgeschlossen, für immer. Ich kann nicht mehr warten, auf Wunder. Ich bin ein alter Mann geworden und habe mich daran gewöhnt, keine Freuden mehr zu erleben. Für mich! Wenn Friedl gesund wird, werde ich viel älter sein, als sie. Sie wird gesund werden, ich weiß es, in einem Augenblick, in dem ich ganz alt sein werde" (B, 185). Oder im Februar 1931 an die Schwiegereltern: „Es ist sehr erfreulich, daß Friedl zunimmt. Vielleicht hilft Gott, und sie kommt auch sonst zu sich ... Es ist kaum zu übersehen, dieser Schmerz hat mich alt gemacht, und meine Haare werden grau" (B, 193). Und noch im September 1934: „Ich habe selbst auf ein Wunder gewartet und mich ruiniert. Die Erinnerung an Friedl liebe ich, wie ich sie selbst immer geliebt habe. Aber es hilft nichts."[24] Und belegbar ist schließlich, daß Roth diesen für ihn tiefgreifenden Schicksalsschlag selber religiös zu bewältigen suchte. Er war von der Vorstellung nicht abzubringen, daß Gott ihn geschlagen und gestraft habe, daß ein Fluch auf ihm liege: „Es ist ein Fluch, der mich getroffen hat, mehr noch als (Friedl), ich bin gläubig genug, um an einen Fluch zu glauben."[25]

Seit dieser Krise fühlte Roth einen *Schatten auf seinem Leben* liegen. Er wurde diesen Schatten nicht los, auch dann nicht, als Friedl ab November 1930 nur noch in geschlossenen Anstalten lebte: bis Dezember 1933 in Rekawinkel bei Wien, bis Juni 1935 (aus Geldmangel) in einer öffentlichen Anstalt („Am Steinhof" in Wien), zu böser letzt – die Eltern hatten sich zur Auswanderung nach Palästina entschließen müssen – in der Landespflegeanstalt Mauer-Öhling bei Amstetten, wo Friedl im Jahre 1940 abgeholt wird, um später dem Euthanasie-Programm der Nazis zum Opfer zu fallen ...

Nein, bewußt oder unbewußt war Roth das Schicksal seiner Frau stets präsent und wurde durch gelegentliche Besuche in den Anstalten immer wieder neu schmerzlich lebendig. An der mit ihrem Fall aufgebrochenen moralischen Krise änderten auch die Beziehungen zu anderen Frauen nichts. Im Gegenteil: Roth gerät – nicht zuletzt durch das ab 1933 aufgezwungene Exil – finanziell immer mehr in Not und kompensiert seine Probleme durch immer verheerenderen *Alkoholkonsum*. An Stefan Zweig im Dezember 1933:

„Ich bin aber trotzdem selbst über mich erschrocken. Zum ersten Mal. Ich habe im Feld und später sehr viel getrunken, wie Sie wissen. Aber niemals hatte ich nachher das Gefühl völliger Abwesenheit. Vielleicht ist es ein Zeichen, daß ich aufhöre. Aber, glauben Sie mir: so sehr ich glaube, daß die Not meine Muse ist, so deutlich sehe ich auch, daß sie mich zum Selbstmord treibt. Ich kann nicht mehr mit 5 Francs in der Tasche leben. Es ist unmöglich, daß ich diese Zeit überlebe. Bedenken Sie, daß ich 20 Jahre gehungert habe, vier Jahre Krieg geführt, weitere sechs ‚bittere Not' gelitten. Erst seit drei Jahren habe ich halbwegs gelebt. Jetzt dieses sogenannte Weltgeschehen. Und vorher die Geschichte mit meiner Frau. Ich weiß schon, daß all Dies zu mir gehört, ja, daß es mich ausmacht. Aber ich bin dabei *noch auch ein privater Mensch*, der ißt, schläft, beischläft usw. Ich kann mich selber ‚nicht historisch' betrachten. Ich kann aber auch nicht fortwährend diesen Einbruch privaten

Unheils in mein literarisches, also, wenn Sie wollen, ‚eigentliches'
Leben literarisch ‚umsetzen'. Es ist der Tod. Und, glauben Sie mir,
noch nie hat einem Alkoholiker der ‚Genuß' des Alkohols so wenig
gefallen wie mir. Gefallen einem Epileptiker seine Anfälle? Gefallen
einem Wahnsinnigen seine Tobsuchts-Anfälle?" (B, 298 f)

5. Die Provokation: Ein „Wunder" in einem modernen Roman

„Qual", „Unglück", „umringt von finsteren und roten Dämonen", „vielleicht hilft Gott", „es ist ein Fluch", „warten auf
Wunder": Man muß sich diesen Hintergrund so konkret wie
möglich vergegenwärtigen, um zu ermessen, was Joseph Roth
mit seinem „Hiob"-Roman wirklich verarbeiten wollte. Es ist
entscheidend zu sehen: Es ging ihm offenkundig keineswegs
nur um die Rebellion eines unschuldigen Menschen gegen Gott;
sie hatte er ja schon in seinem Roman „Die Rebellion" beschrieben. Nein, das Neue und Provozierende dieses Romans war
nicht die „Gottesverbrennung" durch den frommen Juden, zu
der es dann doch nicht kam, weil eben in den Muskeln des
armen Mendel Singer noch zu viel „Furcht vor Gott" wohnte.
Das *Provozierende* und *Neue* des Romans lag in dessen *Ende*,
darin, daß Roth einen Roman des Jahres 1930 enden läßt wie
die biblischen Erzähler vor über 2000 Jahren ihre Geschichten
um Hiob und Joseph. Denn auch Roth läßt das Unerwartete
nicht nur negativ (die vielen Unglücksfälle!), sondern auch
positiv konkret werden, und zwar bewußt in Aufnahme einer
doppelten biblischen Wundertradition, durchsetzt mit chassidischen Elementen der Volksfrömmigkeit:
(1) Durch die von der biblischen Hiob-Geschichte abwei-
chende *Figur des Wunderrabbis* hat Roth sich bewußt in die
Tradition der *chassidischen Volksfrömmigkeit* gestellt. Gerade
für sie ist ja die ganz persönliche Gottesbeziehung „einfacher
Menschen" wichtig, der Glaube daran, daß der Schöpfer-Gott
seinen Geschöpfen nicht fern, sondern ganz nahe ist und durch
charismatische Einzelgestalten (Wunderrabbis) konkret erlebt
werden kann. („Für die Chassidim ist der Wunderrabbi der
Mittler zwischen Mensch und Gott": II, 841.) Roth greift diese

Tradition positiv auf, geht doch die Prophezeiung des „Wunderrabbis" im Roman tatsächlich in Erfüllung: Der als Kind in Rußland zurückgelassene schwachsinnige Menuchim taucht in Amerika wieder auf. Er war gesund geworden, hatte geheiratet, selber Kinder gezeugt und als Komponist und Orchesterdirigent sein Glück gemacht. Er war nun auf einer Konzertreise durch die Vereinigten Staaten nach New York gekommen und hatte sich seinem Vater zu erkennen gegeben.

(2) Mit *Figur und Geschichte des Menuchim* greift Roth die Tradition der *biblischen Josephsgeschichte* auf. Denn wie der junge Joseph in der Bibel von seinen Geschwistern fast ermordet worden wäre und in einem „fremden" Land zurückgelassen wurde, so auch der kleine Menuchim. Und so wie der biblische Joseph später in einem anderen Lande erfolgreich aufsteigt, reich wird und dann sogar seine Familie retten kann, so ist auch die Geschichte des Menuchim bei Roth strukturell erzählt. Besonders die von Roth anrührend geschilderte Wiedererkennungsszene steht in biblischer Tradition: „Indem Menuchim sich seinem Vater zu erkennen gibt, wird er zum Retter aus höchster Not. Anagnosis, das Wiedererkennen, ist hier eine positive Peripetie. Menuchims Erscheinen im Familienzimmer während des Osterfestes ist eine klare Anspielung auf das Kommen des Messias. Er tritt nämlich genau in dem Augenblick ein, da man nach jüdischem Brauch den Propheten Elijahu, den Vorläufer und Verkünder des Messias, erwartet."[26]

In der Tat: Gerade in dieser Szene hat Roth seine Meisterschaft der *Traditionsmischung*, seinen Blick für *biblische Archetypen* unter Beweis gestellt: Die Wundergeschichte um Menuchim wird religiös vertieft durch die Exodus- sowie die Propheten- und Messiastradition. Roth läßt seinen Alexej Kossak alias Menuchim tatsächlich den Raum während einer Pessach-Haggadah betreten, während der Juden – des Exodus gedenkend – eine symbolträchtige Einladung an den Propheten Elija, den Vorläufer des Messias, auszusprechen pflegen (V, 123). Die Logik dieser Traditionsmischung leuchtet ein: All den hier ausgewählten biblischen Archetypen (Exodus, Messias) ist gemeinsam die *Erfahrung eines rettenden Handelns Gottes* angesichts menschlicher Not, das Eintreten eines „Wunders" der Erlösung aus der Bedrängnis des Alltags. Und die liturgische Beschwörung dieses „Wunders" ist denn auch so stark, daß sie sogar den bitter gewordenen Mendel zu rühren vermag: „Und selbst Mendel stimmte sie milde gegen den Himmel, der vor 4000 Jahren freigebig heitere Wunder gespendet hatte, und es war, als würde durch die Liebe Gottes zum ganzen Volk Mendel mit seinem eigenen kleinen Schicksal beinah ausgesöhnt" (V, 122).

(3) Vollends ausgesöhnt ist Mendel allerdings erst am Ende, als Roth in Aufnahme der *biblischen Hiob-Tradition* Mendels Glück (d. h. seine Versöhntheit mit Gott) wiederhergestellt sein läßt. Dabei ist Roth bei seinem Rückgriff auf den biblischen Hiob-Stoff alles andere als ein naiver Biblizist, ein schlichter narrativer Bibelillustrator. Gewiß, die *Parallelen* zwischen seinem und dem biblischen Hiob sind unübersehbar und gewollt. Beide sind gottesfürchtig und leben untadelig vor Gott; beide leben im Glück, das sich äußerlich in der Zahl der Kinder (hohe Fruchtbarkeit als Gottesgnade) und innerlich in der Zufriedenheit des Herzens („Gleichmut") manifestiert. Beide werden ins Unglück gestürzt, hadern mit Gott und werden von vier Freunden bedrängt, nicht Gott, sondern sich selbst für das Unglück die Schuld zu geben; beide erleben eine Wiederherstellung ihres Glücks.

Und doch hat sich Roth als Autor des 20. Jahrhunderts die *Freiheit zu Modifikationen* genommen, die über Äußerlichkeiten hinausgehen: Der biblische Hiob ist ein reicher Nicht-Jude; der Rothsche Hiob ein armer Ostjude; im biblischen Buch offenbart Gott am Ende sich direkt und persönlich im „Wettersturm" (Ijob 38, 1), bei Roth – gut aufklärerisch – nur indirekt durch seine Wirkung bei den Gläubigen, die das, was geschehen ist, als Gottes Offenbarung „deuten". In der Bibel passiert ein alle Plausibilität sprengendes „Wunder", da Hiob seinen Besitz an Vieh *doppelt* zurückerhält, die verlorene Zahl von 10 Kindern (7 Söhne und 3 Töchter) noch einmal zeugen, noch 140 Jahre leben und vier Generationen von Kindeskindern erleben kann. Roth dagegen mutet seinen Lesern kein solches „Wunder" mehr zu. Was Mendel passiert, ist psychologisch (Wahrsagung des Wunderrabbis) besser vorbereitet und sprengt menschliche Plausibilität keineswegs: Es ist ein Grenzfall, aber ein Grenzfall des Möglichen.

Der *entscheidende Unterschied* zwischen beiden Texten freilich liegt darin: Der *biblische Hiob* war ja gleichsam als einzigartiger *Extremfall*, als eine Ausnahmegestalt entworfen worden, um wie in einem Experiment ein theologisches Problem mit allen Konsequenzen radikal durchzuspielen. Hiob stellt den Ausnahmefall eines Menschen dar, der vor Gott völlig unschuldig ist! „Ist wohl ein Mensch vor Gott gerecht, ein Mann vor seinem Schöpfer rein?" (4,17): Gegen diesen in der Frage verborgenen anthropo-theologischen Grundsatz von der unabweisbaren Schuld des Menschen vor Gott (vorgetragen von einem der Freunde) wehrt sich Hiob leidenschaftlich: „Schuld*los* bin ich" (9, 21; vgl. 13, 23; 16, 17)! „Seht, ich bringe den Rechtsfall vor, ich weiß, *ich bin im Recht*" (13, 18)! Der Protest des biblischen Hiob gegen Gott, ja, sein Insistieren auf einem Rechtsstreit gegen den Allerhöchsten verlöre ja auch alle Berechtigung, wenn Hiob nur *eine* Sünde nachgewiesen werden könnte. Und genau darauf zielt bekanntlich die Argumentation der Freunde, die von vornherein bestreiten, daß ein Mensch vor Gott unschuldig sein könnte.
Diese Radikalität brauchte Roth nicht. Sein Hiob konnte durchaus auch einen Schuldanteil (das Verhalten gegenüber Menuchim) haben, weil das Problem für ihn trotzdem in der Welt blieb: das Problem der *Unverhältnismäßigkeit der Strafe,* die man Gott als Ungerechtigkeit vorwerfen muß. Roth nimmt also die biblische Extremposition zurück und macht damit seinen Fall psychologisch plausibler. Ihm kommt es nicht auf die soziale Fallhöhe an (der Reiche wird arm), sondern auf die innere: Der Fromme verzweifelt an seinem Gott. Deshalb brauchte Roth für seinen Roman das geschlossene Kleine-Leute-Milieu des frommen Ostjudentums, um der Klage als Anklage *Gottes* im 20. Jahrhundert noch Plausibilität zu verschaffen. Die biblische Hiob-Figur direkt auf das 20. Jahrhundert zu übertragen wäre schwierig gewesen. Wie viele gottesfürchtige und völlig unschuldige Reiche gibt es noch im 20. Jahrhundert, und wer von diesen würde sein Unglück wie der biblische Held religiös bewältigen? Nein, das geschlossene religiös geprägte Milieu war für Roth nötig, um den Problemfall auf seine Weise illustrieren zu können. Noch wenige Jahre

zuvor hatte er in „Juden auf Wanderschaft" die Gläubigkeit dieser Welt so beschrieben:

„In schmutzigen Straßen, in verfallenen Häusern leben die Juden. Der christliche Nachbar bedroht sie. Der Herr schlägt sie ... In dunklen Chedern werden sie erzogen. Die schmerzliche Aussichtslosigkeit des jüdischen Gebets lernen sie im frühesten Kindesalter kennen; den leidenschaftlichen Kampf mit einem Gott, der mehr straft, als er liebt, und der einen Genuß wie eine Sünde ankreidet" ... (II, 829).

In der Tat: Es ging Roth um die *Darstellung des leidenschaftlichen Kampfes mit einem Gott,* der mehr straft als liebt. Es ging ihm um Menschen, die sich im „Gebet empören" gegen Gott und zum Himmel schreien, die klagen über Gottes Strenge und bei „Gott Prozeß gegen Gott" führen, die dann aber eingestehen, „daß sie gesündigt haben, daß alle Strafen gerecht waren und daß sie besser sein wollen". Und solche Menschen fand Roth unter den frommen Juden Osteuropas: „Es gibt kein Volk, das dieses Verhältnis zu Gott hätte. Es ist ein altes Volk, und es kennt ihn schon lange! Es hat seine große Güte erlebt und seine kalte Gerechtigkeit, es hat oft gesündigt und bitter gebüßt, und es weiß, daß es gestraft werden kann, aber niemals verlassen" (II, 840f).

Und so wird denn auch Mendel Singer von Gott nicht verlassen. Am Ende ist sein Glück wiederhergestellt, die Versöhnung nicht nur mit den Freunden, sondern auch mit Gott vollzogen: „Schwere Sünden hab' ich begangen, der Herr hat die Augen zugedrückt ... Er hat sich die Ohren zugehalten. Er ist so groß, daß unsere Schlechtigkeit ganz klein wird" (V, 131). Und um das Glück vollzumachen, fährt Mendel Singer mit seinem Sohn aus der Stadt hinaus in ein Hotel am Meer. Der Sohn verspricht, sich um die geisteskranke Schwester zu kümmern, und denkbar ist auf einmal auch, daß Mirjam, die wahnsinnige Tochter, und Jonas, der verschollene Sohn, wieder ins normale Leben zurückkehren. Und so läßt Roth seinen Roman mit diesen Sätzen enden:

„Während sie sich langsam schlossen, nahmen seine Augen die ganze blaue Heiterkeit des Himmels in den Schlaf hinüber und die

Gesichter der neuen Kinder. Neben ihnen tauchten aus dem braunen Hintergrund des Porträts Jonas und Miriam auf. Mendel schlief ein. Und er ruhte aus von der Schwere des Glücks und der Größe der Wunder" (V, 136).

6. Misslungen? Nein: psychologisch konsequent

Darf man einen Roman des Jahres 1930 mit einem „Wunder" enden lassen, ohne als Schriftsteller seine Glaubwürdigkeit einzubüßen? War hier nicht ein ansonsten respektabler Autor in „kompositorische Verlegenheit" geraten, wie Ludwig Marcuse meinte? Hatte er hier nicht eine „Flucht ins Märchen" (Reich-Ranicki)[27] angetreten und einen Romanschluß komponiert, der ganz und gar der „Plausibilität" (B. Hüppauf)[28] entbehrt und der „etwas leichtfertig wie die Krawatte eines Kavaliers geschlungen ist" (H. Böll)?[29] Ja, muß man nicht in aller Deutlichkeit sagen: „Die Legitimation der Legende geht am Roman vorbei, die Legitimität des Romans macht die Legende unglaubwürdig" (P. W. Jansen)[30]? Was also? Hatte Joseph Roth hier nicht völlig die Gattungen vermischt? Hatte er einen modernen Roman zu schreiben versucht, der ihm unter der Hand zu einer Legende auswuchs? Oder hatte er eine fromme Legende schreiben wollen, die ihm dann zu einem modernen Roman mißriet? Und doch: Eine solche Kritik wird dem Roman nicht gerecht. Gerecht wird ihm wohl eher eine Interpretation, die zwei Ebenen strikt unterscheidet: die Ebene des Romans selbst (immanente Erzählperspektive) und die Ebene der Rezeption (externe Leserperspektive).
Die *Kritik* an diesem Roman scheint zunächst *viel für sich* zu haben: Ist es nicht in der Tat ärgerlich, daß Joseph Roth seinem Helden zunächst einen leidenschaftlichen Gottesprotest in den Mund legt, der am Ende dann aber völlig vergessen zu sein scheint? Ist es nicht in der Tat ganz und gar unglaubwürdig, Mendel Singer in seiner höchsten Not als Rebellen zu zeigen, um ihn dann, sobald ihm auch nur *ein* Wunsch in Erfüllung geht, als mit Gott rasch Versöhnten zu schildern? Denn leidenschaftlicher als Mendel kann man eigentlich die Absage an Gott nicht mehr formulieren: „Ich habe keine Angst vor der Hölle,

meine Haut ist schon verbrannt, meine Glieder sind schon gelähmt, und die bösen Geister sind meine Freunde. Alle Qualen der Hölle habe ich schon gelitten. Gütiger als Gott ist der Teufel. Da er nicht so mächtig ist, kann er nicht so grausam sein. Ich habe keine Angst, meine Freunde!" (V, 105). Wie aber geht das zusammen mit der Entschuldigung bei Gott, die der gleiche Autor seinem „Hiob" ebenfalls in den Mund legt, sobald diesem ein erstes Glück widerfahren ist? Wie geht dies zusammen mit der Rede von der „Schwere des Glücks" und der „Größe der Wunder"? Können denn mit der Erfüllung des einen Wunsches alle anderen Schicksalsschläge vergessen sein? Kann Mendel (und damit sein Autor) auf einmal verdrängt haben, was Gott sonst noch an Negativem zu verantworten hatte? Kann damit das Schicksal der beiden Söhne, können damit der Tod der Ehefrau und der Wahnsinn der Tochter vergessen sein? Kann der Mensch mit seinem Gott wirklich versöhnt leben – unbekümmert um die Toten, die ja nicht wiedergekehrt sind wie der Sohn Menuchim? Hat hier nicht in der Tat die Linie der Rebellion ihren Abbruch erfahren – zum Schaden eines Romans, der sich am Ende wirklich wie ein verkitschtes Märchen liest?

Diese Kritik übersieht, wie *psychologisch konsequent* Joseph Roth seine Geschichte um Mendel Singer zu Ende erzählt hat. Er wollte von vornherein nichts anderes schreiben als die Geschichte eines „einfachen Mannes", eines „alltäglichen Juden". Psychologisch konsequent bleibt er denn auch den ganzen Roman hindurch bei dieser Perspektive. Und deshalb gilt: So wie der Protest des Mendel Singer gegen Gott etwas Kindlich-Rührendes hatte, etwas vom Trotz eines enttäuschten Kindes, so auch die Wiederversöhnung mit Gott. Mendel bleibt in Protest und Versöhnung ein einfacher Mann. Und zur *Psychologie des einfachen Mannes* gehört der *Dualismus:* Rebellion hier, Frieden dort, Fluch hier, Vergebung dort. Mendel kehrt zu Gott zurück wie ein geschlagenes Kind zu seinem Vater. Wie ein Kind läßt er sich seine Tränen trocknen, wie ein Kind, das gespürt hat, daß der Vater doch nicht so ist, wie ursprünglich befürchtet. Deshalb kann sich sein Zorn rasch in Schuldgefühle verwandeln, sein Protest in Entschuldigung, seine Rebellion in kindliche Demut.

Es wäre psychologisch völlig falsch gewesen, aus Mendel Singer eine Figur im Geiste der modernen Religionskritik zu machen, im Geiste von Marx, Heine, Nietzsche und Freud. Von Mendel Singer zu erwarten, seinen religionskritischen Protest durchzuhalten, hieße ihn intellektuell und psychologisch überfordern. Immanent völlig kohärent zeigt Roth, daß Mendel zu keinem Zeitpunkt seines Lebens wirklich zu einem Gott-Losen geworden ist. „Aus, aus, aus" ist es mit Mendel Singer, so heißt es, nicht aber mit Gott. Mendel *hadert* mit Gott, aber leugnet nicht dessen Existenz. Nach seiner Rebellion tritt er in eine Art Gebets- und Gebots*streik*, weil er „böse" war auf *Gott* (V, 107), ja, Mendel übertritt die Gebote Gottes manchmal bewußt (er ißt Schweinefleisch!), um „Gott zu ärgern" (V, 106). Auch in den Augen seiner Nachbarn und Freunde ist Mendel nicht zu einem Gottlosen geworden, sondern im Gegenteil zu einem von Gott „Auserkorenen", zu einem erbarmungswürdigen Zeugen der grausamen „Gewalt Jehovahs" (V, 107). Es kann also vom Text her kein Zweifel daran sein, daß für Mendel Gott weiterhin existiert, aber eben als ein grausamer, verschlagener, böser Gott, jetzt zu verwechseln mit dessen Gegenteil: dem Teufel! Psychologisch konsequent also hat Roth seinen Roman von Anfang bis Ende konzipiert, und jede Kritik in dieser Hinsicht geht am Text vorbei.

7. Ein Roman der Krise – für Gläubige und Ungläubige

Und doch ist ein Wahrheitsmoment dieser Kritik ernst zu nehmen. Dies kann man aber nur auf der *zweiten Ebene, der Ebene der Rezeption,* der Ebene des kritischen Lesers des 20. Jahrhunderts. Denn der Roman ist ebenso mißverstanden, wenn man den hier präsentierten Schluß als eine Art Lebensrezept des Schriftstellers und Zeitgenossen Joseph Roth ausgibt. Dieser Schluß bleibt streng Fiktion, ist Spiel mit einer *Möglichkeit* und mit dem realen Leben nicht zu verwechseln. Er bleibt *ein* Modellfall aus der Perspektive eines einfachen Mannes, nicht zu identifizieren mit der Gesamtrealität des gelebten Lebens. Das hieße die Komplexität der Lebenswelt, das hieße die Abgründigkeit Rothscher Melancholie und Trauer, das hieße auch sein weiteres literarisches Werk unterschätzen, in dem es trotz vieler „transzendenter Schlüsse" (F. Hackert[31]) nie mehr ein *solches* Happy-Ending gibt. Dieser Roman ist also nicht mit der geistigen Grundhaltung Joseph Roths zu identifizieren. Er konnte nichts anderes sein als ein Stück Sehnsucht, die Beschreibung eines Fetzen Glücks, das Durchprobieren eines „Wunders", das Joseph Roth in seiner ganz persönlichen Lebenskrise so ganz persönlich ersehnte – und nie erfuhr. Hier dürfte Wolfgang Müller-Funk richtig interpretiert haben: „Menuchim kehrt zurück in sein Leben, als gefeierter Musiker. Indem aber das Wunder nicht bloß erzählt, sondern zugleich thematisiert wird, tut sich in dieser modernen Legende ein doppelter Boden auf. Die Geborgenheit, die der Schluß im Märchen vermittelt, ist stets auch trügerisch, weil es nicht auf die Realität außerhalb seiner verpflichtet ist: das gute Ende gilt nur im Märchen. So weiß der Leser nach Ablauf der Geschehnisse nicht so recht, inwieweit der Geschichte zu trauen ist."[32] Von daher erklären sich auch die *Selbstdistanzierungen* des Autors von seinem Roman. So sehr dieser immanent „stimmig" ist, so wenig stimmt sein Schluß eben mit der Lebenswirklichkeit des Zeitgenossen und Literaten Joseph Roth überein. Und so begreift man, daß Roth sich zunehmend gegen eine Verwechslung des Romanschlusses mit seinem eigenen Weltbild wehren mußte. An Stefan Zweig schon im September 1930, während noch der Vorabdruck in der „Frankfurter Zeitung" lief: „Ich danke Ihnen dafür, daß Sie Hiob doch noch einmal gelesen haben. Ich finde es überflüssig ihn geschrieben zu haben. Ich habe gar kein Verhältnis mehr zu diesem. Ich bin seiner müde, wie ich überhaupt müde bin. Ich glaube, daß mich das Buch nicht mehr verpflichten kann, als ich selbst. Glauben Sie mir, daß ich mir seit Jahren eine Pflicht und manchmal eine unentbehrliche Last bin" (B, 178). Einem Freund gegenüber soll Roth erklärt haben: „Es ist mir zu virtuos in seinem Geigenton: Paganini; das Leid ist zu schmackhaft und zu weich."[33] Und wie um seine „gläubigen" Leser abzuschrekken, soll Roth Bekannten gegenüber erwähnt haben, er habe den zweiten Teil des „Hiob" nicht schreiben können, ohne fast ununterbrochen zu trinken. Darüber hinaus wollte er offensichtlich eine Identifikation mit dem angeblichen „frommen

Dulder" der Bibel (der ja doch Gott findet) verhindern. Denn anders ist der aus dritter Hand (!) überlieferte Satz nicht zu erklären, zu dem Roth sich verstiegen haben soll: „Mein Hiob findet ihn (Gott) nicht."[34] Das ist nun durch den Roman selber widerlegbar, erklärt sich aber (sollte dieser Satz authentisch sein) aus den Distanzbemühungen des Autors gegenüber einer naiv-gläubigen Lesergemeinde. Er ist mehr Selbstbeschreibung einer konkreten Stimmung des Autors als Schlüssel zur Interpretation des Textes.[35]

Und so muß man den Roman lesen als den *Roman einer Zeit- und Lebenskrise,* der – was seine Leser betrifft – eine vollmundige Gläubigkeit ebenso in die Krise führt wie eine vollmundige Ungläubigkeit:

(1) Der Roman führt jede unangefochtene Frömmigkeit in die Krise, die sich ihres Gottes allzu sicher weiß. Wer diesen Roman zur Selbstbestätigung einer unbekümmerten Gläubigkeit heranzieht, unterschlägt die Dimensionen der Verzweiflung und Melancholie, denen sein Autor ausgesetzt war und blieb. Er unterschlägt aber auch die *tiefe Zwiespältigkeit* dieser wundersamen Lösung im Roman selbst. Diese tiefe Zwiespältigkeit ist freilich schon charakteristisch für das Hiob-Buch der Bibel. So wie im biblischen Buch trotz (besser: wegen) des „Happy-Ends" die Fragen bleiben, die Rechnungen nicht aufgehen, so auch hier. Ob Bibel oder moderner Roman: Nur naive Verdrängung der Probleme kann in einem solchen Schluß eine theologisch überzeugende Lösung finden. Die Frage nach Gott als Frage nach dem Warum des Negativen (warum *mir* und warum mir *so?*) bleibt unbeantwortet, auch dann, wenn es zur partiellen Wiederherstellung des Glückes kommen sollte. Die erfahrene Unrechtsgeschichte bleibt der Stachel gegen jede affirmative Theodizee. Auch Roths „Hiob" läßt mehr Fragen offen, als er beantwortet, und weist trotz aller immanenten Stimmigkeit über sich hinaus. Er gibt an den Leser des 20. Jahrhunderts ungelöste Fragen weiter: die Frage nach Gottes Gerechtigkeit in einer zerbrechenden Welt. Roths „Hiob"-Roman ist also kein idyllisches Märchen, sondern eine *Konkretisierung der Theodizeefrage unter den Bedingungen des 20. Jahrhunderts.*

(2) Der Roman führt aber auch jeden *Skeptizismus und Zynismus in die Krise,* der sich seiner Ungläubigkeit allzu sicher

weiß. Er kommt aus den Ursehnsüchten des Menschen, die oft tief in der Kindheit verwurzelt sind und sich in Krisenzeiten katalysatorisch verstärken: der Sehnsucht nach einem Exodus aus den Nöten des Alltags, nach einer messianischen Befreiung aus den Krisen des Lebens, nach einer heilsamen Glückserfahrung angesichts zerbrochener Lebenskonzepte, kurz nach all dem, was mit dem Wort „Wunder" nur allzu oberflächlich beschrieben ist. Hier greift der Roman urbiblische Traditionen auf, archetypische Erfahrungen, wie sie für die Bibel eben unausrottbar zum Gottesglauben dazugehören.

Diese *Tradition der Heils- und Glückserfahrung* wird bei Roth nicht verabsolutiert. Aber umgekehrt war Roth auch nicht bereit, sie als Teil der Wirklichkeit zu leugnen und so den Unglückserfahrungen quasi-ontologischen Status einzuräumen. Roth war nicht Zyniker genug, um aufzuhören, an „Wunder" zu glauben, d. h. an eine von Gott verursachte Wende im Leben von Menschen. Roth war nicht ungläubig genug, um jede Hoffnung auf Gottes Gnade in sich abzutöten, sich jede Erlösungserwartung wegzurationalisieren. Als Angehöriger eines Volkes, das mit seinem Gott „alt" geworden war und als altgewordenes Volk auch von Glückserfahrungen gelebt hatte, hörte er nicht auf, Gott auch heute noch solche „Wunder" zuzutrauen. Sie sind nicht zu ignorieren oder zu überschätzen, sondern als *Ausdruck einer unausrottbaren religiösen Sehnsucht* des Menschen und Schriftstellers Joseph Roth ernst zu nehmen. Sie sind gleichzeitig eine Herausforderung und kritische Unterbrechung eines zynischen und skeptischen Zeitgeistes, der die Verabschiedung des Gottesglaubens als Realismus verkauft, die Verweigerung der Wunderhoffnung als Erwachsenwerden ausgibt und das Unterdrücken der religiösen Sehnsüchte als Beitrag zur Aufklärung einfordert. Nein, Joseph Roth hörte nicht auf, mit der „Gnade" zu rechnen (B, 227 f).

Und so können wir die eingangs beschriebenen, verlegenen Reaktionen auf den „Hiob"-Roman korrigieren:

(1) Der Rothsche „Hiob"-Roman ist nicht Ausdruck einer „Wende" zum Religiösen. Gewiß, es hat unleugbar im Werk des Joseph Roth eine Wende gegeben: von einer stärker sozialkritischen Phase seiner frühen Romane, in der Roth mit Sozialdemokratie und Sozialismus sympathisierte, hin zu einer expli-

zit katholisierenden, monarchischen Phase seiner späten Romane. *In Sachen Religion aber gibt es diese Wende nicht.* Das von H. Kesten geprägte Einteilungsschema seines Lebens (früher Spötter, später Prediger) ist falsch. Joseph Roth war – von jenen zwei Jahren seiner „atheistischen" Phase abgesehen – zeit seines Lebens ein Gläubiger, ein Gottsucher, ein Gnadendurstiger, ein religiös Zweifelnder und Verzweifelter, ein Mann freilich, der für keine fixe Kirchengläubigkeit, kein bestehendes Religionssystem zu vereinnahmen ist, sondern ein ganz eigenes geistig-geistliches Profil aufweist. Mag er bisweilen in biographischen Zusammenhängen ein Mythomane und Rollenspieler gewesen sein; für seine geistig-moralische Grundhaltung sind solche Kategorien inadäquat. Roth „gebärdete" sich nicht einige Jahre „fromm", er war es – Zeugnisse dafür gibt es genug – zeit seines Lebens.

(2) Der „Hiob"-Roman setzt zumindest indirekt die Gesellschaftskritik des Autors fort (vor allem bezüglich der Widerspiegelung der miserablen Lage der Ostjuden), ist aber zugleich *Ausdruck des Gottesglaubens seines Autors.* Eine sozialkritische Interpretation des „Hiob"-Romans, welche die religiöse Dimension ausblendet, unterschlägt eine wesentliche Dimension im Text und im Selbstverständnis des Schriftstellers.

(3) Der „Hiob"-Roman ist das Gegenteil von einer „transzendenten Konstruktion". Er ist Ausdruck der *Ursehnsucht* seines Autors nach einem rettenden Eingreifen Gottes in die Not des Menschen, wie es von der Bibel und gerade vom Buch „Hiob" immer wieder bezeugt wird: „Ich weiß, daß mein Erlöser lebt" (Ijob 19, 25)!

8. Apokalyptiker – Monarchist – Katholik – Jude? Joseph Roth am Ende

Begreiflich, daß das Jahr 1933, dessen fatale Auswirkungen Roth früher als andere erkannte, die Identitätsfrage verschärfen mußte. Und noch mehr als früher begann Roth darüber nachzudenken, wohin er eigentlich gehöre. Verloren hatte er sein Judentum – eine Rückkehr dahin gab es nicht mehr. Und verloren hatte er Deutschland – seine Verlage mußten die Produktion seiner Bücher einstellen. Er lebt nun in Paris und ist auf Exilverlage angewiesen; die Geldnot steigert sich ins Unerträgliche; die Briefe werden zunehmend zu einer erniedrigenden und demütigenden Bettelkorrespondenz ... (B, 462).

Noch schärfer aber wird das *geistige Profil* des späten Joseph Roth. Und wieder kommt es zu überraschenden Paradoxien, unerhörten geistigen Legierungen, die seiner Person den Stempel des Unverwechselbaren geben:

(1) Die ein Leben lang von ihm durchgetragene urjüdische Überzeugung, daß Gott selbst der Herr der Geschichte ist und so die Geschicke der Menschen lenkt, verdichtet sich nun – als Hitler in Deutschland zu ungeahnten Höhen aufgestiegen war – zu einer *apokalyptischen Schau der Geschichte*. 1934 faßt Joseph Roth sein Weltbild in einem apokalyptischen Traktat unter dem Titel „Der Antichrist" zusammen. Er war davon überzeugt, daß die Welt „blind" geworden sei, so daß sie den „Antichristen" gar nicht mehr erkenne. Dieser aber lebe unter uns in Verkleidungen, unter der Gestalt seines Gegenteils. An René Schickele Ende 1933/Anfang 1934:

„Ich bin ein schwacher Mensch, aber das Einzige, was mir Gott gegeben hat, damit ich *dartue,* daß ich sein Ebenbild bin, ist die Fähigkeit: den Bösen zu erkennen. Nachdem ich nun den Bösen erkannt habe, nämlich Deutschland, bin ich *verpflichtet,* seine Leitartikler, die Leitartikler des Antichrist, zu hassen – und, wenn es geht, sogar materiell auszurotten. Ja, in diesem Sinne bin ich ein gladius Dei. In aller Demut. Ich bilde mir nichts darauf ein. Ein echter Christ, jeder echte Christ, ein ‚Dutzend-Christ' hat die Pflicht, mit Pech und Schwefel gegen die Hölle und ihre Diener zu kämpfen. Bei Gott allein steht die Gnade. *Ich bin zu demütig, um zu verzeihen, dem Antichrist und seinen Dienern, die aus Lebensangst seine Diener geworden sind"* (B, 302).

(2) Hand in Hand mit dieser apokalyptischen Deutung der Zeit, in der Roth seine gläubige Weltsicht mit seiner bisherigen Zeit- und Gesellschaftskritik verbindet, geht die *Annäherung an Monarchismus und Legitimismus.* Wir haben es hier in der Tat mit einem bemerkenswerten Vorgang zu tun: Der Jude Joseph Roth aus Galizien veröffentlicht zwei Jahre nach dem

„Hiob" einen Roman, der das Schicksal der Habsburg-Monarchie zum Gegenstand hat: „Radetzkymarsch" (1932), später den Roman „Die Kapuzinergruft" (1938). An verschiedenen Generationen der österreichischen Familie von Trotta wird die Überlebensunfähigkeit dieser Monarchie an individuellen Einzelschicksalen gespiegelt. Im Stil einer rückwärts gewandten Utopie wird in elegischer Grundstimmung eine Zeit beschworen, in der der jeden Sonntagvormittag auf dem Marktplatz des Städtchens gespielte Radetzkymarsch noch die *Idee der Einheit eines Vielvölkerstaates* verkörperte.

Roth aber zelebriert in diesen Romanen mit großer literarischer Stilkunst ein „Requiem auf Österreich" (F. Heer). Im „Radetzkymarsch" steht der schwermütige, dem Militärleben nicht gewachsene Leutnant Carl Joseph von Trotta im Zentrum. Durch seinen Abschied von der Armee und seinen Rückzug in ein bäuerliches Leben scheint er zunächst seine innere Ruhe wiedergefunden zu haben, bis er beim Ausbruch des Ersten Weltkrieges als Soldat zurückkehrt und schon nach wenigen Wochen an der Front fällt. Die geheime Mitte des Romans aber ist der greise Kaiser Franz Joseph selber, in dessen großem inneren Monolog am Ende des Romans Roth kongenial die ganze Größe und zugleich Fragilität einer über 60jährigen Herrschaft zu spiegeln verstand. Der 1938 folgende Roman „Kapuzinergruft" steht dann erst recht im Zeichen eines „Requiem". Schon der Titel, der auf die Wiener Grabkammer der österreichischen Kaiser anspielt, ist symbolisch, und so ist es auch das Schicksal des Helden Franz-Ferdinand von Trotta, das sich zwischen Kriegsende und Hitler-Einmarsch, also zwischen 1918 und 1938, abspielt. Gescheitert in seinem Bemühen, nach dem Krieg eine gesicherte bürgerliche Existenz aufzubauen, wird Franz-Ferdinand zum Repräsentanten einer verlorenen, resignierten, dekadenten, letztlich lebensunfähigen feudalen Städter-Generation (auch hier wie schon im „Radetzkymarsch" die Gegenvision einer antizivilisatorischen, bäuerlichen Echtheit und Ursprünglichkeit), deren Ende in einer Schlüsselszene plastisch verdichtet wird: Franz-Ferdinand steigt am Schluß des Romans in die Kapuzinergruft mit der hilflosen Frage auf den Lippen: „Wohin soll ich, ich jetzt, ein Trotta?" (VI, 346)

Was aber wollte Roth mit dieser *Beschwörung Alt-Österreichs?* Antwort: Er verband damit Erfahrungen und Hoffnungen. Die Erfahrungen der polnischen und ukrainischen Juden der K.u.K.-Monarchie steckten dahinter, die dem Kaiser persönlichen Schutz verdankten. Die Erfahrungen mit Hitlers und Mussolinis Faschismus spielten eine Rolle, der Österreich einer selbständigen politischen Rolle beraubt hatte und offen gegen die Juden vorgegangen war. Gegen diesen Ungeist konnte nach Roths Überzeugung nur die Besinnung auf das legitime Habsburger Herrscherhaus helfen. Gegen diese faschistische Usurpation von Macht nur der *Rückgriff auf den Legitimismus der Monarchie.* Gegen diesen faschistischen Judenhaß der Austroslawismus, der den Juden und den slawischen Völkern überhaupt Anschluß an die europäische Kultur gebracht hatte. Das waren die sachlichen Hauptgründe für Roths Konzeption der Altösterreich-Romane, aber auch für sein schon im April 1933 in einem Brief an Stefan Zweig abgelegtes persönliches Bekenntnis: „Ich bin ein alter österreichischer Offizier. Ich liebe Österreich. Ich halte es für feige, jetzt nicht zu sagen, daß es Zeit ist, sich nach den Habsburgern zu sehnen. Ich will die Monarchie wiederhaben und ich will es sagen. Mehrere geistige Menschen sind mit mir. Ich hoffe, daß es mir gelingt." Und vielsagend fügt er hinzu: „Ich nehme eher an, daß Sie mich für einen ‚Romantiker' halten werden" (B, 262f).

(3) Parallel zu seinem politischen Vertrauen auf Monarchie und Legitimismus verlief ein – schon 1926 anläßlich der Rußlandreise sich abzeichnendes – *Bekenntnis zu Christentum und Katholizismus.* Im Juli 1935 schreibt er an Stefan Zweig:

> „Ich glaube an ein katholisches Reich, deutscher und römischer Prägung, und ich bin nahe daran, ein orthodoxer, sogar vielleicht auch militanter Katholik zu werden. Ich glaube nicht an ‚die Menschheit' – daran habe ich nie geglaubt, sondern an Gott und daran, daß die Menschheit, an der Er keine Gnade übt, ein Stück Scheiße ist. Aber ich *hoffe* auf seine Gnade. ‚Palästina', ‚Menschheit' sind mir längst zuwider. Wichtig allein ist mir Gott – und, vorläufig, auf Erden, als Bereich, innerhalb dessen ich arbeiten darf und meine irdische Pflicht erfüllen muß, ein deutsches katholisches Reich. Das werde ich mich, nach meinen schwa-

chen Kräften, durch die Habsburger zu schaffen bemühen"
(B, 418).

Die Verbindung von monarchischem Legitimismus und politischem Katholizismus lag denn in der Tat auch nahe. Roth publizierte während des Exils in konservativen katholischen Wochenzeitungen wie „Der christliche Ständestaat", arbeitete in Holland mit einem (reformorientierten) katholischen Verlag „De Gemeenschap"[36] zusammen und veröffentlichte Artikel wie „Die Kirche am Kreuzweg", in denen er die Katholiken aufrief, den Nationalsozialismus zu bekämpfen. „Der Ansatz für die Entwicklung zum Anhänger der katholischen Kirche liegt" – so Fritz Hackert zu Recht – „in der konservativ-kulturkritischen Haltung Roths. Dies bekundet sich gerade in seiner späteren Kritik an der Kirche, die dort einsetzte, wo er den Katholizismus einem materialistischen Fortschrittsglauben erliegen sah. Was ‚Produkt einer dem Neuzeitlichen angepaßten katholischen Erziehung' war, wie etwa in ‚Frankreich ... Pfarrer auf Motorrädern', fand er ‚zum Kotzen'. Vielleicht ist die Frömmigkeit, die dann katholische Färbung annahm, aus den Eindrücken der Kindheit und Jugend abzuleiten; wenigstens behält sie stets gewisse überempfindsame Züge, eine Mischung von Naivität und Radikalismus."[37]

Natürlich war sich Roth der Ungewöhnlichkeit seiner neuen geistigen Umgebung bewußt. Als er im August 1935 Stefan Zweig einen Brief schreibt, legt er ihm eine Nummer des „Christlichen Ständestaates" bei, in der er einen Artikel publiziert hatte, und kommentiert selbstironisch:

> „Ihre Feinfühligkeit wird vielleicht dagegen protestieren, daß ein ‚Saujud', wie ich, gleich hinter dem Papst gedruckt wird. Aber bedenken Sie, bitte, daß es mir sehr, sehr ernst ist. Ich sehe in der Tat keinen anderen Weg, als den Kalvarienberg, der zu Christus führt und keinen größeren Juden. Ja, ich werde vielleicht noch weitergehn, wenn ich die Kraft habe, und in einen Orden eintreten. Nennen Sie Das eine Art Selbstmord. Ich sehe nichts anderes, als den christlichen Glauben, (keine Literatur) und ich glaube nicht an diese Welt, und ich glaube nicht, daß man auf sie wirken kann" (B, 422 f).

Wie muß man sich diese geistige Entwicklung erklären? Mit Fritz Hackert gewiß aus der Kindheit Roths und der konservativ-kulturkritischen Haltung, zu der er gefunden hatte. Mit Hermann Kesten aber wohl auch so: „Katholisch und gläubig war Roth einige Jahre lang, weil er sich angesichts halbanalphabetischer, materialistischer Horden nach einer wahren, humanen Tradition sehnte, weil er inmitten so vieler europäischer Bankerotte in der katholischen Kirche eine der wenigen kulturellen Institutionen sehen wollte, die standzuhalten schien, und weil er den Universalismus liebte. Er glaubte, weil er glauben wollte. Eines der großen Motive in seinem Werk und in seinem Leben war die Angst, die metaphysische Angst vor dem Nichts, vor dem Nihilismus, der ihn zugleich mit einer seltsamen Macht anzog."[38] *Merkwürdige Paradoxien* also auch hier: Ein Mann aus dem Kleine-Leute-Milieu Galiziens ist zum Verbündeten der Monarchisten geworden – freilich erst, als diese die Macht verloren; ein Jude ist auf dem Weg zu Christus und nahe daran, ein orthodoxer, gar militanter Katholik zu werden – in dem Moment freilich erst, als die Kirche verfolgt wird; ein weltläufiger Schriftsteller spielt mit dem Gedanken, in einen katholischen Orden einzutreten – zu einem Zeitpunkt freilich erst, als sein Leben ihm wegzubrechen droht ...

(4) Und Roths Stellung zum *Judentum?* Sie kann jetzt nicht komplex genug gedacht werden. Drei Ebenen sind hier zu unterscheiden:
– Als Jude kämpfte Roth selbstverständlich gegen „die Pest des *Antisemitismus*", fühlte er sich verpflichtet, selbst noch jene Juden zu schützen, die seiner Meinung nach „durch ihre zivilisatorische Gottlosigkeit den Rassenhaß gezüchtet" hätten. Hier ließ er keinen Zweifel daran, daß er *auf der Seite der Juden* stand und daß in einer Zeit der Bücherverbrennung die Verhältnisse sich umgekehrt hatten: „Christen" waren zu „Heiden" geworden, und „die Juden sind Christen": „Es ist Gottes Sache, der die Juden züchtigt. Er allein hat das Recht dazu. Ein Christ muß die von Gott Gezüchtigten ehren" (B, 281). Und wenn er sich rechtfertigen mußte oder sich angegriffen fühlte, dann war für Roth klar: „Was ein armer kleiner Jude ist, brauchen Sie nicht ausgerechnet *mir* zu erzählen. Seit 1894 bin ich es und mit Stolz. Ein gläubiger Ostjude, aus Radziwillow. Lassen Sie Das! Arm und klein war ich 30 Jahre. *Ich bin arm*" (B, 465).

198

– Ein Zurück zur *Orthodoxie* aber gab es für Joseph Roth schon früh nicht mehr. Wir haben darüber berichtet. Aber ab 1933 war Roth sich mehr denn je darüber im klaren, in welche Tradition er gehörte: „Wir kommen eher aus der ‚Emanzipation‘, aus der Humanität, aus dem ‚Humanen‘ überhaupt, als aus Ägypten. Unsere Ahnen sind Goethe Lessing Herder, nicht minder als Abraham Isaac und Jacob" (B, 257). Ja, an diesem entscheidenden Punkt verstand Roth keinen Spaß, war er sogar zu *sarkastischen Distanzierungen* vom Judentum fähig: „Nach 2000 Jahren gelingt es ihnen (den Juden) nicht, sympathisch zu werden – und ihre Köpfe sind so töricht, sich und das Judentum für den Mittelpunkt der Welt zu halten ... Wie klein und dumm ist das Alles – und wie gelöst ist man plötzlich von jeder Bindung, *jeder*. ich bin, zu meinem Bedauern, nicht mehr in der Lage, mich zu diesem, sich selbst fortwährend desavouierenden Judentum zu bekennen" (B, 243).

– Im *Zionismus* sah Joseph Roth freilich ebensowenig eine überzeugende Alternative. Gewiß, den Zionismus wollte er unterstützen, aber nur, „weil wir Menschen sind, nicht Juden und nicht Anti-Juden". Die Beschränkung auf das „Nationale" war für ihn eine Verengung. Darin sah er sogar eine Parallele zwischen Nationalsozialismus und Zionismus: beiden ginge es rein um das Nationale. In diesem Sinne wollte er „mit Wonne" ein Abtrünniger sein, abtrünnig von Deutschen und Juden (B, 421).

Wer immer er gewesen sein mag: Joseph Roth entzieht sich allen Kategorisierungen: „Mir persönlich, der ich ein gläubiger Katholik bin, ist mein Judentum etwa Das, was einem chassidischen Wunderrabbi: eine metaphysische Angelegenheit, weit, hoch über allem, was mit ‚Juden‘ auf dieser Erde passiert" (B, 275). Und wenn man ihn beschreiben will, dann eben nur in Paradoxien, zu denen er selber bereits früh (1926 anläßlich der Rußland-Reise) gegriffen hatte: „Ich bin ein Franzose aus dem Osten, ein Humanist, ein Rationalist mit Religion, ein Katholik mit jüdischem Gehirn, ein wirklicher Revolutionär" (B, 98). Ja, er war wohl in der Tat – wie Reich-Ranicki ihn nannte – eine „sonderbare Mischung aus Naivität und Skepsis", aus „östlicher Phantasie und westlicher Paradoxie, aus christlicher Demut und jüdischem Zweifel"[39].

Und so wundert es nicht, daß auch sein *literarisches Spätwerk* voll ist von *Figuren auf der Grenze,* Figuren aus Zwischenbereichen, Figuren, die zwei Welten angehören, denen aber eine religiös-existentielle Problemstellung gemeinsam ist. Roth, der im Pariser Exil mit Regelmäßigkeit wohl katholische Gottesdienste besucht haben dürfte[40], umkreist jetzt immer stärker urreligiöse Themen wie Schuld und Sühne, Sünde und Beichte, Verbrechen und Umkehr. Das *religiöse Urwort „Gnade"* rückt immer stärker ins Zentrum seines persönlichen Selbstverständnisses als Mensch und seines literarischen Werkes als Schriftsteller: Da ist die Geschichte eines russischen Offiziers, der eine religiöse Wandlung durchmacht und zum büßenden Vagabunden wird, beschrieben in „Tarabas. Ein Gast auf dieser Erde" (1934). Und da ist der Napoleon-Roman „Hundert Tage" (1935), der im Zeichen von Verzicht und Selbstaufopferung steht: ein Machtmensch, dessen Schuld durch Aufopferung geläutert wird, so daß er am Ende den Segen der Niederlage verspürt, die Gnade der Demut erfährt[41].

Und da ist schließlich die allerletzte Erzählung des Joseph Roth, die er kurz vor seinem Tode noch vollenden konnte: „Die Legende vom heiligen Trinker", in der Roth noch einmal das Thema des „Hiob" aufgreift: das Thema des „Wunders". Seinem Helden Andreas, Clochard unter den Seine-Brücken von Paris, begegnet das Wunder in Gestalt eines älteren, gutgekleideten Herrn, der ihm 200 Francs leiht und mit ihm die Abmachung trifft, er solle das Geld in einer Kapelle der Heiligen Therese von Lisieux zurückgeben. Andreas gerät nun in einen Wirbel glücklicher und glückloser Begebenheiten, denen er bis zu seinem Tode nicht mehr entrinnen kann. Obwohl er die feste Absicht hat, die Abmachung einzuhalten, verliert er das Geld immer wieder, bekommt aber immer wieder neues, bis er am Schluß auch noch das letzte Geld vertrinkt, zusammenbricht, in die Kapelle gebracht wird und um Vergebung bittend stirbt. Die Legende endet mit dem Satz: „Gebe Gott uns allen, uns Trinkern, einen so leichten und so schönen Tod." Deutlich wird: Kein Wunder-Beschenkter steht am Ende dieses literarischen Werkes, sondern ein Verlorener und Preisgegebener, vergleichbar dem Andreas Pum in „Die Rebellion", dem Leutnant Carl Joseph von Trotta in „Radetzkymarsch" oder Franz-Ferdi-

nand in „Die Kapuzinergruft". „Der heilige Trinker" – er
ist die letzte Variation über das Grundthema von Joseph
Roth: das Schicksal von Menschen, die heimatlose Wanderer
sind und vergeblich nach Erlösung aus ihrer Ausweglosigkeit
suchen.

Joseph Roth selber war ein solch *heimatloser Geselle:* ein Wanderer ohne festen Wohnsitz, der für ein deutsches katholisches
Reich schwärmte; ein Jude, der mit dem orthodoxen Katholizismus liebäugelte; ein Katholik, der sein Judesein nie aufgab
und (anders als Döblin und ähnlich wie Werfel) nie konvertierte; ein großer Stilist und Künstler, der schließlich an der
Aufgabe scheiterte, seinem eigenen Leben Stil und Form zu
geben. So wundert es denn nicht, daß die verschiedenen Welten
sich auch noch bei seiner *Totenfeier* paradox kreuzen und die
Widersprüche unausgeglichen nebeneinanderstehen. Bei der
Beisetzung auf dem Cimetière Thiais südöstlich von Paris am
30. Mai 1939 versammeln sich seine Frauen, seine Freunde,
viele berühmte Schriftsteller und Künstler, Emigranten aus
Wien, Prag und Berlin, Leute aller politischer Couleur: Monarchisten, Kommunisten, Juden, Katholiken. Als der Abgesandte der Familie Habsburg, der einen Kranz mit schwarzgelber Schleife und der einzigen Aufschrift „Otto" mitgebracht
hatte, am Grabe von Roth als dem „treuen Kämpfer der Monarchie" und von „seiner Majestät Otto von Österreich" sprach,
protestierten die anwesenden Kommunisten, darunter Egon
Erwin Kisch. Als der katholische Pater Johannes Österreicher
am Grabe zu amtieren begann, murrten die anwesenden Ostjuden. Und als dies passiert war, verzichtete auch ein jüdischer
Freund darauf, den Kaddisch zu sprechen. Die Frage, wohin
Joseph Roth gehört, wer ihn beanspruchen darf: Noch am
Grabe blieb sie offen. Ja, die Herausforderung seines Werkes
besteht gerade darin, daß sie offenbleiben muß. Soviel aber
wird man sagen dürfen: Joseph Roth, ungetaufter Katholik
jüdischer Provenienz, war wohl in der Tat „ein moralischer
Rigorist voller Religionsdurst", einer der „größten Skeptiker
unter den Frommen" (H. Kesten)[42], aber auch einer der
Frömmsten unter den Skeptikern. Ein „Ungläubiger" dagegen
war er nie. Wie sagte er doch am Ende seines neuen Nachwortes
zu „Juden auf Wanderschaft" im Juni 1937, gut zwei Jahre vor

seinem Tod: „Das Gericht des Herrn tagt zu jeder Stunde, hier unten und dort ‚oben‘. Es vergehen manchmal Jahrhunderte, aber das Urteil ist unausbleiblich" (II, 892).

VI. HERMANN HESSE UND
DIE ABGRÜNDIGKEIT DER SEELE

Er gehört zum festen Bestandteil der klassischen Moderne unserer Literatur. Er ist Gemeingut geworden, Bildungsbesitz, Kulturerbe. Er ist ein literarischer Klassiker. Klassiker aber haben einen Nachteil: Sie sind zu unangefochtener Größe aufgestiegen; sie sind fraglos bedeutend, abgesichert wichtig. Und was das Schlimmste ist: Ihre Leser meinen sie zu kennen. Dieses Bild gilt es zu zerstören. Nicht um Hermann Hesses (1877–1962) Größe zu bagatellisieren, sondern um sie dort zu entdecken, wo er wirklich groß war: im Eingeständnis von Brüchen, Abgründen und Widersprüchen in seinem Leben und seinem Werk.[1] Hermann Hesse war im Mißtrauen gegenüber der Herrgottsschnitzerei am eigenen Leib radikaler als andere. Niemand durchschaute wie er die Doppelgesichtigkeit des Ruhms, die Falschheit des Beifalls, die Verlogenheit des Kulturbetriebs – mal resignativ, mal zynisch, mal humorvoll. Als er 1926 in die Berliner Akademie gewählt wurde, schrieb er wie zur Abkühlung des Ruhms die „Ballade vom Klassiker":

„Frühe schon zum Klassiker berufen
fühlte sich der Jüngling Emil Bums,
nahte, Gott im Busen, sich den Stufen
des Apolln geweihten Heiligtums.

Selten sah man wahrlich einen Dichter
so von hehrer Streberei beseelt,
bald schon sah er sich vom Chor der Richter
als des Volkes Liebling auserwählt.

Niemals gab er sich die kleinste Blöße,
wich vom Pfade strengster Tugend nie,
sang von Gott und nationaler Größe,
was ihm ungeheuren Ruhm verlieh.

Leider war dem Hochflug nicht gewachsen
dieses Edeldichters schwaches Herz,

und auf einer Vortragstour durch Sachsen
ward er krank und schwang sich himmelwärts.

Eine Trauerfeier ohne gleichen,
der Bedeutung des Moments sich voll bewußt,
schmückte mit des Vaterlandes Eichen
des verewigten Sängers Heldenbrust.

Industrie, Finanz, Behörde, Presse
stand ergriffen um das offne Grab,
Gerhart Hauptmann warf und Hermann Hesse
eine Schaufel voll Papier hinab.

Unter andern herrlichen Trophäen
in des Volksmuseums Heiligtum
sieht man seine Schreibmaschine stehen,
Sonntags viel bestaunt vom Publikum.

Nie wird dieser Mann vergessen werden,
Deutschlands letzter Klassiker vielleicht,
Denn fürwahr, es findet sich auf Erden
keiner, der ihm nur das Wasser reicht.

Ja ich selbst, der ich den Bums erfunden,
der ihm Namen, Ruhm, Gestalt verlieh,
beuge mich beschämt und überwunden
vor so viel Talent, so viel Genie.

Und so wallt des Göttlichen Gedächtnis,
von der rauhen Wirklichkeit befreit,
seines Volkes edelstes Vermächtnis,
durch Jahrhunderte zur Ewigkeit" (G II, 772 f).[2]

Mit dieser Fähigkeit zur Selbst- und Fremdentlarvung will er
selber gelesen werden, der Schriftsteller Hermann Hesse. Sein
Werk kennt Phasen unterschiedlichster Art: Kontinuität,
ruhige Entwicklung und harmonische Weisheit ebenso wie
Brüche, Eruptionen und Widersprüche. Und gerade wer sich
unter religiösem Aspekt diesem Werk nähert, wird sich auf
überraschende Strömungen und Gegenströmungen einzustellen haben: ruhige Gewässer und orkanartige Böen, idyllische
Beschaulichkeit und mahlstromartige Abgründigkeit. Es ist ja

kein Geheimnis: Das Leben dieses Schriftstellers beginnt wie bei kaum einem deutschen Autor mit einem Ausbruch wie bei einem Vulkan, besser mit einem ersten Blick in den Abgrund.

1. Frühe Blicke in den Abgrund

September 1891: Seit Mitte dieses Monats ist der 14jährige Missionarssohn Hermann Hesse nun schon Schüler des Evangelischen Seminars von *Maulbronn*. Brav schreibt er Brief für Brief an die besorgten und fürsorglichen Eltern ins heimatliche Calw, wie es brave Schüler eben zu tun pflegen. Die Eltern sind stolz und froh, ihn in dieser berühmten protestantischen Anstalt untergebracht zu haben. Erste Nervosität kommt bei ihnen auf, als der Zögling Ende Oktober 1891 nach Hause berichtet, er habe sich hypnotisieren lassen – aus Spaß natürlich. Ein Mitschüler habe sich mit Hypnotismus und Magnetismus ausgekannt. Er habe hinterher gezittert vor lauter Schreck, schreibt Hermann – froh, nicht den Verstand verloren zu haben. Und vielsagend fügt er hinzu: „Letzteres ganz ernst und wörtlich zu nehmen" (KJ I, 130).[3] Er fängt an, Gedichte zu schreiben. Der 14jährige verfaßt frühreif-pubertäre und vom Griechisch-Unterricht allzu phantasiereich angeregte Verse vom Tanz schlanker „Najaden mit schneeweißen/göttlichen Leibern, zum Klang wollüstiger Lieder" (KJ I, 151).
Gut vier Monate später bricht er für 23 Stunden aus dem Seminar aus: 7. März 1892. Die Erzieher befürchten das, was der Schüler selber offensichtlich schon geahnt hatte: „Partielle Geistesverwirrung, etwas Krankhaftes" (KJ I, 183). Die kirchliche Anstaltsleitung reagiert mit Karzerstrafe (8 Stunden), betrachtet ihn als Gefahr für die Mitschüler, legt in einem Brief dem Vater die Herunternahme von der Schule nahe und schämt sich nicht, demselben Brief auch noch „eine Zusammenstellung der Auslagen" beizufügen, „welche durch Hermanns Entweichen veranlaßt worden" seien (KJ I, 190). Dem Schüler fehle die Fähigkeit, „sich selbst in Zucht zu halten und seinen Geist und sein Gemüt in die Schranken einzufügen, welche für sein Alter und für eine erfolgreiche Erziehung in einem Seminar notwendig sind" (KJ I, 189).

Johannes und Marie Hesse bleibt nichts anders übrig, als den Sohn für gut vier Wochen zunächst einmal nach Hause zu holen. Als dieser wieder in Maulbronn am Unterricht teilnimmt, kommt ein *zweiter Schub*, schlimmer als der erste. Am 1. Mai 1892 redet der 15jährige plötzlich seinen Vater brieflich mit „Sie" an (KJ I, 203). Einem Mitschüler gegenüber spricht er von einem Schmerz im Kopf, „der nur geheilt werden könne, wenn er einen umbringe" (KJ I, 204). In aller Eile schicken die Eltern ihren Sohn nach Bad Boll, zu einem Pfarrer, der Erfahrungen im Umgang mit Nervenkranken hat. Es nützt nichts. Wenige Wochen später, am 2. Juni 1892, erfahren sie in einem weiteren Brief, daß er, Hermann Hesse, „Jahrtausende", „ewig" zu schlafen wünsche, „bis eine schöne märchenfarbige Zeit kommt, wo Mensch und Natur wieder gelten und Privilegien und Stand, Rang und Vorurteil, überhaupt unsre jetzige Ordnung und ‚Gesellschaft' aufhört" (KJ I, 218). Ausgerechnet hier in Bad Boll hatte sich der Schüler in eine sieben Jahre ältere Frau verliebt (Eugenie Kolb), und als sie ihn abweist, besorgt er sich einen Revolver und ist entschlossen, sich zu erschießen.

Zum dritten Mal müssen die Eltern umdisponieren. Das relativ freie Boll ist kein Platz mehr für ihren Jungen. Er wird in eine geschlossene Nervenheilanstalt gebracht, und zwar nach *Stetten im Remstal*. „In das Gefängnis wollt ihr mich sperren? Lieber spring ich in den Brunnen dort", muß der 15jährige geschrieen haben, als er diese Psychiatriekaserne zu Gesicht bekam. Nein, was für seinen Vater „ein großer Trost, eine Gebetserhörung" war, war für den Zögling nichts als der symbolische Tod. Wieder entsteht ein Gedicht, eines von 23, die in Stetten geschrieben werden:

„Das Leben, es war so hell und so süß
Und die blühende Erde ein Paradies,
Und jetzt ist alles verdorben,
Das Spiel und der Scherz und der Erde Tand
Und der wagende Mut erlosch, entschwand,
O wär ich doch lange gestorben!" (KJ I, 221)

Äußerlich lebt er nun angepaßt, aber „im Stillen" flucht er auf Gott und die Welt. Einen Brief an den Vater unterschreibt er jetzt mit „H. Hesse Nihilist (haha!)". Und dann bricht es wieder aus ihm heraus. Die Anstalt in Stetten? „Stetten ist mir die Hölle." Das Leben? „Wenn das Leben des Wegwerfens überhaupt wert wäre, wäre das ganze Leben nicht ein bald heiterer, bald schwarzer Wahn – ich möchte mir den Schädel an diesen Mauern einrennen, die mich von mir selber trennen" (KJ I, 251). Die Rolle der Religion, Gottes und Christus? „Da hält man mir Reden: ‚Wende dich an Gott, an Christus, etc., etc.!' Ich *kann* eben in diesem Gott nichts als einen Wahn, in diesem Christus nichts als einen Menschen sehen, mögt Ihr mir hundertmal fluchen" (KJ I, 252).

In einem langen *Schreiben vom 11. September 1892,* das man mit Kafkas berühmtem Brief an seinen Vater verglichen hat (nur mit dem Unterschied, daß Hesses Brief tatsächlich abgeschickt wurde), warnt er seine Eltern:

> „Ihr seid echte, wahre Pietisten ... Ihr habt andre Wünsche, Anschauungen, Hoffnungen, andre Ideale, findet in Andrem Eure Befriedigung, macht andre Ansprüche an dieses und jenes Leben; ihr seid Christen, und ich – nur ein Mensch. Ich bin eine unglückliche Geburt der Natur, der Keim zum Unglück liegt in mir selber ... Könntet Ihr in mein Inneres blicken, in diese schwarze Höhle, in der der einziger Lichtpunkt höllisch glüht und brennt, Ihr würdet mir den Tod wünschen und gönnen ... Gerne möchte ich fliehen, aber wohin im kalten Herbst, ohne Geld und ohne Ziel, ins Graue hinein? Wohin in dem von Landjägern durchkreuzten Land? Erwünscht wäre es mir jetzt, wenn etwa eine Revolution ausbräche, die Colera bald käme. Im allgemeinen Elend kann der Kleine ruhig sterben. In Boll habe ich erst lachen, dann weinen gelernt, in Stetten habe ich auch etwas gelernt: Fluchen. Ja, das kann ich jetzt! Fluchen kann ich mir selbst und Stetten vor allem, dann den Verwandten, dem verhaßten Traum und Wahn von Welt und Gott, Glück und Unglück. Wenn Ihr mir schreiben wollt, bitte nicht wieder Euren Christus. Er wird hier genug an die große Glocke gehängt. ‚Christus und Liebe, Gott und Seligkeit' etc. etc. steht an jedem Ort, in jedem Winkel geschrieben und dazwischen – alles voll Haß und Feindschaft" (KJ I, 265 f).

Und bevor der Schub abflaut, bricht es ein letztes Mal aus ihm hervor. An den Vater schreibt er:

„Sehr geehrter Herr! Da Sie sich so auffällig opferwillig zeigen, darf ich Sie vielleicht um 7 M oder gleich um den Revolver bitten. Nachdem Sie mich zur Verzweiflung gebracht, sind Sie doch wohl bereit, mich dieser und sich meiner rasch zu entledigen. Eigentlich hätte ich ja schon im Juni krepieren sollen ... Aus dem ‚lieben Hermann‘ ist ein andrer geworden, ein Welthasser, eine Waise, deren ‚Eltern‘ leben ... H. Hesse, Gefangener im Zuchthaus zu Stetten" (KJ I, 268f).

Wenige Wochen später ist dieser Schub vorbei, bittet der 15jährige, mittlerweile zur Erholung in Basel, die Mutter bereits um Vergebung. Das „böse, böse Jahr" 1892, wie Marie Hesse schreibt (KJ I, 311), ist jetzt vorüber, doch nicht die Grundhaltung des Sohnes, dessen Leben auch in den folgenden drei Jahren nicht zur Ruhe kommen wird, bis der 18jährige 1895 als Buchhändlerlehrling nach Tübingen zieht.

Fortsetzung findet der *Zweifel am christlichen Gott* seiner pietistischen Eltern. Spöttisch schreibt der 16jährige an die Mutter: „Wenn ich all den ‚heiligen Geist‘ hätte, den Ihr mir wünscht, so wäre ich längst ein großer Apostel. Und auch Dein ‚Gott‘! Er kann ja existieren, kann sogar ganz so sein, wie Du ihn Dir denkst; aber mich interessiert er nicht. Glaube nicht, mich auf diese Weise irgendwie zu beeinflussen" (KJ 1, 323).

Fortsetzung finden der *Lebensekel und die Todeswünsche*: „Manchmal mein ich, ich sei schon lange gestorben und mein Leben und Tun sei nur ein wüster Totentraum ... Ich glaube es geht zu Ende mit mir, ich erlösche so allmählich, ich bin so dumm und dumpf und krank und angstvoll und lieblos" (KJ I, 335).

Fortsetzung findet die Überzeugung, *Religion sei Wahn und Lüge*: „Aus mir hätte schon was werden können, wenn ich dümmer gewesen wäre und mich von vornherein mit Religion etc. hätte belügen lassen" (KJ I, 346).

Fortsetzung findet schließlich die *Selbstverliebtheit in der Attitüde des Nihilisten*: „Ich schwärmte für Literatur, Poesie, für Pantheismus und Schönheit. Es war doch viel besser, andre Ideale als Ihr zu haben, als gar keine. Stand euch Christen der Pantheist, der Träumer nicht näher, als der Atheist, Nihilist.

Jetzt bin ich selber mein Gott, ich bin fertiger, vollendeter Egoist. So geht es" (KJ I, 376f.).
Radikaler wird man als Heranwachsender kaum eine religiöse Krise durchleben können. Schonungsloser wird man kaum erfahren, wie früh sich in einem Leben Abgründe auftun können und die Welt buchstäblich mit einem „russisch Roulette" zu spielen beginnt. Allmählich, ganz allmählich, im Verlauf des Jahres 1894 gewinnt die Zukunft für Hermann Hesse an Konturen. Die Gedichtproduktion wird stärker – nicht zuletzt unter dem Einfluß von Goethes und Heines Lyrik. Schon im Mai 1895 glaubt der 18jährige Hesse „die tollste Sturm- und Drangzeit" glücklich überstanden zu haben (KJ I, 468).
Und so sieht es denn zunächst auch aus. Je mehr Hesse ab 1895 in Tübingen in die Welt der Literatur eintaucht, je mehr er sich als Schriftsteller selber zu erleben beginnt, desto gefestigter wird eine *neue religiöse Überzeugung.* Sie lautet jetzt: „Ich gestehe, mein eigenes Lebensideal, meine Poesie, mein bißchen Goethekult sogar, sind bessere und treuere Götter als jener Sonntagsgott" (KJ II, 139). Anders gesagt: Der 18jährige frönt jetzt einer Art „poetischem Pantheismus" (KJ I, 139), einer Art *Kunstreligion,* einem „Glauben an das Schöne": „Ich weiß jetzt erst, was Religion ist, und seither bin ich gegen allen ‚Glauben' unglaublich milde geworden, denn ich selber glaube entschieden, jetzt auf einer höheren Lebensstufe zu stehen" (KJ II, 190).
Aber das Erstaunliche ist: Die literarischen Produkte nicht nur der Tübinger Periode, sondern der nächsten 20 Jahre überhaupt, bis zum Ersten Weltkrieg, beginnen an religiöser Radikalität zu verlieren. Sie werden harmlos, zu ästhetischen Kunstgebilden der feingesponnenen, aber unangefochtenen Art. Wir kommen nicht herum, ein zweites Szenario zu beschreiben. Strömung – Gegenströmung.

2. Versöhnung mit Gott und der Kunst

Harmlos – religiös gesprochen – sind die *lyrischen Arbeiten* der nächsten 20 Jahre, die sich in Ausgaben wie „Romantische Lieder" (1898) oder „Gedichte" (1902) öffentlich manifestie-

ren. Als Sortimentsgehilfe der Tübinger Buchhandlung Hekkenhauer führt Hesse früh eine Art Doppelleben. Der Tag für
den Brotberuf, der Abend und die Nacht für die Kunst. Einsam
und menschenscheu, wie er ist, stilisiert sich der 18jährige zu
einem Grenzgänger zwischen Tag und Nacht, zu einem „König
ohne Land". Bevorzugte Tageszeit seiner Gedichte ist denn
immer wieder auch die Nacht. Bevorzugte Themen sind die
vergebliche Liebe zu den Frauen, sind Todessehnsüchte, Ängste
und Einsamkeiten. Der *Zwischenwelt zwischen Tag und Nacht,*
in die er sich einspinnt, entspricht die Zwischenwelt von *Traum
und Realität,* in der er sich wohlfühlt und in der der Sortimentsgehilfe in seiner einsamen Mansarde vor den Toren Tübingens
sich Kompensation verschafft. Die „Stunde hinter Mitternacht", so der Titel eines seiner frühen Gedichte und so auch
der Titel seiner ersten Prosaveröffentlichung, ist die Hessesche
Freistunde par excellence. Wenn die Traumwelt zerfallen ist,
beginnt das strenge Leben, und das strenge Leben ist nur durch
die Traumwelt aushaltbar:

> „Von allen Wänden fällt die Pracht,
> Das strenge Leben gellt herein,
> Und ich muß dienen seiner Macht
> Scheu und verzagt, ins Joch geplagt,
> – O Mitternacht, wie harr ich Dein!" (G I, 30)

Wenn Hesse sich nun lyrisch auf religiöse Grundfragen einläßt,
erreichen seine Äußerungen nie mehr die unheimliche Abgründigkeit, die existentielle Gefährdung, die Angefochtenheit der
frühen Jahre. Die Realität, damals in Briefe gepackt, wird durch
die spätere Poesie in keiner Weise mehr eingeholt. Im Gegenteil: Wenn Hesse jetzt in Gedichten vom Tode spricht, wirkt
dies wie eine romantisch-literarische Konvention. Wenn er
jetzt in lyrischer Form von Gott redet, klingt dies wie schön
polierte Stimmungskunst, wie Kunstgewerbevokabular. Ein
Gedicht mit dem Titel „Gebet" aus der Zeit zwischen 1898
und 1902, das auf die dunkle Zeit von damals anspielt, klingt
dann so:

> „Wenn ich einmal vor Deinem Antlitz stehe,
> Dann denke, wie Du mich alleingelassen,

Und denke, wie ich irrend in den Gassen
Verwaist und trostlos war mit meinem Wehe.

Dann denke jener schrecklich dunkeln Nächte,
Da ich in Not und heißem Heimweh bangte
Und wie ein Kind nach Deiner Hand verlangte
Und da Du mir versagtest Deine Rechte" (G I, 139).

Nichts mehr vom Fluch auf Gott, nichts von Gott als Wahn,
nichts von Absage an die Religion als Selbsttäuschung und
Lüge. Die Explosivität der Briefäußerungen wird in die Harm-
losigkeit schön gedrechselter Verse aufgehoben.

Nicht anders in den *Prosaarbeiten* dieser Epoche, in den Romanen vor allem, von „Hermann Lauscher" (1900), „Peter Camenzind" (1904) sowie „Unterm Rad" (1905) angefangen bis „Gertrud" (1910), „Roßhalde" (1914) und „Knulp" (1915). Fast alle
haben den Selbstfindungsprozeß eines Menschen zum Thema,
dessen Kindheit, dessen Beziehung oder Nichtbeziehung zu
den Frauen, zur Gesellschaft, zum Kunstbetrieb. Autobiographisch motiviert, rekrutiert Hesse seine fiktiven Romanfiguren
denn auch vorwiegend aus Künstlerkreisen: *Hermann Lauscher* ist ein angehender Schriftsteller, ein Geselle der Nacht
und ein Schwärmer für die unerreichbaren Frauen, wie sein
Erfinder selber. *Peter Camenzind* ist ein Schweizer Naturbur-
sche, der aus seiner Geißhirten-Welt herausgerissen und in die
Großstadt zum Studium geschickt wird. Er wird Feuilletonist
einer Zeitung, verliebt sich unglücklich, wandert, vagabundiert,
wird mit Tod und Alkohol konfrontiert und läßt sich schließlich
am Ende in seinem Bergheimatdorf nieder. „*Gertrud*" spielt
in Musikerkreisen, und wieder ist es die vergebliche Liebe zu
einer unerreichbaren Frau, der dieser Roman seinen Hand-
lungsverlauf verdankt.

In „*Roßhalde*" freilich stellen sich die Probleme schon anders
dar. Hauptfigur ist der Maler Veraguth, der eine Frau bereits
gefunden und eine Familie gegründet hat. Die Ehe aber ist so
gut wie gescheitert. Beide Partner leben getrennt auf dem Gut
Roßhalde, und nur der 7jährige Sohn ist das letzte Band
zwischen ihnen. Veraguth hat sich in seine Arbeit „wie in
eine Burg" verschanzt, und ein Freund – zu Besuch auf Roß-

halde – erkennt den „Abgrund von innerer Vereinsamung und seelischer Selbstpeinigung in Veraguths Leben".

Man braucht nicht lange zu recherchieren, um zu erkennen, daß Hesse in diesem Roman seine eigenen *Ehe- und Familienerfahrungen verarbeitet* hat. Er selber hat schon früh darauf hingewiesen. 1904 hatte er Maria Bernoulli geheiratet, zwischen 1905 und 1911 mit ihr drei Kinder gezeugt und zunehmend die Erfahrung machen müssen, daß diese Ehe für ihn zum Fehlschlag werden würde. Als er 1914 seinem Vater gegenüber den neuen Roman charakterisiert, hofft er wohl noch auf einen Ausweg aus dieser schwierigen Lage, die er nicht nur auf die falsche Wahl der Partnerin, sondern grundsätzlich auf das Konfliktverhältnis Künstler – Bürger zurückführt:

> „Der Roman hat mir viel zu schaffen gemacht und ist für mich ein, wenigstens einstweiliger, Abschied von dem schwersten Problem, das mich praktisch beschäftigt hat. Denn die unglückliche Ehe, von der das Buch handelt, beruht gar nicht nur auf einer falschen Wahl, sondern tiefer (...), auf der Frage, ob überhaupt ein Künstler oder Denker (...) zur Ehe fähig sei. Eine Antwort weiß ich da nicht; aber mein Verhältnis dazu ist in dem Buch möglichst präzisiert; es ist darin eine Sache zu Ende geführt, mit der ich im Leben anders fertig zu werden hoffe."[4]

Das Problem aber war damit nur aufgeworfen. Schon der nächste Prosatext zeigt, daß Bürgerexistenz und Künstlertum für Hesse zunehmend *unvereinbar* wurden. In „Knulp" zeichnet Hesse die Geschichte eines Landstreichers nach, eines Vagabunden, der ebenfalls unschwer als Spiegel- oder Projektionsfigur des unbürgerlich-vagabundierenden Hermann Hesse erkannt werden kann. Von einer treulosen Geliebten und Freundin verletzt, war Knulp aus der Bahn geraten und hatte eine tragisch-resignative Lebensphilosophie angenommen, die in der Einsicht von einer letzten existentiellen Einsamkeit eines jeden Menschen gipfelte. Ein Freund, der seine Geschichte erzählt, muß erkennen:

> „Wo war jetzt mein Freund? Ich hatte, seinen Reden zum Trotz, gemeint, seine Seele ein wenig zu verstehen und Teil an ihm zu haben. Nun war er fort, ich stand allein und enttäuscht, mußte

mich mehr als ihn anklagen und hatte nun die Einsamkeit, in welcher nach Knulps Ansicht jeder lebt und an die ich nie ganz hatte glauben mögen, selber zu kosten. Sie war bitter, nicht nur an jenem ersten Tag, und sie ist inzwischen wohl manches Mal lichter geworden, aber völlig will sie mich seither nicht mehr verlassen" (IV, 492 f).[5]

Gerade auch in der Lyrik konnte Hesse diese *Erfahrung einer letzten Einsamkeit* des Menschen in einzigartiger Weise sprachlich verdichten. Hier gelingen ihm seltene Gedichte von großer Schönheit und sprachlicher Präzision. Eines davon lautet: „Im Nebel".

> „Seltsam, im Nebel zu wandern!
> Einsam ist jeder Busch und Stein,
> Kein Baum sieht den andern,
> Jeder ist allein.
>
> Voll von Freunden war mir die Welt,
> Als noch mein Leben licht war;
> Nun, da der Nebel fällt,
> Ist keiner mehr sichtbar.
>
> Wahrlich, keiner ist weise,
> Der nicht das Dunkel kennt,
> Das unentrinnbar und leise
> von allem ihn trennt.
>
> Seltsam, im Nebel zu wandern!
> Leben ist Einsamsein.
> Kein Mensch kennt den andern,
> Jeder ist allein" (G I, 236).

Was aber ist die *geistig-religiöse Quintessenz* all dieser frühen Prosatexte von Hermann Hesse? Trotz aller Krisen- und Einsamkeitserfahrungen ist sie vergleichsweise harmonisierend. Gewiß, noch im „Hermann Lauscher" war es zu einer erneuten radikalen Absage an den kirchlichen Christusglauben bei Hesse gekommen (I, 316 f). Und im Roman „Gertrud" läßt Hesse den Musiker Kuhn sogar einen von Nietzsche inspirierten Text über den Tod Gottes vertonen.

„Daß bei jedem Föhn
Vom Berg die Lawine rollt
Mit Saußen und Todesgetön,
hat das Gott gewollt?

Daß ich ohne Gruß
Durch der Menschen Land
Fremd wandern muß,
Kommt das von Gottes Hand?

Sieht er in Herzensnot
Und Qual mich schweben?
Ach, Gott ist tot!
– Und ich soll leben?" (III, 38)

Aber durchschlagende Konsequenzen hat diese Rollenlyrik für
die Gesamtaussage weder des Romans „Gertrud" noch für die
anderen Romane dieser Zeit. Von einer Nietzsche-Abgründig-
keit ist weder direkt noch indirekt in diesen Romanen eine
Spur. Im Gegenteil: *Peter Camenzind* darf versöhnt in seine
Bergwelt zurückkehren, nachdem er es gelernt hatte – Franz
von Assisi verehrend und nachfolgend –, in der Natur Gottes
Sprache und in den Niedrigsten der Menschen (er kümmert
sich um den Krüppel Boppi) Gottes Gegenwart zu akzeptieren
(I, 434), nachdem er also – gegen Nietzsche – begriffen hat,
„daß wir nicht Götter und von uns selbst geschaffen, sondern
Kinder und Teile der Erde und des kosmischen Ganzen sind"
(I, 452).
„*Unterm Rad*" spielt zwar in einem kirchlichen Kontext; Kir-
che aber wird hier nicht zum religiösen Problem, sondern ist
Teil eines repressiven Erziehungssystems der Gesellschaft über-
haupt. Der Tod des Helden Hans Giebenrath setzt anders als
beim Schüler Hermann Hesse selber keine metaphysischen
Urfragen frei.
In „*Gertrud*" darf sich der Musiker Kuhn über viele Schicksals-
schläge mit einer vagen, bittersüßen Innerlichkeits-Frömmig-
keit hinwegtrösten. Am Schluß heißt es:

„Wir können Gott im Herzen tragen, und zuzeiten, wenn wir seiner
innig voll sind, kann er aus unsern Augen und aus unsern Worten
schauen und auch zu andern reden, die ihn nicht kennen oder

kennen wollen. Wir können unser Herz dem Leben nicht entziehen, aber wir können es so bilden und lehren, daß es dem Zufall überlegen ist und auch dem Schmerzlichen ungebrochen zuschauen kann" (III, 189).

In „Roßhalde" bleibt dem Maler Veraguth nach dem Verlust seines geliebten Kindes immerhin noch die Kunst als Trost, ja von der Kunst kann es jetzt sogar heißen, daß der Maler sich ihrer „noch nie so sicher gefühlt" habe wie gerade gegenwärtig (IV, 169).

Und wie wenn Hesse die Sache noch bis zu einem grotesken Höhepunkt habe steigern wollen, bevor sie für ihn selber umkippte, läßt er am Ende der Geschichte von „Knulp" den „lieben Gott" persönlich auftreten und die Rolle des Beschwichtigers spielen. Mehr als 20 Jahre nach dem Schicksalsjahr 1892 wird in diesem Roman die Ausgangskonstellation des damals 15jährigen nochmals beschworen. Wir lesen am Ende von „Knulp" folgenden erstaunlichen Dialog zwischen Knulp und Gott:

„Damals (...) wie ich 14 Jahre alt war und die Franziska mich im Stich gelassen hat. Da hätte noch alles aus mir werden können. Und dann ist irgendetwas in mir kaputtgegangen oder verpfuscht worden, und von da an habe ich eben nichts mehr getaugt. – Ach was, der Fehler ist einfach der gewesen, daß du mich nicht mit 14 Jahren hast sterben lassen! Dann wäre mein Leben so schön und vollkommen gewesen wie ein reifer Apfel." (IV, 521)

Und was sagt der „liebe Gott" seinem Helden?

„Nun sei einmal zufrieden, (...) was soll das Klagen nützen? Kannst du wirklich nicht sehen, daß alles gut und richtig zugegangen ist und daß nichts hätte anders sein dürfen? ... Sieh, (...) ich habe dich nicht anders brauchen können, als wie du bist. In meinem Namen bist du gewandert und hast den seßhaften Leuten immer wieder ein wenig Heimweh nach Freiheit mitbringen müssen. In meinem Namen hast du Dummheiten gemacht und dich verspotten lassen; ich selber bin in dir verspottet und bin in dir geliebt worden. Du bist ja mein Kind und mein Bruder und ein Stück von mir, und du hast nichts gekostet und nichts gelitten, was ich nicht mit dir erlebt habe" (IV, 523 f.).

3. Die geistige Welt des frühen Hesse

Alles gut und richtig? Als „Knulp" 1915 erschien, war Hesse
38 Jahre alt. Man stelle sich nur einen Moment lang vor: Wäre
er in diesem Alter von der literarischen Bühne abgetreten
(durch Tod oder Produktivitätsverlust) wie viele vor ihm, Novalis und Büchner, Trakl und Heym, die keine 30 Jahre alt wurden,
er wäre literarisch und theologisch für uns heute ungefähr so
aufregend wie Richard Dehmel (1863–1920), Detlef von Lilien-
cron (1844–1909) oder Alfred Mombert (1872–1942), ehren-
werte, in ihrer Zeit anerkannte, aber zweitrangige und deshalb
heute nur Spezialisten vertraute Gestalten der Literatur. Wäre
er, Hermann Hesse, mit 38 Jahren abgetreten, man müßte seine
religiöse Grundanschauung nach einem simplen evolutiven
Schema erzählen: Nach der pubertären Krise, die zugegebenermaßen ungewöhnlich heftig ausfiel, kommt es zu einer geistigen Reifung, zu einer inneren und äußeren Konsolidierung,
die aus Hesse spätestens seit dem Bestseller „Peter Camenzind"
einen erfolgreichen Autor gemacht hat, der es sich jetzt leisten
konnte, ausgedehnte Reisen nach Italien und Fernost (1911) zu
unternehmen.[6] Ja, wäre er mit 38 abgetreten, seine *geistig-
religiöse Grundposition* wäre ein alles in allem harmloser Cocktail geblieben aus Heterogenem und doch für die Zeit so typisch
Faszinierendem:
– Ein Schuß *Naturpantheismus* in der Goethe- und Novalis-
Nachfolge, der so gut hineinpaßte in die damals aufbrechende
Jugend- und Wanderbewegung mit seinem zivilisationskriti-
schen Akzent, mit seiner Kritik an Technik, Urbanität, Industrie, Massenagglomeration in den Industriestädten des ausge-
henden wilhelminischen Zeitalters;[7]
– ein Schuß *Franz-von-Assisi-Enthusiasmus,* aus dem heraus
Hesse eine popularisierende Biographie über diesen christli-
chen Heiligen schreiben konnte (1904), der in seinem fröhlichen
Schöpfungsvertrauen, seiner unbürgerlichen Naturverbunden-
heit und seiner vagabundenhaften Predigerexistenz so ganz den
Kontrast bildete zum Christentum bürgerlich-pietistischer
Provenienz, wie es Hesse vom Elternhaus her kannte;[8]
– ein Schuß *Fernost-Faszination,* aus der heraus Hesse eine
„Reise nach Indien" (so der Titel seines Buches von 1913)

unternahm, aus der heraus erstmals im Roman „Gertrud" der Karma-Gedanke eingeführt und zurückgestellt wird („Das war einstweilen nichts für mich": III, 63), aus der heraus Hesse sich ab 1910 zunehmend für hinduistische, aber auch chinesische Grundschriften zu interessieren beginnt: die Bhagavad-Gita, den Tao-Te-King, die Gespräche des Konfuzius, die allerdings jetzt für sein literarisches Werk noch keine Bedeutung haben;[9]

– ein Schuß *Kunstbegeisterung*, aus der heraus die Kunst selbst zur Ersatzreligion wurde, die Ästhetik zur Theologie, das Schöne zu Gott, der Dichter zum Priesterersatz.

Ein zeittypischer religiös-geistiger Cocktail also, genießbar-ungenießbar, je nach Standort und Geschmack. Nur: Von der Radikalität der frühen Glaubenskrise keine Spur.

Die religiöse Tiefenbedeutung der frühen Werke Hermann Hesses liegt nicht in solch modischen Mischungen; sie liegt anderswo. Wenn es so etwas wie ein *indirektes religiöses Urthema* bei Hesse gibt, das all diese frühen Produkte verbindet, dann dies: *Leben* steht für den protestantischen Missionarssohn von Anfang an *unter Rechtfertigungszwang*. Man könnte dies einen protestantischen Archetyp des Denkens nennen. Leben ist nichts selbstverständlich Vorhandenes, Benutzbares, Genießbares, sondern bedarf spätestens mit dem Herausfallen aus der Kindheitsunschuld der Rechtfertigung, und das heißt: der Kontrolle, der Überprüfung, der Legitimation, der Beantwortung des Wozu und Warum.

Bei Hesse liegt dieser Rechtfertigungszwang freilich schon in säkularer Verwandlung vor. Das Leben wird bei ihm nicht mehr vor dem christlichen Gott gerechtfertigt noch als vom christlichen Gott als gnadenhaft gerechtfertigt akzeptiert. Die Figuren in Hesses Romanen der frühen Zeit verspüren vielmehr den Drang, sich vor sich selber zu rechtfertigen. Hier liegt der tiefere Grund, warum die meisten der frühen Romane in der Ich-Form erzählt werden: „Hermann Lauscher", „Peter Camenzind", „Gertrud". Und auch der scheinbar neutralen Erzählperspektive der Romane „Unterm Rad", „Roßhalde" und „Knulp" merkt man an, daß sie aus der Rückschau geschrieben wurden und von dem Verlangen beseelt sind, einen Lebensweg rechtfertigend, erklärend, verstehend zu beschreiben.

„Wozu? Wofür? O Gott, war alles das denn nur ein Spiel, ein Zufall, ein gemaltes Bild gewesen? Hatte ich nicht gerungen und Qualen der Begierde gelitten nach Geist, nach Freundschaft, nach Schönheit, Wahrheit und Liebe? Quoll nicht noch immer in mir die schwüle Woge der Sehnsucht und der Liebe? Und alles für nichts, mir zur Qual, niemand zur Lust!" (I, 423)

Diese verzweifelte Frage des Peter Camenzind ist die Grundfrage aller Gestalten in Hesses frühen Romanen.
Aber Hermann Hesse lebt noch 47 Jahre, bis zum 9. August 1962, und erst diese weiteren 47 Jahre sind es, die auch den ersten 38 ihre Bedeutsamkeit verleihen.

4. DIE NEUE KRISE: DIE DOPPELGESICHTIGKEIT VON MENSCH UND GOTT

„Alles gut und richtig" – so hatte Hesse den „lieben Gott" in „Knulp" beschwichtigend sagen lassen. Alles gut und richtig? Hesse spürte selber, daß es so nicht weitergehen konnte, nicht weitergehen mit diesem harmonisierenden Glauben an Gott im Herzen eines jeden Menschen; mit diesem naiven Vertrauen auf die Liebe zur Natur; mit diesen gefälligen künstlerischen Betrachtungen der Schönheit der Landschaft und der kosmischen Gesetze; mit diesem Vertrauen auf die Kunst in schwierigen Lebenslagen. Er begann selber zu spüren, daß bei allem Ernst der damaligen Lösungsversuche mit Hilfe der Literatur hier für ihn selber im praktischen Leben *keine Lösung* lag. „Mein Roman ‚Roßhalde' kommt bald als Buch, ich sehe darin aber nur eine Art Schlußpunkt unter meine bisherige Dichterei, die mir kläglicher erscheint als je, und habe das Gefühl, ich müsse nun entweder ganz einpacken oder aber ganz Neues wagen, wozu Ansätze und Ahnungen vorhanden sind", so Hesse bereits Weihnachten 1913.[10]
Ein halbes Jahr später bricht der *Erste Weltkrieg* aus. Ein Wetterleuchten zuckt über Europa, ein Wetterleuchten, das sich auch in der lyrischen Produktion Hermann Hesses dieser Zeit reflektiert. Alte Wunden – die Todessehnsucht vor allem – werden wieder aufgerissen. Lyrisch liest sich das so:

„Jahre ohne Segen,
Sturm auf allen Wegen,
Nirgend Heimatland,
Irrweg nur und Fehle!
Schwer auf meiner Seele
Lastet Gottes Hand.

Und aus allen Sünden,
Allen dunkeln Schlünden
Nur noch Ein Begehr:
Endlich Ruhe sehen
Und zu Grabe gehen
Ohne Wiederkehr" (G I, 364).

Hesse, der den Krieg anfangs noch als „Erlebnis" (G I, 389) und mit dem Frieden auf die gleiche Stufe gestellt hatte („Krieg und Frieden, beide gelten gleich / Denn kein Tod berührt des Geistes Reich"), geht schon im Oktober 1914 auf konsequenten Antikriegskurs („O Freunde, nicht diese Töne"). Er ahnt die kulturelle Katastrophe, die dieser Krieg bedeuten wird. Er ahnt, daß nichts mehr sein wird wie zuvor. Persönliche Krisen verschlechtern seine eigene Situation in dramatischer Weise. Seine Frau wird geisteskrank und muß 1916 zeitweise in eine Heilanstalt eingeliefert werden. Er selber unterzieht sich ab April 1916 bis November 1917, also beinahe 1 1/2 Jahre lang, tiefenpsychologischer Behandlung in Luzern. Und als der Krieg beendet ist, trennt sich Hesse endgültig von der Familie, findet wieder eine ruhige Arbeitsmöglichkeit, diesmal in den Bergen des Tessin, in Montagnola, und zwar zunächst in der Casa Camuzzi, die er bis zum August 1931 bewohnen wird. Die *Schlüsseltexte* dieser Zeit lassen die Zäsur zum Vorhergehenden erkennen: „Demian" (1917), „Klein und Wagner" (Mai–Juni 1919), „Klingsors letzter Sommer" (Juli–August 1919). Zäsur ist dabei ein allzu blasses Wort. Hesse selber etwa nennt seine Erzählung „Klein und Wagner" einen „Bruch mit meiner früheren Art und den Beginn von ganz Neuem. Schön und holdselig ist diese Dichtung nicht, mehr wie Cyankali."[11] Was aber war an diesen Texten so gefährlich wie Zyankali? Es war – kurz gesagt – die *Wiederentdeckung der Doppelgesichtigkeit des Menschen und damit der Doppelgesichtigkeit Gottes* selbst. Es war die Neuerfahrung der Zwitterhaftigkeit von Mensch *und* Gott. Es war die Wiederentdeckung der Unheimlichkeit und Abgründigkeit – physisch und metaphysisch. Es war, mit einem Bild aus „Demian" gesprochen, die Entdeckung des *Abraxas-Syndroms:* die Erfahrung des Absoluten als Gut *und* Böse, als Gott *und* Satan.

Das hatte es vorher so nicht gegeben in Hesses geistig-religiöser Welt. Protest gegen den blinden und grausamen Gott – ja. Noch 1914 in einem seiner leidenschaftlichsten Gottes-Gedichte mit dem Titel „Der Einsame an Gott":

„Einsam steh ich, vom Wind gezerrt,
Ungeliebt und verlassen
In der feindlichen Nacht.
Schwer ist mein Gemüt und voll Bitterkeit,
Wenn ich Deiner gedenke,
Blinder Gott, der voll Grausamkeit
Immer das Unbegreifliche tut" (G I, 370).

Nun aber – die Grausamkeit selber als Gott? Ein Gott, der Wonnen *und* Grauen, Heiligstes *und* Gräßlichstes, Schuld *und* Unschuld, Gut *und* Böse zugleich ist?

Auch Menschen hatte Hesse früher nie so beschrieben. Gewiß, die Figuren der frühen Romane waren stets auch Opfer von Ängsten, Zweifeln oder Umständen, von unerwiderter Liebe, von versagender Produktivität, von Gleichgültigkeit der Gesellschaft – problematische, sensible, vielschichtige Menschen. Jetzt aber beschreibt Hesse Figuren, die den tödlichen Widerspruch in sich selber tragen. Da ist ein Mann namens *Klein,* ein Vertreter von Anständigkeit, Ordnung, Sitte und Geselligkeit, von bürgerlichen Tugenden und Werten. Und dieser Klein ist *zugleich Wagner,* in dessen Seele das „Verbrechen" haust, in dem „Auflehnung, Wegwerfen heiliger Pflichten, Sprung in den Weltenraum, Haß gegen sein Weib, Flucht, Vereinsamung und vielleicht Selbstmord" war (V, 215). Ist Klein ein Mann der gezügelten, das Alltagsleben beherrschenden Phantasie, so ist Wagner von Blutorgien-Phantasien gequält, von der Vision eines vierfachen Mordes an sich und seiner Familie. Kurz, ist Klein ein „braver Mann", so ist Wagner „der Mörder und Gejagte in ihm, aber … auch der Komponist, der Künstler, das

Genie, der Verführer, die Neigung zu Lebenslust, Sinnenlust, Luxus – Wagner war der Sammelname für alles Unterdrückte, Untergesunkene, zu kurz Gekommene in dem ehemaligen Beamten Friedrich Klein" (V, 267). Klein *und* Wagner – tödliche Gleichzeitigkeit des Widersprüchlichen im Menschen selber.

Wie also? Früher – in den Künstlerromanen – die Beschreibung äußerer Wege und Stationen der Künstler als Wege zur Selbstfindung. Jetzt erstmals – als Höhepunkt etwa der *Klingsor-Erzählung* – die Beschreibung eines Wegs nach innen, die Beschreibung eines inneren Prozesses der künstlerischen Selbstobjektivierung in einem einzigen Werk: dem Bild, das der Maler am Ende des großen Sommers von sich selber malt. In der Tat: Auch bei Klingsor geht es um das Aushalten der Simultaneität des Widersprüchlichen, der Gegenwärtigkeit des ansonsten kontradiktorisch sich Ausschließenden. *Dem Abraxas-Gott entspricht der Abraxas-Mensch.* Denn genau das sollte ja dieser Erzählung zufolge im Selbstbilde Klingsors sichtbar werden:

> „Der müde, gierige, wilde, kindliche und raffinierte Mensch unsrer späten Zeit, der sterbende, sterben wollende Europamensch: von jeder Sehnsucht verfeinert, von jedem Laster krank, vom Wissen um seinen Untergang enthusiastisch beseelt, zu jedem Fortschritt bereit, zu jedem Rückschritt reif, ganz Glut und auch ganz Müdigkeit, dem Schicksal und dem Schmerz ergeben wie der Morphinist dem Gift, vereinsamt, ausgehöhlt, uralt, Faust zugleich und Karamasow, Tier und Weiser, ganz entblößt, ganz ohne Ehrgeiz, ganz nackt, voll von Kinderangst vor dem Tode und voll von müder Bereitschaft, ihn zu sterben" (V, 348 f).

Und warum das alles? Warum diese Innen- und Außenperspektive, warum diese Radikalisierung des Bildes vom Menschen und von Gott zugleich? Die Antwort kann nur lauten: Unter dem Einfluß von Psychoanalyse und Tiefenpsychologie hatte Hermann Hesse lernen müssen, *mit dieser Gleichzeitigkeit des Widersprüchlichen in sich selbst zu leben.* Was seine christliche Erziehung auseinandergerissen hatte in Gut und Böse, sündhaft und erlaubt, Schuld und Unschuld, Gott und Teufel, das sollte neu zusammengefügt werden. Was seine christlich-pietistische

Erziehung an Rissen in seiner Seele angerichtet hatte, an Verteuflungen verursacht, an Spaltungen bewirkt: Jetzt endlich sollte es zur Versöhnung kommen, zur Versöhnung in der eigenen Brust. Befreiung sollte stattfinden durch die Annahme der durch die Erziehung widersprüchlich gemachten Bilder der eigenen Seele.

Deshalb: *Befreiung aus Schuldgefühlen* steht hinter dem Glauben an den Gott Abraxas, der Licht und Dunkel zugleich ist und von dem es bezeichnenderweise heißt: „Er hat gegen keinen Ihrer Gedanken, gegen keinen Ihrer Träume etwas einzuwenden" (V, 109). *Befreiung vom Selbsthaß* steckt hinter Kleins verzweifeltem Versuch, das Wagnerische in sich selbst nicht mehr länger zu unterdrücken, sondern anzunehmen. Klein muß erst das Schlüsselwort entdecken, bevor er gesunden kann, und dieses Schlüsselwort heißt: Fallen-lassen-Können, Einschwingen in den Grundrhythmus des Lebens: Einatmen und Ausatmen, Gestalt und Auflösung, Geburt und Tod, Auszug und Wiederkehr. Erst als er dies entdeckt und akzeptiert, erst als er sich wirklich fallen läßt und sich nicht mehr – so wörtlich – „gegen Gottes Willen" sträubt, sich an nichts mehr klammert, nicht an Gut und nicht an Böse, erst dann kann es heißen: „Dann war man erlöst, dann war man frei von Leid, frei von Angst, nur dann" (V, 289).

5. DAS NEUE GOTTESBILD

Das also war die große Entdeckung gewesen: die Annahme der Widersprüche in sich selbst als Weg zur Befreiung von Schuld, Haß und Angst, als Weg zu Erlöstheit und Freiheit. Die Erkenntnis, daß die Gegensätze der Welt nur Erfindungen des Menschengeistes seien, nur in der Zeit bestünden, in Wirklichkeit aber, gleichsam „von Ewigkeit her", zu einer großen Einheit gehörten, die man Gott selbst nennen kann. Gott ist jetzt für Hermann Hesse nicht mehr das Gegenüber zum Menschen, das der Mensch vertrauensvoll oder fluchend anreden kann. *Gott ist jetzt das unnennbar gewordene Geheimnis der Einheit aller Gegensätze.* In einem Gedicht dieser Zeit heißt es:

„Gott lebt in mir, Gott stirbt in mir, Gott leidet
In meiner Brust, das ist mir Ziel genug.
Weg oder Irrweg, Blüte oder Frucht,
Ist alles eins, sind alles Namen nur" (G II, 455).

Gott also ist nicht „da draußen" zu finden, sondern „im
Innern" (V, 292), einem Innern, das freilich den Gegensätzen
von Innen und Außen schon immer vorausliegt. Und so kann
denn die Erzählung „Klein und Wagner" mit einem einzigartigen Furioso auf den unnennbaren Gott enden:

> „Helden und Denker traten aus dem Weltstrom, Propheten, Ver-
> künder. ‚Siehe, das ist Gott der Herr, und sein Weg führt zum
> Frieden', rief einer, und viele folgten ihm. Ein andrer verkündete,
> daß Gottes Bahn zum Kampf und Kriege führe. Einer nannte ihn
> Licht, einer nannte ihn Nacht, einer Vater, einer Mutter. Einer
> prieß ihn als Ruhe, einer als Bewegung, als Feuer, als Kühle, als
> Richter, als Tröster, als Schöpfer, als Vernichter, als Verzeiher, als
> Rächer. Gott selbst nannte sich nicht. Er wollte genannt, er wollte
> geliebt, er wollte gepriesen, verflucht, gehaßt, angebetet sein, denn
> die Musik der Weltchöre war sein Gotteshaus und war sein Leben
> – aber es galt ihm gleich, mit welchen Namen man ihn prieß, ob
> man ihn liebte oder haßte, ob man bei ihm Ruhe und Schlaf, oder
> Tanz und Raserei suchte. Jeder konnte suchen. Jeder konnte finden"
> (V, 292).

Jeder konnte suchen und finden? Hesse erweckte tatsächlich
in dieser Phase den Eindruck, daß der Mensch trotz aller Radikalisierung der Gottesproblematik eine Lösung seiner Probleme finden könne. Er glaubte wohl daran, daß trotz aller
Widersprüchlichkeit des Lebens *mit Hilfe der Literatur eine
lebbare Einheit erreichbar* sei. Machen wir auch hier die
Probe:
Wie endet der Roman „*Demian*"? Gewiß mit dem Ausbruch
des Ersten Weltkrieges und dem Untergang der Alten Welt.
Und doch auch mit dem Vertrauen, daß Sinclair, der Held
dieses Romanes, am Ende in sich hinuntersteigen („da wo im
dunklen Spiegel die Schicksalsbilder schlummern") und das
„eigene Bild" (nun ganz und gar identisch mit dem von Max
Demian) auch tatsächlich sehen könne.

Wie endet die Erzählung „*Klein und Wagner*"? Gewiß mit dem Untergang des Helden, seinem freiwilligen Gang in den See, und doch mit dem Vertrauen, daß trotz aller Mordphantasien und aller Verbrechensvorstellungen wenigstens im Untergang der Mensch „seine eigene Stimme" finden und „laut und hallend Gottes Lob, Gottes Preiß" singen könne – dem Gott freilich, der sich nur in seiner Doppelgesichtigkeit zu offenbaren vermag.

Wie endet „*Klingsors letzter Sommer*"? Damit, daß es dem Maler trotz seiner extremen Lebensform, die zwischen wilder Trinklust und an Geilheit grenzender Erotik, zwischen Lebensgier und Todesahnung schwankt, gelingt, das Bildnis von sich selbst zu vollenden. Scheu verbirgt er es zwar vor der Öffentlichkeit, er selber aber darf nach getaner Arbeit in die banale Arbeitswelt zurückkehren: „Dann nahm er Veronal und schlief einen Tag und eine Nacht hindurch. Dann wusch er sich, rasierte sich, legte neue Wäsche und Kleider an, fuhr zur Stadt und kaufte Obst und Zigaretten, um sie Gina zu schenken" (V, 352).

Wie endet schließlich der Roman „*Siddhartha*", der 1922 erschien und in dem Hesse seine langjährige Auseinandersetzung mit der Philosophie und Religion Indiens, die bis in seine Kindheit zurückreicht, verarbeitet?[12] Bekanntlich weder mit der Propagierung der buddhistischen Weltentsagung (Siddhartha folgt *nicht* Buddha) noch der hinduistischen Weltdurchschauung (Welt = Maja = Schein), sondern mit einer Grundüberzeugung, die nach Hesses eigenen Worten wieder Anklänge an das Christentum verrät.[13] Im entscheidenden Gespräch zwischen Siddhartha und Govinda, der den Weg des Buddha gegangen war, ohne freilich Erleuchtung finden zu können, heißt es denn auch:

> „Govinda sagte: ,Aber ist das, was du ,Dinge' nennst, denn etwas Wirkliches, etwas Wesenhaftes? Ist das nicht nur Trug der Maja, nur Bild und Schein? Dein Stein, dein Baum, dein Fluß – sind sie denn Wirklichkeiten?'
> ,Auch dies', sprach Siddhartha, ,bekümmert mich nicht sehr. Mögen die Dinge Schein sein oder nicht, auch ich bin alsdann ja Schein, und so sind sie stets meinesgleichen. Das ist es, was sie

mir so lieb und verehrenswert macht: sie sind meinesgleichen. Darum kann ich sie lieben. Und dies ist nun eine Lehre, über welche du lachen wirst: die Liebe, o Govinda, scheint mir von allem die Hauptsache zu sein. Die Welt zu durchschauen, sie zu erklären, sie zu verachten, mag großer Denker Sache sein. Mir aber liegt einzig daran, die Welt lieben zu können, sie nicht zu verachten, sie und mich nicht zu hassen, sie und mich und alle Wesen mit Liebe und Bewunderung und Ehrfurcht betrachten zu können.' ,Dies verstehe ich', sprach Govinda. Aber eben dies hat er, der Erhabene, als Trug erkannt. Er gebietet Wohlwollen, Schonung, Mitleid, Duldung, nicht aber Liebe; er verbot uns, unser Herz in Liebe an Irdisches zu fesseln.'
,Ich weiß es', sagte Siddhartha; sein Lächeln strahlte golden. ,Ich weiß es, Govinda. Und siehe, da sind wir mitten im Dickicht der Meinungen drin, im Streit um Worte. Denn ich kann nicht leugnen, meine Worte von der Liebe stehen im Widerspruch, im scheinbaren Widerspruch zu Gotamas Worten. Eben darum mißtraue ich den Worten so sehr, denn ich weiß, dieser Widerspruch ist Täuschung. Ich weiß, daß ich mit Gotama einig bin. Wie sollte denn auch Er die Liebe nicht kennen. Er, der alles Menschensein in seiner Vergänglichkeit, in seiner Nichtigkeit erkannt hat, und dennoch die Menschen so sehr liebte, daß er ein langes, mühevolles Leben einzig darauf verwendet hat, ihnen zu helfen, sie zu lehren! Auch bei ihm, auch bei deinem großen Lehrer, ist mir das Ding lieber als die Worte, sein Tun und Leben wichtiger als sein Reden, die Gebärde seiner Hand wichtiger als seine Meinungen. Nicht im Reden, nicht im Denken sehe ich seine Größe, nur im Tun, im Leben' " (V, 466f).

„Alle Wesen mit Liebe und Bewunderung und Ehrfurcht betrachten"? Versöhnte Polarität? Liebende Annahme der eigenen Widersprüchlichkeit? Gelingender Umgang mit der eigenen Unheimlichkeit? War die Lavamasse, die schon in dem 14jährigen 1892 oder in dem 42jährigen Hesse 1919 glühend hochgekocht war, jetzt endgültig erloschen? Hesse – ein endgültig stabilisierter Mann, der sich jetzt humorvolle Gedanken übers „Altwerden" gestatten kann?

„All der Tand, den Jugend schätzt,
Auch von mir ward er verehrt,

Locken, Schlipse, Helm und Schwert,
Und die Weiblein nicht zuletzt.

Aber nun erst seh ich klar,
Da für mich, den alten Knaben,
Nichts von allem mehr zu haben,
Aber nun erst seh ich klar,
Wie dies Streben weise war.

Zwar vergehen Band und Locken
Und der ganze Zauber bald;
Aber was ich sonst gewonnen,
Weisheit, Tugend, warme Socken,
Ach, auch das ist bald zerronnen,
Und auf Erden wird es kalt.

Herrlich ist für alte Leute
Ofen und Burgunder rot
Und zuletzt ein sanfter Tod –
Aber später, noch nicht heute" (G II, 459).

6. Hesses Grundbekenntnis zur Einheit

Es sah in der Tat zunächst alles nach Konsolidierung aus. „Siddhartha" war 1922 erschienen, nachdem eine schwere psychi-
sche und künstlerische Krise überwunden war. 1923 wird Hesses erste Ehe geschieden, 1924 eine zweite mit Ruth Wenger
eingegangen. Hesse pendelt zwischen Basel, Zürich und Montagnola hin und her, tritt 1923 erstmals eine Kur in Baden bei
Zürich an, um Ischias- und Rheumatismus-Beschwerden loszuwerden, 1925 folgt eine Lesereise durch Deutschland. Die
Schlüsseltexte dieser Zeit zwischen 1922 und 1926 atmen eine
entspannte Atmosphäre: „Kurgast" und „Nürnberger Reise".
Insbesondere in den „Aufzeichnungen von einer Badener Kur"
gelingt es Hesse, in kritisch distanzierter und doch lockerer
und amüsanter Weise eine Stimmung der Gelassenheit zu ver-
breiten. Erstmals formuliert er hier in geradezu klassischer
Klarheit sein *geistiges Credo*, das von nun an das Herzstück
seines Glaubens bilden wird:

„Ich glaube nämlich an nichts in der Welt so tief, keine andre Vorstellung ist mir so heilig wie die der Einheit, die Vorstellung, daß das Ganze der Welt eine göttliche Einheit ist und daß alles Leiden, alles Böse nur darin besteht, daß wir einzelne uns nicht mehr als unlösbare Teile des Ganzen empfinden, daß das Ich sich zu wichtig nimmt. Viel Leid hatte ich in meinem Leben erlitten, viel Unrecht getan, viel Dummes und Bitteres mir eingebrockt, aber immer wieder war es mir gelungen, mich zu erlösen, mein Ich zu vergessen und hinzugeben, die Einheit zu fühlen, den Zwiespalt zwischen Innen und Außen, zwischen Ich und Welt als Illusion zu erkennen, und mit geschlossenen Augen willig in die Einheit einzugehen. Leicht war es mir nie geworden, niemand konnte weniger Begabung zum Heiligen haben als ich; aber dennoch war mir immer wieder jenes Wunder begegnet, dem die christlichen Theologen den schönen Namen der ‚Gnade‘ gegeben haben, jenes göttliche Erlebnis der Versöhnung, des Nichtmehrwiderstrebens, des willigen Einverstandenseins, das ja nichts anderes ist als die christliche Hingabe des Ich oder die indische Erkenntnis der Einheit" (VII, 61f).

Und wie um gleich die Probe aufs Exempel zu machen, gibt der Kurgast Hesse seinen Lesern Gelegenheit, seine Technik der Versöhnung im Detail kennenzulernen. Im Nachbarzimmer des Badener Hotels hatte sich ein unverschämt störender holländischer Kurgast einquartiert. Haß steigt gegen diesen Mann hoch, der die Nerven des Nachbarn Hesse bis zum Zerreißen strapaziert. Todeswünsche keimen auf. Da erinnert sich der Missionarssohn des schönen urchristlichen Satzes: Liebet eure Feinde. Und plötzlich reizt es den Malträtierten, mit Hilfe dieses Satzes den Holländer zu besiegen. Er stellt sich den Feind vor, nimmt ihn in seine Phantasie auf, durchdringt ihn mit der eigenen Seele, mit dem eigenen Atem, baut so alle Widerstände ab – und siegt. Der neutestamentliche Satz wird zur „Glückslehre", zur „seelischen Technik von größter Durchdachtheit" (VII, 65). Und Hesse, der Schüler Jungs und Freuds, zieht daraus grundsätzliche Konsequenzen und entdeckt so etwas wie eine *Psychologie der neutestamentlichen Liebeslehre:*

„Wenn man die Sprüche des Neuen Testaments nicht als Gebote nimmt, sondern als Äußerungen eines ungewöhnlich tiefen Wissens um die Geheimnisse unsrer Seele, dann ist das weiseste Wort, das je gesprochen wurde, der kurze Inbegriff aller Lebenskunst und Glückslehre, jenes Wort ‚Liebe deinen Nächsten wie dich selbst'... Das Geheimnis alles Glücks, aller Seligkeit ist in diesem Wort enthalten .. ach, alle Weisheit ist so einfach, ist schon so lange, schon so genau und unzweifelhaft ausgesprochen und formuliert worden! Warum gehört sie uns nur zuzeiten, nur an den guten Tagen, warum nicht immer?" (VII, 105 f)

War dies nun die Lösung aller Probleme für Hermann Hesse? Seltsam, es ist, als hätte er wieder einmal zuviel an Lösungen gewollt und beschrieben, wie er dies für eine frühere Phase bereits in „Knulp" (1915) getan hatte. Es ist, als hätte er wieder einmal auf der ästhetischen Ebene zuviel an Versöhnung herzustellen versucht, ohne die Realität mit all ihren Dimensionen genügend ernst zu nehmen. Kein Wunder deshalb: Es kommt noch einmal zu einem weiteren Ausbruch, dem letzten seiner Art.

7. Ein letzter Blick ins Chaos

Ja, es gab sie nach wie vor: die dunklen Tage in Hermann Hesses Leben, die unheimlichen, abgründigen, widerlichen, triebhaften und ekelerregenden Tage. Doch Hesse ist jetzt fähig, sie anzunehmen und aufzuarbeiten. Wie nie zuvor erreicht der bald 50jährige auch literarisch die Fähigkeit einer *analytischen Schonungslosigkeit sich selbst gegenüber.* Vielleicht liegt hier seine eigentliche Größe: in der unbekümmerten Rücksichtslosigkeit, mit der er in zunehmendem Alter zu seinen verborgenen, ästhetisch überspielten, öffentlich durch die bürgerliche Fassade verdeckten Abgründigkeiten der eigenen Seele zu stehen fähig ist. Ja, mehr noch: Folgt man kundigen Analysen, so haben wir von einem Zusammenhang von Lebensqual und literarischer Fruchtbarkeit bei Hesse auszugehen. Schmerzerfahrung, depressive Verdüsterung, quälende Selbstbeobachtung und unaufhörliche Betonung körperlichen Unbehagens war offenbar die seelische Voraussetzung für schöpferische Leistung bei diesem Autor, der umgekehrt ein gewisses Wohlergehen als „unbekömmliche Ablenkung" betrachtete, die ihm „gewisse Skrupel und Ungeduld" verursachte.[14]

Kein Wunder deshalb, daß parallel zu „Siddhartha", „Kurgast" und „Nürnberger Reise" immer wieder auch Schattentexte entstehen:

Gedanken zu Dostowjewskis ,Idiot'" schon 1920 etwa, wo plötzlich das Wort vom „magischen Denken" auftaucht und programmatisch das „Annehmen des Chaos" beschworen wird:

> „Rückkehr ins Ungeordnete, Rückweg ins Unbewußte, ins Gestaltlose, ins Tier, noch weit hinter das Tier zurück, Rückkehr zu allen Anfängen. Nicht, um dort zu bleiben, nicht um Tier, nicht um Urschlamm zu werden, sondern um uns neu zu orientieren, um an den Wurzeln unseres Seins vergessene Triebe und Entwicklungsmöglichkeiten aufzufinden, um aufs neue Schöpfung, Wertung, Teilung der Welt vornehmen zu können."[15]

Die Richtung war damit klar: Nur der Blick ins Chaos ermöglicht die Annahme, nur die Annahme des Chaos ermöglicht letztlich dessen Überwindung!

Oder das „*Tagebuch eines Entgleisten*", ein Schlüsseltext für das Frauenbild Hermann Hesses. Hier gibt sich jemand Rechenschaft darüber, daß er alles, was er im Leben gewünscht, auch erhalten habe (Ehe, Familie, Ruhe, ein Haus auf dem Land, Geld, Reisen), daß ihm aber in dem Moment, als er das alles erhielt, alles wieder zerronnen und wertlos vorgekommen sei. Dasselbe sei dann auch mit den Frauen passiert:

> „Auch sie, die Fernen, die lang Begehrten, die Unerreichbaren sind jetzt gekommen. Gott weiß durch was gezogen, und ich streichle ihr Haar und ihre bangen warmen Brüste, und wundere mich, und halte schon zögernd die angebissene Frucht in der Hand, die einst so fern und paradiesisch lockte! Sie schmeckt, die Frucht, sie schmeckt süß und voll, ich darf sie nicht schelten – aber sie macht satt, sie macht schnell satt, ich fühle es schon, und wird bald weggeworfen sein."[16]

Diese Metaphorik von Gewalt und Aggression (der Biß, das Wegwerfen) läßt aufhorchen und kündet einen neuen Ausbruch an. Und es ist in der Tat unübersehbar: Das Versöhnungslicht von „Siddhartha" und „Kurgast" wird wieder einmal fahl. Was an Lava noch übrig ist, beginnt wieder zu glühen und zu steigen: War es 1892 die Entdeckung der Religion als Lüge, des Christentums als Wahn, der Kirche als Täuschung, war es 1919 die Entdeckung des zwittergesichtigen Abraxas-Gottes, so ist es jetzt, spätestens ab 1926, die Entdeckung des *Steppenwolf-Menschen*.

Das Thema der Doppelnatur des Menschen war zurückgekommen, das bei „Klein und Wagner" und bei „Klingsor" bereits angeklungen war. Aber welch eine erneute Steigerung! Spielte sich das „Wölfische" beim braven Beamten Friedrich Klein fast ausschließlich in der Phantasie ab, läßt Hesse in seinem *neuen Roman vom „Steppenwolf"*[17] seinen Harry Haller, einen vereinsamten Mann von 50 Jahren, alles real durchwandern, ausprobieren, physisch und psychisch erfahren: nicht mehr nur den Alkohol und den Suff, sondern das ganze Spektrum sexueller Erlebnisse und rauschmittelbestimmter Erfüllungserfahrungen. Ja, Harry hat über „Klein und Wagner" hinaus längst Abschied von der simplistischen Vorstellung genommen, der Mensch sei mit Hilfe eines dualistischen Schemas zu erklären. Zwar arbeitet Harry selber in seinem „Tractat vom Steppenwolf" noch mit der dualistischen Metaphorik von Wolf und Mensch: „Bei unsrem Steppenwolfe nun war es so, daß er in seinem Gefühl zwar bald als Wolf, bald als Mensch lebte, wie es bei allen Mischwesen der Fall ist, daß aber, wenn er Wolf war, der Mensch in ihm stets zuschauend, urteilend und richtend auf der Lauer lag – und in den Zeiten, wo er Mensch war, tat der Wolf ebenso" (VII, 224). Aber gerade dieser „Tractat" entlarvt solche Selbstdeutung als vereinfachenden Dualismus und will auf die Erkenntnis der unendlichen psychischen Mannigfaltigkeit jedes Menschen hinaus: „Harry besteht nicht aus zwei Wesen, sondern aus hundert, aus tausenden. Sein Leben schwingt (wie jedes Menschen Leben) ... zwischen tausenden, zwischen unzählbaren Polpaaren" (VII, 241).

Es ist in der Tat eine bisher im Werk Hermann Hesses unerhörte Handlungskonstruktion, welche diesen neuen Roman kennzeichnet: Harry, der äußerlich ein bürgerlich angepaßtes Leben lebt und tagsüber in seine Studierstube zurückgezogen ist, pflegt die Nächte in billigen Kneipen zuzubringen. Hier trifft er auf die Hure Hermine, die ihn in den Lebensgenuß der Großstadt-Halbwelt einführt, ihn zu Musik, Tanz und Lebensgenuß verführt. Hermine ihrerseits ist lesbisch verbunden mit Maria, und diese wiederum ist die Geliebte Pablos, des Musikers, der die Rolle eines psychodelischen Lehrmeisters übernommen hat. Denn Pablo ist der Herr des „magischen Theaters", das nichts anderes ist als eine visionäre Rauschgiftorgie, in der Harry Haller denn auch endgültig das Auseinanderfallen seines Ich in die „wahren" psychischen Facetten erfährt. Alle Erfahrungen immer raffinierterer Techniken der Sinnlichkeit kann er hier erleben, alle Mordphantasien durchspielen, alle Blut- und Freßorgien ausprobieren. Ja, die Tötungsvisionen des Hesseschen Werkes erreichen in diesem Roman ihren Höhepunkt: Schon Klein war ja vom Zwang besessen, sich zu töten, sein Frauen- und zugleich das Mutterbild in sich umzubringen; Klingsors Selbstbildnis zeigte eine mit dem Messer zerschnittene Frauenbrust; Harry Haller möchte sich mit 50 Jahren ein Rasiermesser an die Kehle setzen, und als dies nicht gelingt, bringt er stattdessen seine Geliebte Hermine mit einem Dolch ums Leben ...

8. ZYNISCHE SELBSTDENUNZIATION

Nur die Gedichte des Bandes „Krisis" übertreffen die Schonungslosigkeit, mit der Hesse seinen „Blick ins Chaos" nicht nur für sich selber vollzieht, sondern mittels der Literatur öffentlich nachvollziehbar macht. Man hält es in der Tat kaum für möglich, daß der Autor des „Siddhartha", der „alle Wesen mit Liebe und Bewunderung und Ehrfurcht" zu betrachten lehrte, zu Versen dieser Art fähig ist:

„Von der Wiege bis zur Bahre
Sind es 50 Jahre,
Dann beginnt der Tod.
Man vertrottelt, man versauert,
Man verwahrlost, man verbauert
Und zum Teufel gehn die Haare.

Auch die Zähne gehen flöten,
Und statt daß wir mit Entzücken
Junge Mädchen an uns drücken,
Lesen wir ein Buch von Goethen.

Aber einmal noch vor'm Ende
Will ich so ein Kind mir fangen,
Augen hell und Locken kraus,
Nehm's behutsam in die Hände,
Küsse Mund und Brust und Wangen,
Zieh ihm Rock und Höslein aus.
Nachher dann in Gottes Namen
Soll der Tod mich holen. Amen" (G II, 774).

Auch *in Sachen Religion* kehrt nun ein *Ton der Schnoddrigkeit, des Zynismus, ja der Blasphemie* zurück, wie es das seit der ersten Krise so nicht mehr gegeben hatte. Die Lyrik gibt davon Zeugnis, und der Abstand zu „Siddhartha" könnte größer nicht mehr gedacht werden. „Alle Wesen mit Liebe und Bewunderung und Ehrfurcht betrachten"? Das Gegenteil von Ehrfurcht, Liebe und Bewunderung heißt jetzt Gelächter, Haß und Zynismus:

„Ich wollt, ich wär ein Katholik,
Dann wäre der Heiland für mich gestorben;
Mein Leben ist ganz verdorben,
Ich spür's an den Augen und im Genick.
Der Tod sitzt mir im Herzen
Wie ein Gespenst im verfallenden Haus,
Langsam löscht er die Lichter aus,
Eins ums andre, all die zuckenden Kerzen:
Kerze der Liebe, Lichtlein der Kindheit,
Flamme der Dichtung, der holden Fee,
Fackel der Wollust und seligen Blindheit –
O daß ich euch alle zucken und löschen seh!

Bald, wenn ich wieder betrunken bin,
Kommt ein Automobil gerannt,
Sitzt irgendein reicher Bäckermeister drin,
Der karrt mich zu Tode mit sicherer Hand.
Hoffentlich bricht auch er dabei das Genick,
Dieser glückliche Katholik,

Besitzer von Haus, Fabrik und Garten,
Auf den zwei Kinder und eine Gattin warten
Und der noch mehr Geld verdient hätte und Kinder gezeugt,
Wenn nicht ein besoffener Dichter
Ihm gelaufen wäre zwischen die Auto-Lichter.
Vor dem Tode selbst ein Bäcker sich beugt.
Aber für ihn wurde der Heiland ans Kreuz geschlagen,
Unsereiner dagegen hat nichts zu sagen" (G II, 552).

Und doch war auch dies nicht das letzte Wort Hermann Hesses. Strömung – Gegenströmung. Schon im „Steppenwolf" selbst hatte sich eine Gegenströmung abgezeichnet. Denn der „Steppenwolf" will keineswegs nur darauf hinaus, die Zerfallenheit des Menschen, seine innere Zerrissenheit und Gespaltenheit zu beschreiben. Gegenfiguren zu dem Steppenwolf-Menschen sind vielmehr die „Unsterblichen", vor allem Goethe und Mozart. Sie verkörpern eine Koexistenz mit der bürgerlichen Welt durch ihre Fähigkeit zum „Humor". Und genau dies sollte auch Harry Haller lernen.

So ist es kein Zufall, daß gerade nach dem Mord an Hermine Mozart noch einmal erscheint und Harry Haller über die ewige Differenz von Ideal und Wirklichkeit aufklärt: „Sie sollen leben, und Sie sollen das Lachen lernen. Sie sollen die verfluchte Radiomusik des Lebens anhören lernen, sollen den Geist hinter ihr verehren, sollen über den Klimbim in ihr lachen lernen. Fertig, mehr wird nicht von Ihnen verlangt" (VII, 411f). Erst jetzt begreift Harry diesen Sinn des Lachens, begreift das Geheimnis der „Unsterblichen": daß es ein lachendes, gelassenes Verhältnis zu dieser zerfallenen, gespaltenen Welt gibt, ja eine spielerische Möglichkeit, mit all den psychischen Mannigfaltigkeiten der Persönlichkeit umzugehen. Lachen und Humor sind Weisen, die Welt zu durchschauen, ohne sie zu verteufeln, in der Welt zu leben, und doch ihren Strukturen nicht zu verfallen, mit der Zwiespältigkeit zu koexistieren, ohne sie – wie im „Bürgerlichen" – zu ignorieren. *Lachen und Humor wären Weisen der Versöhntheit von Ich und Welt,* Versöhntheit mit der eigenen Endlichkeit und Gespaltenheit.

Weil aber Harry Haller dies alles erst am Ende des Romanes erkennt, muß diese Geschichte offen enden. Harry Haller hatte sein bürgerliches Zimmer, das er bewohnte und in dem ihm sein Erzähler begegnet war, verlassen – unter Zurücklassung seines „Tractates" und war auf Nimmerwiedersehen verschwunden. Aber dem Leser wird angedeutet, daß Harry am Ende gewillt ist, „das Spiel nochmals zu beginnen, seine Qualen nochmals zu kosten, vor seinem Unsinn nochmals zu schaudern, die Hölle meines Innern nochmals und noch oft zu durchwandern" (VII, 413). Ja, nachdem Harry das Geheimnis der „Unsterblichen" erkannt hatte, ist er bereit, nochmals anzufangen und auf neue Weise das „Spiel" zu spielen: „Einmal würde ich das Figurenspiel besser spielen. Einmal würde ich das Lachen lernen. Pablo wartete auf mich. Mozart wartete auf mich" (VII, 413).

Keine Frage: Der „Steppenwolf" ist nicht nur ein Roman, der einen Blick in das Chaos des Inneren ermöglicht, er ist auch ein Roman, in dem der Mensch trotz allem „diese Gottesspur" (VII, 211), die „golden aufleuchtende Spur" (VII, 214), die Offenbarung und Nähe Gottes im „letzten irren Chaos" suchen soll. In seinem Nachwort zum „Steppenwolf" schrieb Hermann Hesse denn auch 1941:

> „Diese Leser haben, so scheint mir, im Steppenwolf sich selber wiedergefunden ... und haben darüber ganz übersehen, daß das Buch auch noch von anderem weiß und spricht als von Harry Haller, (...) daß über dem Steppenwolf und seinem problematischen Leben sich eine zweite, höhere, unvergängliche Welt erhebt, und daß der ‚Tractat' und alle jene Stellen des Buches, welche vom Geist, von der Kunst und von den ‚Unsterblichen' handeln, der Leidenswelt des Steppenwolfes eine positive, heitere, überpersönliche und überzeitliche Glaubenswelt gegenüberstellen ..."[18]

Das also war es, worauf Hesse im „Steppenwolf", aber auch in seiner eigenen Existenz als Künstler hinaus wollte: „In der Welt zu leben, als sei es nicht die Welt, das Gesetz zu achten und doch über ihm zu stehen, zu besitzen, ‚als besäße man nicht', zu verzichten, als sei es kein Verzicht" (VII, 238) – ein Satz, der die große Konvergenz zwischen der Hesseschen Grundhaltung und der eschatologischen Existenz des Christen bezeichnet, wie sie Paulus im 1. Korintherbrief zum Ausdruck gebracht hatte (1 Kor 7, 29).

9. Die letzte Versöhnung: „Besinnung"

Es ist unübersehbar: Hermann Hesse suchte nach einer Koexistenz mit der Welt, ohne in bürgerliche Banalität zu versinken. Der nächste Roman, den er veröffentlicht, „Narziß und Goldmund", erschienen 1930, gibt davon Zeugnis. Denn wieder versucht Hermann Hesse nach der Zerrissenheit eine Einheit, nach der Spaltung eine Versöhnung, nach dem Blick ins Chaos einen Weg zur Heilung. Doch diesmal – der „Steppenwolf" liegt keine vier Jahre zurück – ist das Erzählschema allzu durchsichtig, ist die Problemstellung allzu vertraut, ist die Lösung allzu billig, als daß dieser Roman noch einmal überzeugen, noch einmal einen Qualitätssprung darstellen könnte.

Bekanntlich endet ja der *Weg des Goldmund,* der als Künstler durch die Welt zu gehen hatte, in dem Kloster, von dem er ausgegangen und in dem sein Freund Narziß ein Leben von Askese und Gelehrtentum verbracht hatte. Durch die Begegnung mit einem Marienbild tief berührt, wollte Goldmund, der das Bildhauerhandwerk erlernt hatte, ein Urbild in sich selber realisieren, wie es der Maler Klingsor auf seine Weise zu tun versuchte. Diesmal aber nicht das Bild von sich selbst, sondern das Bild der Menschenmutter, der Urmutter, das in Tiefenschichten der eigenen Seele haust. Auf dem Totenbett im Kloster jedoch, in einem letzten Gespräch mit Narziß, läßt Hesse seinen Goldmund erkennen, daß es gar nicht darauf ankäme, selber Subjekt und Produzent seines Innenbildes zu sein. Es käme alles darauf an, sich formen und gestalten zu lassen, das mütterliche Geheimnis in uns, das unsichtbar bleiben will, anzuerkennen und zu lieben. Goldmund kann mit dieser Erkenntnis versöhnt sterben. Narziß aber bleibt beunruhigt zurück mit der letzten Frage Goldmunds an ihn: „Aber wie willst Du denn einmal sterben, Narziß, wenn Du doch keine Mutter hast? Ohne Mutter kann man nicht lieben. Ohne Mutter kann man nicht sterben" (VIII, 320). Es erscheint kaum glaublich, daß der Autor von „Klein und Wagner", „Klingsor" und „Steppenwolf" einen so von Klischees, Kitsch und Konventionen durchsetzten Roman hatte schreiben können.

Es bleibt dabei: Nach dem „Steppenwolf" wird es keinen ähnlichen Ausbruch bei Hermann Hesse mehr geben. Im Gegenteil:

Hesse ist nun ganz darauf aus, endlich eine Art *Grundbekenntnis* für sich zu formulieren. Jetzt entstehen Texte wie „Mein Glaube" (1931) und „Ein Stückchen Theologie" (1932), in denen Hesse die Summe seiner geistigen Erkenntnisse zieht. „Sie würden in meinen früheren Erzählungen, im ‚Knulp', in ‚Siddhartha' etc. einen zwar nicht dogmatisch durchformulierten, aber doch eben einen Glauben entdecken", schreibt Hesse im November 1935. „Zu formulieren versucht habe ich ihn auf dichterische Weise erst in der ‚Morgenlandfahrt' und auf direkte Weise in dem Gedicht, das am Schluß meines Gedichtbüchleins im Insel-Verlag steht."[19]

Analysiert man das genannte Gedicht, das den Titel „Besinnung" trägt, so fällt die hohe Pathetik, der abgehobene, Goethes Glauben und Hölderlins Sprache imitierende gestelzte Stil auf. Einige wenige Jahre nach dem „Steppenwolf" ist Hesse nun zu solcher Lyrik fähig:

> „Göttlich ist und ewig der Geist.
> Ihm entgegen, dessen wir Bild und Werkzeug sind,
> Führt unser Weg; unsre innerste Sehnsucht ist:
> Werden wie er, leuchten in Seinem Licht. (...)
>
> So zwischen Mutter und Vater,
> So zwischen Leib und Geist
> Zögert der Schöpfung gebrechlichstes Kind,
> Zitternde Seele Mensch, des Leidens fähig
> Wie kein andres Wesen, und fähig des Höchsten:
> Gläubiger, hoffender Liebe. (...)
>
> Darum ist uns irrenden Brüdern
> Liebe möglich noch in der Entzweiung,
> Und nicht Richten und Haß,
> Sondern geduldige Liebe,
> Liebendes Dulden führt
> Uns dem heiligen Ziele näher" (G II, 623).

Kein Zweifel, das ist die Bekenntnislyrik eines Neubekehrten; das ist säkulare Buß- und Reuesprache eines einst verlorenen, jetzt heimgekehrten Sohnes. Hesse schwelgt in religiös besetzten Abstrakta: Geist, Weg, Licht, Kreatur, Natur, Schuld, Seele, Liebe, wo er früher konkret geworden wäre. Hesse redet in dualistischen Schemata, wo er früher komplex erzählt hätte: Licht *und* Finsternis, Vater *und* Mutter, Seele *und* Leib; Zeit *und* Ewigkeit, Vergänglichkeit *und* Unsterblichkeit, Liebe *und* Haß. Stünde hinter diesem Text keine Lebens- und keine Leidenserfahrung, er wäre uns fremd wie ein Meteorit. So ist er das abstrakte Endprodukt eines langen Lebensweges, das geistige Destillat eines Meditierers und Melancholikers, der jetzt seine Koexistenz mit der Welt gefunden hatte.

Die Erfahrung der Abgründigkeit der Seele gibt es von Anfang der 30er Jahre an nicht mehr im Hesseschen Werk. Wir können die Beschreibung unserer Szenarien abschließen. Die Erzählungen „Morgenlandfahrt" (1932) und der Roman „Glasperlenspiel" (1943)[20] sind nicht mehr Produkte einer persönlichen Lebenskrise, sondern eines geläuterten, gereiften, gereinigten Bildungswegs, sind nicht mehr Blicke in den Abgrund, sondern Blicke in die Zukunft, genauer: Sehnsüchte nach dem „Einswerden aller Zeiten" (VIII, 338). Denn genau dieses Einswerden, diese „magische" Einheitserfahrung, die Hesse in all seinen Erzählungen seit dem „Demian" als ein unendliches Faszinosum immer neu beschrieb und die ihm das Gefühl der Zugehörigkeit zu einer überzeitlichen und kulturübergreifenden geistigen Gemeinschaft vermittelte, ist das Kennzeichen der „Morgenlandfahrt". Wiederum präzisiert die Lyrik in höchstmöglicher Knappheit und Dichte:

„Das Höchste wäre: Leben
In ewiger Gegenwart.
Doch diese Gnade ward
Nur Kind und Gott gegeben" (G II, 694).

10. Die Weisheit des Alters

Was bleibt? Es bleiben in den folgenden Jahrzehnten, in den 40er, 50er und beginnenden 60er Jahren, die lyrischen Konfessionen eines Altgewordenen, der kein Angekommener ist, wohl aber einer, der die Polarität in sich als versöhnbar erlebt. Wer Hesses Lyrik aus diesen Jahrzehnten liest, stößt *nicht* auf einen Selbstzufriedenen, Abgeklärten, Besserwisserischen.

Der stößt auf eine ganz spezifische Art von Altersweisheit: sehr viel Weltsattheit, zarte Lebensmüdigkeit, melancholische Weltflüchtigkeit; der entdeckt einen Mann, der eine neue Reise anzutreten bereit ist, einen neuen Aufbruch wagen will:

> „Unruhvoll und reiselüstern
> Aus zerstücktem Traum erwacht
> Hör ich seine Weise flüstern
> Meinen Bambus in der Nacht.
>
> Statt zu ruhen, statt zu liegen
> Reißt mich's aus den alten Gleisen,
> Weg zu stürzen, weg zu fliegen,
> Ins Unendliche zu reisen" (G II, 724).

Ja, diejenige Grundhaltung, die der junge Dichter schon eingenommen hatte, kehrt auch beim alten wieder: die Haltung des Lauschens, Horchens und Wartens. Es ist ein Warten freilich nicht mehr auf die dichterische Inspiration, es ist ein Lauschen nicht mehr auf die Musik des Lebens, es ist ein Warten auf die Möglichkeit einer letzten Rückkehr:

> „Vielleicht ein Bote draußen steht
> Und tritt gleich bei mir ein;
> Vielleicht, noch eh der Tag vergeht,
> Werd ich zuhause sein" (G II, 692).

Auffällig, auch der 60- und 70jährige bleibt seinen *Grundthemen treu:* Er bleibt ein Geselle der Nacht, ein Gefährte von Herbst und Winter. Seine lyrisch ihm liebsten Jahreszeiten sind noch immer nicht die vollen Blüteperioden, sondern die Zeiten des Verfalls und des Übergangs. „Herbstgeruch" ist sein Duft, „grauer Wintertag" seine Zeit, „Regen im Herbst" sein lyrisches Medium. Er selbst begreift sich immer noch als „Wanderer im Spätherbst", aber je älter er wird, desto karger wird seine Lyrik. Sie wird knapper, ohne an Aussagekraft zu verlieren, sie wird dichter, ohne hermetisch zu werden, sie wird einfacher, ohne in Simplizität zu verfallen. Er schreibt Gedichte, die im Sagen viel verschweigen und im Verschweigen viel sagen: „Müder Abend" (1960):

„Abendwindes Lallen
Klagt erstickt im Laub,
Schwere Tropfen fallen
Einzeln in den Staub.

Aus den mürben Mauern
Moos und Farne quellen,
Alte Leute kauern
Schweigend auf den Schwellen.

Krumme Hände lasten
Still auf steifen Knien,
Geben sich dem Rasten
Und Verwelken hin.

Überm Friedhof flügeln
Krähen schwer und groß.
Auf den flachen Hügeln
Wuchert Farn und Moos"(G II, 717).

Dies ein Gedicht des 83jährigen. Es ist der Text eines Meisters,
der die Kunst der Reduktion auf die große Einfachheit jetzt
souverän beherrscht, dessen Lyrik so gereinigt ist, so frei von
allem Überflüssigen, Geschwätzigen, Wortinflatorischen. Und
plötzlich taucht in der Lyrik auch des 85jährigen dasjenige
große Thema wieder auf, das ihn seit seiner Kindheit beschäf-
tigte und von dem auch wir ausgegangen waren: Wahn und
Trug, Täuschung und Lüge. Doch welch eine Verwandlung
jetzt, welch eine Metamorphose durch den Altgewordenen.
Unter dem Einfluß von Zen-Buddhismus, Taoismus und
christlicher Spiritualität ist Hermann Hesse jetzt fähig, Wahrheit und Lüge, Wahn und Realität nicht mehr gegeneinander
zu setzen, sondern dialektisch ineinander zu verschränken. Fast
70 Jahre liegen hinter dem ersten Ausbruch aus dem Jahre 1892,
als Hesse jetzt sein Gedicht „Junger Novize im Zen-Kloster"
schreibt:

„Ist auch alles Trug und Wahn
Und die Wahrheit stets unnennbar,
Dennoch blickt der Berg mich an
Zackig und genau erkennbar.

Hirsch und Rabe, rote Rose,
Meeresblau und bunte Welt:
Sammle dich – und sie zerfällt
ins Gestalt- und Namenlose.

Sammle dich und kehre ein,
lerne schauen, lerne lesen!
Sammle dich – und Welt wird Schein.
Sammle dich – und Schein wird Wesen" (G II, 720).

Und plötzlich – wie wenn er ein letztes Mal Atem holte – blitzt noch einmal das große Thema der Abgründigkeit der Welt auf, ein letztes Mal das große Thema seines Werkes: die Musik des Lebens, die bittere Zwiegesichtigkeit der Existenz, die schmerzhafte Gespaltenheit aller Dinge, die Flüchtigkeit aller Phänomene, die Doppeldeutigkeit alles dessen, was ist. Und doch: welch eine Verwandlung, welch eine Metamorphose, welch eine Tiefe der Erfahrung, die der 85jährige jetzt in elf knappe Zeilen zu bannen fähig ist („Kleiner Gesang" 1962):

„Regenbogengedicht,
Zauber aus sterbendem Licht,
Glück wie Musik zerronnen,
Schmerz im Madonnengesicht,
Daseins bittere Wonnen ...

Blüten vom Sturm gefegt,
Kränze auf Gräber gelegt,
Heiterkeit ohne Dauer,
Stern, der ins Dunkel fällt:
Schleier von Schönheit und Trauer
Über dem Abgrund der Welt" (G II, 726).

VII. REINHOLD SCHNEIDER UND DIE ZWEIFEL AN GOTT

Ich gehöre einer Generation an, die noch Kind war, als er starb. Und zugegeben: Wer erstmals auf Reinhold Schneider (1903-1958)[1] zugeht, wer ihn durch den Schleier seiner Bibliographie entdecken will, findet auf den ersten Blick wenig Faszinierendes: *Historisches* über Portugal („Camoes", 1930) und Spanien („Philipp II. oder Religion und Macht", 1931), über England („Das Inselreich", 1936) und gar die Hohenzollern („Tragik und Königtum", 1933), über deutsche Kaiser („Kaiser Lothars Krone", 1937), Philosophen („Fichte", 1933) und die großen deutschen Dichter. Durch seine Schriften geistern *Herrscher und Heilige*, Päpste, Könige und Kaiser. Kein *kirchliches Fest*, zu dem nicht ein Dichterwort vorläge. Kein *religiöses Thema*, zu dem er nicht eine erbaulich klingende Broschüre beigesteuert hätte: über Gott Vater, Jesus Christus und die Kirche, über Gottesreich und Apokalypse, über den Kreuzweg und das Vaterunser, und immer wieder über das Gebet und über das Kreuz. Überhaupt können seine Themen nicht allgemeiner gefaßt sein: Macht und Gnade, Ehre und Würde, Glaube und Opfer, Gewissen und Verantwortung, Dämonie und Verklärung, Wahrheit und Frieden. Ein Autor, der über St. Odilien (1942) genauso schreiben konnte wie über Shakespeare („Heinrich IV.", 1948), über das Weltgericht (1943) genauso wie über Molières „Misanthrope", über die „Heiligen Frauen" (1955) ebenso wie über Aischylos' „Sieben gegen Theben" (1948). Angesichts dieser verwirrenden literarischen Überfülle wird man fragen dürfen: Mit wem haben wir es hier zu tun? Mit einem Mann der Vergangenheit in doppeltem Sinn des Wortes? Mit einem Mann, von dem man obendrein weiß, daß er – mit einer mittelalterlichen Reichsidee im Kopf – für die Monarchie der Hohenzollern geschwärmt hat? Einem christlichen Schriftsteller, der über alles Bescheid zu wissen scheint, was sich zwischen Himmel und Hölle bewegt, und der mit fromm-erbaulichen Schriften, die während des Dritten Reiches erscheinen konnten, den Faschismus in unpolitischer „innerer Emigration" überlebt hat? Ein Mann also der Vergangenheit und der Innerlichkeit zugleich?

Im Raum der Literaturwissenschaft und neueren Literaturgeschichtsschreibung sehen ihn viele so und sind auf diese Weise rasch mit ihm fertig. Und da hilft dann die Klage wenig, „daß es zwar eine sehr verdienstliche, konfessionell inspirierte, aber nach außen ganz wirkungslose Spezialforschung zu R. Schneider gibt"[2]. Was aber kann helfen, um die Klischees von der Wirklichkeit zu unterscheiden? Helfen kann nur der geduldige, auch die Kritik an Schneider nicht scheuende, auf Texten beruhende Nachweis, daß dieses Werk und dieser Autor auch für einen gänzlich anderen Leser von heute von Bedeutung sein kann. Und dieser Leser von heute hat ein anderes Profil: Er hat nicht mehr mit Schneider-Texten den Krieg geistig überlebt; fühlt sich durch seine Schriften weder gestärkt noch getröstet; gibt dem Schriftsteller keinen Bonus mehr darauf, daß er damals ein mutig bekennender Christ gewesen ist.

Soviel vorweg: Wer sich auf ihn einläßt, wird überraschende Entdeckungen machen, und Verehrer wie Verächter zugleich beschämen. Ich selber bin ein solch „gänzlich anderer" Leser und erlebe ihn fünfunddreißig Jahre nach seinem Tod zutiefst zwiespältig. Diese *Zwiespältigkeit* aber ist es, die mich *fasziniert* an ihm. Ursprünglich war es eine Zwiespältigkeit zwischen der Lyrik der Kriegszeit, die mir konventionell, glatt und unerträglich predigerhaft vorkam, und den Dramen der Nachkriegszeit, den Papstdramen vor allem; sie kamen mir kühner, provokativer und kirchenpolitisch streckenweise aufregend vor. Diese Lyrik-Drama-Zwiespältigkeit erweiterte sich – je näher ich zusah – auch auf die Prosa, die autobiographische Prosa nach 1945 insbesondere, ja, sie wurde zu einem Grundzwiespalt im Werk selber. Diesen Grundzwiespalt aber – so stellte ich mit Erstaunen fest – hat der Autor selber bemerkt und eingestanden. Von daher ergab sich für mich eine *doppelte Faszination* für diesen Mann: die Faszination vom *Zwiespalt zwischen den einzelnen Gattungen* in diesem Werk (vor allem Lyrik der Kriegszeit einerseits sowie Drama und autobiographische Schriften andererseits) und die Faszination über die *Selbstdistanzierungen*, die Reinhold Schneider an seinem Werk vollzogen hat. Von dieser doppelten Faszination wird im folgenden die Rede sein.

1. Christentumskritik im Zeichen des „tragischen Nihilismus"

Er ist 28 Jahre alt, als er Ende März 1931 nach Rom kommt. Seine Stimmung: tiefe Melancholie. Höllischer Lärm auf den Straßen, kalte Abende; treibende Benzinwolken. Er fühlt sich fremd in Rom, kaum, daß er angekommen ist. Ein Werk um Papst Innozenz III. geht ihm im Kopfe herum.

Es ist Palmsonntag, wie er sich so durch die Straßen treiben läßt, Flaneur, der er ist, durch europäische Hauptstädte. Und was er aufzeichnet, das sind nicht die ergriffenen Notate eines frommen Rom-Pilgers, sondern die Assoziationen eines Mannes, der „keinen Boden" unter sich fühlt, nichts jedenfalls als die Überzeugung „vom Mechanismus des Tragischen, der das geschichtliche Leben" zertreibe. Ein einzigartiges Rom-Porträt entsteht in Tagebuchform, mit einer Schärfe, die ihresgleichen sucht (TB, 406).[3]

Der Vatikan, St. Peter, der Papst? St. Peter empfindet Schneider lapidar als „Grabmonument einer machtvollen Vergangenheit"; alles leer, tote Menschenmassen; ein großer Raum, in dem der Glaube verlorengehe. Aber hier – so macht er sich klar – liege das „eigentliche Geheimnis des Christentums" überhaupt: Rom verkörpere ganz und gar den Widerspruch „zwischen antiker imperatorenhafter Gebärde und christlicher Demut, zwischen Schlüsselgewalt und Zeptergewalt". An diesem Widerspruch wollte er seinen „Innozenz" ansetzen lassen. Rom – das sei römisches Imperatorentum, an dem auch das Papsttum partizipiere: Christus *und* Cäsar, Papst *und* Kaiser. Und das Problem: „Aber der Papst will Christus *und* Cäsar sein ... Rom selbst krankt an dieser dämonischen Herrschaft zweier Lebensformen: An Cäsar und Christus" (TB, 351). *Erstes Bild* also: Reinhold Schneider, ein Autor, der sich Rechenschaft über die tiefe Widersprüchlichkeit des Christentums in Gestalt des Papsttums gibt. Ein Autor, den das Papsttum in dieser Phase nur aus universalgeschichtlicher Perspektive als Verkörperung einer mit sich selbst in Widerspruch geratenen Macht interessiert, zerrissen im Spiel von Macht und Gegenmacht.

Nietzsche: Seine Spuren trifft Schneider ausgerechnet hier, auf der Piazza Barberini. Und es ist kein Zufall, daß ihm die Präsenz dieses philosophischen Bruders gerade hier wichtig ist. Hier habe Friedrich Nietzsche gestanden, heißt es, einst, nach der Vollendung des „Zarathustra"; hier habe er im Rauschen des Brunnens den schwermütigen Refrain gehört: tot vor Unsterblichkeit. Für eine Sekunde berauscht sich Schneider selbst an diesem Bild: der Autor des „Zarathustra" auf dem Petersplatz, als das Werk gerade abgeschlossen war, aber noch in der Schublade liegt, als sein Schöpfer noch ein letztes Mal den Triumph über die Ahnungslosigkeit der Welt auskostet: das gewohnte Leben geht weiter, während die geistige Bombe schon tickt. Es ist diese Pause zwischen Blitz und Donner, die etwas Dämonisches habe, die auch Schneider empfindet (TB, 329f). Denn genau das ist es, was ihn an Rom fasziniert und abstößt zugleich: die Fassade, die das „als wäre nichts geschehen" verkörpert und die längst radikal veränderte Welt, verändert nicht zuletzt von einem einsamen „Müßiggänger über den Petersplatz" (TB, 330). *Zweites Bild* also: Reinhold Schneider in der Rolle des Einsamen, der aber die Macht des Geistes verkörpert und die Kulissenwelt, die sich ihm bietet, durchschaut hat. Ein 28jähriger deutscher Intellektueller, der sich gegen Rom wehrt, indem er in die Rolle Nietzsches schlüpft und sie spielt im Zeichen des „Noch": „*Das* ist die Situation in Rom: *noch* wölkt der Weihrauch, *noch* dauern die Zeremonien; aber der Glaube ist eben gegangen" (TB, 339).

Zwei Tage später wird der Ton spürbar schärfer, werden die Kommentare zusehends bissiger. Denn diese Stadt stellt für Schneider nicht mehr nur das „Geheimnis des Christentums" dar, sondern dessen *eigentliche Katastrophe*. Rom – die Stadt der „christlichen Katastrophen" (TB, 332): So lautet jetzt die Formel. Denn auf Schritt und Tritt: nichts als „Heidentum". Und er notiert sich:

> „Erst langsam versteht man, wie heidnisch das Papsttum seinem Wesen nach ist. Auf den Trümmern einer so gewaltigen Gestaltung, wie es das römische Imperium war, kann man nicht ungestraft bauen: wie man sich auch drehen und wenden mag: man wiederholt; und mit dem alten Stil beschwört man auch den alten Gehalt" (TB, 332).

Nein, meint Schneider, diese Kapitale Rom habe überhaupt nie zu einem „christlichen Stil" (TB, 335) gefunden. Nur die Gotik drücke ihn aus, und die sei ja in Rom so gut wie nicht vorhanden. *Drittes Bild:* Reinhold Schneider, ein Autor, der das heidnische Erbe des Päpstlichen durchschaut und das Papsttum in seinem Wesen für Heidentum erklärt.

Und weiter und damit nicht genug. Was ist das *Papsttum gegenwärtig*, da ein Mann wie Pius XI. auf dem Stuhle Petri sitzt? „Gegenwärtig", so meint Reinhold Schneider, „gegenwärtig überschätzt man die Macht des Papsttums ganz ungeheuer" (TB, 335). Zwei Jahre zuvor hatte Pius XI. mit dem faschistischen Diktator Mussolini die Lateranverträge geschlossen. Kommentar Schneiders: „Die vor zwei Jahren erfolgte Wiedererrichtung der päpstlichen Herrschaft ist eine Farce" (TB, 335). Warum? Weil der Papst nur so lange regieren könne, solange er der Schlüsselbewahrer des Himmelreiches sei. „Für wen aber ist er das noch?", fragt sich Schneider, „ ... der Anspruch des Papstes ist völlig illusorisch; ja er hat auch in Zukunft keine Aussicht auf Erfüllung ... Von eigentlicher Religiosität hat man heute selbst in den eingeweihten Kreisen keinen Begriff mehr" (TB, 336). Deshalb: „Das Papsttum ist, an seinem römischen Vorbild gemessen, nicht viel mehr als eine Farce" (TB, 340). *Viertes Bild:* Reinhold Schneider, ein Mann, der das gegenwärtige Papsttum für eine aktuell überschätzte und gesellschaftlich einflußlose Größe hält.

Es ist nicht zuviel behauptet, wenn man sagt, daß Reinhold Schneider in seiner ersten literarischen Phase, von 1930 bis 1938, am Papsttum eigentlich nur interessiert war, weil sich ihm hier die *tragische Widersprüchlichkeit von Idee und Institution*, von Christlichkeit und Kirche, ja, seine Überzeugung von einem aller Geschichte innewohnenden Pantragismus darstellen ließ. Dieser Überzeugung hatte er, der von früher Jugend an – Erbe seines Vaters – an Depressionen und tiefer Melancholie litt und der 1925 in Dresden einen Selbstmordversuch unternommen hatte, zu diesem Zeitpunkt bereits in seinem Buch über Portugal („Camoes") und Spanien („Philipp II.") gehuldigt. Macht und Gegenmacht hatte er hier dargestellt, die tragischen Widersprüche der Geschichte, die aus der Gleichzeitigkeit von Gegenkräften entspringen, wie sie sich demonstrieren ließen am Untergang des portugiesischen Reiches ebenso wie der tragischen Verstricktheit von Macht und Christlichkeit in der spanischen Monarchie. Der spanische Philosoph Unamuno und die deutschen Denker Schopenhauer und Nietzsche hatten für diesen „tragischen Nihilismus" (X, 9)[4] geistig Pate gestanden.

Die Auseinandersetzung mit dem Papsttum ist also bei Reinhold Schneider Teil dieser tragischen Geschichtsauffassung. Und als er nach dem Rom-Besuch Mitte 1931 die Prosafassung von „Innozenz" abgeschlossen hatte, lehnte es denn auch sein katholischer Verleger Jakob Hegner ab, dieses Manuskript zu publizieren. Er witterte unter anderem, daß Schneiders Grundthese „so unkatholisch wie möglich" sei. An seine Lebensgefährtin Anna-Maria Baumgarten hatte Reinhold Schneider in dieser Zeit geschrieben: „War mein Camoes lyrisch, der Philipp episch, so ist der Innozenz dramatisch." In der Tat, nichts ist dramatischer in seiner Widersprüchlichkeit als die Geschichte des Stellvertreters Christi auf Erden.

Und doch gewinnt diese Papstkritik, die eben zu viel Nietzsche-Lektüre voraussetzt, um originell zu sein, dort ihr spezifisches Profil, wo Schneider bei der Beschreibung Roms das große *Gegenbild* entwirft. Wie kaum ein anderer deutscher Autor hatte er einen Blick für das Innenleben von Kirchen, für Raum, Architektur und Geschichte. Dem Satz: „Wie heidnisch das Papsttum seinem Wesen nach ist" kontrastiert ein anderer: „Christlich sind ohne Zweifel die Katakomben; als aber die Christen ans Licht durften, und sie nichts mehr hinderte, im Freien zu bauen, wurden sie von ihrem Weg abgezogen und von Rom überwältigt" (TB, 333). Und dieser Zwiespalt zwischen Papsttum und Macht schlägt bei Schneider durch bis in den Raum der *Kunst*. Nietzsches Christentumskritik verschwistert sich mit Kierkegaardscher Ästhetikkritik:

> „Im Grunde ist gar keine christliche Kunst möglich. Ein Kreuz aus zwei Stäben oder zwei Kohlenstriche auf der Wand müßten genügen. Denn der Künstler ist als Bildner, als Bejaher aller bildlichen Erscheinung weltverbunden; es bleibt ihm nichts anderes übrig, als Christus ‚schön' darzustellen" (TB, 342).

Die Peterskirche einerseits und die kleinen Kirchen andererseits: Der Kontrast könnte nicht größer sein, und die Schneiderschen Tagebuch-Selbstinszenierungen erreichen hier ihren

Höhepunkt. Am „Karfreitag" geht er in die *Peterskirche;* und alles, was er beschreibt an Raumerfahrung, Menschenbegegnung, religiösem Betrieb, läßt er somit unter dem Zeichen „Karfreitag" erscheinen. Er nutzt diesen Effekt geschickt um des Kontrastes willen und ist dabei ganz kalter, unbarmherziger Analytiker. Er notiert:

> „Unter den Andächtigen hatte etwa ein Drittel den Bädecker statt des Gebetbuchs in der Hand: es waren Reisende ... Später bewegte sich der Zug durch die Kirche, und ich sah die höhere römische Geistlichkeit nun von Angesicht: es war kein einziger Mensch darunter; alles verkrüppelte, verbogene, verwachsene Naturen, Bäumen gleich, die verknorpelt sind, weil ihr Wachstum gehemmt wurde. Dazu hätte ich einen so eindeutigen Ausdruck des Stumpfsinns und der Heuchelei wirklich nicht vermutet. Es waren, ohne alle Übertreibung, jene Pfaffentypen, von denen ich bisher annahm, daß sie in der Hauptsache in Witzblättern und antiklerikalen Tendenzschriften zu Hause seien. Die ganze matte Komödie machte mich noch kränker; ich fühlte mich miserabel: das ungeheure Steingrab des Glaubens schauerte mir ins Gebein; in dem vollkommen leeren Seitenschiff rechts vom Altar fand ich eine Bank und ruhte mich aus, während ein Kirchendiener beflissen war, ganze Pensionate zum großen Schauspiel auf die Tribüne zu schleppen" (TB, 340 f).

2. Von der Papstkritik zur Papstverehrung

„Wenn ich bisher das Christentum dargestellt habe, tat ich es nicht als Christ", schrieb Reinhold Schneider noch im April 1934 (TB, 764). Doch merkwürdig: Schon wenige Jahre später ist von solcher Papst- und Kirchenkritik bei ihm nicht mehr die Rede. Schon seine Papstgedichte „Kaiser und Papst" (1936) und „Die Grotten von St. Peter" (1937) lassen einen ganz und gar erbaulichen Ton erkennen. Reinhold Schneider war auf dem „Weg vom tragischen Nihilismus zum Glauben, von der Bindungslosigkeit zu Bindungen, von der subjektiven Verlorenheit in das Geschichtliche" (X, 9). Die Wende kommt 1938, als sich Schneider im Schwarzwald aufhält:

„Auf abendlichen Wegen am Wiesensaum zwischen Freiburg und Günterstal traf ich die Franziskaner des kleinen Klosters im Vorort. Zu einem der Brüder faßte ich Vertrauen. Ich schellte eines Tages an der Klostertür und fragte, ob er mir helfen wolle zu beichten. Ich hatte wieder alles vergessen und war ebenso hilflos wie vor mehr als 25 Jahren in der Kirchenbank" (X, 114).

In Schneiders Gedicht auf „Papst Pius XI." aus dem gleichen Jahr 1938 spiegelt sich seine *Wende zur katholischen Kirche* wider:

> „Noch gilt dein Vaterwort den Menschen allen,
> Und deine Hand, die gleichen Segen spendet,
> Ist Nahen wie den Fernen zugewendet,
> Ob sie dich ehren oder abgefallen.
>
> Du siehst die weitverstreuten Scharen wallen
> Zum *einen* Ziele, das den Weg beendet,
> Denn zu vereinen wurdest du gesendet
> Und heimzurufen in des Vaters Hallen.
>
> Noch kann des Segens Kraft die Völker stillen
> Und heilige Weihe, die von Anfang war,
> Des Kreuzes Ordnung stiften in dem Toben,
>
> Nach Gottes Willen, nicht nach unserm Willen,
> Wenn nur der Liebe segnend Händepaar
> Bis an der Zeiten Ende bleibt erhoben" (V, 59).

Ein Papst-Porträt im Zeichen des *Faschismus*. Der 81jährige Achille Ratti, der als Pius XI. auf dem Stuhle Petri saß (auch Werfel hat von ihm im „Veruntreuten Himmel" ein hymnisches Porträt gezeichnet) und der noch ein Jahr zuvor mit seinem Schreiben „Mit brennender Sorge" die Mißachtung des Konkordats durch die braunen Machthaber in Deutschland angeprangert hatte, er wird von Schneider zu einer beinahe überirdischen Figur verklärt: ‚Vaterwort', „Segen", „heilige Weihe", die „Ordnung des Kreuzes", das segnende Händepaar sind die hymnischen Bildelemente, die mit dem „abgefallen", der Entzweiung, dem Toben, dem menschlichen Eigenwillen positiv kontrastieren. Der Papst – überschätzt, überholt, widersprüchlich? Nein, jetzt ist er ein universaler Übervater, der einzige offenkundig, der unter dem faschistischen Druck mit seiner Segenskraft noch Ordnung stiften könne. Wiederum also zeichnet Schneider ein Papstporträt im Zeichen des „Noch". Doch während in der ersten Phase bei Schneider das „Noch" sich auf das Zwiespältig-Reservathafte des Papsttums bezog, so ist das „Noch" hier *positiv* gewendet: der Papst als *noch* übriggebliebener Hoffnungsträger und noch intakte universale Segensgestalt. Welch ein Wandel also!

Welch ein Wandel erst recht genau zehn Jahre nach dem ersten Rom-Besuch. Wir schreiben das Jahr 1941. Hitlers Armeen haben längst Polen, Frankreich und die Benelux-Staaten, aber auch Norwegen und die Balkan-Länder erwürgt, Millionen von Juden, politisch Andersdenkende, Homosexuelle, völkisch und rassisch „Minderwertige" sind in KZs, wozu die offizielle Kirche in Deutschland konstant schwieg. Im selben Jahr, genau am 23. März 1941, wird Reinhold Schneider eine *Audienz bei Pius XII.* gewährt, der 1939 Pius XI. nachgefolgt war. In seinen autobiographischen Aufzeichnungen „Der verhüllte Tag" erinnert sich Schneider:

„Das Gespräch ging um die Zeit. Ich wagte es, die Hoffnung auf einen Wandel von innen auszusprechen. Rom war wie umschnürt. Der Heilige Vater blickte empor. ‚Aber die Macht!' Die Begegnung erschütterte mich tief. Ich war vor einem Manne gestanden, den das Amt völlig durchdrungen, durchgeistigt hatte. Er schien mir nur noch Amt zu sein, als starke Persönlichkeit ins Außerpersönliche erhoben, ein Mensch wie ein Lichtstrahl. Hinter ihm düsterte die Nacht, und ich glaubte zu ahnen, daß er den Blick in Schrecklich-Künftiges getan habe und ihn die Trauer um dieses beschwere. Zugleich beruhigte mich das Dasein des Amtes unendlich. Es war leibhaftig da. Und es wird da sein bis zum Ende" (X, 130 f)

Unmittelbar nach der Audienz schreibt Schneider ein Sonett auf „Papst Pius XII." (V, 69):

„Du hast die Schmerzen alle angenommen,
Die auf der Welt das Heilige erfahren,
Und von noch fernen, grauenvollen Jahren
Ist schon ein Schatten über dich gekommen.

Es wird die Welt die heimatlosen Frommen
Und auch das Reinste nicht vor Schmach bewahren,
Du ahnst es trauernd, über Streiterscharen
Von Leid durchglüht, das nicht in dir entglommen.

Denn alle Schuld wird Schmerz, der dich verklärt,
Und das Geheimnis deiner Heiligkeit
Ist unsre Not und ungesühnte Fehle;

Du bist das Amt, das unbesieglich währt,
Du bist das Bild der Gnade in der Zeit
Und bist die Macht der leidgeprägten Seele."

Die Parallelen zum Sonett über Pius XI. sind mit Händen zu greifen. Auch hier erklingt ein hymnisches Preislied auf einen regierenden Papst. Aber Schneider geht in seiner Papst-Begeisterung noch einen Schritt weiter. Er benutzt Gebetssprache, die er in anderen Gedichten Gott allein vorbehält („Du gabst das Wort ...", heißt es in einem Gedicht zuvor von Gott). Aber diese sprachliche *Einebnung von Gott und Mensch* ist konzeptionelle Absicht des Textes. Der Papst wird mit genau kalkulierten Stilmitteln zu einer göttlich-menschlichen Gestalt verklärt und so mit einer divinatorischen Aura umgeben. Und diese Stilmittel sind: Imitation der Gebetssprache; christologisch besetzte Metaphorik (der Papst als Schmerzensmann, von „Leid durchglüht") sowie die Übertragung von Göttlichkeitsattributen auf den „Stellvertreter Gottes auf Erden" selbst: „Das Reine", „verklärt", „Geheimnis deiner Heiligkeit". Die Rede vom unbesiegbaren Amt, der Gnade und der Macht im Leid entstammen ebenfalls christologischer Terminologie (das Amt Christi, Christus als Ikone Gottes, die Macht in der Ohnmacht). Überwältigt vom persönlichen Eindruck, verschwimmen für den Autor irdische und himmlische Sphären, ist die Grenze aufgehoben zwischen Amt und Amtsträger, dem Persönlichen und dem Außerpersönlichen. Der bittere Papstkritiker ist unter dem Druck des widerchristlichen Faschismus einerseits und in Fortsetzung seines monarchischen Reichsgedankens, seines Glaubens also an eine konservative Revolution in Deutschland[5], zu einem *Papstverehrer* geworden, der die Grenze zur Papolatrie erreicht, ja überschritten hat.

3. Verhüllte Angefochtenheit: die Sonette der Kriegszeit

1943: „Jetzt ist des Heiligen Zeit", heißt die neue Sonettsammlung, und die Kriegszeiten – Schneider wußte das – sind noch schrecklicher und furchtbarer geworden. Er aber hält an der Sonett-Form fest: Reim für Reim, Strophe für Strophe, Zweiheber für Zweiheber. Verstärkt ist jetzt von „Graun" und den „Gräbern" die Rede, vom „Abgrund", von „Fluch" und „Gericht". Aber wie „Der Retter" in seinem gleichnamigen Sonett schreitet auch Schneider sicher und unbeirrt fort. Seine *Deutungsmuster* der Wirklichkeit sind nun ganz und gar *metaphysisch-dualistisch:* hier das Grauen der Zeit – dort Gottes Frieden; hier der Mut, das selige Genügen und die Verheißungen der Ewigkeit – dort das Gespinst des Todes und der Lügen; hier die Not der Menschen – dort das Licht, die Liebe, der Frieden:

> „Er schreitet sicher durch das Graun der Zeit,
> Und Gottes Friede ruht auf seinen Zügen,
> Ein heiliger Mut, ein seliges Genügen
> Und die Verheißungen der Ewigkeit.
>
> Sein Herz ward stark vom oft bestandnen Streit
> Mit dem Gespinst des Todes und der Lügen;
> Er wahrt das Wort, dem sich die Mächte fügen,
> Und spricht es aus in Selbstvergessenheit.
>
> Und alle Not der Menschen wird zu Licht
> In seiner Liebe heiliger Übermacht
> Und flutet wieder in die dunkle Welt.
>
> Er ist der Friede und ist das Gericht
> Und sucht und wandert, bis der Fürst der Nacht
> Ihm an das Herz in letzter Stunde fällt" (V, 79).

Nein, nichts an – wie man weiß, bedrückend erlebter – eigener Erschütterung läßt Schneider in seine Texte einfließen. Seine Kunst stellt er ganz und gar in den Dienst der „Wahrheit", wie er sie in der christlichen Offenbarung verbürgt sieht. Aus dieser Sicht deutet er denn auch den Faschismus sowohl nach der theologischen (der „Retter" und der „Fürst der Nacht") wie nach der anthropologischen Seite (Not und Gericht). Noch 1944 in seinem Sonettband „Die Waffen des Lichts" schreibt er wieder über kirchliche Feste, „Fest der Erscheinung des Herrn", „Passion", „Auferstehung"; schreibt er rührende Mariengedichte „Madonna del Carmine", „Die Kerze des Soldaten"; schreibt er Gereimtes auf Heilige und die Heilige Trinität.

Nur einmal scheint die eigene Betroffenheit (die untergründig, wohlgemerkt, vorhanden war) bis in den Text selber durchzuschlagen. Der geistige Gefährte der dreißiger Jahre, der protestantische Schriftsteller *Jochen Klepper* (in „Verhüllter Tag" zeichnet Schneider ein schönes Porträt von ihm) hatte am 11. Dezember 1942 mit seiner Familie (seine Frau war Jüdin) aus Angst vor der Deportation Selbstmord begangen. 1943 entsteht Schneiders Doppel-Sonett mit zwei unterschiedlichen und deshalb sehr aufschlußreichen Teilstücken: „Dem Andenken eines Freundes" (V, 115 f):

> „Dies ist das Ende, dies die Todesnacht,
> In der mein Wort verhallt, mein Schritt verweht;
> Der rote Stern, der blutig niedergeht,
> Hat mich ans Ziel in tiefem Graun gebracht.
>
> Denn näher schon und näher rückt die Schlacht.
> Verworfner Zeit unmächtiger Prophet
> Möcht ich mein Wort verzehren im Gebet
> Nur um den Engel, der am Grabe wacht.
>
> Der reine Tag, der fernher wiederkehrt,
> Ist mein nicht mehr. Zu viele schwanden hin,
> Die mit mir glühend dieses Tags geharrt.
>
> Ich beuge mich, von Schuld und Gram beschwert,
> Der dunklen Zeit, der ich verfallen bin,
> Und ihres Herrn verborgner Gegenwart."

Dieser *erste Teil* steht noch ganz im Zeichen des Endes, der Todesnacht, der bitteren Erfahrung der eigenen Vergeblichkeit. Zum ersten Mal wird in dieser Lyrik nicht das Graun „da draußen" beschrieben, sondern als Zustand des eigenen Ichs.

Zum ersten Mal gibt es die Andeutung eines „Zuviel": zuviel Tod, gerade auch der eigenen Glaubensgenossen, als daß an den Tag der Auferstehung noch geglaubt werden könnte. Zum ersten Mal die Krümmung vor dem Unfaßlichen, die Beuge in die Sprachlosigkeit, die Verfallenheit an das Dunkel. Es ist der *deus absconditus*, der hier erfahren wird und der einem die Sprache verschlägt. Doch dann folgt der *zweite Teil:*

> „Nun darfst du ruhn. Es wird das heilige Licht
> Von dir sich nimmer scheiden und den Deinen,
> Wenn einst des Richters Boten dir erscheinen,
> Verzage nicht! Um deinen Glauben nicht!
>
> Die Schuld ist aller. Unser das Gericht.
> Wer all sein Leben opferte dem Reinen,
> Sühnt noch im Dunkel, da durch haltlos Weinen
> Des Abgrunds mächtige Todesstimme spricht.
>
> Dir ward dein Wort genommen und der Ort,
> Wo deines Herzens Treue durfte dauern,
> So lang beschützt mit ritterlichen Armen.
>
> Da machtest du den Tod zu deinem Wort.
> Es bricht gewaltig aus den Kerkermauern
> Und klagt und sühnt – und Gott wird sich erbarmen."

Der andere Ton ist jetzt unüberhörbar: Auferstehungsgewiß-heit, nicht Auferstehungszweifel bestimmt den Duktus der Rede; mehr noch: Gerichtsgewißtheit! Das Gericht ist unser! Der Autor hat seine vertraute Sprache wiedergefunden; der Verzweiflungstod des Freundes kann jetzt als Sühnetod inter-pretiert und der Selbstmord auf diese Weise gerechtfertigt wer-den. Die Schemata stimmen wieder: Klage, nicht Anklage ist das Äußerste, was der Autor sich gestattet. Nicht länger vom verborgenen, sondern vom barmherzigen Gott kann jetzt ent-schieden die Rede sein.

In diesem Sinne muß man auch das nachmals *berühmteste Sonett* Reinhold Schneiders aus dieser Phase interpretieren, 1941 in der Sammlung „Dreißig Sonette" veröffentlicht:

> „Allein den Betern kann es noch gelingen,
> Das Schwert ob unsern Häuptern aufzuhalten

Und diese Welt den richtenden Gewalten
Durch ein geheiligt Leben abzuringen.

Denn Täter werden nie den Himmel zwingen:
Was sie vereinen, wird sich wieder spalten,
Was sie erneuern, über Nacht veralten,
Und was sie stiften, Not und Unheil bringen.

Jetzt ist die Zeit, da sich das Heil verbirgt,
Und Menschenhochmut auf dem Markte feiert,
Indes im Dom die Beter sich verhüllen,

Bis Gott aus unsern Opfern Segen wirkt
Und in den Tiefen, die kein Aug entschleiert,
Die trocknen Brunnen sich mit Leben füllen" (V, 54).

Gerade dieses Gedicht macht klar, was Reinhold Schneider in dieser Zeit geistig wollte:
(1) Der geistlosen, gottlosen Hitlerbarbarei wollte er den Glauben an eine alternative geistige Lebensform entgegenstellen: die Lebensform des entschiedenen Christen. Die „Beter" kennzeichnen nicht eine isolierte Frömmigkeit oder gottergebene Schicksalsgläubigkeit, sondern sind Repräsentanten einer *anderen Grundhaltung*, eines „geheiligten Lebens", das es jetzt erst recht zu führen gelte.
(2) Das Gedicht ist Ausdruck einer religiös fundierten *Faschismus-Kritik*, und diese Kritik arbeitet mit dualistischen Schemata. Den „Betern" stehen die „Täter" gegenüber, deren Aktionen zum Scheitern verurteilt sind.
(3) Die Gegenwart wird von Reinhold Schneider gedeutet als *Zeit der Prüfung und des Gerichts:* Das Schwert schwebt bereits über den Menschen, die richtenden Gewalten sind schon am Werk.
(4) Der Text lebt von dem unerschütterten Glauben an die *Dialektik des Opfers*, dem Glauben daran, daß durch ein gläubiges Leben in dieser Zeit trotz allem aus den Opfern „Segen" entspringen wird.
Was kann man zu solchen Texten heute sagen? Zunächst dies: Unbestreitbar ist die *positive Wirkung* solcher Kriegzeits-Sonette während der Nazibarbarei. Nach glaubwürdigen Zeugnissen ungezählter Menschen waren sie Warnung, Trost und

Richtschnur zugleich, *ein Stück geistigen Widerstandes* gegen das widerchristliche faschistische Terrorregime. Und auch dies ist unleugbar: Solche Texte enthalten tatsächlich eine radikale geistige Absage an den Faschismus: Gottes „Licht", nicht das des „Führers" sollte verkündet werden. Und ferner sollte man anerkennen, daß die Formentscheidung für das Sonett von Schneider selber als eine Art künstlerischer Widerstand gedacht war – gegen die Formlosigkeit und Tyrannis der Hitlerbarbarei, nach dem Satz: „Jetzt, da das Erbe fast verloren war, kann nur strengste Form den Inhalt sammeln, so wie es der Brunnen-schale bedarf, wenn der Quell zu versickern droht ..."[6]
Aber unleugbar ist auch: In diesen Gedichten spricht während des furchtbaren Kriegs-Gemetzels kein Zweifelnder, kein wirk-lich vor Gott und den Menschen Fragender, sondern ein gläubig Wissender, der mit lyrischen *Abstraktionen* sich die konkrete Welt aus der Kunst heraushält, mit *Dualismen* die Welt aufspal-tet (Gott ist stets Licht, die Welt stets „trübe") und mit *Gene-ralisierungen* differenzierte Welthaftigkeit im Gedicht ausspart. In pathetischem Ton wird alles einbezogen: „die" Welt, der „ganze" Weltenkreis, „alle" Wesen. Der ehernen Gedichtform (Rhythmus, Reim und Strophe) entspricht eine eherne Gläu-bigkeit, die unangefochten einherschreitende Sprache einem unbeugsamen Festhalten an der „Wahrheit". Der Dichter ver-steht sich als Bekenner, Tröster und „Verkünder". Ziel des Gedichtes ist vor allem Lob und Anbetung *Gottes*.

4. DER GRUNDZWIESPALT VON ÄSTHETIK UND RELIGION

Um es zugespitzt zu sagen: Wären vom Werk dieses Autors nur diese seine Gedichte übriggeblieben – er bliebe uns fremd bis zur Unverständlichkeit. Es sind Texte, die als subjektive Glaubenszeugnisse in düsterer Zeit zu respektieren sein mögen; als Kunst-Werke aber sind die meisten von ihnen Maku-latur. Sie stehen vor uns – wie C. F. von Weizsäcker sagte – in „unerreichbarer Fremdheit", und wer heute von ihm, dem Schriftsteller Schneider, lernen will, muß dies tun trotz seiner „Fragwürdigkeit, mit seinen Fehlern", in eben dieser seiner „unerreichbaren Fremdheit"[7].

Aber – und das ist nun das Faszinierende an diesem Autor: Er hatte gewußt, was er tat. Und das heißt: Der Botschaft zuliebe, zu der die Zeit ihn nötigte, hatte er *ästhetischen Verzicht* geleistet; um der reinen Glaubensaussage willen hatte er sich als Künstler verleugnet. Es war eine Kunst „von Gnaden des Verzichts", von der er aber meinte, nur sie rühre „an tiefste Not" (V, 87). Die Lyrik – als Kunstform die am stärksten individuelle, persönlichste, aber auch zerbrechlichste –, er machte sie zu einer Form der objektiven Verkündigung, hinter der er als Autor ganz verschwinden wollte, zu einem Medium positioneller Theologie, die das Ich bis zur Unkenntlichkeit aufgesogen hatte. Ja, die Selbstverleugnung des Künstlers Schneider ging bis zur *Bitte an Gott um Selbstauslöschung:*

> „Such ich das Meine, laß es nicht gelingen
> Und laß mein Wort zerscheitern und mein Trachten...
> Das Eigne sterbe gleich mir selbst dahin" (V, 100).

Keine Frage: Er wußte, was er tat, als er sich als Künstler unterwarf. Was er schreiben zu müssen glaubte, ist die sackleinerne Lyrik eines Konvertiten, der Buße tut für seine sündige Vergangenheit und im Akt der Selbstbezichtigung die eigene Kunst der Botschaft, der Kirche zum Opfer bringt. 1938, im selben Jahr, als er sich der katholischen Kirche anschloß, war sein „Wende"-Gedicht entstanden, Bußlyrik eines Neubekehrten, „christliche Versicherungen" in einem „etwas übertrieben fordernden Ton", wie Weizsäcker vornehm kommentiert, „der der Sprache von Neubekehrten so oft eigen ist"[8]:

> „Mir selbst verfallen, irrt ich allerwegen.
> Als hätt ich Gott in meinem Werk gefunden,
> Ließ ich vom Wahn des Werkes mich verzehren.
>
> Doch auch das Werk ist eitel ohne Segen,
> Und erst im Jenseits werd ich ganz gesunden,
> Auf Erden will ich nichts mehr als verehren" (V, 38).

Es ist das Problem aller Bekehrten, die Künstler bleiben wollen. Auch Brecht hatte dies nach seiner „Konversion" zum Marxismus und der kommunistischen Partei am eigenen Leib zu spüren bekommen; auch er hat uns und sich fragwürdige Partei-

Lyrik (Hymnen auf Stalin) nicht erspart. Und es ist kein Zufall, daß Reinhold Schneider gerade bei einem Dichter wie Johannes R. Becher Parallelen zu seiner eigenen Geschichte sah: der Relativierung des Ästhetischen zugunsten der Überzeugungen, der Botschaft, der Partei, an die man sich gebunden hatte. Gerade Becher hatte sich bekanntlich vom freien, expressionistischen Lyriker zum Barden der Kommunistischen Partei gewandelt und war, als Schneider ihm seine Laudatio schrieb, Ulbrichts Kultusminister. Auch Becher sei – wie Schneider anerkennend meinte – „entschlossen aus dem ästhetischen Bereich in den politisch-geschichtlichen getreten"[9]. So auch der Neukatholik Schneider!

Von dieser Zeit an durchzieht ein *Grundzwiespalt von Ästhetik und Religion*, Kunst und Christentum das Schneidersche Denken. Wir haben davon im ersten Kapitel dieses Buches berichtet. Und doch – faszinierender Zwiespalt im Werk dieses Autors: Der gleiche Mann, der noch 1953 erklären wird „wir müssen uns klarmachen, daß Kultur kein Anliegen des Christentums ist", ist Künstler genug, um *Qualitätsunterschiede zwischen christlicher und nichtchristlicher Kunst wahrnehmen* zu können. Das hebt ihn heraus aus der Masse der Partei-Literaten aller Couleur, ähnlich wie auch den Lyriker Brecht, der im Exil („Svendborger Gedichte") seine eigenen Zweifel, Melancholien, Widersprüche lyrisch zu notieren begann. Was Reinhold Schneider 1955 in der beschriebenen Auseinandersetzung mit Gottfried Benn („Soll die Dichtung das Leben bessern") über christliche Autoren wie die Droste, Nikolaus Lenau, Clemens von Brentano kritisch sagte: Er sagte es indirekt auch über sich selbst. Die Sätze sind wichtig genug, um sie hier nochmals zu zitieren:

„Die eigentümlichsten, die vollendeten Gedichte der Annette von Droste entsteigen einem Bereich, der von Christus kaum oder nur schwach durchlichtet ist, einer schwermutdurchwehten, zwielichtigen Wohnung unerlöster Toter, der Heide, dem Moor: Die Droste drückt, noch den Kirchenduft in ihrem Kleide, die Stirne fester ins Hünengrab hinab, wollüstig saugend an des Grauens Süße" (VI, 283).

Ähnlich *Lenau*. Hatte der nicht das Leid der Natur vom Kreuz her christlich deuten wollen, um dann doch in seiner verführerischen Lyrik beim „Gesang der Naturgeister" zu bleiben? (VI, 284) Und *Brentano*? Begann dessen „betörende Melodie" nicht zu verstummen, als er katholisch wurde? Und *Novalis*? Kommt dessen Dichtung – das „Totenlied" zumal, das Schneider so liebte – nicht aus „untergründigen Gefilden", in die das Christentum gar nicht hineinreicht? „Vielleicht", so stellt Schneider fest, „ist es nur Eichendorff neben Hebbel gelungen, ein starkes Erlebnis der Naturmächte und Geschichte mit christlicher Hoffnung zu beseelen." Nein, Kunst habe eine „Neigung, der eindeutigen, greifbaren Wahrheit sich zu entziehen" (VI, 284). Eine erstaunlich selbstkritische, aber im Urteil unbestechliche Aussage, die im Klartext bedeutet: *orthodoxer Katholik* (oder Sozialist etc.) *und Künstler zugleich kann man offenbar nicht sein;* Kunst und Partei (nicht zu verwechseln mit kirchlichem oder politischem Engagement) wollen nicht zusammengehen. Man kann es an Schneiders eigener *Lyrik* nachweisen. Außerhalb des direkt, affirmativ verstandenen Religiösen hat er *eindrückliche Gedichte* geschrieben. Man lese die autobiographisch gefärbte Lyrik, vor allem das großartige Sonett „An meinen Vater" (V, 10) über die Schwermut und die trotzige Absage, das eigene Leben fortzuzeugen (Die Schwermut? „Ich will sie tragen, wie zuletzt dein Sohn, / Doch sei in mir das Leid zur Ruh gebracht" – ein Wetterleuchten von „Winter in Wien"!). Die Sonettform ist hier alles andere als ein starrer Rahmen; ihre strenge Gesetzmäßigkeit ist im Gegenteil die kongeniale Einkleidung eines unerbittlichen Entschlusses zu Einsamkeit, zu Strenge gegen sich selbst, zu heroischer Versöhntheit mit dem eigenen Scheitern.

Oder man lese die *Reisegedichte* von Reinhold Schneider, „Estremadura" (V, 14 f) vor allem. Von hoher Pathetik keine Spur. Der Stil ist hier hart und spröde; die Sätze sind knapp und lapidar kurz. Eine Skizze mehr als eine Beschreibung, der kargen Wüstenlandschaft vollendet angepaßt, die ins Wort gebracht werden soll. Oder man lese die frühen Gedichte vom Ende der zwanziger Jahre, die realitätsnäher und welthaltiger sind als alles, was Schneider an Lyrik später geschrieben hat. Texte, die unerwarteten Orten und Personen gewidmet sind: Zirkus und Varieté, Straße und Fabriktor, Technikern und Dirnen (!). Oder man lese die Gedichte auf *Spiegelfiguren des*

Schneiderschen Selbst: Schubert und dessen Schwermut; Döblin, den Arzt, der wie Schneider zum Christentum gefunden hatte; Nietzsche, den Vielleidenden; Schopenhauer, den „Narr" und Gefährten im Geist. Man wird hier einen anderen Lyriker Schneider entdecken, von Rilke und den Expressionisten beeinflußt und doch um den eigenen Ton bemüht.

Ja, was er künstlerisch in sich abtötete nach seinem Gang in den Beichtstuhl, wird erst von diesen Vergleichstexten her voll begreiflich. Es ist unleugbar: Mit der Selbstbindung an den Katholizismus gerät Schneider in ein Dilemma zwischen Kunst und Glauben, das größer nicht gedacht werden kann. Muß nicht der Christ in ihm permanent die Kunst verraten, der Künstler in ihm das Christentum? *Was ist das also: ein „christlicher Dichter"?* Und Reinhold Schneider antwortet im gleichen Kontext der Auseinandersetzung mit Benn in beispielloser Schärfe: Was anderes als ein unmöglich Möglicher, ein scheiternd Gelingender und ein gelingend Scheiternder? Der christliche Dichter ist der

> „Unerträgliche, der den Protest Jesu Christi in die Zeit zu werfen sucht, der Unruhestifter, der Ankläger, der Wurm im Gewissen, verhaßt den Mächtigen, höchst unerwünscht den Oberhirten, willkommen den Feinden Christi, nicht um seiner, sondern um ihrer Sache willen, Narr zwischen allen Fronten, belastet mit dem Vorwurf richterlicher Überheblichkeit, während er sich doch jede Stunde richtet und wissentlich jede Stunde an der Kunst wie am Christentum versagt" (VI, 287 f).

Ja, er war zum katholischen Bruder des „extremen dänischen Protestanten" (VI, 9) geworden, zum Bruder Kierkegaards, nicht nur was die Seelenverwandtschaft zur Schwermut, zur Tragik (welch eine Parallele in der Beziehung zum weiblichen Geschlecht!), zur Gleichzeitigkeit mit dem leidenden Christus angeht, sondern auch, was die *Wahrnehmung der Zwiespältigkeit des eigenen Künstlertums* betrifft: die Fähigkeit, die Selbstdurchsuchung und künstlerische Selbstentsagung selber noch einmal ästhetisch vollkommen zu zelebrieren.

Anders gesagt: Die Faszination des Reinhold Schneider besteht bis heute gerade in seiner *Fähigkeit zur schonungslosen Eigenentlarvung und Selbstdistanzierung*. „Ihm war eine Selbstironie eigen, die selten ist bei deutschen Geistern", sagte Friedrich Heer, der ihn gut kannte. Und es ist in der Tat ein seltsames Schauspiel, wie sich dieser Autor von seinen Produkten und den damit verbundenen Erwartungen seiner kirchlichen Leser freizumachen beginnt. 1954 im „Verhüllten Tag" vergleicht er die Kriegsjahre bereits mit einem „Verbandsplatz" (X, 164), auf den er gerufen worden sei und nichts als zu helfen gelobt habe. Und in seinem letzten Buch, „Winter in Wien" (1958), fällt das desillusionierende Wort:

> „Die Menschen guten Willens sehen in mir den, der ich war, als mein Name da und dort genannt wurde: um die Zeit also, da ich mich in religiösem Sanitätsdienst bemühte und mich keineswegs schämte, ein bißchen literarisches Ansehen – und literarischen Hochmut – durch die Veröffentlichung von Traktaten zu beeinträchtigen" (X, 197f).

Deutlicher kann man eine alte Haut nicht abstreifen wollen. Religiöser Sanitäter – merkwürdiges Wort – wollte er nicht mehr sein, Trostpflaster nicht mehr spenden – nach dem großen Krieg. Er konnte es auch gar nicht mehr. Denn der Gott, den er für sich zu entdecken begann, war jetzt kein Gott des schlichten Trostes mehr „Unser Gott ist ein zehrendes Feuer", zitiert er Hebr 12,29, und „der Verzehrte und Zerbrochene wird ihn sehen und sein Zeichen sein" (X, 117). Anders und schärfer gesagt: Dieser christliche Autor beginnt sich nach 1948 die religiösen Trostpflaster eigenhändig abzureißen, die er sich selbst auf seine alten Wunden gelegt hatte. Er hat den Mut, die Narben wieder zu öffnen und die alten Wunden wieder zu zeigen, die er mit der „Heimkehr" in die Kirche glaubte verbunden zu haben. Diese Heimkehr aber war eine Täuschung.
Reinhold Schneider war nicht angekommen, er mußte auch durch diese „Heimkehr"-Phase noch einmal hindurch. Er beginnt zu begreifen, daß es nur der Druck des widerchrist-

lichen faschistischen Totalitarismus war, der ihn in seinen Dichtungen und Traktaten so affirmativ, so äußerlich unerschüttert, so kirchlich identifikatorisch hatte reden lassen. Als der Druck nachließ, die Kirche frei war, das Christentum sich wieder entfalten konnte, spürte dieser Autor, daß er doch allein war. Allein in doppeltem Sinn: allein mit seinen alten Zweifeln an Gott, die er vor der „Heimkehr" in der Brust getragen und nur seinem Tagebuch anvertraut hatte, allein aber auch mit seiner Botschaft von der geistigen Erneuerung des deutschen Volkes aus dem Geist des Opfers und des sühnenden Leidens, mit der er je länger, desto mehr nicht verstanden wurde. Im „Verhüllten Tag", keine zehn Jahre nach Kriegsende, fällt der bittere Satz: „Wir hätten, im Sinne Martin Luthers, ganz vernichtet sein müssen, wenn wir gerettet werden sollten" (X, 161). Ein ungeheuerlicher, ein gefährlicher Satz, aber im Sinne Schneiders so zu verstehen: Der Macht- und Durchsetzungswille des Menschen – verantwortlich für die Kriege – ist noch nicht gebrochen genug, als daß der Mensch nach dem großen Sterben nicht wieder Lust auf neue Waffen hätte (gegen den Kommunismus in diesem Fall).

Reinhold Schneider mußte einsehen: Nichts hatten die Deutschen offensichtlich verstanden von jenem Plädoyer, das er schon 1938 in seiner Erzählung „Las Casas vor Karl V." dem Dominikanermönch Las Casas in den Mund gelegt hatte, als dieser vor Kaiser Karl V. das Verbrechen der Christen an den Indios in Lateinamerika anklagte. Dieser Prosatext war ja als Allegorie auf die Hitlersche Judenvernichtungspolitik geschrieben worden! Nein, nichts hatte man offensichtlich auch in der katholischen Kirche von der Schuld- und Bußgesinnung verstanden, die Schneider angesichts des ungeheuren Verbrechens eingefordert hatte. Im Gegenteil: Der Druck auf Reinhold Schneider wurde jetzt, nach dem Krieg, ein anderer: der des *kirchlichen Konformismus.* Und ihm geht schmerzlich auf, daß man ihn offenbar ab 1938 katholischerseits nur schulterklopfend vereinnahmt hatte, ohne seine tiefsten geistigen Intentionen wirklich zu teilen, mit denen er sich freiwillig an die katholische Kirche gebunden hatte. Sich anders, etwa politisch – sozialdemokratisch, kommunistisch – zu binden, wäre ihm nicht in den Sinn gekommen. Schneider war nie ein demokratischer Sohn der französischen Revolution, sondern stets ein monarchistischer Sohn der mittelalterlichen Reichs- und Kaiseridee, er, der „nun einmal nicht Revolutionäre und Sozialkämpfer zu seinen Themen" gewählt hatte, „sondern das Reich, Schicksale von Königen und Dichtern", der „über Maria Theresia und Zar Alexander I., und nicht über Thomas Müntzer, Robespierre oder Robert Blum" geschrieben hatte[10]. „Im Ringen um das Reich", so erklärte Reinhold Schneider noch 1954, „sehe ich den Inhalt meiner Lebensarbeit"![11]

Wir stehen somit vor der ernüchternden Tatsache, daß der *katholische Schneider* der Kriegsjahre werkgeschichtlich *eine Episode* blieb. Nach 1948 knüpfte Schneider zunehmend dort an, wo er vor 1938 aufgehört hatte. Man kommt deshalb um die Feststellung des Germanisten Wolfgang Frühwald nicht herum: „In den Jahren nach dem Selbstmordversuch erst hat sich Schneider schrittweise dem Christentum genähert. Christus meinte er in den Jahren der nationalsozialistischen Herrschaft als Tröster und als Herrn der Geschichte gefunden zu haben, doch er verlor ihn wieder in den Kämpfen der fünfziger Jahre. Damit aber war Schneider wieder beim Zweifel seiner Jugend angekommen"[12].

Es ist freilich auch hier keine einfache Rückkehr. Es ist eine Rückkehr auf tieferer Ebene gleichsam, der *Drehung einer Spirale* vergleichbar, die sich nach innen, in die Tiefe bohrt. „Wenn überhaupt eine Art von Entfaltung", sagte Schneider einmal, „von geistiger Geschichte sich in einem Menschen begibt, so bewegt sie sich in der Linie einer Spirale" (X, 161). Es ist also keine Rückkehr zu seiner vor-christlichen Haltung; es ist keine Wiederaufnahme der Christentumskritik im Geiste Nietzsches. Nein, es kommt schlimmer: Er wird künftig gegen das Christentum rebellieren als gewordener Christ, an der Kirche leiden als bekennender Katholik, die Anfechtungen aushalten als gläubiger Mensch. Um im Bild zu bleiben: Er erfährt die Drehung der Spirale als Drehung in die Tiefe des Abgrundes, der für ihn nicht der Abgrund des Nichts ist, sondern der Raum des abgründigen Gottes selber. „Der Zweifel ernährt den Glauben, der Glaube den Zweifel", heißt es in „Winter in Wien"; und in der Tat muß man – wie Friedrich Heer formuliert – „wenn man die Frömmigkeit des Reinhold Schneider

verstehen will, dieses Schwebende, Bebende, diese Zerreiß-
probe – Glaube in Unglaube; Unglaube in Glaube, Glaube vor
dem Nichts ... wahrnehmen, will man ihren Sinn, ihre Tiefe
erfahren"[13].

6. Drama als Instrument neuer Kirchenkritik

Neue Einsichten fordern einen neuen Stil; eine komplexere
Weltwahrnehmung erzwingt eine komplexere literarische Verarbeitung. Daß die Sonett-Produktion der Kriegsjahre nicht so
weitergehen konnte, ist begreiflich; sie hört denn auch nach
1950 fast ganz auf. Schon im Nachkriegs-Gedichtband „Herz
am Erdensaum" (1947) ist der Ton lockerer, freier, ungebunde-
ner. Im Jahrzehnt, das ihm noch bleibt, dominieren zwei literarische Formen: das Drama und die Autobiographie.
Poeta doctus, der er war, wußte Schneider, welche *Möglichkeiten im Drama* steckten. Er kannte diese literarische Tradition
wie kaum ein Autor seiner Zeit und wußte sich über Shakespeare und Calderón, Corneille und Racine, Marlowe und
Molière ebenso kompetent zu äußern wie über die Dramen
Lessings, Schillers und Grillparzers oder über moderne Dramatiker wie Strindberg und Claudel. Er, der seit 1929 mit Dramen
experimentiert hatte, zehn Dramen abschließen konnte, von
denen nur neun bekannt sind, wußte, welche spezifischen Möglichkeiten gerade das Drama als Form anbot: „Der Zusammenstoß der Gegensätze und das Geheimnis einer Führung dahinter, die man aber wieder nicht versteht, läßt sich eben nur im
Drama sagen, ebenso wie die letzte Tragik der menschlichen
Existenz in der Geschichtsform, die lassen sich eben nur in
der dramatischen Form ausdrücken", sagte Schneider 1958 in
Wien.[14] Ja, wie Lessing seinen „Nathan" nutzte – nach dem
Streit mit Goetze durch Publikationsverbot theologischer Trak-
tate blockiert –, um im anderen Medium, der Bühne, seine
Sache den Zeitgenossen zu sagen; wie Brecht in seinem „Gali-
lei" die Problematik von Wahrheit und Parteilichkeit, von
Geschichtlichkeit und Unfehlbarkeitsanspruch versteckte,
um sie seiner Partei indirekt sagen zu können, so nutzte
auch Schneider nach 1948 das historische Drama als Waffe

zur Demonstration der Wahrheit im Streit um Papst und Politik.

Schneider wollte
(1) seiner Kirche auf der Bühne den kritischen Spiegel vorhalten, um seiner maßlosen Enttäuschung über die Kirchenpolitik der Nachkriegszeit (keine Reue über das Konkordat, keine Ächtung der Atombombe) Ausdruck zu verschaffen, und (2) der komplexer werdenden Problematik vom „Gottesreich in der Zeit" in einer komplexeren, das Für und Wider dialektisch einbeziehenden, argumentativen Kommunikationsform gerecht werden: „Ich fühle mich in einem tiefen Zerfall mit Gegenwart und Vergangenheit; wenn überhaupt kann ich mich nur noch in dramatischer Form äußern, in immer schrofferen Antithesen"[15], schrieb er am 1. Dezember 1950.

In der Tat: Vergleicht man die Sonette auf Innozenz III. und Franz von Assisi mit dem Drama „Innozenz und Franziskus" (1952), so ist die Wiedergewinnung der Argumentation vor dem Bekenntnis, der Prozessualität vor der Positionalität, der Dialektik vor der Affirmation unverkennbar.[16] Kurz, es kommt zur *Wiederauferstehung der künstlerischen Freiheit* Reinhold Schneiders, der vom Drama sagen kann: „Keine andere Kunstform kann leisten, was vom Drama erwartet werden muß. Ihm ist es wesentlich, zum Ja und Nein aufzufordern, einen geistigen, seelischen, geschichtlichen Prozeß zu beenden, nicht allein zu spiegeln."[17] Und darauf kommt es im folgenden an, ohne daß man die ästhetischen Schwächen der Dramen Schneiders, die alle etwas Ausgedacht-Künstliches, Intellektuell-Schulmäßiges haben, übersehen könnte. Er war ein kalter Dramatiker, der Lesedramen schrieb, Dramen also, die kaum für die Bühne geeignet waren. Doch sehen wir konkret zu.

Als Beispiel diene das *Innozenz-Sonett von 1951* (V, 295):

„Des Bettlers grauer Mantel überbreitet
Den Sterbenden. Vom Tale steigt das Singen
Der Kinder, die zum heiligen Grabe dringen,
Vom schweren Fluge ihres Tods begleitet.

Die Hand ist leer; dem Tode widerstreitet
Ein unerhörter Wunsch, sich aufzuschwingen;

Der Geist strahlt auf; des Raumes Fesseln springen,
Und einmal noch liegt Gottes Reich geweitet.

Aufflammen alle Kuppeln, Türme, Zinnen
Unheimlich nah, wie vor dem Wetterschlage
Das Hochgebirge dicht auf Wolken ruht,
Bis sie im Licht Jerusalems zerrinnen. –
Fernher vom Meer verhallt der Kinder Klage.
Wie Asche deckt der Mantel tote Glut."

Seine Stärke hat dieses Gedicht zweifellos darin, daß es dem
mächtigsten Papst der Geschichte, Innozenz III., von seinem
Tod her beizukommen versucht. Aus dem Herrscher ist bereits
ein Bettler geworden, und in der Todesstunde vermischen sich
Traum und Realität: das Sterbezimmer, die leere Hand, das
Aufbäumen gegen den Tod und zugleich der Zug der Kinder
zum Heiligen Grab in Jerusalem, das Licht der Heiligen Stadt,
die verhallenden Klagen der Kinder ...
Und doch, bei aller Doppelbödigkeit von Traum und Realität
– es ist ein merkwürdig statisches Gedicht, das hier vor uns
liegt. Nichts erfährt der Leser vom Warum und Weshalb, vom
Davor und Danach, von der Figur und ihren Visionen. Nichts
wüßten wir von der abgründigen *Zwiespältigkeit dieses Papstes*
und der Tragödie von christlichem Papsttum schlechthin, die
Schneider dann in seinen Dramen gestaltete. Dieser Innozenz
(1198–1216) war in der Tat der mächtigste Herrscher, den die
cathedra Petri je gesehen hat, herausgefordert von Ketzerbewe-
gungen (Katharer, Albigenser) einerseits und der franziskani-
schen Armutsbewegung andererseits, stets aber auch in die
weltpolitischen Händel um die deutsche Kaiserkrone verwikkelt. So zeigt ihn uns Schneider dann in seinem Drama Innozenz: ein ganz und gar weltgewandter Herrscher und doch ein
Verächter der Welt, der beherrscht wird von der Schwermut
und schon in seiner Jugend in einer Schrift „Von der Weltverachtung" über das „Elend der Geburt" meditiert hatte. Ein Geist
von Schneiderschem Geist also, dieser Papst. Eine doppelge-
sichtige, janusköpfige Figur: Ein Mann, der wider die Ketzer
wütet und sich doch mit ihrem Anführer heimlich trifft, der
mit den Königen und Fürsten sein weltliches Spiel treibt und
insgeheim mit Franz von Assisi sympathisiert.

So zeigt ihn uns Reinhold Schneider: Innozenz ist ein Mann, der öffentlich ein Herrscher ohne Zweifel war, privat aber ein von Zweifeln Beherrschter, öffentlich ein Triumphator, privat ein Zauderer, öffentlich ein Fanatiker, privat ein Melancholiker, öffentlich ein Rächer, privat ein Reuiger. Ein Mann näherhin, der öffentlich das Kreuz zum Schwert wider die Ketzer machte und sich im Verborgenen das Kreuz seiner Opfer umhing: gebrochen, weil er vereinbaren wollte, was unvereinbar, für Christen nur im Konflikt zu haben ist: Weltpolitik und Armutsbewegung, Reich Gottes und Reich dieser Welt, Herrschaft und Demut, Hierarchie und Brüderlichkeit, Machtausübung und Machtverzicht, den Krieg und das Kreuz. Ein Mann, der tat, als könne man vom Gekreuzigten her für beides zugleich sein: für die Fürsten und die Armen, die Herrscher und die Beherrschten, als könne man so die Abgründe überdekken, die sich in der realen Welt auftun. Ein Papst also als tragische Figur? Für Schneider, ja! Denn dieser Papst mußte scheitern, Opfer werden, weil zwei Dinge mit dem gleichen göttlichen Absolutheitsanspruch nicht zusammengehen: sein Amt, das göttlichen Ursprungs ist, mit dem er für die Verwirklichung von Gottes Reich auf Erden einzustehen hat, und die gleichzeitige Korrumpierung dieses Anspruchs durch das Sich-Einlassen auf diese Welt, das Gottes Willen widersprechen muß.

In der Tat: Mit Innozenz steht ein Papst vor uns, der die Welt geistlich beherrschen wollte und doch zugleich von ihr ungeistlich beherrscht wurde; der die Fürsten binden wollte und doch zugleich von ihnen gebunden wurde; der die Welt von allem Korrupten befreien wollte und dies mit Mitteln tat, die ihn selber korrumpierten; der sich als moralisch unantastbare Instanz über den Parteien wähnte und doch, hineingezogen in das Ränkespiel, moralisch gebrochen daraus hervorging; der meinte, über die Geschicke der Welt Recht sprechen zu können, und der doch am Ende nicht mehr wußte, wo Recht und Unrecht lagen. Dieser Papst fehlte, weil er den Erfolg des Gottesreiches nach „weltlichen Kriterien" beurteilte und so die Entscheidung für die andere, radikale christliche Alternative vermissen ließ. Nicht, daß er diese radikale christliche Alternative nicht gesehen hätte, macht ihn fragwürdig – er hatte sie im Blick, symbolisiert in seiner Sehnsucht nach dem einfachen Fischer Petrus, der Armutsbewegung des Franz von Assisi, der Herausforderung durch den Mann am Kreuz –, sondern daß er die Entscheidung für diese wiederum am Ende nur privat für sich vollzieht, darin liegt seine eigentliche Problematik. So bleibt es am Ende bei der Diskrepanz zwischen dem Fischer Petrus und dem Mann auf dem Stuhle Petri, den die Frage quält, wer denn dafür „bürge", daß „der Herr dort ist, wo der Diener ist"[18], und den die Vision einer *Rückkehr des Papstes nach Jerusalem* überkommt, die Vision eines Kreuz-zugs ganz anderer Art, des Rückzugs unter das Kreuz nämlich: „Es geht um viel mehr, Brüder", läßt Reinhold Schneider seinen Innozenz am Ende sagen, „darum, daß die Christenheit aufbricht nach Jerusalem. Darum, daß sie nicht mehr zu leben vermag außerhalb der heiligen Mauern."[19]

7. Muss der Papst um Christi willen zurücktreten?

Keine Frage: im Spiegel dieser Papstfigur wollte Reinhold Schneider ein bestimmtes *päpstliches Selbstverständnis in die Krise führen:* ein triumphalistisches, Kirche und Reich Gottes identifizierendes, mit der Welt Händel eingehendes Papsttum, und all dies ist für ihn keineswegs nur eine Problematik der Vergangenheit. Denn kein „historischer Innozenz" erscheint hier auf der Bühne, sondern ein Innozenz als *Modellfall von Papsttum* schlechthin: Demonstrationsobjekt einer zeitübergreifenden und damit auch gegenwärtigen Problematik. An Innozenz zeigt Schneider, wie es um christliche Existenz und Moral (*in* dieser Welt, aber nicht *von* dieser Welt) bestellt ist. Aber deutlich wird auch, daß Innozenz in die *Welt Pius XI. und Pius XII. verschlungen* ist, Päpste, die in unserer Zeit wiederum allzu triumphalistisch-unfehlbar das Kreuz und die „christliche Tragik" überspringend römische Kirche und Reich Gottes, Evangelium und Lehre, Papstamt und Petrusdienst identifizierten, die sich wiederum mit der weltlichen Macht (Mussolini, Hitler) auf eine in Schneiders Augen verderbliche Konkordatspolitik eingelassen hatten. Merkwürdige Doppelgesichtigkeit: Als einer der wenigen katholischen Schriftsteller hatte Schneider ein hymnisches Sonett auf Pius XII. geschrieben; als einziger wagte er es aber auch, einen Papst auf der Bühne vorzuführen, der Pius XII. zum Verwechseln ähnlich sieht und der seine eigene Zwiespältigkeit durchschaut. Als einziger hatte er den Mut, in seinem „Cölestin"-Stück öffentlich darüber nachzudenken, ob es nicht besser wäre, der Papst gäbe „um Christi willen" sein Amt völlig auf.

In der Tat: Das Papst-Drama „Der große Verzicht" ist eines der radikalsten papstkritischen Stücke der deutschen Literatur, vergleichbar nur mit Ignazio Silones Cölestin-Drama „Abenteuer eines armen Christen". Ein Stück tiefer in seiner Papstkritik als Erasmus von Rotterdams Papstsatire auf Julius II. („Julius exclusus e coelis"), tiefer auch als Hochhuths „Stellvertreter" (der gerade keine Tragik des Papstes zuläßt, sondern nur noch Versagen kennt), tiefer auch als alle Papstsatiren und Papstutopien der Gegenwartsliteratur. Was Innozenz bei Schneider nur zu denken wagte, hier ist es vollzogen: der *Rücktritt* des Papstes, der Machtverzicht um Christi willen. Das Stück wirft damit grundsätzlich die Frage auf, ob ein Heiliger herrschen könne auf Erden und welche Gestalt seine Herrschaft haben müsse. Ja, er stellt allen Ernstes die Frage, ob man beides sein könne: radikal Christ und Papst zugleich? Können Macht und Machtausübung christlich gerechtfertigt werden? Wenn aber nicht, was sind dann die Konsequenzen?

Die Antwort Reinhold Schneiders ist der Verweis auf das Kreuz, die *neue* christliche Möglichkeit im Umgang mit der Macht, die er 1931 in Rom noch nicht kannte. Das unterscheidet das Stück von einem revolutionären Kampfstück, das etwa in der Verweigerung von Macht die einzige Möglichkeit für Christen gesehen hätte. Gerade dies ist etwa bei Ignazio Silone der Fall. Sein Cölestin ist eine radikal utopische Figur im Prozeß der revolutionären Umgestaltung der Gesellschaft. Sein Cölestin ist keine tragische, eher eine tragikomische Figur, ein Narr in einem närrischen Spiel, der scheitern mußte, weil sein Traum vom Reiche Gottes von einer Welt brutaler Macht- und Herrschaftsinteressen nicht zugelassen werden konnte.[20]

Schneider aber sieht an Cölestin gerade das Tragische, die Schuld im Bleiben *und* im Rückzug. Denn der Rücktritt Cölestins – gegen Gottes ursprünglichen Willen vollzogen – stärkt ja auch die Kräfte der Reaktion in der Kirche. Schneider hat somit alles Interesse, Cölestins Entschluß als individuelle Entscheidung – und nicht als notwendige Konsequenz für alle folgenden Päpste – glaubwürdig zu machen. Das Stück hat somit eine *doppelte Front*: Es wehrt eine kirchenkonformistische Kritik ab, die die Frage nach der Vereinbarkeit von Heiligkeit und Macht nie als Problem erlebte. Cölestin *ist* für Schneider eine, wenn auch schuldhafte, christliche *Möglichkeit*. Und gleichzeitig wehrt es eine kirchenkritische Kritik ab: Cölestins Entscheid soll nicht zur Abschaffung des Papsttums führen; er ist gerade als radikal gegen das Papsttum vollzogener noch einmal dessen Bekräftigung:

> „Er hat dem heiligen Amt im letzten Sinne nicht widersprochen; er scheitert ja am Felsen – und es ist kein höheres Bekenntnis zum Fels als dieses Scheitern ... Das ist ein Bekenntnis ohne irdische Glorie, die Macht des Machtlosen, der Sieg dessen, der das Schwert in die Scheide steckte, einmal und für immer."[21]

Wie immer diese Positionen vereinbar sein mögen, Schneider geht es in erster Linie um die Darlegung des „Dilemmas des Christen bei der Verwaltung von Ämtern"[22] generell. Cölestin scheitert, aber in seinem Scheitern blitzt noch einmal die Hoffnung auf, die sein Vermächtnis ist und die Reinhold Schneider an die heutige Kirche weitergeben will:

> „Das aber weiß ich mit Bestimmtheit: eine andere Zeit muß und wird beginnen; ich weiß nicht, ob es heute oder morgen geschehen wird. Aber einmal wird es doch geschehen, daß der Amtswalter des Apostels lieber stirbt, als daß er Mordwaffen segnet, und daß er sich lieber wird vertreiben lassen, als daß er flucht. Das Unerhörte muß und wird kommen. Der muß und wird den Thron Petri besteigen, der die Wahrheit unseres Erlösers lebt; der diese Wahrheit selber ist, soweit ein Mensch das sein kann. Dann, ehrwürdige Brüder – laßt den großen Traum mich einmal aussprechen, denn dieser Traum muß weltbeherrschende Wirklichkeit werden –, dann erst werden alle Ämter, Kronen, Herrschaften auf Erden gefesselt sein an die Krone des ewigen Wortes, der Wahrheit; dann wird das Lamm neben dem Löwen ruhen, die Völker werden einander nicht mehr schaden, und der Herr wird herstellen die Wüste zu

einem Garten, wie es der Prophet gesagt hat. Dieses Wort besteht, denn es ist nicht unser Wort, sondern Gottes" (III, 367f).

Gerade diese Passage macht klar: Reinhold Schneider war wieder zu den romkritischen Reflexionen seiner vor-katholischen Zeit zurückgekehrt, jetzt aber auf einer tieferen Ebene, dort, wo sich die Tragödienerfahrung mit der Kreuzestheologie vereinigte. Doch welch verblüffende Konvergenzen zwischen dem fast 50jährigen gefeierten „christlichen Dichter" und dem 28jährigen Flaneur durch die europäische Geschichte, der 20 Jahre zuvor noch in sein Tagebuch eingetragen hatte:

> „Wie heidnisch das Papsttum seinem Wesen nach ist. Auf den Trümmern einer so gewaltigen Gestaltung wie es das römische Imperium war, kann man nicht ungestraft bauen: wie man sich auch drehen und wenden mag: man wiederholt; und mit dem alten Stil beschwört man auch den alten Gehalt ... Christlich sind ohne Zweifel die Katakomben" (TB, 332 f.).

8. Die Autobiographie und der Mut zu eigenen Zweifeln

Die Autobiographie ist ein letzter Schritt weg von der objektivierenden, entsubjektivierten Botschaftssprache der lyrischen Produktion einerseits und andererseits auch ein Schritt weg von der im Drama noch benutzten historisierenden Distanz zur Gegenwart. Die zentralen Stichworte für die letzte Phase des Schneiderschen Werkes lauten nun: *Mut zur Subjektivität und Analyse der Zeitgeschichte.* Wiederum also reagiert Schneider auf neue geistige Herausforderungen als Künstler mit der Rückkehr zu einer bereits durchprobierten offenen Form, dem Tagebuch, das er nun aber in neuer Tiefe und Radikalität einzusetzen versteht: „Winter in Wien". Die *enge Korrespondenz von Form und Inhalt* bringt er unmittelbar nach seiner Rückkehr von Wien, im März 1958, die 13 blauen Schulhefte noch im Koffer, in die er seine Aufzeichnungen „gekritzelt" hatte, einem Freund gegenüber auf die Formel: „Ich habe kein Geschichtsbild geschrieben. Heute kann man sich nur noch aphoristisch ausdrücken und auf Bruchstücke hinweisen" (X, 443).

„Winter in Wien" besteht in der Tat aus lauter *Bruchstücken*.[23] Reinhold Schneider erweist sich nun vollends als der, der er als Künstler stets war: als Meister nicht des metaphysischen Dualismus, sondern des weltimmanenten Kontrastes und der Widersprüche, ein Virtuose des Vielebenenspiels, der mit geschichtlichen Verweisen, Anspielungen und Bezügen zeitkritische Komplexität herzustellen vermag; ein unbestechlicher Beobachter all der Larven und Masken seiner Zeitgenossen von Pascalschem Format, ein selbstkritischer Richter der eigenen Attitüde von Kierkegaardscher Unerbittlichkeit. Keine Synthese legt er mehr vor wie in den Sonetten und Traktaten, sondern eine literarische Collage, durchsetzt mit treffsicheren Aphorismen wie diesen: „Christus ist nicht der Ordner der Welt. Er ist unsere tödliche Freiheit" (X, 186).

Es ist dies die „Handarbeit" (X, 443) eines Melancholikers, der nicht nur das „Doppelantlitz der Natur" (X, 186) wahrnimmt, sondern vor sich selbst eine Doppelrolle spielt, pendelnd zwischen Liturgie und Oper, Theologie und Theater, Kirche und Kaffeehaus, Museum und Hofburg. Ein Mann, der über den Kosmos meditiert und sich anschließend in die Operette flüchtet („Warum sollte ich nicht gestehen, daß die Operette mein Trost ist?": X, 196), in den „Bettelstudent" und in Millöckers „Vizeadmiral" (X, 340). Ja, man muß einen seiner Texte stilkritisch analysiert haben, um den Meister des subtilen Arrangements zu entdecken:

„Und die Stadt arbeitet an mir und ereignet sich innerhalb der engen Grenzen meiner Existenz und meines Sehvermögens. Das Autochen findet keuchend seinen Weg durch kreuzende Ströme; ich fürchte, zu spät ins Ministerium zu kommen, wo eine kleine Feier für Max Mell stattfinden soll. Vor dem Tor, auf dem Minoritenplatz, ruft mich Otto Hahn an, der heute abend im Konzerthaus sprechen will. Seine Bestimmung, seine Persönlichkeit beschäftigen mich immerfort, wie mir ja die Forscher als Regenten der Zeit, in Fesseln der Zeit mehr als die Künstler zu sagen haben vom Menschlichen, vom Schicksal des Geistes, von Geschichte. Ich darf mich auf ihn berufen und werde also heute abend Einlaß finden. Die Begegnung geht mir nicht aus dem Sinn, während oben in dem edlen Rokokosaal, gegenüber der Minoritenkirche, vor einer kleinen Gesellschaft das Quartett Mozart spielt, Mells Verse vorgetragen werden, der Herr Minister den Jubilar auf schlicht überzeugende, herzliche Weise ehrt, der Geehrte ergriffen dankt. Er legt das Bekenntnis seines Lebens und Wirkens ab: Glaube an die Dauer, und das heißt an die Antike, das Volk und den Menschen, an Österreich, Absage an den Untergang. Und dann, aus dem vorgelesenen Vortrag über Stifter, dessen großes Wort: ‚Mäßigung besiegt den Erdkreis.‘ Und wieder Mozart – und wir stoßen an mit dem lieben verehrten Jubilar –, und ich sehe wieder den großen Forscher im unauffälligen grauen Mantel neben dem kleinen Auto vor der Kirche der Minoriten; es dunkelt draußen; Regen kündigt sich an. Ist denn das noch da, was uns umgibt? Was würde Stifter tun, heute, wenn er wüßte, was wir wissen müssen – und fände Mozart, Schmetterling vor Wintersanbruch, noch eine Blüte?" (X, 184 f).

Zuerst also die Wahrnehmung des Ausgesetztseins und das Eingeständnis des begrenzten Blickwinkels: Der Autor ist ganz Beobachter, mehr Objekt eigentlich als Subjekt. Das weckt beim Leser Vertrauen in die Unaufdringlichkeit und Sachlichkeit des Berichterstatters. Scharfer Schnitt: Szene im Auto, das mehr ist als Transportmittel. „Keuchend" und „kreuzende Ströme" sind symbolische Signale für das Leben des Autors selbst in dieser Stadt. Das Vehikel wird objektives Korrelat der eigenen Erfahrungen. Ein Prozeß der Symbolisierung hat im Text begonnen. Schon wird die Begegnung mit Österreichs großem Schriftsteller Max Mell – Symbol einer versunkenen Welt Alt-Österreichs – überlagert durch die Begegnung mit dem Atomphysiker Otto Hahn, dem Vertreter der neuen, technikbeherrschten Welt: „Regent der Zeit". Szenenwechsel vom Auto in den Rokokosaal, von außen nach innen: Mozarts Musik, Mells Verse, die Rede des Ministers, der Dank des Geehrten: eine beinahe unwirkliche Szene, gespiegelt im Bewußtsein des Autors. Ein Stifter-Satz über die Mäßigung bleibt hängen und wird assoziativ mit der Welt des Atomphysikers (die Atombombe im Hintergrund) verbunden. Ein raffiniertes, assoziativ arrangiertes Vier-Ebenen-Spiel wird inszeniert: die Feier und ihr unverbindliches Geplauder – Stifters Wort – die Begegnung mit der bedrohlichen Welt Hahns (er wird noch einmal in reizvollem Kontrast gezeigt: die unauffäl-

lige Kleidung und der mächtige Mann, die Minoritenkirche –
die Kirche der Armen und Ohnmächtigen – als Kulisse für
den Vater der Atombombe) und schließlich Mozarts Musik.
Widersprüchliche Ebenen stoßen gleichzeitig zusammen,
durch die Parenthese direkt nebeneinandergestellt. Der Wechsel
vom Punkt übers Komma zum Semikolon signalisiert eine
Verschärfung des Tempos. Die Notizen über das Wetter („dunkel", „Regen") werden wie beiläufig eingestreut und sind doch
genau kalkulierte Signale; sie verstärken noch diese Szene zar-
ter Dissonanzen in einer Atmosphäre ratloser Melancholie und
fragender Traurigkeit. Ja, Schneider kann ein souveräner Arran-
geur der Gleichzeitigkeit des Ungleichzeitigen sein; ein Virtuose der Dissonanzen. Er schlägt die Leser in seinen Bann,
um sie seinen verführerischen Assoziationen zu überlassen; er
stellt Fragen, ohne seine Leser je direkt gefragt zu haben; er
geht auf eine beinahe schüchtern-unaufdringliche Weise seinem
Leser unter die Haut. Seine Prosa ist wie Nieselregen, der
langsam und gewaltlos in die Kleider dringt, bis es einen frö-
stelt.
Bruchstücke, Dissonanzen: Das gilt nicht nur von dem, *wie*
dieser Schriftsteller redet, sondern auch von dem, *was* er redet.
„Sie enthalten etwas ganz anderes, als man von mir erwartet"
(X, 443), hatte er gleich nach der Rückkehr aus Wien über
seine Notate gesagt. Und was sie Unerwartetes enthalten – im
Vergleich zu früheren Positionen – läßt sich als dreifache Problematisierung beschreiben:
(1) Reinhold Schneider, der Autor des berühmten Sonetts
„Allein den Betern kann es noch gelingen", erfährt einen *Einbruch bei seiner Praxis des Gebets*. Für andere könne er noch
beten, für sich selbst nicht mehr, bekennt er von sich (X, 271).
Noch deutlicher distanziert er sich von früheren Überzeugungen im ungefähr gleichzeitig erscheinenden Nachwort zu seiner
im Krieg sehr populären Schrift über das „Vaterunser". Dieses
tausendfach verbreitete Schriftchen ist ihm nun fremd wie ein
Meteorit. „Was vermag das Gebet?", fragt er jetzt: „Es hat nicht
vor dem Menschenofen bewahrt; es hat nicht die Freiheit
gebracht; Völker nicht erlöst ... Aber Mütter, Bräute, Väter,
Freunde haben es in die Nacht geschickt und keine Antwort
vernommen."[24]

(2) Eng damit zusammen hängt die *Problematisierung des Glaubens an ein Leben nach dem Tod*. „Ich muß dir sagen", gesteht er einem Freund nach der Rückkehr, „an ein persönliches Weiterleben nach dem Tode glaube ich nicht mehr. Aber mir ist ganz wohl dabei" (X, 443). Das Leben war für ihn, den Kranken, oft unter Schmerzen Leidenden, ein einziger Prozeß der Selbstzerstörung. Der Tod dagegen mußte ihm im Kontrast dazu wie die Ruhe schlechthin erscheinen. Merkwürdige, nachdenkenswerte Sätze: Dieser Mann betet in einer Kirche um die ewige Ruhe, nicht um das ewige Leben. Er will sich von Gott nicht aufwecken lassen, weil mit dem Leben der Prozeß der Selbstzerstörung weiterginge: „Wenn ich das Leben nicht will, nicht mehr wollen kann, so vermag auch Gott nichts über mich; denn Gott ist das Sein, und dieses ‚Nicht mehr' entrückt seinem Bereich" (X, 232). Statt dessen will er die Ruhe, das Verlöschen ohne Verlangen nach ewigem Leben.

(3) Verbunden damit ist die gleichzeitige Erfahrung der *Problematisierung des christlichen Vatergottes*. Drei Grundeinsichten waren dafür entscheidend: die Wahrnehmung der unablässigen Tragödien der Geschichte; der Blick in den leeren, echolosen Kosmos, die Erfahrung also des „Schweigens der unendlichen Räume" sowie schließlich die Beobachtung der Gnadenlosigkeit der Evolution, die im Gesetz von Fressen und Gefressenwerden besteht, in der Durchsetzung des stärkeren Lebens durch Vernichtung des Schwachen.

Die Notizen über besonders eklatante *Fälle von Grausamkeit und Gnadenlosigkeit in der Schöpfung* gehören zu den eindrücklichsten Passagen von „Winter in Wien":

> „Der in der Heuschrecke lebende Schmarotzer treibt, wenn er ausschlüpfen will, den sterbenden Wirt ins Wasser, wohin der nicht will. Aber der Schmarotzer will da hin" (X, 301).

Oder:

> „Die Raubwespe springt zwischen die aus der Erde ragenden furchtbaren Kieferzangen der in ihrem Loche steckenden Raublarve, lähmt die Beute durch einen Stich in den Hals, ohne sie zu töten, und legt in der lebendigen Bruthöhle ihre Eier ab. Die Larven der Wespe nähren sich nur von frischem Fleisch ... Die Bewunde-

rung der Zweckmäßigkeit, mit der ein Tier zur Vernichtung des anderen ausgestattet ist, der Bienenwolf zum Verderb der Bienen, die Wasserspinne zum Fischfang, der Ameisenbär für die Ameisen, grenzt an Verzweiflung. Parasiten töten freilich nicht; sie haben ein Interesse am hinlänglichen Wohlbefinden des Geschöpfes, in dem sie hausen. Die aber Leben erzeugen, töten ohne Gnade" (X, 321).

Nein, für Reinhold Schneider war „die biologische Situation des Menschen ebenso verzweifelt wie die kosmische" (X, 336). Er sah eine immer grandioser erscheinende Tragik „des forschenden, suchenden Menschen vor der Ganzheit der in Selbstvernichtung sich fortgebärenden Schöpfung"(X, 279). Und das hieß im Klartext: An eine „Harmonie in der Schöpfung", an den christlichen „Vater-Gott", den er in den Kriegszeiten-Sonetten noch gläubig–vertrauend angeredet hatte, konnte Reinhold Schneider jetzt nicht mehr glauben. Im Gegenteil: Radikal hatte sich *Gottes Antlitz für ihn verdunkelt.* Gott trägt jetzt – wie er sagte – die „schreckliche Maske des Zerschmeißenden, des Keltertreters", und der Blick auf die Schöpfung offenbare nur deren Absurdität. So liest man in „Winter in Wien":

„Aber man gehe nur einmal durch das Naturhistorische Museum – und Gott ist ebenso nahe wie fern. Es ist unmöglich, ihn vor dieser unübersehbaren Gestaltenwelt, dieser entsetzlichen Fülle der Erfindungen zu leugnen; ihn zu leugnen vor der absurden Architektur des Dinosauriers – eine Kathedrale der Sinnlosigkeit, des Lebenswillens, der nicht leben kann; vor den bösen Gespenstern japanischer Krabben, eines hochbeinigen Liebespärchens aus dem Inferno; vor dem Octopus, dem achtfachen Kopffüßler, den man, wenn ich mich recht erinnere, im Hamburger Aquarium zur Erbauung der Besucher mit einer Riesenlanguste konfrontierte: der Verlauf der Begegnung war überraschend; der Octopus umschlang die Scheren des Gegners, zerbrach sie und saugte das Leben aus der Schale. Und der Seestern bricht die Muscheln auf, stößt den Magenschlauch hinein und trinkt sie leer wie ein Ei. Von den Haien, die sich über die Walrosse werfen – von der Seite her; von der Wehrlosigkeit der Seehunde und Delphine ist nichts zu sagen und nichts vom Kampf der Riesenquallen mit den Walen; vom Frosch, der, aufrecht stehend wie ein Mensch, von dem ihn umschnürenden Egel ausgesaugt wird; nichts von der Verdammnis der Haie und dem geheimnisvollen, aber gewiß nicht schmerzlosen Untergang der Saurier und der Mammute ... Das Schaurige ist, daß menschliche Formen durch die Ungetüme spielen; das Knie des Dinosauriers erinnert an ein menschliches Knie, und die Fünfzahl der Finger und Zehen verbirgt sich noch in den Stützflossen der Elefantenrobbe. Der schönste Vogel hascht im Fluge den schönsten Schmetterling; er pflückt die Schwingen ab und läßt sie dahinwehen und verschlingt den zarten Leib, der sich für seine kurze Dauer mit ein wenig Nektar begnügte und schutzlos das Farbenspiel der Flügel, ein Blitz aus den Händen des Vaters, an die Welt verschenkte. Auch ist zur Zerstörung der Rose, wie es scheint, eigens ein grün-gold schimmernder Käfer erschaffen worden. Ich sah ihn bei der Arbeit in Muzot. Er hat, unreiner Widerspruch, keine Rose verschont" (X, 280f).

Nein, Gott ist für Reinhold Schneider angesichts dieser Sinnlosigkeiten, die auch die Rosen auf Rilkes Grab in Muzot nicht verschont hatten, ganz dunkel geworden: „Und das Antlitz des Vaters? Das ist ganz unfaßbar" (X, 281).
Noch einmal: Merkwürdige, nachdenkenswerte Sätze: Dieser Mann betet in der Kirche um die ewige Ruhe, nicht um das ewige Leben. Er will sich von Gott nicht aufwecken lassen, weil mit dem Leben der Prozeß der Selbstzerstörung weiterginge. Statt dessen will er die Ruhe, das Verlöschen ohne Verlangen nach Ewigkeit. Und auch solche Sätze kann man in „Winter in Wien" lesen: „Ich bin wunschlos, außer daß etwa die Schmerzen ..." (X, 211), heißt es an einer Stelle. „Große Einsamkeit, große Freiheit" (X, 267), an einer anderen, an einer dritten, während eines Gottesdienstes: „Wie mir zumute ist: ... herzlich weh, wie es sich gebührt. Ich fühle mich aus dieser Wirklichkeit, diesem Wahrheitsbereich gleiten, ohne Einwand, immer in Verehrung und Dankbarkeit, ohne jegliche Rebellion, aber eben doch für mich, gezogen von meinem Daseinsgewicht, mit geschlossenen Augen, verschlossenem Mund" (X, 266). Und schließlich an einer vierten: „Ich begehre nichts zu begehren, und ich wünschte nichts zu wünschen: das gelte auch für Unsterblichkeit in jeder Bedeutung" (X, 389).

9. Die Vision eines „buddhistischen Christentums"

Wie muß man sich solche Passagen erklären? Individualpsychologisch, gar individualpathologisch? War Reinhold Schneider – wie manche Kritiker argwöhnen – nun endgültig der Melancholie verfallen, endgültig in Pessimismus versunken? Vielleicht. Doch man sollte sich schon die Mühe machen, über Psychologie hinaus nach der geistigen Grundsubstanz dieses Mannes zu fragen und herauszufinden versuchen, in welche geistige Traditionen er sich selber stellt. Leben als unaufhörliches Leiden? Als Ziel des Lebens die Ruhe, das Verlöschen, die Wunschlosigkeit, die große Freiheit? Solche Sätze lassen ja in der Tat eine große Tradition anklingen, die bisher aber in der Reinhold-Schneider-Forschung noch überhaupt nicht im Blick war. Solche Sätze lassen eine *Nähe zum Buddhismus* erahnen, was durch die Ablehnung jedes metaphysischen Trostes, durch die Haltung des großen Einverstandenseins in den Dissonanzen der Welt bestätigt wird. Hat Reinhold Schneider sich mit dem Buddhismus beschäftigt?

Reinhold Schneider hat *Buddha gekannt*. Dessen Werk war ihm schon früh über die Schopenhauer-Lektüre vermittelt worden: „Er wies mich nach Indien: ein wieder und wieder ersehntes Ziel, das ich nie erreichen sollte."[25] Schon 1932 schrieb er an Anna-Maria Baumgarten: „Mein Traum ist immer Indien, von dort den letzten zusammenfassenden Blick auf Europa; dann Heimkehr in den Schwarzwald und schweigen." Karl-Wilhelm Reddemann, dem wir dieses Zitat aus dem ansonsten unveröffentlichten Briefwechsel mit der Lebensgefährtin verdanken, hat an dieser Stelle zu Recht herausgestellt: „Über die portugiesische Geschichte, ihre Seefahrer und Dichter war Schneider schon früh den Spuren indischer Geistestradition in Europa nachgegangen. Er hat auch später für eine Begegnung von Christentum und Buddhismus geworben. Die großen chinesischen Philosophen bedeuteten ihm viel … Indien, das ist für Schneider eine immer wiederkehrende Chiffre für das vollkommene Quietiv inmitten einer veränderungssüchtigen und in immer reißenderem Gefälle dahinschießenden europäischen Zweckwelt."[26] In der Tat: Schaut man genau hin, so dürfte Reinhold Schneider einer der ganz wenigen im Raum des europäischen Christentums seiner Zeit gewesen sein, der eine Verbindung zwischen christlicher und buddhistischer Spiritualität als möglich ansah – im Horizont einer theologia tenebrarum, im Zeichen einer nachmetaphysischen, nachtheistischen Theologie. Das gilt vor allem für die Zeit nach dem Zweiten Weltkrieg, nach dem Zusammenbruch seines christlichen Vater-Gott- und Jenseits-Glaubens. Jetzt rückt Schneider die indische Geistigkeit sichtlich wieder näher. Am 10. Oktober 1950 schreibt er an Bernt von Heiseler:

> „Warum soll ich nicht aus einem Zuge steigen, wenn ich weiß, daß es der falsche ist? Warum nicht als Christ von Indien lernen? Die Meinung indischer Christen, daß die Abendländer Christus gar nicht verstanden hätten, hat für mich Überzeugungskraft. Daß das Christentum mit Indien kaum ins Gespräch kommt, ist ein Verhängnis.[27]"

Und im gleichen Jahr bespricht er das Buch des Tübinger Religionswissenschaftlers Helmuth von Glasenapp „Die Philosophie der Inder" und schreibt:

> „Seltsam! Je mehr wir uns in die indische Philosophie versenken, die Tiefe ihrer Fragestellung, Leidenserfahrung und Sehnsucht nach Erlösung, den durchdringenden Ernst ihrer Ethik, die Großartigkeit der Vorstellung vom Kosmos und von der Zeit bewundern, umso bessere Christen können wir vielleicht werden. Das Entscheidende ist und bleibt, daß die Inder, wie Helmuth von Glasenapp in der einleitenden Gegenüberstellung sagt, ‚der Geschichte keinerlei philosophischen Wert beimessen' – während wir wissen und glauben, daß Gott in die Geschichte gekommen ist, die Geschichte entschied, in ihr wirkt und über sie richten wird am Ende. So kehren wir aus Indien zurück zu uns selbst, bereichert im Wissen von unserem Glauben – aber auch im Wissen von der Welt und ihrer Not und von der Anschauung östlichen Menschentums, ‚jener weltüberlegenen, stillen Heiterkeit, die sich auf dem Antlitz der großen Welterleuchter und Weltüberwinder spiegelt'.“[28]

Kein Wunder, daß ihm zu dieser Zeit auch *Schopenhauer* wieder wichtig wird. 1956 betreut er eine Schopenhauer-Ausgabe und steuert selber das Vorwort bei. Wie nah ist ihm Schopenhauer jetzt wieder geworden! Für Schopenhauer sei „das Eichhörnchen, das vom Blick der Schlange gezwungen jammernd von seinem Baume herab in ihren Rachen läuft, ein Argument des Pessimismus" gewesen, schreibt er, und Schneider fügt bezeichnenderweise hinzu:

„Auf dieser Stufe des Daseins – wo Freude und Zuversicht, die auf anderen Stufen möglich sind, keinesweges in Frage gestellt werden sollen –, auf dieser, wo das Leiden ‚wahre Bestimmung' ist, gibt es nur zwei Antworten: da Ja unter dem Kreuze und das Nein an alles, was für uns ist. Menschen solcher Art führt Arthur Schopenhauer vor die Entscheidung."[29]

Schopenhauer also war es, der Reinhold Schneider auch in den fünfziger Jahren neu die indische Tradition zu Bewußtsein brachte, ein Schopenhauer, der als größtes geistiges Ereignis im 19. Jahrhundert – so Schneider – „die Entdeckung der indischen Überlieferung" angesehen habe und der dann „in der Landschaft deutschen Geistes" buddhistische Heiligtümer aufgebaut habe. Und dann schreibt Schneider den bemerkenswerten Satz: „Mögen sie am Platze sein oder nicht: sie sind erste Zeichen des Glaubens, daß eine Wahrheit von Anfang die Menschheit trägt und eint; daß die Stunde gekommen ist, da Europa ausströmt und Asien hereinmündet."[30]

In diesem Sinne dürfte auch ein *letztes Papst-Gedicht* von Reinhold Schneider zu verstehen sein, das er im heiligen Jahr 1950 schrieb, nie veröffentlichte und das erst im Nachlaß greifbar ist. Das Gedicht von einem Papst, der nicht nach Palästina zurückkehrt, sondern in der Gestalt des Petrus nach *Indien vorangeht*. War der „Innozenz" noch rückwärtsgewandt, so ist dieser Text nun vorwärtsgerichtet, eine nach vorne orientierte Utopie. Eine kühne Vision liegt vor uns, entworfen in dem heiligen Jahr, das den Höhepunkt des Pontifikates Pius' XII. bildete. Ein Kontrastprogramm zum Pius-Triumphalismus, das schärfer nicht hätte ausfallen können. „Wenn er herabsteigt", beginnt das Gedicht, und es beginnt damit als Warngedicht, als ein prophetisches Gerichtsgedicht:

„Verruchte seh' ich Heiligtümer bauen;
Ich höre Priester der Gewalt vertrauen,
Die Liebe preisen und auf's Wort verzichten. (...)

Die Ketten löst der Heilige in der Nacht
Des römischen Kerkers; durch der Wächter Mitte,
Durch blutige Straßen flüchten seine Tritte,
Bis Rom verschwimmt in fahler Mondespracht.

Noch rauscht die Erde von vertobter Schlacht,
Aufdröhnend neu von apokalyptischem Ritte;
Vorüber fliehen unhörbare Schritte,
Bis überm Meer sich milder Glanz entfacht.

Und Indiens Rosenapfelbäume rauschen
Um des Apostels Antlitz und versöhnen
Den tief gefurchten Gram in Licht und Schweigen.

Und Ost und West erkennen sich und tauschen
Die Seele aus; der Geist wird sie bekrönen,
Das Amt der Welt sein höchstes Antlitz zeigen" (V, 292 f).

Ost und West erkennen sich und tauschen die Seele aus: Hier
läge vielleicht eine noch zu entdeckende Bedeutung, eine nicht
nur katholische, sondern ökumenisch-interreligiöse Relevanz
des Schriftstellers Reinhold Schneider. Nein, es ist kein Zufall,
daß dieser katholische Autor, der zu einer eigenen Kreuzesspiritualität im Zeichen der „Tragödien Gottes" in der Geschichte
gefunden hatte, nach Vertiefungen und untergründigen Verbindungen mit der Geistigkeit des Ostens suchte. Und es ist auch
kein Zufall, daß dieser katholisch-christliche Mystiker eine so
tiefe Nähe zu jener jüdisch-christlichen Mystikerin empfand:
Simone Weil, zu einer Frau, der er 1952 noch einen Radio-
Essay widmete. Und in diesem Essay, in dem Reinhold Schneider sich selbst mitporträtierte, fällt das bezeichnende Wort vom
„buddhistischen Christentum":

„Es wird auf die Dauer nicht an Einwänden gegen diese Gestalt
des Christentums, gegen diese Ablehnung des Weltlichen und des
Trostes, fehlen; man wird fragen, ob man den Ruf äußersten, sich
vollendenden Leidens wirklich in die Mitte der ganzen Verkündigung stellen darf. Aber von einem jeden Wort Gottes, das wir
wirklich vollziehen, gelangen wir in die Mitte. Das Christentum
Simone Weils hat den Anschein, Züge östlicher Überlieferung zu
tragen, so daß man es ein buddhistisches Christentum nennen

könnte, einen Buddhismus mit positiver Zielsetzung, sofern ein solcher möglich wäre. Es trägt auch den Anschein der Verzweiflung: ein in die äußerste Finsternis geschleuderter Mensch sagt sich, daß diese Finsternis nur der Mantel des Lichtes, ja das Licht selber sei. Aber hat nicht auch Johannes vom Kreuz so gesprochen, so geglaubt? In Wahrheit kann von Verzweiflung keine Rede sein."[31]

Deutlich wird: Es ist Reinhold Schneider selber, der alle psychologisierende Interpretation von Einsichten dieser Art zurückweist. Sie ist unangebracht im Fall Simone Weils, sie ist unangebracht in seinem Fall. Bei aller persönlichen psychischen Affinität zu Melancholie und Depression, solche Einsichten verdienen es, in ihrem sachlichen Gehalt ernst genommen zu werden. Im „Verhüllten Tag" hatte er über seine Zeit Ende der 20er Jahre geschrieben:

„Über Tanger fuhr ich nach Genua. Nur dieses eine flüchtige Mal habe ich den Boden Europas verlassen, obwohl ich in verschiedenen Phasen meines Lebens unter dem Anruf des Ostens und in Begegnungen den leidenschaftlichen Wunsch fühlte, Indien zu sehen. Ich wollte von dort den Blick tun auf die europäische Streitwelt, der ich verfallen bin. Die Überlieferungen Indiens und Chinas hätten für mich eine starke Versuchung werden können ..." (X, 60).

Seltsam zu denken: Der als „katholischer Dichter" vereinnahmte und eingekapselte Reinhold Schneider könnte eine der Führfiguren eines künftigen Dialogs von Ost und West, Indien und Europa, Buddhismus und Christentum sein. Seltsam zu denken, daß gerade er, der Alteuropäer, für uns eine Leitgestalt werden könnte über das Europäische hinaus. Vielleicht, daß hier ein Reinhold Schneider zu entdecken ist, den wir als Christen noch vor uns haben? Carl Friedrich von Weizsäcker deutet in diese Richtung, wenn er in einem Gespräch über Reinhold Schneider ausführt: „Das Christentum ist doch eine ganz provinzielle Religion. Das Christentum beruft sich auf Christus, den es nur zu einem Drittel höchstens versteht – zwei Drittel von Christus sind ja unbekannt. Und das Christentum weiß zum Beispiel nichts von dem, was der Buddhismus weiß, oder fast nichts. Lesen Sie das buddhistisch und es ist alles völlig klar. Lesen Sie bei Buddha, da heißt es: ‚Dies ist das Leiden, dies ist die Ursache des Leidens, dies ist die Auflösung des Leidens, dieses ist der zur Auflösung des Leidens führende Weg'. Da ist all das, wovon Schneider in Wien gewußt hat, voll gewußt. Schneider hat jetzt etwas gesehen, was Christen gewöhnlich nicht zu sehen bekommen."[32]

Worin besteht die zwiespältige Faszination des Schriftstellers und religiösen Denkers Reinhold Schneider? Von dieser Frage sind wir ausgegangen. Sie kann jetzt so beantwortet werden:
(1) Reinhold Schneider hat wie kaum ein Künstler die Spannung von *Glaube und Künstlertum* exemplarisch durchlitten und thematisiert. Nicht seine Synthesen, von denen er sich selbst distanzierte, sondern seine Dissonanzen sind uns nahe. Für uns heute ist er wichtig gerade in dem, worin er scheiterte.
(2) Seiner eigenen Kirche gegenüber ist Reinhold Schneiders *Kritik* von uneingeholter Widerständigkeit. Mag sie auch von einer konservativen Reichsidee vermittelt sein, die unter demokratischen Bedingungen nicht wiederholbar ist: die Risse, Brüche und tragischen Widersprüche christlicher Existenz im Raum weltlicher Macht hat er wie kaum ein Schriftsteller oder Theologe analysiert. Seine Kirche des Gekreuzigten spricht allem kirchlichen Triumphalismus Hohn. Seine Papstkritik bleibt, gerade weil sie nicht politisch, sondern spirituell vorgetragen und verwurzelt ist, von unerbittlicher Schärfe. Seine Vision von einem anderen Papsttum ist bis heute uneingelöst.
(3) Als religiöser Denker hat er Probleme „vorgedacht", deren Ausmaß wir Nachgeborenen erst heute voll begreifen. Die *Arbeit an einem neuen Gottesbild* – die Tragödien der Geschichte, des Bios und des Kosmos vor Augen – ist von ihm her eine unbewältigte, vielleicht unbewältigbare Aufgabe. Reinhold Schneider ist uns gerade hier in erschreckender Weise „gleichzeitig".
(4) Gleichzeitig ist er uns auch in der Arbeit an einem *neuen, komplexeren theologischen Denkstil*. Die Dissonanzen, das Aphoristische als literarische Form, die Gleichzeitigkeit des Widersprüchlichen, der Zusammenstoß der Gegensätze, die unauflösbar sind: all dies ist Widerspiegelung einer Zeit der

Gegensätze und Disharmonien, die Konsequenzen für das theologische Denken haben muß.

(5) Die Gottes- und Christuserfahrung Reinhold Schneiders ging in eine abgründige Tiefe, die überraschende *Analogien zum buddhistischen Denken* herstellen läßt. An diesem Punkt wäre weiterzuarbeiten, um das Denken Schneiders in einen künftigen Dialog zwischen Ost und West, Indien und Europa, Buddhismus und Christentum einzubringen.

> „Im Grunde habe ich kein Stadium meines Lebens wirklich überwunden ... Gestalten, die mich einmal beschäftigten, kehren mit Sicherheit wieder ... Wirklich fruchtbar sind nur die unheilbaren Konflikte ... Die Synthese ruht im Gegensatz selbst: darin, daß der Konflikt gelebt wird; denn nur das Leben verbindet das Unvereinbare, indem es dieses umfaßt und sich an ihm verzehrt" (TB, 785 f),

notierte Schneider schon 1934. „Winter in Wien" zeigt, daß dies die *Schlüsselstelle ist für den Künstler und Denker Reinhold Schneider.* Gottfried Benn hatte es in jenem denkwürdigen Rundfunkvortrags-Duell über „Soll die Dichtung das Leben bessern?" 1955 mit sicherem Instinkt erkannt, als er einen Schlüsselsatz von Schneider aufgriff und bejahte: „Es gehört zum Wesen der Kunst, Fragen offenzulassen, im Zwielicht zu zögern, zu beharren" (VI, 272).

Ob sich diese Poetik und Theologie der Dissonanzen, der Antinomien, der neuen, spannungsvollen Synthese von buddhistischer und christlicher Spiritualität in einem seiner letzten Gedichte zeigt, geschrieben im Januar 1958, wenige Monate vor seinem Tod? Einem Achtzeiler von größter Dichte, epigrammatischer Kürze, lakonischer Knappheit und doch mit einem starken poetischen Zauber? Es behandelt ein Thema jedenfalls, das Christen und Buddhisten gleichermaßen vertraut ist: Sterben mitten im Leben.

Auf dem letzten Wege

„Seit ich gestorben bin
Ist mir so leicht,
Alle Liebe schwand hin
Tränenschwer, morgenfeucht

Flügelt dem Adler nach
Der mit Gespenstermacht
Über die Ebene brach
Tödliche Völkerschlacht."[33]

VIII. PAUL CELAN, NELLY SACHS UND EIN ZWIEGESPRÄCH ÜBER GOTT

20 Jahre hatte sie deutschen Boden nicht mehr betreten. 1940 war sie, die Berliner Großbürgerstochter, zusammen mit ihrer Mutter dem Vernichtungswahn der Nazis nur knapp entronnen. Die Schwedin Selma Lagerlöf, mit der sie seit früher Jugend in Briefwechsel stand, hatte ihr bei der Flucht geholfen. Seither lebte sie in einer Einzimmerwohnung in Stockholm, aus der sie bis zu ihrem Tode 1970 nicht mehr weggehen sollte. Während die Nazis 1942 auf der Wannsee-Konferenz die „Endlösung" beschließen, beginnt sie, eingepfercht in ein einziges Zimmer, das sie mit ihrer Mutter teilen muß, eine Gegenwelt zu entwerfen. Wie „in Flammen" schreibt sie Gedicht auf Gedicht und stemmt sich so gegen die „Wohnungen des Todes". Was sich des Nachts in ihrem Kopf abspielt: Sie versucht, es mit aller Macht zu bannen, um es am Morgen niederschreiben zu können; die Nachtruhe der Mutter sollte nicht gestört werden.[1] Bilder und Metaphern seien ihre „Wunden", der Tod ihr „Lehrmeister" gewesen, meinte sie später. Sie habe zu schreiben begonnen, „um zu überleben"[2]: Die Rede ist von der jüdischen Lyrikerin *Nelly Sachs* (1891–1970).

1. ÜBERLEBENDE DES HOLOCAUST

Seltsam zu denken, daß aus dieser winzigen Wohnung, Bergsundstrand 23, eine große Gegenwelt deutscher Sprache herauswachsen sollte – gegen die Herren des tausendjährigen Reichs, hervorgebracht von einer verfolgten, körperlich überaus zerbrechlichen und psychisch übersensiblen Frau. Text für Text wird nicht nur im Stil der Hiobklage das Leiden des eigenen Volkes beschworen; Text für Text ist die hier gefundene rätselhafte Sprache der Gegenentwurf gegen die faschistischen Schergen, Überlebens-Trotz gegen die Henker. Zeile für Zeile erklingt ein Lied der Hoffnung durch eine Entronnene, die schon durch ihre aufklingende Stimme selbst dem Vernichtungswahn ein „Dennoch" entgegensetzt: ein Dennoch des Überlebens, ein Dennoch des Glaubens an Israels Auferstehung. „Über meine Arbeit kann ich heute nicht viel schreiben", berichtet sie 1946 nach New York, „ich habe nur das tiefe Gefühl, es müßte so sein, daß jüdische Künstler auf die Stimme ihres Blutes wieder zu hören beginnen müssen, damit die uralte Quelle zu neuem Leben erwache. In diesem Sinn versuchte ich auch, ein Mysterienspiel zu schreiben über das Leiden Israels. Wie weit es die schwachen Kräfte gelingen ließen, weiß ich nicht."[3]

In der Tat: 1943 hatte sie dieses „Mysterienspiel vom Leiden Israels" geschrieben, dem sie den Titel „Eli" gab und das 1951 erstmals veröffentlicht wurde.[4] Ein Stück, das in einer polnischen Kleinstadt spielt, in der „Zeit nach dem Martyrium". In diese Stadt kehren die Überlebenden der jüdischen Gemeinde zurück. Michael, der Schuster, der auf wunderbare Weise verschont wurde, fühlt sich berufen, den Mörder des Hirtenjungen Eli zu suchen, einen Soldaten, der den Jungen mit dem Gewehrkolben erschlagen hatte, als dieser – nur mit einem Hemdchen bekleidet und eine Flöte spielend – den Eltern nachgelaufen war, die zur Liquidation abgeholt werden sollten. Michael wird bei Nelly Sachs nun im Verlauf dieses Stückes zu einer metaphysischen Figur, zu einem der 36 geheimen Gottesknechte, zu einem jener „Gerechten", die nach der chassidischen Mystik in sich „das unsichtbare Universum" tragen. Und Michael fängt denn auch den Mörder „im Nachbarland", und der Mann zerfällt vor dem „Gottesglanz" auf Michaels Stirn, vor dem „Urlicht" zu Staub ...

Der Holocaust also, verarbeitet als Drama, verarbeitet als metaphysisches Spiel, dessen dramaturgische Schwächen freilich auch Nelly Sachs nicht verborgen blieben. Ebenfalls 1946 schrieb sie, die über die „Konzentrationslager"[5] bestens orientiert war:

„Gewiß ist auch ein Teil, meine noch große Unkundigkeit, rein technisch ein Theaterstück aufzubaun, schuld. Dann kam der mich gänzlich überwältigende Stoff: das Mysterium des Ewigen, daneben die Auflösung aller nur irdischen Daseinsformen und Men-

schenerscheinungen, seien sie aus unserem Volk entstanden, seien
sie von jenen, welche versuchten, die Welt in ihren Tornister einzu-
packen (...): die Hinweisung auf den 36er fand ich in den chassidischen Werken, von Buber übertragen. Dort auch begegnete mir
das Bild vom Ungeborenen mit Gotteslicht auf dem Haupt. Es ist
dem Buch Sohar entnommen. Auch der sogenannte ungebrochene
Blick vom einen Ende der Welt zum andern, den einige Begnadete
dem Urlicht zu danken haben."[6]

Nelly Sachs also – eine überlebende Jüdin, die den Holocaust
mit Hilfe der Tradition jüdischer Mystik, dessen Hauptwerk
der Sohar ist, zu bewältigen suchte ...
Da bekommt sie 1960 aus Meersburg am Bodensee die Nachricht, sie habe den Droste-Preis erhalten. Diese Nachricht
bedeutet Rückkehr nach Deutschland. Nach Deutschland?
Rückkehr in ein Land, das – noch keine 15 Jahre ist es her –
6 Millionen ihrer Brüder und Schwestern hatte umbringen
lassen, allernächste Verwandte darunter, den Geliebten eingeschlossen? Nein, die Traumata sind zu stark, als daß Nelly
Sachs dieses Land so einfach wieder betreten könnte. Andererseits aber den Preis verwerfen? Würde man damit nicht all
denen Unrecht tun, die durch diesen Preis dokumentierten,
daß es ein anderes Deutschland gibt? Nelly Sachs entscheidet
sich für einen Kompromiß: Sie nimmt den Preis an, reist aber
von Stockholm nicht direkt nach Deutschland, sondern in die
Schweiz, nach Zürich, steigt dort im Hotel „Zum Storchen"
ab und fährt über den Bodensee nach Meersburg. Nur einmal
muß sie so deutschen Boden wieder betreten ...[7]

2. Lyrische Chiffren zur Dechiffrierung der Wirklichkeit

Szenenwechsel 1960: Zehn Jahre lebt er nun schon in Paris als
Übersetzer, Lektor und freier Schriftsteller. Auch er, ein Sohn
deutsch-jüdischer Eltern, war in seiner deutsch-rumänischen
Heimat den Nazis nur knapp entronnen.[8] 1945 lebt er in Buka-
rest, 1947 in Wien, wo sein erster Gedichtband „Der Sand aus
den Urnen" erscheint. Man wird in Deutschland auf ihn auf-

merksam, als er sich 1952 an einer Tagung der Gruppe 47 in Niendorf an der Ostsee beteiligt. Sein zweiter Gedichtband „Mohn und Gedächtnis" wird in Kürze erscheinen. 1955 folgt der Band „Von Schwelle zu Schwelle", 1959 „Sprachgitter". Die Rede ist von *Paul Celan* (1920–1970), wie Nelly Sachs eine „einzigartige Verbindung" von Jüdischem und Deutschem, wie Walter Jens sie beschrieb: „1920 in Czernowitz geboren, aufgewachsen im mythenträchtigen Raum ostjüdischer Weisheit, umgeben von der Klarsicht chassidischer Märchen, später, unter schrecklichen Zeichen, von den Henkern vertrieben, heimgekehrt nach Paris: französisch sprechend, denkend und übersetzend in den Sprachen des Ostens, deutsch dichtend!"[9] Sie hatten zwar miteinander korrespondiert, sich aber nie zuvor gesehen, Paul Celan und Nelly Sachs. Am 26. Mai 1960 kommt es zu ihrer ersten Begegnung, und zwar in jenem Hotel „Zum Storchen", in dem Nelly Sachs abgestiegen war. Auch sie hatte im Jahr zuvor einen neuen Gedichtband vorgelegt, „Flucht und Verwandlung", in dem sie das Schicksal des Juden, des Menschen mit dem Zeichen auf der Stirn, in luzid-paradoxe Verse zu bringen versuchte:

„Zwischen
deinen Augenbrauen
steht deine Herkunft
eine Chiffre
aus der Vergessenheit des Sandes.

Du hast das Meerzeichen
hingebogen
verrenkt
im Schraubstock der Sehnsucht.

Du säst Dich mit allen Sekundenkörnern
in das Unerhörte.

Die Auferstehungen
deiner unsichtbaren Frühlinge
sind in Tränen gebadet.

Der Himmel übt an Dir
Zerbrechen.

Du bist in der Gnade."[10]

288

Das waren kühne Verse, die vom Grundparadox im Denken von Nelly Sachs Zeugnis gaben: der Zerbrochenheit der religiösen Welt, die als zerbrochene noch einmal zum Ort religiöser Erfahrung wird; dem letzten Vertrauen auf den Himmel, der gerade als zerbrechender seine Gnade an den Menschen erweist; einem Glauben an die Auferstehung, die aber nicht ohne Tränen zu haben ist; einem Nichtaufgebenwollen der Sehnsucht, die durch unermeßliches Leid wie verrenkt erscheint. Kurz, ein paradox-verwegener Glaube daran, daß ausgerechnet die Leidenssituationen Orte der Gnade sind: Flucht und Verwandlung.

Und *Paul Celan?* In seinem Gedichtband „Sprachgitter" aus demselben Jahr 1959 sucht man ein Wort wie Gnade vergebens. Statt dessen Verse, bei denen sich die Fragezeichen häufen, in denen Schlüsselworte wie „Schweigen", „Dunkel", „Schlaf", „Blindheit", „Stummheit", „Stille" dominieren. Hier wurde eine Sprache gesprochen, die sich noch radikaler als bei Nelly Sachs selbst verrätselte, die sich mit Satzfragmenten, Kernworten, Zeilenfetzen begnügte, um dem Unsagbaren Raum zu lassen. Eine Sprache, die sich selbst chiffrierte, weil der Wirklichkeit nicht im Zugriff, sondern nur in der Selbstzurücknahme des Redenden überhaupt noch beizukommen war:

„UNTEN

Heimgeführt ins Vergessen
das Gast-Gespräch unsrer
langsamen Augen.

Heimgeführt Silbe um Silbe, verteilt
auf die tagblinden Würfel, nach denen
die spielende Hand greift, groß,
im Erwachen.

Und das Zuviel meiner Rede:
angelagert dem kleinen
Kristall in der Tracht deines Schweigens."[11]

Auch religiöse Formen griff Celan auf. Aber wenn er religiöse Formen aufgriff, ein Gebet etwa, dann versuchte er eine merkwürdige Umkehr der Perspektiven. Er schrieb Gebete – die

Auschwitz-Erfahrung aufarbeitend –, in denen die Leidenden zu Angebeteten wurden, der Herr selber zum Opfer. Er war fähig zu einem Gedicht, wo der als Herr angesprochene Gekreuzigte mit den ineinander Verkrallten in den Massengräbern der Konzentrationslager in Beziehung gesetzt wurde; wo der Leib Christi mit dem Leib dieser Toten austauschbar geworden zu sein schien; wo der Angebetete zum Beter wurde, der Todesort zu einer Stätte, wo einer, um Abschied zu nehmen, Abendmahl feiert; wo das Blut zum Leidensblut wird, das die mit dem Gekreuzigten im Sterben Vereinigten trinken; wo die Todgeweihten, mit den weit geöffneten Augen und dem aufgesperrten Mund, zum Symbol einer Welt werden, in der die Tränke sich in ein Totenmaar, eine riesige, blutige Mulde, verwandelt hat:

„TENEBRAE

Nah sind wir, Herr,
nahe und greifbar.

Gegriffen schon, Herr,
ineinander verkrallt, als wär
der Leib eines jeden von uns
dein Leib, Herr.

Bete, Herr,
bete zu uns,
wir sind nah.

Windschief gingen wir hin,
gingen wir hin, uns zu bücken
nach Mulde und Maar.

Zur Tränke gingen wir, Herr.

Es war Blut, es war
was du vergossen, Herr.

Es glänzte.

Es warf uns dein Bild in die Augen, Herr.
Augen und Mund stehn so offen und leer, Herr.

Wir haben getrunken, Herr.
Das Blut und das Bild, das im Blut war, Herr.

Bete, Herr.
Wir sind nah."[12]

3. Eine Begegnung in Zürich – und die Folgen

Man weiß biographisch, daß Paul Celan sich in einer akuten Krise befand, als er damals in Zürich eintraf, u. a. hervorgerufen durch ansteigenden Antisemitismus in der Bundesrepublik sowie durch religiöse Selbstzweifel und Verfolgungsängste. Schon im Februar 1960 hatte er an Nelly Sachs geschrieben: „Was kann ich sagen? Täglich kommt mir die Gemeinheit ins Haus, täglich, glauben Sie's mir. Was steht uns Juden noch bevor? Und wir haben ein Kind, Nelly Sachs, ein Kind! Sie ahnen nicht, wer alles zu den Niederträchtigen gehört, nein, Nelly Sachs, Sie ahnen es nicht. Denn es ist nicht allein Indolenz, es ist Niedertracht und Gemeinheit."[13]

Und da stand er nun am Flughafen in Zürich, zusammen mit seiner Familie: „Der kleine Sohn mit einem Riesenstrauß Rosen, Ingeborg Bachmann ... So ergreifend, alle schlossen mich in die Arme, unvergeßlich ... Alles in herrlichster Harmonie, auch Max Frisch kam": Nelly Sachs notiert dies alles in einem Brief vom selben Tag, dem 26. Mai 1960, aus dem Hotel „Zum Storchen". Überwältigt von all der unerwarteten Aufmerksamkeit, fährt sie fort: „Wie soll ich das nur fassen, alles nach so viel Dunkelheit. ... Und das Hotel liegt am See, genau wie Grand Hotel in Stockholm."[14] Drei Tage später, am 29. Mai 1960, wird ihr der Preis verliehen, und Nelly Sachs ist wie „im Märchen", „ganz überwältigt". Gestützt von einer Freundin, tut sie – 20 Jahre nach ihrer Flucht aus Berlin – den ersten „Schritt auf deutschem Boden". Ihr schlägt eine Liebe entgegen, wie sie es „niemals auch nur geahnt" hätte. Sie macht die Erfahrung, daß ihre Gedichte „in der Welt leben, so leben – erschütternd"[15].
Kurze Zeit später, am 13. Juni, fährt sie nach Paris, um Paul und Gisèle Celan noch einmal wiederzusehen. Es sei „wunder-

bar in Paris" gewesen „und schmerzlich" zugleich, schreibt sie später, am 23. Juni 1960. Paul Celan habe ihr „alle Tatsachen gezeigt, jene entsetzlichen Angriffe gegen ihn". Ja, sie erinnert sich an „eine innig verbundene Zeit" damals in Frankreich[16], und auch Paul Celan selber ist von dieser Begegnung mit der älteren „Schwester" wie verwandelt: „Es ist still hier", schreibt er ihr acht Tage später, am 1. Juli 1960. „Fast alle jene, die Deine Nähe wieder nah sein ließ, sind auf die ihnen so eigene, mir so unverständliche Weise in die Bereiche zurückgetreten, wo Deutlichkeit nicht als Gesetz gilt. Es gehört zum Schwersten dieser Zeit, daß so viele vom Wort abfallen – vom eigenen so leicht wie von dem ihnen zugesprochenen. Es ist still hier."[17]

„Zürich, Zum Storchen". Halten wir die Daten fest: Am 26. Mai war Nelly Sachs nach Zürich gekommen und mit Paul Celan erstmals zusammengetroffen, am 29. Mai hatte sie in Meersburg den Preis erhalten, am 30. Mai war das Gedicht in Paris bereits fertig, wie wir aus einer handschriftlichen Fassung ersehen können, die das Datum „Paris 30. 5. 60" trägt.[18] Im Band „Die Niemandsrose" (1963) erscheint es erstmals in einem Gedichtband gedruckt:

„ZÜRICH, ZUM STORCHEN

Für Nelly Sachs

Vom Zuviel war die Rede, vom
Zuwenig. Von Du
und Aber-Du, von
der Trübung durch Helles, von
Jüdischem, von
deinem Gott.

Da-
von.
Am Tag einer Himmelfahrt, das
Münster stand drüben, es kam
mit einigem Gold übers Wasser.

Von deinem Gott war die Rede, ich sprach
gegen ihn, ich
ließ das Herz, das ich hatte,

hoffen:
auf
sein höchstes, umröcheltes, sein
haderndes Wort –

Dein Aug sah mir zu, sah hinweg,
dein Mund
sprach sich dem Aug zu, ich hörte:

Wir
wissen ja nicht, weißt du
wir
wissen ja nicht,
was
gilt."

Zum Verständnis der Beziehung von Paul Celan und Nelly
Sachs ist folgendes noch wichtig: Kaum von Zürich und Paris
zurück, erleidet Nelly Sachs einen schweren Nervenzusam-
menbruch; sie muß in ein Stockholmer Krankenhaus eingeliefert werden. Diese Reise hatte in der Tat „tragisch geendet",
um ein Wort von Hilde Domin aufzunehmen: „Vor Aufregung
und Glück über die Wiederbegegnung mit dem geliebten und
gefürchteten Land erkrankte sie (Nelly Sachs) schwer, als habe
man sie mit Deutschland neu geimpft. 15 Jahre nach Kriegsende
wurde ihr der Nazismus virulent, sie bekam einen schweren,
mehrfach wiederaufflackernden Anfall von Verfolgungswahn
und mußte lange Zeit in einer Anstalt verbringen", unansprech-
bar, sprachgelähmt.[19] Seither gehören Verfolgungsängste zum
Leben dieser zerbrechlichen Frau, die glaubte, daß man sie mit
anonymen Telefonanrufen, Radio- und Tonbandsignalen in den
Tod treiben wollte, und die sich nicht abbringen ließ von der
Vorstellung, ihre Wohnung sei mit geheimen Abhör- und
Mikrofonanlagen versehen ...
In der Tat: Das, was Paul Celan ihr gestanden hatte, holt sie
nun selber ein: das Bewußtsein von neuen Heimsuchungen,
von neuen Verfolgungen. Sie, die Paul Celan in Zürich und
Paris offensichtlich getröstet hatte, bedurfte nun selber des
Trostes. Am 28. Juli 1960 schreibt Celan aus Paris fast beschwö-
rend: *„Es geht Dir besser – ich weiß*. Ich weiß es, weil ich spür,

daß das Böse, das Dich heimsucht – das auch mich heimsucht –, wieder fort ist, ins Wesenlose zurückgewichen, in das
es gehört; weil ich spür und weiß, daß es nie wiederkommen
kann, daß es sich aufgelöst hat in ein kleines Häuflein Nichts.
So, jetzt bist Du frei, ein für allemal. Und – wenn Du mir
diesen Gedanken erlaubst – ich mit Dir, wir alle mit Dir."[20]
Und wie wenn dies eine Rettung für die Zerbrochene wäre,
bietet ihr Paul Celan auf beinahe rührende Weise an: „Und
wenn Du Lust hast, daß ich nach Stockholm komm, um noch
einige schwedische Dialekte hinzuzulernen, so sag mir, bitte,
auch das. Aber: ich kann mir vorstellen, daß ich nicht nur
dieser Dialekte wegen käme."[21]
Doch noch wichtiger für unseren Zusammenhang ist: Es ist
diese Zeit der Sorge, in der Paul Celan das Gottesgespräch mit
Nelly Sachs, das er bereits in einem Gedicht festgehalten hatte,
wieder wichtig wird. Satzfetzen jedenfalls, schon in das
Gedicht hineinkomponiert, kehren plötzlich auch in einem
Brief vom 19. August 1960 wieder: „Ich denke an Dich, Nelly,
immer, wir denken, immer, an Dich und an das durch Dich
Lebendige! Weißt Du noch, wie, als wir ein zweites Mal von
Gott sprachen in unserm Haus, das das Deine, das Dich erwar-
tende ist, der goldene Schimmer auf der Wand stand? Von Dir,
von Deiner Nähe her wird solches sichtbar, es bedarf Deiner,
bedarf, auch im Auftrag derer, denen Du Dich so nah weißt
und denkst, Deines Hier-und-unter-den-Menschen-Seins, es
bedarf Deiner noch lange, es sucht Deinen Blick –: schick ihn,
diesen Blick, wieder ins Offene, gib ihm Deine wahren, Deine
befreienden Worte mit, vertrau Dich ihm an, vertrau uns, Deine
Mit-und-Mit-Dir-Lebenden diesem Blick an, laß uns, die schon
Freien, die Allerfreiesten sein, die Mit-Dir-im-Licht-Stehen-
den! Schau, Nelly: Das Netz wird fortgezogen!"[22]
Der Blick, der Schimmer, das Offene, das Thema Gott: Um
diese Schlüsselworte kreist nun auch das Celansche Gedicht
„Zürich, Zum Storchen" selbst. Ich möchte es im folgenden
als ein exercitium spiritualis verstehen, als eine geistige Einübung in das richtige Reden und Schweigen von Gott. Ein
Gedicht, das – selber ohne alle pädagogische Absicht oder
didaktische Attitüde – Lehrmeisterin für mich ist eines adäquaten Umgangs mit dem Wort Gott. Lehrmeisterin, gerade des-

halb, weil es lehrt, ohne zu belehren, weil es weiß, ohne besser zu wissen, weil es führt, ohne sich Führerschaft anzumaßen oder sie aufzudrängen.[23] Welche Herausforderung geht von ihm für die Möglichkeit einer Rede von Gott aus?[24]

4. Die Verortung der Rede von Gott

Es dürfte kein Zufall sein, daß dieses Gedicht (wie nur wenige bei Paul Celan) als Titel eine präzise Ortsangabe enthält und eine genaue Zueignung trägt: Für Nelly Sachs. Denn Ort und Zueignung sind hier keine beliebigen autobiographischen Details, die man genauso gut auch weglassen könnte. Sie sind wohlkalkuliert. Und weil sie wohlkalkuliert sind, ist auch meine eigene autobiographische Rekonstruktion nicht Produkt biographischer Neugierde, zeitgeschichtlicher Kolorierung oder gar biographischer Reduktion von lyrischen Texten, sondern Teil einer bestimmten Programmatik. Diese Programmatik lautet: Ein Gespräch dieser Tiefe und Bedeutung über Gott hat stets seinen besonderen Ort und sein unverwechselbares Gegenüber. Damit ist mehr gesagt als die Selbstverständlichkeit, daß ein Gespräch nun einmal irgendwo mit irgendwem stattfinden muß.

Damit ist gesagt: Ein Gespräch, das in den Grund aller Gründe selber geht, kann nicht irgendwo, sondern nur an einem bestimmten Ort, nicht irgendwann, sondern nur zu einer bestimmten Zeit, nicht mit irgendwem, sondern nur mit einem bestimmten Menschen gelingen. Es braucht den *Kairos der Begegnung*, es braucht den *Moment der Tiefenerfahrung*, damit „der goldene Schimmer auf der Wand" stehen, damit das Münster mit „einigem Gold übers Wasser kommen" kann. Für Paul Celan war dies offenbar nur mit Nelly Sachs erlebbar – anläßlich ihres ersten Zusammentreffens –, und dann später nochmals in Paris. Anders sind solche Sätze an die Adresse der Partnerin gar nicht zu verstehen: „Es bedarf Deiner, bedarf auch im Auftrag derer, denen Du Dich so nah weißt und denkst, Deines Hier-und-unter-den-Menschen-Seins, es bedarf Deiner noch lange, es sucht Deinen Blick." Diese einzigartige Tiefenerfahrung macht diesen Ort (zufällig ist es ein Hotel) so kostbar, macht diesen Moment zu einem mystischen Augenblick. Der Ort als Ort ist nicht mehr austauschbar, sondern von nun an „gezeichnet". Er verdient es, im Gedicht „aufgezeichnet" zu werden. Indem Celan also sein Gedicht mit Ort und Zueignung versieht, trägt er der Tatsache Rechnung, daß eine Tiefenerfahrung, ein Gespräch über Gott den einmaligen Ort, das unaustauschbare Gegenüber braucht, um überhaupt gelingen zu können.

Hier liegt die *erste Herausforderung* der Lyrik von Paul Celan und Nelly Sachs an eine Theologie, die sich gewissermaßen von Berufs wegen mit dem Reden von Gott zu befassen hat. Soll Reden von Gott gelingen, kann Gott nie ortlos, subjektlos, wirklichkeitslos zur Sprache kommen. Die Rede von Gott braucht ihren Kairos, ihren unverwechselbaren Ort, ihr unbeliebiges Gegenüber, ihre erfüllte Zeit. Theologie aber hat sich dadurch vielfach in Mißkredit gebracht, daß sie meint, ortlos und subjektlos reden zu können, daß sie Antworten auf Fragen bereithielt, die noch gar nicht gestellt waren. Eine Theologie aber, die am lyrischen Stil Celans ihr Maß nimmt, wird das Warten wieder lernen: das Warten auf den richtigen Ort, die richtige Zeit und das richtige Gegenüber. Eine solche Theologie, die warten kann, hat begriffen: Es braucht nicht bloß die richtigen Inhalte, um Reden von Gott „richtig" werden zu lassen, es braucht auch die Situation, d. h. die Trias von Ort, Zeit und Gegenüber für das Gelingen der Rede von Gott.

Gewiß, man kann dieses Gedicht auch ohne alle biographischen Hintergrundinformationen verstehen. Aber es macht eben einen Unterschied aus, ob man weiß, daß Paul Celan dieses Gedicht nicht bloß zur Selbstbestätigung eines Gipfelgesprächs mit einer kongenialen Partnerin wichtig war, sondern in dem Moment wieder wichtig wurde, als die Partnerin – physisch-psychisch zusammengebrochen – im Krankenhaus liegt; ob man also weiß, daß die Erinnerung an dieses Gespräch nicht der Verklärung, sondern der Beschwörung entspringt, der Angst, die Partnerin könnte als Gegenüber eines solchen Gespräches nie mehr zur Verfügung stehen. Und wie wichtig ihm diese Erfahrung war, geht aus einem Brief noch des Jahres 1967 hervor. 7 1/2 Jahre liegen in der Zwischenzeit zurück! Am 8. Dezember 1967, drei Jahre vor Nelly Sachs' Tod, heißt es noch einmal in einem ganz kurzen Geburtstags-Brief: „Meine liebe Nelly, es war so gut Deinen Brief in Händen zu haben und von Dir selbst an das Licht erinnert zu werden, das in Zürich überm Wasser und dann in Paris aufschien. Einmal, in einem Gedicht, kam mir, über das Hebräische, auch ein Name dafür."[25] Es ist das Wort ZIW, hebräischer Name für den Lichtglanz Gottes, das Celan in einem Gedicht verwandte und das für ihn auch von religiöser Bedeutung war.[26]

5. Das Dialogische der Rede von Gott

Jedes Gedicht hatte für Paul Celan eine dialogische Außenstruktur. Was das heißt, machen Sätze aus seiner Büchner-Preis-Rede aus demselben Jahr 1960 deutlich: „Das Gedicht ist einsam. Es ist einsam und unterwegs. Wer es schreibt, bleibt ihm mitgegeben. Aber steht das Gedicht nicht gerade dadurch, also schon hier, in der Begegnung – *im Geheimnis der Begegnung?* Das Gedicht will zu einem Andern, es braucht dieses Andere, es braucht ein Gegenüber. Es sucht es auf, es spricht sich ihm zu."[27]
Für Paul Celan war damit klar: Jedes Gedicht, so vollkommen es „in sich" auch sein mag, weist über sich hinaus, sucht die Begegnung, braucht ein Gegenüber, eröffnet Gespräch. Damit ist mehr gesagt als die Selbstverständlichkeit, daß jedes Gedicht seine Leser will und braucht. Damit ist grundsätzlich gesagt: *Gedichte kommen aus dem Gespräch* (mit sich selbst, mit anderen, mit dem Universum) und *suchen neu ein Gespräch.* Gespräch und Begegnung sind nichts Nachträgliches für ein Gedicht, sondern das Gedicht selbst. Das Gedicht „wird Gespräch – oft ist es verzweifeltes Gespräch"[28]. Ja, das Gedicht kann, so Paul Celan in seiner Bremer Preisrede, „da es ja eine Erscheinungsform der Sprache und damit seinem Wesen nach dialogisch ist, eine Flaschenpost sein, aufgegeben in dem – gewiß nicht immer hoffnungsstarken – Glauben, sie könnte irgendwo und irgendwann an Land gespült werden, an Herzland vielleicht. Gedichte sind auch in dieser Weise unterwegs: sie halten auf etwas zu. Worauf? Auf etwas Offenstehendes, Besetzbares, auf ein ansprechbares Du vielleicht, auf eine

ansprechbare Wirklichkeit. Um solche Wirklichkeiten geht es, so denke ich, dem Gedicht."[29] Anders gesagt: Für Celan ist das Wesen des Gedichtes selber Begegnung, Dialog.

Es dürfte freilich kaum ein Gedicht bei Celan geben, wo dieser Grundgedanke so vollkommen umgesetzt ist wie in „Zürich, Zum Storchen". Denn hier ist ja nicht nur die Außenstruktur eines Gedichtes „Gespräch", sondern auch dessen Binnenstruktur. Warum? Weil das Gedicht ja selber ein Gespräch verdichtet, selber einen Dialog zum Inhalt hat. Seine Binnenstruktur ist ja gewissermaßen als Ur-Dialog angelegt. Die erste Strophe steht im Zeichen des „Du", die dritte im Zeichen des „Ich", die fünfte im Zeichen des „Wir". Die beiden übrigen Strophen beziehen das „Außen" (den See, das Münster) und das „Innen" mit ein (Auge und Mund).

Du – Ich – Wir: Das Thema Gott, dem die Erfahrung mit Nelly Sachs vorausging, wird hier als Dialog präsentiert, ja erscheint überhaupt nur als Dialog gestaltbar. Form und Inhalt durchdringen sich hier auf einzigartige Weise: das Gedicht – ein Dialog in sich – verdichtet sich selbst zu einem Dialog über das Thema Gott. Und Nelly Sachs? „Zwiegespräch – alles ist Zwiegespräch", hatte sie noch im Jahre 1959 an Rudolf Peyer nach Paris geschrieben.[30] Auch sie – Bubersche Gedanken vom dialogischen Prinzip aufnehmend – machte Ernst mit der Tatsache, daß Wirklichkeit nicht „an sich" und isoliert, sondern nur als Beziehung, als Begegnung, als Gespräch sich erschließt. Die Wirklichkeit hat dialogische Struktur, ist Beziehung von Du und Aber-Du. Im selben Brief schreibt sie unter eben dieser Überschrift:

„Zwiegespräch – alles ist Zwiegespräch
Aber Du – wer ist Du – (...): da oben stehen wir beide. Kein Unterschied o nein – nur bei mir, Lieber, es hängt mit meinem Schicksal zusammen – ich atme das Du in jedem Augenblick – in jedem Augenblick – und wenn ich es wage, es in Buchstaben zu hüllen, so steht es überall. Auch bei mir in der Küche, wenn ich die Petersilie schneide oder eine Kartoffel koche. Nur ist das Universum immer in unserem Blut und Atem. Wußte nicht, als man mir hier von israelischer Seite sagte, der ‚Tänzer' tanzt im chassidischen Rhythmus."[31]

Und dann folgt noch im selben Brief eine wichtige Bemerkung über Paul Celan, der soeben sein Buch „Sprachgitter" (1959) veröffentlicht hatte. Und wieder benutzt Nelly Sachs die Lichtmetapher, wenn es um die Charakterisierung Celans ging:

„Paul Celans Buch ist ein Buch der Strahlen. Sein Sohar! Ich schrieb es ihm. Mit den kristallenen Buchstabenengeln, den durchsichtigen, so wie sie im Buche des Glanzes und der Geheimnisse versammelt sind. Ich kann mich da nur neigen und fühle mich tief mit Tränen und Staub bedeckt davor. Weißt Du, in der Straßenbahn kam ein Kind an der Hand seiner Mutter herein. Es hatte große dunkle Augen, blieb bei mir stehen, setzte sich, obgleich die Mutter weiter vorne Platz nahm, strich einige Male über meinen Arm, sah mich groß an. Es war mir, als hätte die Nacht eine Fahne herausgestreckt. Habe keine Gedichte in letzter Zeit mehr geschrieben. Sehnsucht nach dem Du – läßt mich Monolog oder Dialog über die Dunkelheit hinweg führen. ‚Vergebens an einem Scheiterhaufen‘ – so soll dieser Monolog mit zwei fernen Antwortstimmen heißen. Aber dieses ‚Vergebens‘ ist ‚da‘. Es scheint nur hiesig vergebens. Ich glaube doch an ein unsichtbares Universum, darin auch das ‚Vergebens‘ aufgehoben ist."[32]

Hier liegt die *zweite Herausforderung* der Lyrik von Celan und Nelly Sachs an eine Theologie, die heute angemessen von Gott reden will. Wirklichkeit erfährt der Mensch in ihrer Tiefe nicht in subjektivem Zugriff und Verfügenwollen, sondern nur, indem er sich in Beziehung setzt, indem er sich öffnet im Gespräch, indem er sich der Begegnung stellt, indem er in einen Dialog eintritt. Ist diese Struktur als Wesensmerkmal der religiösen Erfahrung, insbesondere der Rede von Gott erkannt, dann läßt sich – ausgehend von diesem Gedicht – mit Martin Buber vielleicht sagen: „Die verlängerten Linien der Beziehungen schneiden sich im ewigen Du. Jedes geeinzelte Du ist ein Durchblick zu ihm."[33]

6. Die Grenzen der Versprachlichung bei der Rede von Gott

Nelly Sachs hatte von „Jüdischem" gesprochen. Schon in der ersten Strophe aber schafft sich Paul Celan dazu Distanz: „Von *Deinem* Gott war die Rede." Damit ist auch „das Jüdische" gemeint. Anders gesagt: Für Celan – dessen lyrischer Kosmos von jüdischem Erbe durchtränkt ist – ist das „Jüdische", wie Nelly Sachs es zu verkörpern schien, kein Ort der Glaubensidentität mehr. Es gilt als das Eigentum der Partnerin, nicht als das seine. Es ist da-von, im Doppelsinn dieses Wortes. Statt dessen?

Die dritte Strophe setzt die Gegenthese. Aber wie? Aufgenommen wird die distanzschaffende Rede von „Deinem Gott", bevor das „Ich" sich dagegen absetzt: „Von Deinem Gott war die Rede, ich sprach/ gegen ihn." Doch statt nun mit aller Kraft die Gegenthese zu entwickeln, folgt durch Zeilenbrüche und die Reduzierung von zwei Zeilen auf je ein Wort eine Selbstverlangsamung und Selbstzurücknahme des Redenden: „... Ich/ ließ das Herz, das ich hatte/ hoffen/ auf". Durch diese Selbstzurücknahme geht das eigene Sprechen unwillkürlich über in Stammeln, in tastende, vorsichtige Rede. Dieser Selbstzurücknahme vollmundigen Redens entspricht die Selbstzurücknahme des Ich. Bewußt heißt es nicht: „Ich aber hoffte auf", sondern: „Ich ließ das Herz, das ich hatte, hoffen". Hier greift nicht jemand zu, hier bezieht nicht jemand selbstbewußt Gegenposition, sondern hier probiert sich jemand aus; hier macht jemand einen Schritt, als wolle er ihn jederzeit zurückziehen, als habe er Angst vor der eigenen Kühnheit; hier redet jemand, als hätte er Angst, zuviel zu reden.

Und kühn ist denn auch, worauf sich die Hoffnung bezieht: „Auf/ sein höchstes, umröcheltes, sein/ haderndes Wort". Man wird auf diese Sprachbilder theologisch nicht allzuviel auftürmen dürfen. Sie sind zwar vom „Jüdischen" der Nelly Sachs abgesetzt, aber damit noch keineswegs als Nichtjüdisches bestimmt oder für Nichtjüdisches (etwa Christliches) vereinnahmbar. Die Gegenposition will sich gerade noch nicht als Position zu erkennen geben. Wer hier zugreift, vergreift sich, zertritt Keime eines alternativen Glaubens, der gerade dabei ist, in Grenzbereiche des Denkens und Redens hineinzuwachsen. Konsequent hat denn auch diese Zeile als einzige einen Gedankenstrich, der die Unabgeschlossenheit, die Offenheit des Gedankens verstärkt.

Und doch sind bei diesem assoziativen Stil Assoziationen erlaubt. Daß es sich hier um ein göttliches Wort handelt, wird man der Wendung „höchstes Wort" entnehmen dürfen. Daß es sich hier um ein göttliches Wort in extremer Leidenssituation handelt, darauf dürfte das „umröchelt" hinweisen. Daß es sich hier um ein göttliches Wort in einer Leidenssituation, gegen die protestiert wird, handelt, macht das „hadern" deutlich. All diese Signale zusammen verweisen auf den Leidensschrei Jesu am Kreuz. Anders gesagt: Paul Celan scheint hier das Reden von Gott in Grenzbereiche hineintreiben zu wollen, die er bei Nelly Sachs nicht ermöglicht sieht. Sie schrieb ja Texte, in denen der Gott Hiobs eine zentrale Rolle spielte.[34] Die jüdische Hiob-Klage und -Anklage aber wird hier bei Celan gewissermaßen radikal zu Ende gedacht: Der Gott, der wie bei Hiob den Menschen als Protestierenden im Leiden gelten läßt und als Leidenden und Protestierenden letztlich ins Recht setzt, dieser Gott erscheint hier vom Leiden des Menschen mitbetroffen. Von ihm wird im *Modus der Hoffnung* geredet als von einem Gott, der nicht länger äußerlich distanziert bleibt, sondern mit ins Leiden hineingeht, als Mitleidender, Mitbetroffener.[35]

Hier dürfte die *dritte Herausforderung* der Lyrik Paul Celans und Nelly Sachs' an eine Theologie liegen, die nach Auschwitz die klassische Theodizee neu durchzubuchstabieren gezwungen ist. Spuren dazu sind in der zeitgenössischen Theologie nur ansatzweise vorhanden. *Dietrich Bonhoeffer* schrieb 1944 aus dem Gefängnis heraus: „Und wir können nicht redlich sein, ohne zu erkennen, daß wir in der Welt leben müssen – ‚etsi deus non daretur‘. Und eben dies erkennen wir – vor Gott ... Der Gott, der uns in der Welt leben läßt ohne die Arbeitshypothese Gott, ist der Gott, vor dem wir dauernd stehen. Vor und mit Gott leben wir ohne Gott. Gott läßt sich aus der Welt herausdrängen ans Kreuz. Gott ist ohnmächtig und schwach in der Welt und nur so ist er bei uns und hilft uns ... Hier liegt der entscheidende Unterschied zu allen Religionen. Die Religiosität des Menschen weist ihn in seiner Not an die Macht Gottes in der Welt, Gott ist der deus ex machina. Die Bibel weist den Menschen an die Ohnmacht und das Leiden Gottes; nur der leidende Gott kann helfen. Insofern kann man sagen, daß die beschriebene Entwicklung zur Mündigkeit der Welt, durch die mit einer falschen Gottesvorstellung aufgeräumt wird, den Blick frei macht für den Gott der Bibel, der durch seine Ohnmacht in der Welt Macht und Raum gewinnt. Hier wird wohl die ‚weltliche Interpretation‘ einzusetzen haben."[36]

7. Das Nichtwissen als Grund und Ergebnis der Rede von Gott

Das Gedicht Celans ist Ur-Dialog. Aber nicht deshalb, weil hier Meinung und Gegenmeinung ausgetauscht wären. Das würde dieses Gedicht von einer Konversationsübung nicht unterscheiden. Ur-Dialog ist es deshalb, weil hier durch und in der Begegnung Ausgangspositionen eine Veränderung erfahren, buchstäblich vertieft wurden. Die letzte Strophe des Gedichtes gibt davon Zeugnis, vorbereitet durch die vierte Strophe. Wieder betreibt Paul Celan Selbstzurücknahme, um ein höheres Maß an Dichte herzustellen. Es heißt nicht: „Du sahst mich an und sagtest". Es heißt: „Dein Aug sah mir zu, sah hinweg,/ dein Mund/ sprach sich dem Aug zu, ich hörte". Perspektivenwechsel wird somit auch hier vollzogen. Hier redet einer, der eine Botschaft wie von außen wahrnimmt, der sich als Empfangender erfährt, der sich wie von außen sieht, so wie es in der zweiten Strophe vom Münster nicht hieß: „Ich sah das Münster", sondern „Das Münster kam" – und zwar mit einigem Gold über das Wasser. Die Synthese der fünften Strophe ist auf diese Weise vorbereitet, und das Ergebnis ist verblüffend: Sie, Nelly Sachs, die vorher die Wissende schien, gibt plötzlich – offensichtlich betroffen von der Gegenrede ihres Partners – ihr Nichtwissen preis. Sie, die anfangs selbstbewußt die jüdische Tradition ins Feld geführt zu haben schien, kommt plötzlich ebenfalls ins Stammeln. Radikaler als in der dritten Strophe, als Celan seine Hoffnungen durchbuchstabierte, werden hier die einzelnen Verse noch einmal auf Kernworte redu-

ziert, geschieht stammelnde Selbstverlangsamung im Eingeständnis der Grenze des Wissens:

„Wir
wissen ja nicht, weißt du,
wir
wissen ja nicht,
was
gilt.“

Ich – Du – Wir: Position – Gegenposition – gemeinsames
Nichtwissen. Es ist *diese* Vertiefung, die dieses Gedicht zu
einem Ur-Dialog macht. Auch hier will jedes Wort wieder
beachtet sein. Es heißt nicht: Wir wissen ja, daß es keinen Gott
gibt. Es heißt: Wir wissen ja nicht, was gilt. Es heißt: Wir
beide müssen uns zugestehen, nicht zu wissen, was gültig ist.
Wir beide verfügen nicht über Gott; wir beide wissen nichts
Gesichertes von ihm; wir beide haben keine krisenfesten,
objektiven Erkenntnisse. Letztlich gibt es vor Gott nur das
Eingeständnis, nicht zu wissen, was gilt. Ja, letztlich führt jeder
echte Dialog dazu, nicht die Position des anderen zu überneh-
men, nicht vor dem anderen zu kapitulieren, sondern vor der
je größeren Wirklichkeit selber die je eigenen Grenzen des
Denkens und Sagens stammelnd einzugestehen.
Hier liegt die *vierte Herausforderung* der Lyrik von Celan und
Nelly Sachs an ein theologisches Reden von Gott. Große Theologie war immer eingedenk der Tatsache, daß sie nicht verfügt
über das, was sie denkt, daß sie nicht als Objekt hat, wovon
sie Zeugnis gibt, daß sie nicht zu einem Es schrumpfen läßt,
was sie nur in der dialogischen Begegnung sein lassen darf,
daß sie also nur wegweisen kann von sich in ein Geheimnis,
in das keine Sprache reicht. *Karl Rahner* hat dies mit dem Satz
zum Ausdruck gebracht: „Der wirkliche Gott ist das absolute,
heilige Geheimnis, auf das man eigentlich nur anbetend,
schweigend hinweisen kann – hinein in ihn als einen sich ver-
schweigenden Grund, der *Ab*grund ist und *so* alles, die Welt
und unsere Erkenntnis, gründet.“[37]
Gerade hier liegt ja das Widerständige, ja Aufklärerische einer
solchen Theologie, die resistent ist gegenüber aller Schleuder-
mystik im Sinne Robert Musils, aller Feinkostmystik, die heute

wohlfeil auf allen Märkten zu haben ist, die aber in Gefahr
steht, die Wirklichkeit des lebendigen Gottes mit frommen
Stimmungen zu verwechseln, mit aufregenden Erfahrungen,
mit emotionalen Erlebnissen. Eine solche Theologie, die der
qualitativen Differenz von Gott und Mensch eingedenk ist, ist
also auch die Kritik jeglicher religiöser Rede von Gott. Deshalb
gilt es ein letztes Stichwort zu bedenken.

8. Über die Dialektik von Reden und Schweigen

„Was wichtig ist: das Unsagbare, das Weiße zwischen den Worten, und immer reden diese Worte von den Nebensachen, die wir
eigentlich nicht meinen. Unser Anliegen, das eigentliche, läßt
sich bestenfalls umschreiben, und das heißt ganz wörtlich: man
schreibt darum herum. Man umstellt es. Man gibt Aussagen, die
nie unser eigentliches Erlebnis enthalten, das unsagbar bleibt;
sie können es nur umgrenzen, möglichst nahe und genau, und
das Eigentliche, das Unsagbare, erscheint bestenfalls als Spannung zwischen diesen Aussagen. Unser Streben geht vermutlich
dahin, alles auszusprechen, was sagbar ist; die Sprache ist wie ein
Meißel, der alles weghaut, was nicht Geheimnis ist, und alles
Sagen bedeutet ein Entfernen ... Immer besteht die Gefahr, daß
man das Geheimnis zerschlägt, und ebenso die andere Gefahr,
daß man vorzeitig aufhört, daß man es einen Klumpen sein läßt,
daß man das Geheimnis nicht stellt, nicht faßt, nicht befreit von
allem, was immer noch sagbar wäre, kurzum, daß man nicht vor-
dringt zu seiner letzten Oberfläche."[38] Diese Sätze aus *Max
Frischs* erstem Tagebuch sind Schlüsselsätze für Schriftsteller der
Gegenwartsliteratur überhaupt, die Lyriker zumal. Denn genauso wichtig wie die Worte auf dem Papier, das Schwarze auf
dem Bogen, sind für große Lyriker auch die Auslassungen, die
Zwischenräume, die mitkomponierten Leerstellen. Sie verkörpern das Wortlose, Schweigende, Unsagbare, aus dem die Worte
kommen und in das sie letztlich gehen. Dialektik von Sprache
und Sprachlosigkeit allüberall, von Wortmächtigkeit und Wort-
armseligkeit als Grundstruktur jeglicher Tiefenerfahrung.
Keine Frage, daß bei Paul Celan – vielleicht noch einmal radikaler als bei Nelly Sachs – diese Dialektik in eine unerhörte

Radikalität vorangetrieben ist, eine Radikalität, die seiner eigenen Erfahrung entsprang. Er war sich wie kaum ein anderer Lyriker der Tatsache bewußt, daß das Gedicht heute – wie er sagte – „eine starke Neigung zum Verstummen" zeige. Er war davon überzeugt, das Gedicht behaupte sich heute „am Rande seiner selbst"; es rufe und hole sich, um bestehen zu können, „unausgesetzt aus seinem Schon-nicht-mehr in sein Immernoch zurück"[39]. Paul Celan war von daher dem auf der Spur, was auch die großen Mystiker immer wieder auf ihre Weise zu erreichen versuchten: eine Schweigesprache, eine Sprache, die durch und mit Sprache dem Wortlosen als tiefstem Grund der Wirklichkeit die Ehre gab. Paul Celan nannte solche Gedichte, nach denen er strebte, „absolute Gedichte", war sich aber der Paradoxie dieses Unternehmens wie keiner sonst bewußt: „Das absolute Gedicht – nein, das gibt es gewiß nicht, das kann es nicht geben! Aber es gibt wohl, mit jedem wirklichen Gedicht, es gibt, mit dem anspruchslosesten Gedicht, diese unabweisbare Frage, diesen unerhörten Anspruch."[40]

Hier liegt die *fünfte Herausforderung* für ein theologisches Reden von Gott. Religiöse Erfahrung ist als Tiefenerfahrung immer auch die Selbstaufhebung der Sprache durch Sprache, ist die durch Sprache präzisierte und ermöglichte Sprachlosigkeit. Gerade die großen Mystiker haben um dies gewußt, und insofern steht die moderne Lyrik bewußt in dieser Tradition. Tiefenerfahrung von Wirklichkeit ist immer nur in der Dialektik von Reden und Schweigen, von Form und Formlosigkeit, von Sein und Nichts zu haben. Die große jüdische Mystik hat dies gewußt, wie Martin Buber es in seinem Buch „Ekstatische Konfessionen" unter der Überschrift „Worte der Chassidim" mitgeteilt hat: „Aber die Heiligen, die sich vom Sein ablösen und Gott immerdar anhängen, die sehen und erfassen ihn in Wahrheit, als wäre das Nichts wie vor der Schöpfung. Sie wandeln das Etwas in das Nichts zurück."[41]

Und es war wiederum Paul Celan, der dieser mystischen Dialektik von Sein und Nichts eine neue Sprachgestalt im 20. Jahrhundert gegeben hat. Im gleichen Gedichtband „Die Niemandsrose" von 1963, in dem auch „Zürich, Zum Storchen" steht, findet sich der einzige Psalm, den Paul Celan geschrieben hat:

„PSALM

Niemand knetet uns wieder aus Erde und Lehm,
niemand bespricht unsern Staub.
Niemand.

Gelobt seist du, Niemand.
Dir zulieb wollen
wir blühn.
Dir
entgegen.

Ein Nichts
waren wir, sind wir, werden
wir bleiben, blühend:
die Nichts-, die
Niemandsrose.

Mit
dem Griffel seelenhell,
dem Staubfaden himmelswüst,
der Krone rot
vom Purpurwort, das wir sangen
über, o über
dem Dorn." [42]

Ein Gedicht, für dessen Grundstruktur es Parallelen auch bei
Nelly Sachs geben würde. Seltsame Schnittpunkte auf den
Lebenslinien dieser beiden Lyriker! Und als wenn sie ein letztes
Mal Seelenverwandtschaft hätten demonstrieren wollen,
schneiden sich ihre Linien auch noch im Tode. Am selben
Maitage des Jahres 1970 (am 12. Mai), an dem Tag, an dem
Nelly Sachs im St. Görans-Krankenhaus in Stockholm stirbt,
wird auch Paul Celan auf dem Cimetière Parisien in der Nähe
von Orly begraben. Er war seit Anfang April, als er in die
Seine ging, vermißt worden ...

IX. HEINRICH BÖLL UND DIE VISION VON EINER ANDEREN KATHOLIZITÄT

Er war ein Schriftsteller *im Widerspruch*, dieser Heinrich Böll[1], bei dem Unversöhnbares versöhnbar erschien, Unvereinbares vereinbar. Er war Poet und „Protestant" in einem, moralische Instanz und gesellschaftlicher Außenseiter zugleich, nationale Identifikationsfigur und listiger Clown in einer Person. Ein Schriftsteller *im* Widerspruch und ein Schriftsteller *des* Widerspruchs: Er wagte es, demokratische Parteien anzugreifen um einer anderen Demokratie willen; er wagte die bürgerlich-christliche Gesellschaft zu attackieren, weil er eine andere Vision von politischer Praxis im Kopf hatte; er wagte es, die katholische Kirche anzugreifen – im Namen einer anderen Katholizität. Ja, er trat gegen Ende der siebziger Jahre aus dieser seiner Kirche aus – um, wie er meinte, noch katholisch bleiben zu können.

Nie hat Heinrich Böll (1917–1985) einen Zweifel daran gelassen, daß er Katholik war, sich als Christ verstand, obwohl er sich nie „christlich" zu nennen wagte. Denn das Adjektiv „christlich" war für ihn durch eine konservative Partei und ihre Politik in Westdeutschland mißbraucht. Böll aber konnte nie christlich sein, wie diese Parteipolitik „christlich" war.

Seine Kritik an der katholischen Kirche hing also mit der spezifisch westdeutschen politischen Situation zusammen; auch sein Kirchenaustritt muß von daher verstanden werden. Er konnte keiner Institution mehr angehören, die ihre Macht mit Hilfe von Steuergeldern auch derjeniger Bürger, die ihr fernstanden, aufrechterhielt. Dabei unterschied Böll stets zwischen dem „Körper" der Kirche, zu dem er sich zugehörig fühlte, und der „Körperschaft" Kirche, dem corpus Christi mysticum und der Korporation, dem organisierten deutschen Nachkriegskatholizismus, der eine politische Macht geworden war, zu nahe am Staat, zu eng mit der Gesellschaft verbunden, zu viele Privilegien genießend, um glaubwürdig zu sein. „Wäre ich Franzose, Schwede, Isländer, Pole oder Italiener", wäre der Austritt „kein Problem" gewesen, sagte er 1982. Und: „Besonders die

Haltung der katholischen Kirche in der Frage der Wiederaufrüstung und der Weiterrüstung spielte eine Rolle." Dennoch – so Böll: „Wir (seine Frau und er) definieren uns aber immer noch als katholisch."[2] Er blieb dies bis zum Ende. Am Grabe – symbolisch für die Böll-Welt – steht ein befreundeter katholischer Priester, nimmt den Beerdigungsritus vor, und gleichzeitig spielen Zigeuner eine fröhlich-melancholische Musik ... Zigeuner: Sie stehen in der deutschen Gesellschaft für eine verfolgte, abgelehnte und verachtete Minderheit.

1. „AUSGERECHNET IRLAND"

Was ist das für ein Christentum, das uns aus dem Böllschen Werk entgegentritt? Worin liegt sein Erkenntniswert, ja seine Herausforderung für Theologie und Kirche heute? Ich setze bei der Beantwortung dieser Frage bewußt an der Peripherie seines Christentumsverständnisses an, um von daher ins Zentrum vorzustoßen. Meine These lautet: *Heinrich Bölls Christentum ist ein Christentum mit irisch-katholischem Antlitz.* Die Schlüsselfunktion Irlands für Bölls Katholizismus- und Christentumsverständnis kann nur den überraschen, der Böll nicht kennt oder für einen humorvollen Rheinländer hält. Carl Amery, bayerischer Katholik in hierarchie- und milieukritischer Distanz zum Katholizismus wie Böll seit den sechziger Jahren, berichtet in seinem Nachruf von einem Gespräch Bölls mit Kardinal Döpfner, der sich über Bölls Aufsatzsammlung „Fragen an Welt und Kirche" geärgert habe. „Ich versuchte" – sagte Amery –, „den Kardinal zu informieren und erwähnte nebenbei, er wisse doch, was Bölls Lieblingsland sei. Er wußte es nicht, und ich sagte es ihm. Die Reaktion des Kardinals war nicht nur Überraschung, sie war ein fast somatischer Schock. ‚Irland!' rief er mehrmals und schlug sich, im Sitzen nach vorn schnellend, auf den Schenkel. ‚Ausgerechnet Irland!' "[3] In der Tat: Heinrich Böll liebte ausgerechnet Irland. Schon früh, sagte er einmal, sei er nicht nur durch Kleist und Hebbel, Chesterton und Dickens, sondern auch durch irische Volksmärchen beeinflußt worden. Seit 1955 besuchte er Irland regelmäßig, schrieb 1957 über seine Irland-Erfahrungen das berühmte

„Irische Tagebuch", 1961 ein Drehbuch zu einem Irland-Film, kümmerte sich um die Übersetzung irischer Gegenwartsautoren wie Brendan Behan, Flann O'Brien, Tomas O'Crohan, Eilis Dillon (zusammen mit seiner Frau), warb für sie beim deutschen Publikum („Die Welt Sean O'Caseys"[4]) und kaufte 1958 ein Haus in Dugort. Warum er aber ausgerechnet Irland liebte, bedarf der Analyse. Irland ist dabei mehr als das geographisch lokalisierbare Land. *Irland ist Symbol für eine ganze Weltsicht bei Böll,* und wer Irland versteht, versteht die „Böll-Welt", seine Innen- und Außenwelt, die Böllsche Grundhaltung, Spiritualität, ja Frömmigkeit. Der Grund?
Böll liebte dieses Land nicht trotz, sondern wegen seiner *politischen Schwäche:* „Auf dieser Insel wohnt das einzige Volk Europas, das nie Eroberungszüge unternahm, wohl selbst einige Male erobert wurde", notiert er gleich zu Beginn seines „Irischen Tagebuchs"[5]. Für Böll, der aus einem Land kam, das noch keine zwei Jahrzehnte zuvor die Welt mit einem der entsetzlichsten Kriege überzogen hatte, der aus einem Volk stammte, das 12 Jahre lang von einem Regime beherrscht wurde, das auf der Ideologie von Herrenmenschentum, Eroberung, Unterwerfung, ja Ausrottung von anderen Völkern gegründet war, für Heinrich Böll, der sich selber (Jahrgang 1917, mit 22 Jahren in den Krieg gepreßt) einer verführten und belogenen Generation angehörig fühlte, durch Krieg und Faschismus mehr Opfer als Täter, für ihn war dieses kleine Irland von einer faszinierenden Unschuld. Er hatte Zeit seines Lebens Angst vor den Siegern.
Hinzu kommt: Böll liebte dieses Land nicht trotz, sondern wegen dessen *Armut.* Dabei hatte Böll alles andere als ein ästhetisches oder sozialromantisches Verhältnis zur Armut. In aller Schärfe benennt er im „Tagebuch" das soziale Elend in den Slums von Dublin. Sie werden bei ihm nie zu einer malerischen Kulisse in einem sentimentalen Irland-Bild. Stets hat er die große Hungersnot aus der Mitte des 19. Jahrhunderts vor Augen (für das deutsche Publikum bespricht er 1963 das Werk der britischen Historikerin Cecil Woodham-Smith „The Great Hunger"[6]), die Millionen zur Auswanderung getrieben und von der sich Irland bis heute nicht erholt habe. Und immer wieder schildert Böll Irland kritisch aus der *Perspektive von*

Kindern, die hier nur so lange geliebt würden, wie sie Kinder seien, und die später zur Auswanderung gezwungen würden: Geboren in Dublin, begraben in Sidney oder New York. Dennoch: Die Armen stehen bei Böll immer dann im Vordergrund, wenn er eine *alternative Form von menschlicher Würde,* von menschlichen Beziehungen beschreiben will. Und genau dies scheint er in Irland, seinem Irland, gefunden zu haben. Armut habe hier eine andere Bedeutung als in Deutschland oder England: „Armut war nicht nur ‚keine Schande‘ mehr, sondern weder Ehre noch Schande: sie war – als Moment gesellschaftlichen Selbstbewußtseins – so belanglos wie Reichtum; die Bügelfalten hatten ihre schneidende Schärfe verloren, und die Sicherheitsnadel (...) trat wieder in ihr Recht."[7] Es ist dieses Irland der Sicherheitsnadel und der stumpfen Bügelfalten, das er einer Gesellschaft, wo schneidende Bügelfalten Symbol sind für Ordnung, Disziplin und sozialen Rang, als Kontrastbild entgegenstellt. Deutlich wird: Bölls Irlandbuch ist nicht nur für Irland, sondern auch gegen eine bestimmte Deutschland-Erfahrung geschrieben. Deutschlandkritik im Spiegel der Irland-Reise – darum geht es. Im Irland-Bild soll eine deutsche Leserschaft die emotionalen und sozialen Defizite der eigenen Gesellschaft erkennen lernen.

2. Herrschaftskritische Katholizität

Heinrich Böll liebte Irland nicht trotz, sondern wegen seiner *Katholizität.* Er wußte um merkwürdige Analogien: Gelebt hatte Böll zeit seines Lebens im katholischen Rheinland (Geburtsstadt Köln), das sich aber vom protestantischen Preußen (Berlin) stets „tief verachtet" fühlte:

> „So wie die Polen von den Preußen verachtet wurden, weil sie katholisch waren und weil sie polnisch waren, waren die Rheinländer verachtet, weil sie nicht so furchtbar fleißig und außerdem auch noch katholisch waren."[8]

Die gleichen Herrschaftsstrukturen sieht Böll im Verhältnis des protestantischen England zum katholischen Irland: „Die englische Verachtung gegenüber diesen schmutzigen, faulen, dreckigen Iren war genauso."[9] So stellten sich merkwürdige *Solidaritäten* her zwischen so verschiedenen Volksgruppen wie *Rheinländern, Polen und Iren.* Ihnen gemeinsam sei das Gefühl der Zugehörigkeit zu einer sozial wie konfessionell diskriminierten und zugleich verachteten Volksgruppe. Katholischsein heißt für den Schreinersohn aus den unteren Schichten Kölns – zumal unter der Nazi-Diktatur und unbeschadet aller innerkatholischen Herrschaftsverhältnisse (Hierarchie – Volk) –, verachtet, unterdrückt und verfolgt zu sein. Ja, der politische Druck zwang zur Solidarität mit einer Kirche, von der sich weite Teile des Bürgertums in Deutschland vor 1933 bereits innerlich entfernt hatten. (Böll: „Mit 14,15 Jahren habe ich mich jahrelang von der Kirche ferngehalten. In der Gegnerschaft zum Nationalsozialismus entstand dann wieder eine Loyalität, die eigentlich verspätet war, vielleicht sogar falsch."[10])

Diese Erfahrung ist die Wurzel für Bölls *herrschaftskritische Katholizität,* die sich – als der politische Druck nach 1945 nachgelassen hatte – zunehmend auch innerkirchlich auswirkte. Bölls Nichtversöhntheit mit Staat und Kirche kommt aus der Widerständigkeit nichtverdrängter Erinnerungen. Hier – verstärkt durch Einflüsse aus dem sozialen Katholizismus Frankreichs, Bernanos, Bloy, Mauriac – liegt ebenso die Wurzel für die Böllsche Utopie einer *Versöhnbarkeit von Katholizismus und Sozialismus,* die er noch 1985 in einem Gedicht zum 60. Geburtstag von Ernesto Cardenal beschworen hatte:

„Auf daß ihr werdet und bleibt
was ich Euch wünsche
lächelnde Sozialisten
und doch – o Wunder –
Katholiken
vielleicht sogar Christen."[11]

Hier also – in der Erfahrung nicht des Hierarchie- oder Kultur-, sondern des Volkskatholizismus als einer beherrschten und verachteten Minderheit – liegt Bölls literarischer Blick „von unten" begründet, sein Bemühen, die „kleinen Leute", die mißachteten und verachteten Gruppen aus den sozial unteren Schichten zu unheldischen Helden seiner Romane zu machen, eine „Poetik der Alltäglichkeit" zu entwerfen, eine „Mystik der alltäglichen Dinge" zu beschreiben.

3. WAS IST BÖLLSCHE DIALEKTIK?

Es ist die *Beschwörung der Details,* die ihn als Schriftsteller auszeichnet: Wie sich jemand eine Zigarette anzündet, zu einem Glas Wasser greift, es in die Hand nimmt, trinkt; wie einer telefoniert, den Kopf hebt, senkt, sich bewegt. In solch verlangsamter, detailbesessener Erzählweise bekommt durch die Benennung auch das unbeachtetste Detail Wichtigkeit und Bedeutung. Nicht umsonst liebte Böll das Luther-Zitat: „Es fehlt den Leuten nichts, denn daß sie nie eine Kreatur recht angesehen haben."[12] Und in den „Ansichten eines Clowns" liest man die Stelle: „Die Vorstellung, daß Züpfner Marie beim Ankleiden zuschauen könnte oder zuschauen darf, wie sie den Deckel auf die Zahnpastatube schraubt, machte mich ganz elend ... Mich quälte auch die Vorstellung, daß Züpfner überhaupt nichts daran lag, Marie beim Zuschrauben der Zahnpastatuben zuzuschauen: Meiner bescheidenen Erfahrung nach haben Katholiken nicht den geringsten Sinn für Details."[13] Es ist diese Erscheinungsform eines doktinär verengten Katholizismus, den Böll hier entlarvt, dessen *Detailunkenntnis,* und das heißt dessen Unkenntnis der Lebenswirklichkeit, der Lebenseinzelheiten von Frau und Mann, Mann und Frau, die so gern von Programmen, Projekten, Sollformeln, Prinzipien und Doktrinen überspielt werden.
Und die Gegenperspektive: *„Schmutzig – faul – dreckig – katholisch".* Man muß die Ironie in dieser Reihung mithören, um die genuin Böllsche Dialektik verstehen zu können. Böll wendet sich damit gegen eine Kirchenpraxis, für die die „Reinheit der Lehre" wichtiger ist als die Erfahrung der Menschen, die Orthodoxie höher rangiert als das gelebte Leben, für die korrekte Moral mehr wert ist als menschliche Authentizität. Bölls Christentum mit dem rheinisch-polnisch-irischen Antlitz aber ist ein Christentum, das den Schmutz nicht verachtet, sondern als Ausdruck konkreter Menschlichkeit annehmen kann. Dieser Kölner Schreinersohn liebte das *Schmutzig-Ver-*

mischte des Alltags mehr als die fragwürdige Reinheit der Doktrinen, weil die Menschen nicht nach Dogmen, Doktrinen und einer abstrakten Moral leben. Deshalb seine Vorliebe für Gerüche (seinen „Clown" stattet er sogar mit der übersinnlichen Fähigkeit aus, durch das Telefon Gerüche wahrzunehmen, was zu einem satirischen Instrument der Personencharakteristik wird), für all das Menschliche, „das in gehobenen Kreisen tabuisiert oder weggesprayt wird, weil man da oben nicht stinkt, sondern duftet. Daß aber Leid und Schmutz zum Himmel stinken, machte Bölls Riecher für den Duft der Menschenerde zum ideologiekritischen Organ."[14] Nein, Bölls Werk ist eine einzigartige Attacke gegen die bürgerliche Identität von Religion und Sauberkeit (Reinheit), Kirchlichkeit und bürgerlicher Anständigkeit, und es ist – auch dies kein Zufall – gerade ein Priester bei Böll, der Pfarrer Kolb in „Ende einer Dienstfahrt", der diese Identität bestreitet.

Dies also ist genuin *Böllsche Dialektik* auf dem Hintergrund seiner Poetik der Alltäglichkeit: Der irisch-rheinisch-polnisch-katholische „Schmutz" ist kein Anlaß zur Verherrlichung oder Verachtung, wohl aber Gegenbild zu einer tödlichen Sauberkeit und sterilen Perfektion unter Menschen; die „Faulheit" Gegenbild zu einer entfremdeten Form von Effizienz und Zweckrationalität; der „Dreck" Reservat einer auf menschlicher Wärme beruhenden gelebten Alltagshumanität. Anders gesagt: In Böllschen Texten wird die Verachtung für all das „dreckige, faule, schmutzige Volk" immer wieder ideologiekritisch als Herrschaftsform durchschaut und eine andere Form von Menschlichkeit bei denen gezeigt, die von der herrschenden Moral als „Minderwertige" klassifiziert werden.

4. Wie Kirche beschreiben?

Aus dieser seiner Perspektive „von unten" kann Böll Kirche stets nur in ihrer Doppelgesichtigkeit beschreiben. Er tut dies dort etwa, wo er im „Tagebuch" die St. Patrick's Cathedral mit einer anderen Kirche kontrastiert. Die Kathedrale erlebt er als „leer, kalt und sauber"[15] (typisch Böllsche Reihung); der einzige Mensch, dem er begegnet, ist ausgerechnet eine Putzfrau, die sauber mache, was sauber genug sei. Er flieht diese Kirche, wie auch zahlreiche seiner literarischen Figuren solche Kirchen geflohen sind. Die andere Kirche ist zugegebenermaßen häßlich, voller Kitsch, dafür aber voll von betenden Menschen. Diese Kirche war zwar nicht „schmutzig, aber schusselig: so sehen in kinderreichen Familien die Wohnzimmer aus"[16].

Eine erstaunlich kühne Metaphorik: Heinrich Böll war wohl der einzige Schriftsteller von Rang in der deutschen Nachkriegsliteratur, der es sich leisten konnte, eine Kirche mit *Metaphern aus dem privaten Bereich* zu beschreiben und so einer Kirche Vertrautheit und Nähe zu geben, ohne unglaubwürdig zu werden. Er gehörte zu den wenigen Autoren, die *betende Menschen beschreiben* konnten ohne religionskritische Distanz oder ironische Verachtung. Selbst die Reflexionen über den religiösen Kitsch und die neuesten „Errungenschaften" der Devotionalienindustrie geraten ihm nicht zur bitteren, verächtlichen Satire (er beherrschte bekanntlich die Satire auch bei religiösen Sujets), weil Böll die Menschen vor ihrer oft fragwürdigen religiösen Praxis in Schutz nimmt. „Ich will über die Marienheiligtümer nicht spotten, das kann ich nicht. Ich kann nicht die Menschen verspotten, die nach Lourdes pilgern oder nach Tschenstochau oder nach Guadeloupe. Ich kann es nicht, weil ich nicht durch Spott zerstören kann, was ich ihnen nicht ersetzen kann."[17]

Solche Äußerungen machen klar: Heinrich Böll war zwar nicht selten ein Polemiker, ein Zyniker war er nie. Er war oft ein Satiriker, nie aber ein Denunziant. Keine seiner Figuren ließ er fallen, auch dann nicht, wenn sie die Gegenmacht verkörperten (Generäle, Industrielle, Politiker, Bischöfe), nur selten gerät ihm die Zeichnung seiner Figuren zur bitteren Karikatur (verächtlichste, aber auch zugleich literarisch schwächste Figur ist der Sensationsjournalist in der Erzählung „Die verlorene Ehre der Katharina Blum", den die Heldin am Schluß ermordet). Seine Geschichten sind *offene Geschichten, die weitererzählt werden wollen.* Seine Figuren sind Modell-Figuren, die keineswegs identisch sind mit ihrem Autor. Über Hans Schnier, den Clown, sagte Böll einmal: „Ich kann mich mit diesem Herrn nicht identifizieren." Und über Katharina Blum:

314

„Ich glaube nicht, daß jemand seine Ehre und seine Integrität durch einen Mord wiederherstellen kann. Die Katharina muß das machen ... aber wenn man weiterdenkt ... dann kann man natürlich nicht durch einen Mord ... seine Integrität wiederherstellen ... das geht ja weiter, das hat ja Folgen. Ich sehe sie anschließend im Kittchen und sehr, sehr viel reflektieren..."[18]

5. Christentum mit weiblichen Zügen

Heinrich Bölls Christentum mit irisch-katholischem Antlitz ist ein *Christentum* nicht mit männlichen, sondern *mit weiblichen, mütterlichen Zügen.* Keine Frage, das „Irische Tagebuch" hat seine schönsten Passagen dort, wo Frauen beschrieben werden: in der Meditation über die „schönsten Füße der Welt", in der melancholischen Reflexion über die neun Kinder der Mrs. D. ... Die Frauen seien „die Tätigen dieser Erde", lesen wir, für die in den von Männern bevölkerten „Kneipen" kein Platz sei.[19]
In der Tat: Wie kaum ein Autor der deutschen Literatur nach 1945 hat Böll Frauen zu Handlungsträgern seiner Arbeiten gemacht. Gerade der Roman, den er noch kurz vor seinem Tode beendete, „Frauen vor Flußlandschaft", gibt davon ein letztes Mal Zeugnis: Er ist eine satirische Auseinandersetzung mit Bonner Politikern aus der Perspektive ihrer an den Rand gedrängten Frauen und damit ein Stück Aufarbeitung der bürgerlichen patriarchalen Schuldgeschichte.
In Auseinandersetzung mit dieser Schuldgeschichte hatte Böll stets einen Blick für *verdrängte, verschüttete und verachtete christliche Traditionen,* die er neu kritisch zu beerben verstand. So läßt er seinen Clown meditieren:

„Eine Frau kann mit ihren Händen so viel ausdrücken oder vortäuschen, daß mir Männerhände immer wie angeleimte Holzklötze vorkommen. Männerhände sind Händedruckhände, Prügelhände, natürlich Schießhände und Unterschrifthände. Drücken, prügeln, schießen, Verrechnungsschecks unterschreiben – das ist alles, was Männerhände können, und natürlich: arbeiten ... Kein Theologe ist je auf die Idee gekommen, über die Frauenhände im Evangelium zu predigen: Veronika, Magdalena, Maria und Martha – lauter Frauenhände im Evangelium, die Christus Zärtlichkeiten erwiesen. Statt dessen predigen sie über Gesetze, Ordnungsprinzipien, Kunst, Staat. Christus hat sozusagen privat fast nur mit Frauen Umgang gehabt."[20]

Stichwort: *Zärtlichkeit*, ein neuer Umgang der Menschen mit sich selbst, das ist es, was Böll vorschwebt, wenn er von Christlichkeit redet. Und diese Zärtlichkeit wird auch theologisch von Böll reflektiert. In einem Gespräch fällt der Satz:

> „Im Neuen Testament steckt eine Theologie der – ich wage das Wort – Zärtlichkeit, die immer heilend wirkt: durch Worte, durch Handauflegen, das man ja auch Streicheln nennen kann, durch Küsse, eine gemeinsame Mahlzeit – das alles ist nach meiner Meinung total verkorkst und verkommen durch eine Verrechtlichung, man könnte wohl sagen durch das Römische, das Dogmen, Prinzipien daraus gemacht hat, Katechismen; dieses Element des Neuen Testaments – das zärtliche – ist noch gar nicht entdeckt worden."[21]

Christentum mit weiblich-mütterlichem Antlitz: Wie kein anderer deutscher Gegenwartsautor von Rang hat Böll sich auch mit der *Marienfigur* literarisch auseinandergesetzt, von seinen frühen Erzählungen angefangen („Kerzen für Maria", 1950) über lyrische Arbeiten („Köln 1") bis zu seinem großen Roman „Gruppenbild mit Dame", 1971. Böll wußte, daß der Katholizismus über die Marienverehrung viel auch an mythischen, archaischen Traditionen bewahrt hatte.
Ja, er liebte das Katholische um dieses mythischen Erbes willen. Hier war es möglich, das Göttliche in Bildern und Symbolen des Weiblichen auszudrücken. Und wer aus Köln stammte wie er, einer Stadt mit einer beinahe zweitausendjährigen heidnischen und christlichen Geschichte, wußte um die mythische Tiefenstruktur der Mariengestalt in ihrer ganzen Ambivalenz. Man lese ein Gedicht wie „Köln 1", um diese *Doppelgesichtigkeit des Weiblichen* beschworen zu finden: Jungfrau und Mutter, Heilige und Hure, Verehrte und Verführte zugleich. Und in der Tat: welche Stadt könnte geeigneter sein, um all die Mischungen, Legierungen und Ablagerungen der alltäglichen Geschichte über die Jahrhunderte hinweg symbolisch zu ver-

dichten als Köln – im Gedicht umschrieben mit dem Symbol
der „dunklen Mutter":

„Wer an Kanälen lauscht
kann sie hören
in Labyrinthen
unter der Stadt
über Geröll, Scherben, Gebein
stolpert die Madonna
hinter Venus her
sie zu bekehren
vergebens
vergebens ihr Sohn hinter Dionys
vergebens Gereon hinter Caesar
Hohnlachen
wer an Kanälen lauscht
kann es hören

Der dunklen Mutter
durch Geschichte
nicht gebessert
steht Schmutz
gut zu Gesicht
in Labyrinthen
unter der Stadt
verkuppelt sie die Madonna
an Dionys
versöhnt den Sohn mit Venus
zwingt Gereon und Caesar
zur Großen Koalition
sich selbst verkuppelt sie
an alle die guter Münze sind."[22]

Das *Madonnen-Motiv* findet im Roman „Gruppenbild mit
Dame" dann seine große literarische Verarbeitung. Leni, die
Hauptfigur des Romans, muß – in einer vom Autor selber
vorgenommenen typologischen Deutung – als verschlüsselte
Madonna, als eine „subversive Madonna" freilich, verstanden
werden: Auch sie eine für Böll so eigentümliche Synthese aus
Sanftheit und Durchsetzungskraft, Religiosität und Sinnlich-

keit, Demut und Subversivität. Eine Frau näherhin, die wegen einer Beziehung zu einem russischen Kriegsgefangenen von Gesellschaft und Kirche als „Kommunistenhure" bloßgestellt wird und damit nur die Defizite an Humanität in eben dieser Gesellschaft, in eben dieser Kirche freilegt. Mischungen, Vermischungen gerade auch hier. Mit der typologischen Deutungslinie Leni – Maria versucht Böll, „den alten Begriff der Heiligkeit fragwürdig zu machen, wo man immer eine Person bis zum Ende rein bleiben, rein werden läßt, eine Unterstellung, der auch die sogenannte Heilsgeschichte widerspricht, denn die Heilsgeschichte, die jüdische und christliche – die Personen, die das Heil gebracht haben, die reinen, guten, haben hinter sich eine ganze Reihe von im Sinne der bürgerlichen Moral bösen Menschen, ohne die sie gar nicht rein hätten sein können. Schon die Biographie des Jesus von Nazaret, der Stammbaum, ist voll von diesen Margret-ähnlichen Figuren."[23]

Die *Dialektik von Heiligkeit und Unheiligkeit* ist also ein zentrales Thema des Romans. Und das heißt: Was von Gesellschaft und offizieller Kirche als „unheilig" denunziert wird, erweist sich bei Böll in Wirklichkeit oft genug als das einzig noch mögliche Reservat von Heiligkeit in unserer (oft aus anderen als aus vordergründigen kirchlichen Gründen) „unheiligen" Zeit. Was sich also hinter dieser Frauenfigur in „Gruppenbild mit Dame" verbirgt, ist das typisch neuzeitliche Problem der Säkularisierung des Heiligen im Gewande der Literatur, ein Vorgang, dem umgekehrt bei Böll eine Sakralisierung des Profanen entspricht.

6. Nachdenken über die Diskrepanz von Liebe und Ehe

Wie kein anderer Schriftsteller der deutschen Literatur des 20. Jahrhunderts hat Böll es verstanden, das Sakramentale des Katholischen in vielfachen säkularen Brechungen und Variationen zu beerben und umgekehrt rein säkularen Ausdrucksformen von Menschen eine sakrale, sakramentale Würde zu verleihen. Bölls literarisches Werk enthält so auf überraschende Weise eine *Theologie und Anthropologie des Sakramentalen*, ja, kann ohne diese sakramentale Dimension gar nicht verstanden werden. Böll, der einmal von sich sagte, im Grunde nur an zwei Themen interessiert zu sein, Liebe und Religion, hielt es stets für einen fatalen Irrweg, daß in der katholischen Kirche die Sakramente verrechtlicht wurden. Sakramente aber hätten „eine mystische Dimension, die im rationalen Sinne, im juristischen Sinne, völlig unkontrollierbar ist"[24].

Im Werk wird dies immer wieder vor allem an der Diskrepanz von Ehe und Liebe deutlich gemacht. Es ist ja kein Geheimnis: Ehepaare, Familien, bürgerlich-kleinbürgerliche Lebensverhältnisse konnte Böll wie kaum ein Autor der Nachkriegszeit authentisch beschreiben. Aber schaut man genau hin, so kann von einer literarischen Illustrierung intakter Ehen nicht die Rede sein. Was Bölls Werk vielmehr charakterisiert, ist nicht die Beschreibung „sauberer Verhältnisse", wie Staat und Kirche sie sich vorstellen, sondern auch hier die Beschreibung des Vermischten, der lebendig-komplexen Alltagswelt. Er war der Poet der Alltagsempirie, der nicht beschreiben wollte, wie Menschen leben sollten, sondern wie sie faktisch lebten – unter den Verhältnissen von Krieg und Nachkriegszeit zum Beispiel. Diese Alltagsempirie findet man in seinem Werk auf Schritt und Tritt: Der Krieg hatte Verhältnisse zerstört, Beziehungen von Menschen vernichtet, Ehen gar nicht entstehen lassen oder Ehen zum Scheitern gebracht. Daran ist Böll als Schriftsteller interessiert.

In der Erzählung „Das Brot der frühen Jahre" (1952) etwa ist Böll darauf konzentriert, wie ein junger Mann mit einem jungen Mädchen eine gemeinsame Nacht verbringt und welch entscheidende Lebensveränderung dies mit sich bringt. Der Rest wird ausgespart. Im Roman „Und sagte kein einziges Wort" (1953) geht es um ein Ehepaar im Köln der Nachkriegszeit, das nicht zusammenleben kann, weil die Wohnverhältnisse unerträglich sind. In „Haus ohne Hüter" (1954) steht im Mittelpunkt eine Frau, die nach dem Krieg eine Reihe von „Onkelehen" eingeht, mit immer wieder anderen Männern zusammenlebt, eine Abtreibung vornehmen läßt und später ein uneheliches Kind zur Welt bringt. In „Ansichten eines Clowns" (1963) ringt der Held Hans Schnier vergeblich um die Rückkehr seiner ehemaligen Freundin, die nun in einer sauber geschlossenen katholischen Ehe lebt, obwohl sie doch „eigentlich" seine

Frau ist, mit der er doch einst sich in freier Liebe das Sakrament der Ehe selber gespendet hatte. In „Gruppenbild mit Dame" (1971) beschreibt Heinrich Böll mit Leni Pfeiffer keine Ehefrau, sondern eine unangepaßt lebende 48jährige, die „seit ihrem 14. Lebensjahr unkirchlich dahinlebt". Und noch in seinem letzten Werk „Frauen vor Flußlandschaft" (1985) stehen zwar einzelne Ehefrauen, Lebensgefährtinnen und Freundinnen einflußreicher Männer im Zentrum, aber nicht um deren „Ehe" willen, sondern, um aus der Perspektive der Frauen diese Männer in ihrem politischen Verhalten zu entlarven. Kurz: Nirgendwo in seinem Werk beschreibt Heinrich Böll die Wirklichkeit oder das Ideal einer intakten bürgerlichen Ehe. Was den Umkehrschluß erlaubt: An der Eheproblematik ist Böll interessiert, um einer tieferliegenden sozialen, politischen, gesellschaftlichen, ja auch religiösen Problematik willen: *Ehekritik als Gesellschaftskritik*. Sehen wir genauer zu.

Nirgendwo führt Heinrich Böll den Zusammenhang von Ehekritik und Gesellschaftskritik eindrucksvoller vor als in seinem Nachkriegsroman *„Und sagte kein einziges Wort"* von 1953. Fred und Käthe Bogner können im Köln der Nachkriegszeit nicht zusammenleben, weil „die Verhältnisse" nicht so sind. Fred verbringt sein Leben außer Haus und trifft sich mit seiner Frau nur gelegentlich in einem billigen Hotel, um „die Ehe zu vollziehen". Käthe bleibt mit ihren drei Kindern in einem einzigen dreckigen und schäbigen Zimmer zurück, das zu einer Fünf-Zimmer-Wohnung gehört, die vom kinderlosen Ehepaar Franke bewohnt wird. Frau Franke ist allerdings auch eine leitende Funktionärin der katholischen Frauenorganisation, die es verhinderte, daß die Bogners in eine durch kirchliches Geld finanzierte Neubausiedlung ziehen konnten, da Fred ein Trinker sei und überhaupt ein moralisch zweifelhaftes Verhalten an den Tag lege.

Fred und Käthe Bogner in ihrem alltäglichen Kampf gegen Resignation, Armut, soziales Elend und Einsamkeit – darum geht es in diesem Roman. Ihr *entfremdetes Eheleben* ist Ausdruck einer generellen gesellschaftlich-sozialen Entfremdung, deren Ursache freilich nicht nur der Krieg ist. Ursache ist auch die bürgerliche Bigotterie, welche durch ein bestimmtes kirchliches Milieu stabilisiert wird. Als Erzähler hatte Böll damit raffiniert einen Teufelskreis konstruiert: Denn alles das, was nach der offiziellen kirchlichen Lehre Ehe sein soll – die Gemeinschaft von Familie, Liebe und Geborgenheit – alles das wird ausgerechnet durch ein Milieu verhindert, dessen Stütze die Kirche ist. Indem Böll also eine gescheiterte, besser unlebbare Ehe zeigt, indem er erzählt, wie die Liebesgeschichte von Fred und Käthe allmählich in Schmutz, Banalität und Sprachlosigkeit versinkt, wird der Roman zur Anklage einer Gesellschaft, die Menschen an den Rand drückt und für diese ihre Randexistenz gleichzeitig noch verachtet.

Gut zehn Jahre später radikalisiert Böll diese Problematik in seinem Roman *„Ansichten eines Clowns"*. Die Kritik an der Institution Ehe wird schärfer, die Problemstellung grundsätzlicher. Ging es bei Fred und Käthe Bogner immerhin noch um eine „gültig" geschlossene katholische Ehe, die nur unter den konkreten Bedingungen der Nachkriegszeit nicht gelebt werden konnte, steht also die Ehe als Institution hier noch nicht grundsätzlich in Frage, so greift Heinrich Böll im Clown-Roman gerade diese Institutionalisierung von Ehe und Liebe frontal an. Denn das Beunruhigende dieses Romans liegt weniger in der Kritik an den politischen Verhältnissen im Nachkriegsdeutschland, in der Kritik an fünfzehn Jahren Herrschaft der CDU, die den Staat für ihre Parteiinteressen vereinnahmt zu haben schien. Das Provokative liegt auch nicht in der Tatsache, daß der Held dieses Romans ein Außenseiter ist, ein Narr, der als Schausteller durch die Lande reist. Das Anstößige dieses Romans liegt vielmehr in der hier erzählten *Liebesgeschichte*, ja, in dem merkwürdigen Verständnis von Liebe und Ehe, das der Clown in „närrischer" Konsequenz vertritt. Stichwort: *Selbstgespendete Sakramentalität*. Was heißt das?

Seit seinem 21. Lebensjahr hatte Schnier mit seiner Freundin Marie zusammengelebt. Obwohl nicht religiös, betrachtete er Marie – gewissermaßen gut katholisch – als „seine Frau". Mit ihr hatte er ja die Ehe vollzogen; ihre Liebe hatte für ihn faktisch den Charakter eines selbstgespendeten „Sakramentes", das von niemandem, erst recht nicht von kirchlichen Funktionären, die ja auf die Selbstspendung des Sakramentes „Ehe" Wert legen, angetastet werden dürfe. Marie aber hatte – nicht zuletzt unter dem Druck des katholischen Milieus – Schnier verlassen, als dieser sich weigerte, bei einer möglichen katholischen Trauung auch noch die katholische Erziehung der Kinder zu versprechen. Sie hatte einen „fortschrittlichen Katholiken" geheiratet, und von nun an versucht Schnier, Marie unter allen Umständen zu sich zurückzuholen. Denn seit sie ihn verließ, ging es auch beruflich mit ihm bergab. Er begann zu trinken, verletzte sich bei einem Auftritt als Clown und mußte eine Zeitlang pausieren.

Aber sein Kampf um die Rückkehr seiner „Frau" gleicht dem närrischen Kampf des „Ritters von der traurigen Gestalt" mit den Windmühlen. Am Schluß endet der Clown als Gescheiterter, als Narr unter Narren, mitten im rheinischen Karnevalstreiben.[25] Dies also eine Böllsche Szenerie aus dem Jahre 1963: In die unbekümmerte Landschaft von Wohlstandsbürgern, Parteibonzen und Kirchenfunktionären, die sich in der Nachkriegszeit bestens arrangierten, setzt Heinrich Böll einen Gescheiterten, der nicht vergessen kann und von sich sagt. „Ich bin ein Clown und sammle Augenblicke." Hans Schnier, ein Mann, der nicht nur den „Narren" spielt, sondern zum Narr wird, weil er auf eine unbedingte, „sakramentale" Weise liebt.

Anders gesagt: Bölls Kritik an der Verrechtlichung und Institutionalisierung von Ehe kommt nicht aus einer religionskritischen oder gar religionslosen, sondern aus einer zutiefst religiösen, ja katholischen Überzeugung. Wie sein Clown nahm auch er dasjenige Element der katholischen Ehetheologie radikal ernst, das von einer *Selbstspendung des Sakramentes durch die Ehepartner* spricht: Nicht die Kirche spendet das Sakrament, sondern die Partner selber, wenn sie sich in Liebe einander zuneigen. Wenn diese Liebe realisiert ist, ist dieser Akt „Sakrament", d. h. Zeichen für Gottes Liebe selbst. Institutionen wie Standesamt oder Kirche braucht es deshalb nicht, um diese Liebe „gültig", gar „Sakrament" sein zu lassen. „Sakrament" ist die Ehe schon durch den Vollzug der Partner, nicht durch die äußere Legitimation einer Institution. Indem Kirche und Staat die Gültigkeit einer Ehe aber an ihren „Ordnungsprinzipien" messen, verrechtlichen sie, ja vergewaltigen sie etwas, was seinem Wesen nach gerade zutiefst auf Freiheit und Geschenk beruht: die Liebe.

Nur von diesem unbedingten Liebes- und radikalen Sakramentsverständnis her erklären sich die „närrischen" Effekte dieses Romans, ja dessen skurrile Umkehrungen: Es ist nun der Clown, der sich als „monomaner Anhänger der Monogamie" bezeichnen, der seine Freundin Marie des Ehebruchs bezichtigen kann, weil sie ihn verließ und vor Priester und Standesbeamten eine sogenannte „Ehe" einging: „Ich würde dem Papst erklären, daß meine Ehe mit Marie eigentlich an der standesamtlichen Trauung gescheitert war, und ihn bitten, in mir eine Art Gegentyp zu Heinrich VIII. zu sehen: der war polygam und gläubig gewesen, ich war monogam und ungläubig."[26]

7. WIDER DIE VERRECHTLICHUNG DES SAKRAMENTALEN

Gegen diese Verrechtlichung der Liebe aber kämpft nun Heinrich Böll immer heftiger. Ja, im Laufe der Jahre war es ihm immer bewußter geworden, daß mit der Verrechtlichung des Sakramentalen die Kirche gerade das verspiele, was ihre eigentliche Grundlage sei: das Geheimnis Gottes. Von daher versteht sich der zitierte Satz:

> „Alle Sakramente haben eine mystische Dimension, die im rationalen Sinn, im juristischen Sinne, völlig unkontrollierbar ist. Sie können nicht Ehe und Liebe gleichsetzen, das geht einfach nicht. Es kann durchaus möglich sein, daß ein Ehepaar 50 Jahre in Liebe miteinander lebt, es kann aber auch sein, daß die Liebe in einem Jahr weg ist, und es bleibt eben nur noch die Ehe als Institution. Das können Sie übertragen auf die Kommunion, auf die Beichte, sogar auf das Sakrament der Priesterweihe. Alle diese Dinge sind, weil sie eine mystische Komponente haben, keine rein rechtliche, nicht kontrollierbar."[27]

Gerade daran aber war Böll als Schriftsteller interessiert: an dem „Nichtkontrollierbaren" menschlicher Wirklichkeit, der eigentlichen Tiefendimension menschlicher Freiheit. Und wie wenn er das Problem der Verrechtlichung des Sakramentes der Ehe – gewissermaßen wie in einem Laborexperiment – bis zum äußersten habe testen wollen, führt er in einem Hörspiel mit dem Titel „*Hausfriedensbruch*" (1969) diese Problematik noch einmal vor. Es ist in der Tat eine groteske Situation, die Heinrich Böll in diesem Stück skizziert: Ein verheirateter Mann (2 Kinder) taucht eines Tages im Hause einer Frau auf (ebenfalls verheiratet, ebenfalls 2 Kinder) und beginnt eine alte Geschichte aufzurühren. Lange hatten sich die beiden gekannt und in früheren Zeiten geliebt. Weil ihre Familien damals aber gegen „Mischehen" waren, wurde die Heirat brutal verhindert, waren beide gezwungen, andere Partner zu heiraten. Der Mann (Merkens) aber liebt die Frau (Anna) immer noch, ja betrachtet sie als seine rechtmäßige Frau. Und um die Geschichte vollends zuzuspitzen, läßt Böll auch die Frau nach anfänglichem Zögern sich zu ihrer ursprünglichen, authentischen Liebe bekennen.

Damit beginnt in diesem Hörspiel das, was man in der Tat „Hausfriedensbruch" nennen kann – und zwar im doppelten Sinn des Wortes. Denn der Mann erfüllt mit seinem Eindringen nicht nur den simplen juristischen Tatbestand des Hausfriedensbruchs. Seine Aktion beginnt einen Frieden zu stören, der auf einer langjährigen Unrechtssituation beruhte, an der die Kirche mitschuldig war. Denn der Mann fühlt sich verheiratet mit der Frau, die nicht seine gegenwärtig angetraute Ehefrau ist. Wie der Clown besteht er darauf, daß nicht hätte getrennt werden sollen, was durch die authentische Liebe zweier Menschen „Gott" ein für allemal verbunden hatte. Denn das Zusammenleben mit der früheren Freundin war für ihn eine „sakramentale Gemeinschaft" gewesen. Sie waren „ein Fleisch" geworden, waren eins und fühlten sich auf diese Weise von „Gott" zusammengefügt.

Begreiflich, daß dieser „Fall" radikale theologische und rechtliche Probleme aufwirft, da Merkens entschlossen ist, seine „eigentliche Ehe" nun auch kirchlicherseits anerkennen zu lassen. Aber gerade um diese Probleme ging es Heinrich Böll mit diesem Stück. Wie sein Held war auch er einem „Geheimnis" auf der Spur, dem Geheimnis der unverrechenbaren, unkontrollierbaren, geradezu anarchischen Liebe von zwei Menschen, die Ausdruck der Liebe Gottes ist. Einer Liebe freilich, die all die faulen und falschen Bindungen zerstören muß und die all die halbherzig geschlossenen und kompromißhaften Ehen aufsprengt. Gerade hier aber sah Heinrich Böll das Provozierende des katholischen Sakraments- und Eheverständnisses. Er läßt seine Hauptfigur meditieren:

> „Ich finde viel rechtlich Interessantes, aber eine Definition des Sakraments Ehe habe ich noch nicht gefunden, außer der einen: Was Gott verbunden hat, soll der Mensch nicht trennen, und: Sie werden ein Fleisch sein. Aber Zweifel daran, daß die kirchliche Trauung die Verbindung durch Gott ist, habe ich noch nicht entdeckt. Es ist das einzige Sakrament, dessen Spendung die Kirche nicht in der Hand hat, sie verwaltet nur seine Rechtlichkeit ... Die Frage ist also: Wo findet die Verbindung durch Gott statt, wodurch, und wie kann die Kirche ein Sakrament verwalten, dessen Gegenstand sie gar nicht in der Hand und von dessen Natur sie keine Vorstellung hat?"[28]

Die Fragen an die Institution Kirche sind damit unzweideutig aufgeworfen. Und wie wenn Heinrich Böll die Kirche mit den Mitteln ihrer eigenen Theologie hätte schlagen wollen, konstruiert er den Fall so durch, daß nun auch die jeweiligen Ehepartner der beiden Ur-Liebenden sich solidarisch zeigen und darauf verzichten, den Ehebruch der beiden einzuklagen. Sie unterstützen und ermöglichen das Neuaufbrechen der „neuen", ja „alten" Liebe. Hinzu kommt: Heinrich Böll läßt in diesem Stück einen erfahrenen Kirchenrechtler auftreten, der erkannt hat, welcher Sprengstoff in diesem Fall verborgen liegt. Voller Ahnung läßt er diesen Kanonist andeuten, daß Merkens mit seinem Bemühen um Anerkennung seiner ursprünglichen Liebesgemeinschaft als einer „sakramentalen Gemeinschaft" zwar kirchenrechtlich im Unrecht, streng theologisch aber „im Recht" sei. Ja mehr noch: Angedeutet wird, daß eine Zeit „kommen" werde, wo er auch „im Recht" sei!
Und doch endet dieses Hörspiel, dieses Laborexperiment in Sachen Kirchenrecht und Sakramentsverständnis, eher pessimistisch-skeptisch. Denn auch Merkens ist klar, daß er mit seinem Antrag auf Anerkennung seiner früheren Liebesgemeinschaft als sakramentaler Ehegemeinschaft all die Millionen Ehefrauen und Ehemänner ins Unrecht setzen würde, die ihren Partnern bis dahin die Treue gehalten haben. Aber es reichte Heinrich Böll, dieses Problem literarisch aufgeworfen zu haben.

So versteht Böll viele seiner Romane und Erzählungen als „Versuche, nicht nur die Brüchigkeit des Rechtlichen innerhalb der Religion zu zeigen, sondern auch das, was man früher Sakramente genannt hat, neu zu definieren durch Beispiele, durch Versinnlichung"[29]. In der Tat: Man muß sich in seinen Romanen anschauen, wie er die Kommunio zwischen zwei Menschen beschreibt, wie er Menschen bei Mahlzeiten, beim Frühstück insbesondere, beim Teilen von Brot, beim Austausch von Zigaretten und Bier schildert, muß einen Blick dafür haben, welche Rolle Ur-Symbole wie Brot, Wasser und Wein bei ihm spielen, und man bekommt eine Ahnung von dem, was er die Sinnlichkeit des Sakramentalen nennt. Das heißt: Bölls literarisches Werk lebt von der Überzeugung, daß sich das Göttliche zwischenmenschlich verleiblichen, versinnlichen läßt, daß Spirituelles im Materiellen, Seelisches im Körperlichen, Geistliches im Sinnlichen konkretisierbar ist.

Autobiographisches spielt dabei zweifellos eine wichtige Rolle:

> „Sonntagmorgens, genau um die Zeit, wo die Familie endlich einmal zusammen ist, der Vater braucht nicht zu arbeiten, die Kinder brauchen nicht zur Schule, die Mutter könnte sich etwas entspannen, in dem Augenblick muß plötzlich alles zur Messe gehen ... Im Grunde genommen hat die Sonntagsmesse viel mehr Familie zerstört als aufgebaut. Das ist meine Ansicht und meine Erfahrung, weil eine gemeinsame Mahlzeit die Familie endlich einmal versammelt."[30]

Kommunion wäre – so Böll – endlich einmal möglich gewesen, es hätte die Möglichkeit gegeben, „wirklich sakramental zusammen zu sein, mit Brot und Kaffee, Milch und Wein vielleicht".[31] Nein, „es muß" – folgen wir Böll – „ein neuer Begriff für das Sakramentale gefunden werden, es muß ein neuer Begriff für Gottesdienst gefunden werden, für dieses Zusammensein von Menschen, die gemeinsam etwas wollen".[32] Merkwürdige *Dialektik von sakramental und profan auch hier.* Und so versteht man Bölls Satz nun besser, wenn er sagt:

> „Ich entdecke bei völlig unchristlich ambitionierten Autoren sakramentale Züge, wenn sie über die Liebe schreiben, über eine Mahl-

zeit schreiben. Und das meine ich auch mit dem Alltag, das hat etwas Feierliches, wenn morgens die Frau das Frühstück für die Familie macht und sie sitzen dann miteinander und reden, bevor sie zur Arbeit gehen, das ist das wirklich Feierliche."[33]

Die Gegenprobe bestätigt all das: Denn es werden nicht nur die klassischen Sakramente bei Böll in den Alltag hinein humanisiert, als menschliches Kommunikationsgeschehen universalisiert, es werden bei Böll auch neue „Sakramente" geschildert, symbolische Zeichen, *archetypische Rituale neu gesetzt*, meist zum Zeichen des Widerstandes, meist mit Aggressionen verbunden, die aber nur Zeichen der Befreiung sind von strukturellen Aggressionen: Sohn und Vater Gruhl verbrennen in „Ende einer Dienstfahrt" in einem selbst inszenierten Happening einen Jeep der Bundeswehr zum Zeichen des Protestes gegen Militarismus und Wiederaufrüstung. Karl von Kreyl, der junge, hoffnungsvolle Jurist mit glänzenden Karriereaussichten im diplomatischen Dienst Bonns, den der Tod eines befreundeten Priesters – im Zuge der Terroristenangst erschossen – „aus der Bahn geworfen" hat, zerhackt in seiner Wohnung einen wertvollen Flügel, ganz ruhig, fast höflich, und verbrennt die Reste dieses Fetischs der bürgerlichen Kultur im Feuer eines Kamins: so ein „Brandopfer" darbringend, einen privaten stillen Gottesdienst des Abschieds zelebrierend für seinen priesterlichen Freund. Hans Schnier hatte auf der Bonner Bahnhofstreppe ein Ritual des Abschieds inszeniert, Narr unter Narren mitten im rheinischen Karnevalstrubel, auf der Gitarre nur noch leise und melancholisch das verrückte Lied vom „armen Papst Johannes" intonierend. Neue Rituale, neue, gerade durch die Verkehrungen noch einmal Zeichen setzende, provozierende Symbolhandlungen bei Böll – auch sie sind Erbe seines sakramentalen Denkens.

8. Der Menschgewordene inkognito

Bölls Christentum mit irisch-katholischem Antlitz ist das *Christentum des Menschgewordenen*. Wir sind hier am tiefsten Punkt von Bölls Christentumsverständnis angelangt. Denn

seine große Freiheit gegenüber Kirche und bürgerlicher Gesellschaft, aber auch sein Entwurf alternativer Formen von Christlichkeit, seine Fähigkeit zu einer systemsprengenden Dialektik hängen ganz und gar von seinem Christusverständnis ab.
Es gibt eine *Schlüsselszene* zur Erhellung des Böllschen Christus im Drehbuch zu seinem Irland-Film. Zu einer Kneipen-Szene schreibt Böll den folgenden Text: „Wo (wie in Irland) kein Wein wächst, importierter Wein seine Blume verliert, wo die Aufklärung kein Publikum fand, da dürfen die Heiligen sich Christus als Biertrinker vorstellen."[34]

„Ich möchte die Männer des Himmels
bei mir zu Gast haben
und große Fässer voll Fröhlichkeit
ihnen kredenzen

Sie sollen lustig sein beim Trinken,
auch Jesus soll mit ihnen
bei mir hier zu Gast sein.

Einen großen See von Bier
will ich bereit haben für den König der Könige.
Ich möchte die Heilige Familie
trinken sehen in alle Ewigkeit."[35]

Dies ein Gedicht wohlgemerkt, das der heiligen Brigid von Kildare zugeschrieben wird!
Und Böll fährt fort:

„Wo der biertrinkende Christus von der heiligen Brigitte besungen wird, die Heilige Familie aufgefordert wird, per omnia saecula saeculorum weiterzutrinken; wo man eigene Tänze, eine ureigene Literatur hat, hat man auch seine eigenen Zigeuner. Die Herkunft der irischen Zigeuner ist legendenumwoben, ihre Frauen sind blond und von einer derben Schönheit. Die Zigeuner lösen das Geheimnis, ruhig – und doch ständig unterwegs zu sein; friedfertig – und doch ohne Frieden, denn ‚die Sterne, die die Winde erweckten, wehen durch ihr Blut'. Im kleinen Irland, das ringsum vom Meer umgeben, sie nie herausläßt, finden sie die Unendlichkeit des Raumes und der Zeit. Zeit ist für sie nur Jahreszeit, Wetter, Geburt, Tod, Heranwachsen der Kinder, der Pferde. Tod, Geburt und Hunger sind ihre einzigen Pünktlichkeiten, ,denn die Sterne, die Winde erweckten, wehen durch ihr Blut'."[36]

Hier also kehren sie wieder, die Zigeuner, die auch am Grabe von Böll gestanden haben. Sie symbolisieren für diesen Schriftsteller einen anderen Lebensstil, eine andere, größere Freiheit: eine Friedfertigkeit ohne äußeren Frieden, eine innere Ruhe bei aller Ruhelosigkeit, und bei aller Randexistenz eine größere Verbundenheit zum Ursprünglichen. Hier – im Bild des „biertrinkenden Christus" – kehrt sie wieder: diese Böllsche Dialektik von Sakralem und Profanem, von Materiellem und Spirituellem, von Göttlichem und Menschlichem. „Der biertrinkende Christus" – so zu reden ist keine Abwertung, keine Blasphemie, sondern eine andere, freiere, humanere Weise, vom Göttlichen in den Kategorien von Feier, Fest und Fröhlichkeit zu sprechen: „Sicher wird mancher römische Kragen platzen angesichts der wilden Vorstellung, Bier könne ,sakramentsfähig' sein und als Ewigkeitsgetränk zulässig."[37]
Die Dialektik von Sakralität und Profanität ermöglicht Böll also einen neuen Blick auf die Dinge, eine überraschende Optik. Sie ermöglicht es diesem Autor aber auch immer wieder, die *Christentumsgeschichte „gegen den Strich"* zu lesen und aus der Verwaltung durch unpolitische Innerlichkeit zu befreien. Böll konnte etwa, wenn er von kirchlichen Heiligen sprach, ihre Geschichte als *Widerstandsgeschichte* neu erzählen und sie in Beziehung setzen zu dem christlichen Widerstand gegen die Nazis und dem Protest wider den Rüstungswahn in unserer Zeit. Er konnte Martin von Tours, einen Mann, der den Offiziersmantel mit der „ärmlichen Priesterkleidung" vertauscht hatte, als „Mann des Widerstandes" preisen; den heiligen Mauritius anrufen, einen Befehlsverweigerer, bei dem man lernen könne, was es heißt, nicht nur zivilen, sondern sogar soldatischen Ungehorsam zu leisten. Ja, der entschieden antiklerikale Laie Böll konnte die Gelübde der großen Orden „Gelübde des Widerstandes" nennen: Widerstand gegen die Verlockungen der Welt, und daraus grundsätzlich folgern: „Widerstand ist Christenpflicht." Und all dies gewendet gegen den Ungeist unserer Zeit: eine „martialische Zeit" nicht weniger als früher, „vom heidnischen Kriegsgott Mars" beherrscht,

die sich mit dem Overkill nicht begnügen könne und den Over-over-Overkill begehre; eine Zeit, die im Zeichen des neuen Gottes den machtlosen Nazarener an die politische Macht, den Sicherheitswahn verraten habe.[38] Denn alle, die vom Sakrament des Büffels gegessen hätten, sie alle – so Erika Wubler in „Frauen vor Flußlandschaft" – hätten „das kostbare Öl, mit dem man ihm (Jesus) die Füße salben könnte, auf den Markt geworfen, an die Börse gebracht"; sie hätten ihn „vertrieben und feiern Sicherheitsmessen".[39]

Es gibt von daher so etwas wie eine „*Christologie*" *des Christus incognito* bei Böll, weil Menschwerdung immer dort geschieht, wo man es nicht erwartet; weil der Menschgewordene bei Böll gerade dort aufblitzt, wo man ihn nicht vermutet, und dort verborgen, incognito anwesend ist, wo man ihn mit Sicherheit abwesend glaubt.

Walter Jens hat deshalb zu Recht davon gesprochen, daß es „jesuanische Figuren" bei Böll gäbe: „In ihren Kreis gehört der Kafka lesende Kriegsgefangene aus der Sowjetunion so gut wie Margret, die fromme Sünderin, oder die drei Zeugen im Hörspiel ‚Klopfzeichen': ein gewisser Julius, der die Erstkommunion erbittet, ein Priester, der sie gewährt, und ein Mann, der in einer Gefängniszelle die Klopfzeichen von der einen Seite, ‚ich verlange nach dem Sakrament', an die andere Seite weitergibt, um dann, in der Rolle des Taufpaten, die Nachricht des Priesters, ‚deine Sünden sind dir vergeben', an den Täufling zu vermitteln: an Julius, der nach der Taufe im Gefängnisduschraum hingerichtet wird, weil er gewagt hatte, einen halben Löffel Mehl zu entwenden, um dann, mit einem erhitzten Bügeleisen, die pfennigkleinen, bräunlich schimmernden Hostien zu backen: winzige Oblaten, die zu essen waren, während der Priester den in seine Zelle geschmuggelten Wein trank, aus einer Flasche, auf der das Wort ‚Hustensaft' stand. – Die jesuanische Gemeinde der Böll-Figuren besteht aus einigen Klerikern, Drei-minus-Geistlichen (...) und sehr vielen Laien, deren Frömmigkeit sich im Tode bewährt."[40]

Für sein eigenes politisches Engagement zog Böll daraus *die praktischen Konsequenzen*. Und keine Geschichte ist dafür erhellender als die, die Dorothee Sölle in einem Nachruf auf Böll 1985 erzählte. Anlaß: die von Heinrich Böll, Annemarie

Böll und verschiedenen Gesinnungsgenossen vorgenommene Gebetsdemonstration für baskische Freiheitskämpfer im Kölner Dom im Herbst 1970. Eine Gruppe betet, singt, hört Berichte und meditiert; schließlich wird sie – weil sie die Kirche nicht verlassen will – im Dom eingeschlossen. „In den folgenden langwierigen Verhandlungen" – schreibt Sölle – „spielte Böll eine sehr Köllsche Rolle: listig, begütigend und fromm zugleich. Er versuchte, die zunächst völlig verständnislosen Kirchenleute zu gewinnen. Als zwei Jugendliche sich eine Zigarette anzündeten, redete er dem entsetzten Domkapitular gut zu. ‚Die wissen das nicht. Das müssen Sie denen erklären, wirklich! Es gibt Leute, die wissen nicht, daß man in einer Kirche nicht raucht.' Später erschien dann der Weihbischof und versuchte, uns, unter anderem unter Hinweis auf die fehlenden Toiletten, zum Gehen zu bewegen. Wir könnten ja später, an einem anderen Tag wiederkommen und beten. Der Bischof schlug den Weltgebetstag der Männer vor, einen Monat später, und bat die Spanier, doch dann zurückzukommen, obwohl das Leben der Verurteilten doch jetzt auf dem Spiele stand. Da machte Heinrich Böll eine Bemerkung, die ich nie vergessen werde. ‚Aber Herr Bischof, man kann doch Gethsemane nicht verschieben!' "41

Genug des Materials, das zum Schluß eine kritische Wertung erfordert. Es ist schon eine merkwürdige Welt, diese Welt des Böllschen Christentums, die voll zu sein scheint von Paradoxien und Widersprüchen, Unversöhnbarkeiten und Ärgerlichkeiten. Eine merkwürdige Welt ohne klare Grenzziehung von sakral und profan, heilig und unheilig, moralisch und unmoralisch, christlich und unchristlich – und doch nicht auch eine anachronistische Welt?

9. Eine anachronistische katholische Sonderwelt?

Haben nicht Kritiker recht, die sich daran stoßen, daß die typisch Böllschen Konflikte und Probleme, von denen seine Romane und Erzählungen handeln, noch viel zu stark von der Konfliktgeschichte des Autors mit dem Katholizismus bestimmt geblieben sind? Er war ja in der Tat zeit seines Lebens nicht von den Verletzungen losgekommen, die ihm seine Kirche zugefügt hatte. Ob in Sachen Sexualmoral oder Beichtzwang, ob in Sachen Keuschheits-, Abstinenz- oder Nüchternheitsgebote: Je mehr er gegen sie anschrieb, desto mehr zeigte er sich von ihnen bestimmt, je mehr er die individuellen und kollektiven ekklesiogenen Neurosen bekämpfte, desto mehr blieben sie Teil seiner psycho-sozialen Welt. Mußte sich aber – je mehr die katholische Welt gesamtgesellschaftlich zu einer Minderheiten- und Sonderwelt wurde – nicht auch dieses Werk mit seinen spezifischen Problemen ins kulturelle Abseits manövrieren? Versinkt mit der katholischen Welt nicht auch das Werk des Katholiken Böll?

Sein vorletzter Roman „Fürsorgliche Belagerung" (1979) war ja nicht zuletzt deswegen umstritten. „Bölls treue Leser werden auch in ‚Fürsorgliche Belagerung' wiederfinden, was sie an ihm haben", schrieb stellvertretend für viele Intellektuelle der SPIEGEL-Herausgeber und ehemalige Katholik Rudolf Augstein. „Mich, das muß ich gestehen, langweilt dies ganze Beicht- und Pfarrköchinnen-Lamento allmählich; und ich bin doch selbst als Kind x-mal gefragt worden, ob ich Unkeuschheit begangen hätte, ‚allein oder mit anderen'. Hier verläuft ... die Front nicht mehr."[42] Ist es also so: das Werk dieses Autors voll von anachronistischen Konflikten und Problemen einer anachronistischen Sonderwelt? „Daß der Pfarrer ... so nett war, führten sie nicht auf seine Religion zurück, schon gar nicht auf seine Kirche, sondern auf die Tatsache, daß er eben trotz Kirche und Religion Mensch geblieben oder geworden war." Ist es nicht in der Tat so, daß solch provokativ gemeinte Sätze (aus eben dem Roman „Fürsorgliche Belagerung") ihre Provokation nur für die entfalten, die noch aus einer relativ geschlossenen katholischen Umwelt stammen, wo Bischöfe und Pfarrer, Kirche und Sakramente noch ernst genommen werden, wo noch gesündigt und nach der Sünde noch zur Beichte gegangen wird? Verläuft hier wirklich noch die Front? Genauer: Sind die Konflikte Bölls nicht so generations-, kultur- und milieuspezifisch, daß sie mit seiner Generation, seiner Kultur, seinem Milieu aussterben werden, reservathaft vielleicht übrigbleiben, jedenfalls literarisch von keiner symbolischen Signifikanz mehr sind?

Unbestreitbar ist, daß die Erfahrungswelt dieses Autors zeit-, milieu- und persongebunden ist. Seine Welt war vom Katholizismus noch geprägt, eine Sonderwelt mit typischen Sonderproblemen, Binnenstrukturen und Eigengesetzlichkeiten. Aber nicht dies ist das eigentlich literarische Problem. Die entscheidende Frage ist: Ist es Böll als Schriftsteller gelungen, auf der Ebene seiner kleinen, provinziell scheinenden Welt stellvertretend Probleme der größeren Welt wiederzugeben? Sind in seinen Figurenkonstellationen archetypische Grundkonflikte sichtbar geworden, die transkulturell, transnational von Bedeutung sind? Kurz: Ist es ihm gelungen, seiner eigenen Welt symbolische Signifikanz zu verleihen, so wie James Joyce der Welt Dublins, Günter Grass der Welt Danzigs, Thomas Mann der Welt Lübecks, Isaac B. Singer der jüdischen Welt New Yorks? Große Literatur – und provinzieller Erfahrungsraum: Dies muß kein Widerspruch sein. Und Böll?

10. Heinrich Bölls Christentum

Ein abschließendes Urteil über sein Werk ist unmöglich; die Grundintention dieses Autors aber offenkundig: Es ist ein einziger großer Versuch, Universalität und Partikularität zu verbinden, Großes im Kleinen zu spiegeln, seiner Provinz Transparenz für das Nationale und Transnationale zu geben. Seine im Gewande des Katholischen vorgetragenen Probleme haben bei Böll stellvertretenden Charakter. Die von dieser Welt erzeugten und für sie typischen Konflikte sind übertragbar, auch dann, wenn man dieser Welt nicht oder nicht mehr angehört. Der Erfolg Bölls gerade in Ländern, die von einer sozialistischen Staatspartei autoritär beherrscht wurden, belegt dies. Analoge Probleme, Strukturgleichheiten zwischen einem autoritären Staatskatholizismus und einem autoritären Staatskommunismus liegen für viele auf der Hand. Der individualistisch-anarchische Grundzug dieses Werkes wird gerade hier verstanden.
Es war also die katholische Welt, die es Böll ermöglichte, die für ihn so charakteristische Dialektik von Schwäche und Stärke, Reinheit und Unreinheit, sakral und profan, heilig und unhei-

lig, ihre Vermischungen und Amalgame sowie seine neue Wert-skala für das humane Zusammenleben von Menschen (Sanft-heit, Zärtlichkeit, Bejahung des Verachteten, Schmutzigen, Unmoralischen) literarisch darzustellen. Seine biographische Herkunft in Rechnung gestellt, war es Heinrich Böll eben nur möglich, diese Dialektik mit christologischen Wurzeln im Raum des Katholizismus exemplarisch zu thematisieren. Sie ist aber grundsätzlich von dieser Welt ablösbar und auf andere soziale, religiöse und politische Kontexte übertragbar. Sie ist also auch als anthropologisch-politische Dialektik zu gewin-nen, wie sie etwa Camus in existentialistischem und Brecht in marxistischem Kontext dargestellt haben. Anders gesagt: Eine postchristliche Rezeption des Böllschen Werkes, die das Katho-lische zu einem anachronistischen Reservat macht, bekommt meist auch diese für Böll so eigentümliche herrschaftskritische Dialektik nicht in den Blick. Solch postchristliche Kritik leistet einer katholischen Binnenkritik Vorschub, die sich gegen die systemsprengende Dialektik des Böllschen Denkens immer gewehrt hat. Nein, Böll war so wenig wie andere Schriftsteller der europäischen Literatur ein Milieuschriftsteller, so wenig wie andere, die ähnlich wie er eine große Synthese versuchten aus Literatur und Glaube, die ähnliche biographische Erfah-rungen hatten und für die er sich publizistisch stets engagiert hat: Ignazio Silone, der Italiener, Katholik und Kommunist zugleich; Bernanos und Bloy, die Franzosen, Katholiken und Mystiker gleichzeitig; Alexander Solschenizyn, Russe, ortho-doxer Christ und exilierter Bußrichter des sozialistischen Sowjetrußland; Brendan Behan, der Ire, exkommunizierter Katholik und Republikaner in einer Person.

In summa: Heinrich Bölls Christentum? Durch sein Werk zieht sich die Spur eines *alternativen, rebellischen, republikanischen und gleichzeitig mythisch-sakramentalen Christentums katho-lischer Provenienz.* Ein Christentum, das mit Narrentum mehr gemeinsam hat als mit Herrentum, mit Widerstand mehr als mit frommer Anpassung, mit mystischer Kraft mehr als mit passiver Innerlichkeit, mit Freimut mehr als mit Demut. Beleuchtet man seine zweite fiktive literarische Welt, sein essayistisches Werk, so trifft man auf das Personal, die Ahnen-reihe und Solidaritätsgemeinschaft dieses „anderen Christentums": Hier ein Essay über Las Casas, den Sozialkämpfer für die Befreiung der Indios, dort einer über Thomas von Aquin, den Böll einen „Radikalen in Gottes Dienst" nennt; hier ein Beitrag über Reinhold Schneider, den späten Widerständler gegen dogmatische Selbstgerechtigkeit und kirchlich unterstützte Aufrüstungspolitik, dort ein Gruß an Karl Rahner, der das „Gegenteil von einem Radfahrer" gewesen sei („trat nach oben, war demütig nach unten"); hier eine Spalte über Vilma Sturm, die „heimatlose Katholikin", dort eine Rezension zu Ludwig Marcuse, den Böll – so typisch für ihn – einen „gläubigen Ungläubigen" nannte. Ja, Böll hatte wohl wie kaum ein Schriftsteller der deutschen Literatur nach 1945 die Fähigkeit, literarisch darzustellen oder persönlich unter Beweis zu stellen, daß man religiös sein kann, ohne dem Ideologieverdacht zu verfallen. Das ist das Geheimnis der Böllschen Figuren. Das ist sein eigenes Geheimnis.

Ein letztes Mal Vermischungen: Heinrich Bölls Christentum ist ein Christentum der gläubigen Ungläubigen und der ungläubigen Gläubigen. Und man lese – noch einmal und zu guter letzt Irland – Bölls Nachruf auf den irischen Autor Brendan Behan, der als exkommunizierter Katholik kirchlich beerdigt wurde, und man wird ihn wiedererkennen: den Konflikt um Böll, der zuletzt noch wegen seiner eigenen kirchlichen Beerdigung stattfand. Ein letztes Mal Wahlverwandtschaft zwischen Iren und diesem Rheinländer. In der Beschreibung von Brendan Behan porträtiert Heinrich Böll sich selbst mit. In einer Atmosphäre – „vulgär, herzlich und voll katholisch-proletarischer Melancholie" – sei dieser Dubliner aufgewachsen, mit einer gläubigen Ungläubigkeit sei er versehen gewesen, die ihn befähigt habe, auch Unsauberes, Unorthodoxes und Unmoralisches zu bejahen und sakramental-mystische Frömmigkeit mit republikanischem Freiheitsbewußtsein zu verschwistern. Aber umgekehrt zeigt Böll im Kontrastbild dieses Dubliner Autors seiner deutschen Leserschaft, daß in Deutschland „nie die geringste Chance bestanden" habe, „die Herzlichkeit eines ‚katholischen vulgus' zu verstehen oder gar als eine Möglichkeit, Mensch zu sein, anzunehmen"[43].

„Was weißt Du von uns Katholiken", hatte Böll einmal einen prominenten evangelischen Theologen gefragt, „Du Ordentlicher, Du Gewissensprotestant, Du Preuße. Bei uns ist es ganz unordentlich, fast anarchisch, aber wärmer, bunter, heller."[44] Vielleicht, daß wir, die Nachgeborenen im Sinne Brechts, die wir nach dem Urteil vieler bereits in einer postchristlichen Gesellschaft leben, diese Form der Katholizität noch vor uns haben?

X. ROLF HOCHHUTH UND DIE GOTTES-
FRAGE NACH AUSCHWITZ

Machen wir uns nichts vor: Bis heute ist Rolf Hochhuth (geb. 1931) in bestimmten Kreisen des deutschsprachigen Kultur- und Verbandskatholizismus Persona non grata.[1] Viele können es ihm bis heute nicht verzeihen, daß der damals 32jährige in seinem ersten Stück (uraufgeführt am 20. Februar 1963 in Berlin) das Versagen von Papst Pius XII. in der Judenfrage während der Nazibarbarei vor aller Weltöffentlichkeit angeprangert hat. In offiziellen und offiziösen Reaktionen sprach man damals von „grotesker Verzerrung" und „Verleumdung" des Papstes, von „Kesseltreiben gegen die katholische Kirche", ja sogar von antiklerikaler und antikatholischer Aufpeitschung des Publikums.[2] Noch 1976 protestierte die römisch-katholische Synode der Kirche von Basel gegen die Verleihung des Basler Kunstpreises an den Autor des „Stellvertreter", weil sie in dieser Auszeichnung eine offizielle Anerkennung der „Verurteilung" von Papst Pius XII. sah. „Alte Wunden" würden wieder „aufgerissen"[3] ... Und noch 1987, als es nach 24 Jahren erstmals zu einer Aufführung des „Stellvertreter" im Münchner Raum kam, erhoben sich wiederum und bereits im Vorfeld massive Proteste, die in der Forderung nach Absetzung des Stückes gipfelten. „Geistige Umweltverschmutzung", ja, „Lüge" sei dieses Drama, eiferte sich öffentlich ein katholischer Pfarrer, und da nach dem biblischen Zeugnis der Teufel als Vater der Lüge gelte, würde man mit einer Aufführung des Hochhuth-Stückes den Teufel ins kirchlich gesegnete Bürgerhaus einlassen...[4]
Nein, bis heute ist Rolf Hochhuth ein Autor, der zwischen „Hosianna" und „Kreuziget ihn" alles an Reaktionen auszulösen vermag: Protestkundgebungen ebenso wie Preisverleihungen (1991 den Elisabeth-Langgässer-Preis der Stadt Alzey und den Jakob-Burkhardt-Preis der Stadt Basel). Die Frage stellt sich von daher fast zwangsläufig: Was mag das geistige Profil eines solchen Werkes sein? Was ist in den weiteren bisher erschienenen *zehn Stücken* dieses Autors, von „Soldaten"

(1967) und „Guerillas" (1970) angefangen bis hin zu „Judith" (1984), „Unbefleckte Empfängnis" (1988) und „Sommer 14" (1989), was ist in den *Prosaarbeiten* von „Eine Liebe in Deutschland" (1978) bis „Alan Turing" (1987), ja, was ist schließlich in den *Reden und Essays* von „Tell 38" (1979) bis hin zu „Räuberrede" (1982) und „Täter und Denker" (1987) noch alles an religiös-kirchlichen Provokationen enthalten? Hatte dieser Autor nach dem „Stellvertreter" überhaupt noch ein Interesse an religiösen oder kirchlichen Problemen? Spielt die religiöse Thematik in seinen geschichts- und zeitkritischen Arbeiten überhaupt noch eine Rolle? Es dürfte an der Zeit sein, einmal das geistige Profil dieses Werkes in aller Knappheit nachzuzeichnen.

1. WER IST DER WAHRE STELLVERTRETER CHRISTI?

Schon der „Stellvertreter" war ja ein komplexer Text.[5] Wer dieses Stück bis heute für antikatholisch hält, hat bis heute nicht begriffen, daß Hochhuth in diesem Stück zumindest *zwei katholische Welten* im Blick hat: auf der einen Seite die Welt des Papstes und seiner Berater, eingespannt in das ganze politisch-juristische Interessengefüge der kirchlichen Hierarchie, und auf der anderen Seite die Welt katholischer Märtyrerpriester: „Pater Maximilian Kolbe, Häftling Nr. 16670 in Auschwitz", der für einen Familienvater freiwillig in den Tod ging, und „Prälat Bernhard Lichtenberg, Dompropst zu St. Hedwig, Berlin", der öffentlich für die Juden gebetet hatte und auf dem Weg ins KZ Dachau gestorben war. Nicht zufällig hat Hochhuth ihnen sein Stück gewidmet. Doch sehen wir genauer zu. Was ist die geistig-religiöse Stoßrichtung des „Stellvertreter", geschrieben von dem in Eschwege geborenen Protestanten Hochhuth?
Um diese Frage zu beantworten, müssen wir die beiden Hauptfiguren miteinander vergleichen. Da ist auf der einen Seite *Papst Pius XII.*, der vor der Frage steht, ob er die nationalsozialistischen Judenmorde, von denen er unterrichtet war, vor aller Weltöffentlichkeit anprangern solle. Und da ist ein *Jesuitenpater* namens *Riccardo Fontana* (eine von Hochhuth erfundene

Figur), der mit aller Leidenschaft versucht, den Papst von der Notwendigkeit eben eines solchen Protestes zu überzeugen. Riccardo, so will es das Stück, war Angestellter der päpstlichen Nuntiatur in Berlin und hatte dort im August 1942 die vergeblichen Bemühungen des SS-Obersturmbannführers Kurt Gerstein (eine historische Figur, die Hochhuth zu seinem Stück inspirierte) miterlebt, durch seine Informationen über die begonnene „Endlösung" den Vatikan zu Protesten aufzurütteln. Gerstein, ein heimlicher evangelischer Widerstandskämpfer, war in der SS als Mediziner und Ingenieur mit der „technischen Lösung" der Vergasung der Juden beauftragt worden. Riccardo Fontana gelingt es, aufgrund familiärer Beziehungen (sein Vater ist Syndikus beim Heiligen Stuhl) zu Pius XII. vorzudringen und macht nun die Sache Gersteins zu seiner eigenen.

Das für uns Entscheidende ist nun: Im Gespräch zwischen Pius XII. und Riccardo Fontana im vierten Akt des „Stellvertreter" konfrontiert Hochhuth zwei Legitimationsstrategien, besser: *zwei Weisen, unter den Bedingungen des Holocausts Christ zu sein.* Die eine Weise ist die des Diplomaten und Staatsmannes Pius XII., der dem „Hitzkopf" Riccardo nüchtern und sachlich eine Lektion in kühl kalkulierter *Realpolitik* erteilt. Seine Analyse: Hitler ist für den Vatikan zum jetzigen Zeitpunkt (d.h. während des Krieges) nichts anderes als ein nützliches „Werkzeug", das so bald wie möglich (d.h. nach dem Kriege) fallengelassen werden kann. Denn es ist Hitler allein, der Europa jetzt gegen den atheistischen Bolschewismus Stalins verteidigt, nachdem auch England und die USA dessen Verbündete sind. Hitler – zumal nach der Niederlage von Stalingrad – durch eine öffentliche Anprangerung zusätzlich schwächen, hieße, „vabanque mit ganz Europa spielen", „Herrn Stalin zum Erben Hitlers machen", die „Schiffe" des Papstes, Polen, den ganzen Balkan, Österreich, Bayern „hilflos" an Stalins „Küsten" treiben und diesem „freie Fahrt nach Warschau, Prag, ja Wien – ja, bis zum Rhein" zu geben. Nein, die *Staatsraison* verbietet es Pius XII., „Herrn Hitler als Banditen anzuprangern, er muß verhandlungswürdig bleiben". Hitler muß um des „Gleichgewichts des Kontinents" willen „lebensfähig" bleiben. Gewiß, das sieht auch Pius XII., der „Terror gegen die

Juden ist *ekelhaft*", doch, so fährt der Papst bei Hochhuth fort, „darf er Uns nicht so verbittern, daß wir vergessen, *welche* Pflichten den Deutschen auch als Schirmherren Roms in nächster Zukunft auferlegt sind."[6]

So stellt sich im wesentlichen die politische Lage für diesen Papst dar – von „höherer Warte" aus gesehen, „weitreichende" Ziele im Auge, das verwirrende Spiel der Völker mit diplomatisch-staatsmännischem Blick taxierend und in historisch-abendländische Dimensionen einordnend. Eine Kabinettspolitik großen Stils wie auf dem Wiener Kongreß steht diesem Papst vor Augen, eine Politik, die auf das Gleichgewicht der Kräfte in Europa abzielt. Kurzfristige Maßnahmen dagegen können nur schaden. Hochhuth porträtiert Pius XII. also als einen „Stellvertreter Christi", der glaubt, mit dem Habitus eines Diplomaten und dem Instrumentarium eines Politikers Weltpolitik zwischen Hitler, Stalin und Roosevelt treiben und das eine politische Übel gegen das andere mit nüchternem Kalkül abwägen zu können.

Dagegen stellt Hochhuth in *Riccardo Fontana* die große Alternative, eine *Alternative aus urchristlichem Geist*. Schon im zweiten Akt war es zu einem Gespräch zwischen Riccardo und dessen Vater gekommen. Und in diesem Gespräch legt Riccardo seine christliche Motivation in aller Offenheit frei:

> *„Riccardo:* Nirgends steht geschrieben, daß Petri Nachfolger
> als größter Aktionär der Welt
> Zeuge des Jüngsten Tages sein wird:
> Wenn nun der Vatikan
> durch seinen Kampf mit Hitler seine Macht
> über Banken, Industrien und Ministerien
> einbüßen sollte – Vater, den Auftrag *Gottes*
> könnte er dann wohl nur ehrlicher erfüllen.
> Glaubst du nicht, daß die Leiden und
> die Wehrlosigkeit des Fischers, der zuerst
> den Schlüssel trug, dem Papst gemäßer sind?
> Einmal, Vater, kommt sie doch, die Rückkehr
> des Stellvertreters Christi ins Martyrium.
>
> *Fontana:* Du Fantast, Riccardo! Die Macht
> verschmähst Du – aber gegen Hitler

sollen wir angehen? Der Papst als armer Fischer –
was hätte schon Napoleon
dann mit ihm gemacht, von Hitler
ganz zu schweigen. – Nein, seinen Auftrag
kann der Papst nur erfüllen,
solange er auf seiten des Siegers steht.

Riccardo (leidenschaftlich): Auf seiten der Wahrheit!

Fontana (lächelnd, abwinkend, dann trocken):
Die Wahrheit *ist* beim Sieger – der
die Geschichtsschreiber doch auch regiert.
Und da die irdische Geschichte – alte
Weisheit – erst einen Sinn erkennen läßt,
wenn die Historiker ihr einen geben,
so kannst du dir ja wohl errechnen,
wie viele Fußnoten der Sieger Hitler
etwa den Juden zugestehen würde...
Ertragen, Riccardo, läßt sich das alles nur,
wenn man die Zuversicht behält,
daß Gott die Opfer einst entschädigt.

Riccardo: Diese Vertröstungen!
Hätte Christus sich entzogen?"[7]

Das ist die entscheidende Frage, die Riccardo Fontana bewegt.
Dem Papst schleudert er deshalb in der entscheidenden Unter-
redung entgegen:

„Wann, endlich,
wird der Vatikan *so* handeln,
daß uns Priestern wieder erlaubt ist,
ohne *Scham* zuzugeben,
daß wir Diener *der* Kirche sind, die in der Nächstenliebe
ihr oberstes Gebot erblickt."[8]

Und mit dem Ruf: „Gott soll die Kirche nicht verderben, /
nur weil ein Papst sich seinem Ruf entzieht"[9], verläßt er den
Vatikan und tritt mit den Juden den Passionsweg nach Auschwitz an.
*„Hätte Christus sich entzogen?", „Kirche der Nächstenliebe",
die Märtyrerpriester Maximilian Kolbe und Bernhard Lichten-*

berg: Von Anfang an trägt die Kirche bei Hochhuth zwei Gesichter, das Gesicht der Ecclesia triumphans, die – koste es, was es wolle – an der Erhaltung der Institution interessiert ist; und das der Ecclesia sub cruce, deren Signum die Kreuzesnachfolge zugunsten der Verachteten und Verfolgten ist – unbekümmert um jegliche politische Opportunitäten und Rücksichtnahmen. Von Anfang an hatte Hochhuth damit auch eine theologische Frage aufgeworfen, die ans Mark jedes aufrechten Christen geht und welche die eigentliche Herausforderung dieses Stückes ist: Wo findet „Stellvertretung Christi" heute konkret statt? Auf wessen Seite stünde der Nazarener, käme er heute wieder?

Dabei hat Hochhuth nie so simpel, wie seine Kritiker meinen, die Amtskirche gegen die „Kirche von unten" ausgespielt. Denn sein „Stellvertreter" hat ja seine Pointe gerade darin, daß ausgerechnet vom Papst ein entscheidendes Wort erwartet wird. Von einem antipäpstlichen Stück kann schon deshalb nicht die Rede sein, weil die ganze Wirkung dieses Stücks ja darauf beruht, daß *dem Amt des Papstes noch etwas Entscheidendes zugetraut* wird. Das ganze Stück lebt von der Überzeugung, daß dieser Papst für die Juden zwar nicht die Verfolgung, wohl aber die massenhafte Vernichtung dieses Ausmaßes hätte verhindern können, wenn er nicht aus diplomatischem Kalkül und kirchenimmanenter Verblendung heraus öffentlich geschwiegen hätte. Nicht die Abschaffung der Hierarchie fordert Hochhuth in diesem Stück, sondern deren radikale Verchristlichung zugunsten der Opfer des faschistischen Terrors.

Anders gesagt: Nicht weil er christlich, sondern weil er nicht radikal christlich genug handelte, wird dieser Papst bei Hochhuth fragwürdig. Seine Rede blieb situationslos, obwohl die brutale Situation ihn herausforderte; die Wirklichkeit wurde nicht angenommen, sondern in diplomatischen Verklausulierungen vernebelt; sein Protest verflüchtigte sich ins Ästhetische, seine Nächstenliebe betreute caritativ die Opfer, die man zum Teil hätte verhindern können. So lautet die provozierende *These* des Stückes. Der „Stellvertreter Christi", mit der Forderung Christi nach uneingeschränkter Nächstenliebe konfrontiert, wird zu einem Pilatus redivivus, der ebenso wie sein historisches Vorbild aus politischem Kalkül die Unschuld

opferte. Oder anders formuliert: In dem der Vernichtung still-
schweigend preisgegebenen Volk der Juden hat der christliche
Papst Christus selber verraten.

2. Das Doppelgesicht der Diener Gottes

Überschaut man das ganze Werk, so ist für Hochhuth die Unterscheidung von Ecclesia triumphans und Ecclesia sub cruce nie
identisch mit der Unterscheidung von Hierarchie und Volk,
Amtsträgern und Basisgemeinde. Es ist geradezu auffällig, wie
sehr sein Interesse den offiziellen Vertretern der Kirche gilt.
Kaum ein Bühnenstück, in dem nicht ein Priester, Bischof,
Pater oder Monsignore eine Rolle spielte. Der Grund liegt auf
der Hand: Durch ihre Selbstbindung an die kirchliche Lehre
und ihre Einbindung in die kirchliche Hierarchie lassen sich
gerade an Priestergestalten moralische Grundkonflikte drama-
tisch-effektvoll demonstrieren. Pfarrer als Versager dargestellt;
Monsignores als Verräter urchristlicher Radikalität porträtiert;
Bischöfe in tragischen Konflikten gezeigt; Patres in ausweglose
ethische Dilemmata hineingeführt: *Solche* Konstellationen sind
literarisch produktiv. Wer vom Dramatiker Hochhuth also forderte, auch einmal einen „normalen Priester" zum Bühnenhel-
den zu machen, forderte von ihm gleichzeitig, aufzuhören,
Dramatiker zu sein.
Dabei muß es bei Hochhuth *nicht immer todernst* zugehen.
Die Konfliktknoten können auch auf komödiantische oder
satirische Weise geknüpft werden, wie etwa in den Komödien
„Die Hebamme" (1971), „Lysistrate und die Nato" (1973) oder
„Unbefleckte Empfängnis" (1988). In all diesen Stücken werden protestantische, katholische oder orthodoxe Kleriker in
schöner ökumenischer Ausgewogenheit vorgeführt, mal wit-
zig-humorvoll, mal satirisch-bissig. In *„Die Hebamme"* etwa
zeichnet Hochhuth auf komödiantische Weise das Porträt einer
bestimmten Sorte evangelischer oder katholischer Amtsträger,
Scheckbuch-Pfarrer gewissermaßen, Hochwürden „mit Geld-
gier und Kirchenbau-Wut"[10], nur darauf fixiert, Millionen für
ihre Bauvorhaben zusammenzubekommen, für Kirchen, die
hinterher ohnehin meist leerstehen. Gegenfigur dazu die

Diplom-Hebamme Sophie, der es auf listige Weise gelingt, eine Neubausiedlung für Bundeswehrangehörige in eine neue Heimstätte für Bewohner einer Barackensiedlung umzuwandeln.

In „Lysistrate und die Nato" prallen auf einer kleinen griechischen Insel die Welt moderner Frauenbewegung und die Welt bürgerlich-kirchlicher Ehe- und Familienordnung aufeinander. Die Parlamentsabgeordnete und Studiendirektorin Dr. Lysistrate Soulidis – ganz auf der Linie ihres antiken Vorbildes – gewinnt Frauen für einen Sex-Streik, damit ihre Männer von der Idee ablassen, ihr Land an die Nato zu verscherbeln, die auf der Insel einen Stützpunkt der 6. Flotte einzurichten plant. Wachturm der Reaktion in diesem Stück ist ein *orthodoxer Pope*, der seiner eigenen Ehefrau elf Kinder zeugte, „die Frau" dementsprechend auf ihre „gottgewollten" Aufgaben reduziert, und der nun prompt Strafantrag gegen Lysistrate wegen „Landfriedensbruch", „Hausfriedensbruch" und „Verstoß gegen Ehe- und Familien-Gesetze" stellt.[11]

Keinen Deut besser ist jener Monsignore Siebenstiehl in dem Stück „*Unbefleckte Empfängnis*" – ein Drama um das Problem von Leihmutterschaft –, dem nicht die seelische Not betroffener Frauen, sondern einzig und allein die Frage wichtig ist, was hier an Geldgeschäften getrieben wird. Von einem Mediziner muß dieser Theologe sich sagen lassen: „Ich gebe zu Protokoll, daß der Vertreter der Theologie offensichtlich keine anderen als finanzielle Probleme sieht – während wir ja dachten, er habe religiöse"![12] Humor bei Hochhuth gewiß, aber ein Humor, der sehr rasch umkippen kann in Sarkasmus und bissige Satire. Warum? Weil dieser Autor bei den Grundfragen menschlicher Existenz keinen Spaß versteht. Mit den Dienern Gottes ist zu spaßen, nicht aber mit dem, dessen Zeuge sie zu sein haben. Todernst geht es vor allem in den Stücken der 60er und 70er Jahre bei Hochhuth zu. Da ist das monumentale Stück „*Soldaten*" (1967), in dem Hochhuth bestimmte Aspekte der Kriegspolitik des britischen Premierministers Winston Churchill angreift: vor allem dessen Politik gegenüber Polen und hinsichtlich der Bombardierung ziviler deutscher Gebiete durch die Royal Air Force. Die Handlung dieses Dramas ist Teil eines „Kleinen Londoner Welttheaters", das in der zerbombten

Kathedrale von Coventry aufgeführt werden soll. Ein früherer, an Bombardements deutscher Städte beteiligter englischer Pilot namens Dorland will mit diesem Stück seine Schuldgefühle aufarbeiten, um endlich das zu erreichen, wozu es noch keine internationale Konvention gibt: ein *Luftkriegsrecht,* das die Bombardements von zivilen Quartieren in einem Kriege ächtet.

Die moralisch-religiös eindrücklichste Szene in diesem zweiten Hochhuth-Drama ist zweifellos diejenige, in der der englische *Bischof Bell* von Chichester auf Premierminister Churchill trifft. Zwar ist diese Szene ganz und gar fiktiv, Bell selber aber eine geschichtliche Gestalt, die es als einzige gewagt hatte, im englischen Oberhaus während des Zweiten Weltkrieges gegen Flächenbombardements deutscher ziviler Wohngebiete durch die Royal Air Force zu protestieren. Hochhuth läßt den Bischof und den Premierminister auf dem Höhepunkt des Unternehmens „Gomorra" zusammentreffen, im Juli 1943, als bei einem Angriff auf Hamburg zehntausende deutscher Zivilisten umkamen, und wir sind Zeugen einer einzigartigen Debatte, die gerade im Zeichen des im Frühjahr 1991 geführten Golf-Kriegs nichts von ihrer Aktualität eingebüßt hat.

Hochhuth greift hier nicht zu simplen dualistischen Schemata – hier der christliche Idealist, dort der politische Realist. Beide, der Bischof *und* der Premierminister, enthüllen *in der Begegnung ihr Doppelgesicht,* beide entkommen dieser Szene nur als frag-würdige Gestalten. Denn auch der Premierminister weiß, daß Krieg „Mord"[13] ist und daß die Mittel der Kriegsführung die politisch-moralischen Ziele desavouieren, für die dieser Krieg geführt wird. Und auch der Christ Bell sieht sich – mit einem Menschheitsverbrecher wie Hitler konfrontiert – nicht in der Lage, den Krieg generell zu verurteilen. Nur dessen „schlimmste Teufeleien"[14] will er verhindern, und zwar durch die Reduzierung der Zahl der zivilen Opfer. Bell zu Churchill:

> *„Erhalten* Sie ... die *Ehre* des Soldaten – der nur so lange kein Berufsverbrecher ist, wie er das Kind schont.
> So viele Tabus werden weggeebnet im Windbruch dieser Jahre: richten Sie, der Konservative, wieder eines auf!
> Postulieren Sie: nur die *Zahl* seiner Opfer

unterscheidet *den* Sittlichkeitsverbrecher,
der, im Waffenrock und durch Befehl getarnt,
mit Vorsatz Zivilisten mordet – von jenem ...
der *eine* Siebzehnjährige nachts im Park schlachtet."[15]

Doch mit dieser Position entkommt Bell dem moralischen Dilemma genausowenig wie sein Premierminister, und von dessen Sekretärin muß er sich sagen lassen: „Schränkt man den Krieg und seine Opfer ein, Lordship – so / macht man ihn ja erst gesetzlich, *erlaubt* ihn erst."[16] Nein, das moralische Dilemma bleibt ungelöst in dieser Szene, und auch das Gesamtstück endet pessimistisch mit der Nachricht, das geplante „Welttheater" sei verboten und dürfe nicht aufgeführt werden.
Dieser Schluß ist Reflex einer Erfahrung, die Rolf Hochhuth damals in England machen mußte. Empört über die Kritik an ihrem Nationaldenkmal Churchill ausgerechnet durch einen deutschen Autor, holten Gegner dieses Stückes ein Gesetz hervor, das 200 Jahre alt war und von dessen Existenz die meisten Briten keine Ahnung hatten. Ein Zensurgesetz, das die Aufführung von Stücken nur dann erlaubt, wenn die Zustimmung der Familienmitglieder aller behandelten historischen Figuren vorliegt. Das freilich verhinderte die englischsprachige Uraufführung 1968 in Toronto ebensowenig wie eine amerikanische Uraufführung in New York, bis es einem Labour-Abgeordneten gelang, im Unterhaus eine Mehrheit für die Abschaffung dieses Zensurgesetzes zu finden. Im Dezember 1968 fand dann auch die englische Uraufführung von „Soldaten" statt, und Hochhuth hatte *obendrein* die Genugtuung, England vollends von jeder Zensur befreit zu haben...[17]
Die wohl radikalste Priesterfigur in Hochhuths Werk ist freilich jener *guatemaltekische Bischof,* der in der Tragödie „Guerillas" (1970) gezeigt wird, eine Nebenfigur zwar, die allerdings auf kirchlicher Ebene das widerspiegelt, was Hochhuth auf politisch-gesellschaftlicher Ebene in diesem Stück generell zeigen will – das *Aushalten in Institutionen zum Zwecke von deren Veränderung.* Erfahrungen in der Anti-Vietnam-Bewegung stehen bei diesem Stück im Hintergrund, das Aufkommen der Stadtguerillas in lateinamerikanischen Städten (Che Guevara und die Folgen), mysteriöse Morde an den Brüdern Kennedy

und an Martin Luther King in den Vereinigten Staaten. Hochhuths Hauptfigur in diesem Stück ist David Nicolson, ein katholischer Senator und Millionär, der beste Verbindungen zu Administration, Pentagon und CIA besitzt. An ihm werden die Möglichkeiten eines Staatsstreichs „von innen" diskutiert, die Chancen eines revolutionären Kampfes des Millionärs zugunsten der Millionen nichtprivilegierter Amerikaner, die Option für einen Verstoß gegen die Verfassung im Interesse von deren ursprünglichem Sinn: Herstellung von Gerechtigkeit und Glück für alle.

Dasselbe Schema reproduziert Hochhuth auf der *kirchlichen Ebene,* als die katholische Frau des Senators nach Guatemala reist, um über einen Bischof Kontakt mit der dortigen Guerillabewegung aufzunehmen. Zwei amerikanische Anti-Guerilla-Experten seien unterwegs und sollen von der Untergrundbewegung abgefangen werden. Mit Hinterlist läßt Hochhuth das konspirative Treffen zwischen dem Bischof und der Frau des Senators ausgerechnet in einem Beichtstuhl stattfinden und gewinnt so die Möglichkeit, auf dramaturgisch effektvolle Weise den Beichtvorgang umzukehren. Denn es ist überraschenderweise der Bischof, der jetzt ein Geständnis hervorbringt, ein Geständnis freilich ohne Reue, ein Sündenbekenntnis ohne Buße. Die beiden amerikanischen Pentagon-Emissäre müßten wahrscheinlich umgebracht werden, erfährt die erschrockene Frau des Senators; er, der Bischof, sei selber ein Komplize der Guerilla, und diesen Mord könne er nicht Mord nennen. Auf die ungeduldige Frage der Senator-Frau, wo man denn dann heute noch Gott suchen solle, gesteht der Bischof nun vollends:

„In sich selber – dann, wenn man die Regung spürt,
dem zerlumpten Kind den Hunger zu stillen.
Oder den zu erschießen, der es dem Hunger ausliefert (...)
Das bleibt von unserm Gott: die Barmherzigkeit,
die erst mit ihm in Betlehem zur Welt kam.
Sonst nichts."
„Warum *sind* Sie dann Bischof *dieser* Kirche?"
„Weil ich sie als Bischof am besten bekämpfen kann.
Wie sollte ich Gott dienen in diesem Land,

ohne die Kirche zu bekämpfen – die dieses Land
seit vier Jahrhunderten für seine Bewohner
zur Hölle gemacht hat? (...)
Ich räume mein Amt erst mit meinem Tod –
wie dein Mann...
Wir sind, du auch, Maria Amanda,
und vielleicht stärkt dich diese Gewißheit –
Partisanen des Gottes der Barmherzigkeit.
Gott ist *in* uns."[18]

Diese wenigen Beispiele genügen, um die These zu erhärten:
Es dürfte kaum einen Autor der deutschen Gegenwartsliteratur
geben, der sich immer wieder so konsequent auf die Auseinandersetzung mit *Grundproblemen von Ethik und Religion* eingelassen hat, und zwar im *Kontext der Zeitgeschichte.* Hochhuths
Stücke sind dabei *nicht religiös,* d.h. enthalten keine direkte
religiöse Botschaft; die Zeiten der traditionellen christlichen
Literatur sind mit der Generation eines Reinhold Schneider,
einer Gertrud von Le Fort und einer Elisabeth Langgässer ein
für allemal vorbei. Wohl aber ist *dieses Werk in höchstem Maße
religiös relevant,* weil es Grundfragen aufrührt und wachhält,
die dem Bereich des Religiösen und Ethischen entstammen.
Das aber ist das Besondere dieses Werkes: nicht billige Attacken
gegen Priester und Bischöfe aus dem Geist des Antiklerikalis-
mus, sondern Widerstand gegen jede Form religiös-verbrämter
Bigotterie, Widerstand gegen jede Art spießiger Beschwichti-
gungsmentalität, gegen die Panzer der Gleichgültigkeit und
Unangefochtenheit, gegen die Komplizenschaft mit den
Schweiglingen.

3. HOCHHUTH ALS BIBELLESER

Weil Hochhuth gegen solch religiöse Beschwichtigungsmentali-
tät und Unangefochtenheit anschreibt, holt er die Bibel immer
wieder hervor und beerbt sie literarisch dort, wo sie am
unheimlichsten ist: bei ihren *radikalen Einzelgestalten und
ihrem Droh- und Warncharakter.* Rolf Hochhuth als Bibelleser:
Das ist ein beunruhigendes Kapitel wilder Exegese – getrieben

gegen eine religiöse Sicherheitsmentalität, die aus der Bibel ein überraschungsfreies, harmloses Erbauungsbuch gemacht hat. Dabei weiß Hochhuth, wie sehr die Bibel in der Geschichte ein vergewaltigtes und mißbrauchtes Buch gewesen ist, und dafür gibt es in seinem Werk keine erhellendere Szene als wiederum das Gespräch zwischen Bischof Bell und Premierminister Churchill. In einem Augenblick bekenntnishafter Stimmung erzählt Churchill dem Bischof von einem Erlebnis mit der Bibel, als er 1911 vor der Entscheidung stand, Admiral der englischen Flotte zu werden. „Zufällig" sei er auf die Bibel gestoßen, in der er sonst recht wenig lese, und habe die Stelle gefunden: „Du wirst heute über den Jordan gehen, daß du hineinkommest/*einzunehmen* das Land der Völker/die größer und stärker sind denn Du.../So sollst Du wissen *heute*, daß der Herr,/dein Gott, gehet vor dir her,/ein *verzehrendes* Feuer."[19] Im Lichte seiner Aufgabe im Zweiten Weltkrieg sieht Churchill diesen Text nun als providentiell an: „Dein Gott gehet vor dir her, ein verzehrendes Feuer" – dies bezieht er direkt auf die schrecklichen Bombardements deutscher Städte. Bischof Bell ist irritiert, erschrocken über soviel selbstzugespielten Vorsehungsglauben, der sich mit Hilfe der Bibel Legitimation für einen Massenmord an Zivilisten verschafft. Seine Reaktion kann sarkastischer nicht ausfallen: „Man sollte die Bibel verbieten – wie es die Katholiken tun."[20]

Die Bibel verbieten, um sie den Mächtigen dieser Welt als Instrument ihres eigenen Erwähltheitsglaubens aus der Hand zu nehmen: Das ist das eine. Die Bibel aber in ihrer *beunruhigenden Kraft* entdecken: Das ist das andere. Worin aber besteht das Beunruhigende der Bibel? Die Antwort kann von Hochhuth her nur lauten: Darin, daß sie Menschen zeigt, die sich als einzelne in ihrer Ohnmacht unter Gottes Willen gestellt sehen und trotz aller Widerstände und Gefahren in unabschiebbarer Verantwortung vor Gott ihren Weg gehen. Apostelgeschichte 5,29: „Man muß Gott mehr gehorchen als den Menschen" – dies ist zum einen ein biblisches Schlüsselzitat, das der Hochhuthschen Erzählung *„Berliner Antigone"* religiöse Tiefenschärfe verleiht. Erzählt wird hier die Geschichte einer tapferen Frau in Berlin, die – selber nicht religiös! – etwas Unerhörtes tut. Sie bestattet ihren Bruder heimlich in einem

Grab, über dem dieses Schriftwort steht, weil dieser Bruder als politischer Widerständler gegen das Naziregime selbst ein Begräbnis verwirkt hatte. Sie steht nun vor Gericht und muß sich verantworten.[21]

4. Die unersetzlichen Zeichenhandlungen einzelner

„Man muß Gott mehr gehorchen als den Menschen" – dies ist zum anderen aber auch ein Schlüsselsatz für den Hochhuth-schen Glauben an die *Unverwechselbarkeit des einzelnen* schlechthin. Und ihnen, den einzelnen, wird dieser Autor in seinem Werk nicht müde, Profil zu verschaffen. Von seinen ersten Arbeiten an ist er getrieben von der Leidenschaft, den Namenlosen der Geschichte ihren Namen, den Gesichtslosen ihr Gesicht zurückzugeben und immer wieder auf die tapferen Zeichenhandlungen einzelner hinzuweisen: die des Bischofs Graf von Galen beispielsweise, der als einziger katholischer Bischof in Deutschland gegen das Euthanasieprogramm der Nazis protestiert hatte, oder die der Geschwister Scholl, die zu den wenigen Studenten gehörten, die gegen Hitlers Krieg öffentlich Widerstand anmeldeten. Von ihnen kann Hochhuth in einer programmatischen Rede sagen:

> „Die Beispielhaftigkeit dieser einzelnen, gerade auch der Namenlosen ist es, die die Geschichte überliefernswert macht. Denn Geschichte lebt nicht dank ihrer Auslegung durch Philosophen und Dichter und Theologen, sondern par existence. Denn nur einzelne in ihr sind sichtbar, wenn auch das Schicksal der Vielen in ihr kein gnädigeres ist: Geschichte lebt durch das *Bild*, das Menschen in ihr hinterlassen haben."[22]

Dieses Bild immer wieder zu bewahren, sieht Hochhuth als Aufgabe seiner Form von Literatur an. Da ist der Fall des jungen Schweizers *Maurice Bavaud,* der sich schon 1938 aufmachte, den Führer Adolf Hitler zu erschießen, weil er „in der Persönlichkeit des Führers eine Gefahr für die Menschheit" sah. „Tell 38" (1979) – mit diesem Buch entreißt Hochhuth den Wilhelm Tell der Hitlerzeit der Vergessenheit, einen Theologiestudenten, der ein ganz und gar religiöser Mensch war, der seine Tat als Auftrag Gottes verstand und in religiöser Radikalität seinen Weg ging. 1941 war er auf Führerbefehl hingerichtet worden.

Und da ist das religiös-beunruhigendste Stück im Werke Hochhuths, die Transfiguration einer biblischen Gestalt auf der Bühne des 20. Jahrhunderts, „Judith" (1984). Mit scharfem Blick für das politisch-moralische Dilemma zwingt Hochhuth seine Leser zu einem neuen Blick auf ein verstaubt geglaubtes Buch der Bibel, in dem von Gott her der Mord an einem Tyrannen legitimiert wird. Analogien zwischen damals und heute verschaffen diesem Buch auf einmal erregende Gegenwartsbedeutung. Das Stück setzt den Fall, daß ein amerikanischer Präsident ein schon zwölf Jahre ruhendes Giftgasprogramm für die *künftige* Kriegsführung wiederauflegt und mit sechs Milliarden Dollar für die nächsten fünf Jahre hochputscht. Ist damit ein *neuer Holofernes* des 20. Jahrhunderts aufgestanden, schlimmer noch als der biblische Tyrann, da es nun um das Schicksal der ganzen Menschheit geht, die hier in eine Art chemisch-bakteriologische Geiselhaft genommen zu sein scheint? Und muß gegen einen solchen *potentiellen* Menschheitsmörder nicht erst recht eine *neue Judith* aufstehen und Widerstand leisten? Ja, ist damit die Menschheit nicht endgültig in ihre Endphase getreten, wie sie ebenfalls in der Bibel beschrieben wird, und zwar im Buche der *Apokalypse?* Ist es nicht endgültig möglich geworden, den Frevel aller Frevel zu begehen und „Armageddon" zu planen? Armageddon? Schon 1983 hatte Hochhuth mitten in der damals sogenannten Nachrüstungsdebatte geschrieben:

„Golo Mann zitierte neulich Chruschtschows Warnung: ‚Am ersten Tag eines Weltkrieges verbrennt die Bundesrepublik Deutschland.' Da die meisten noch nicht begreifen, daß angesichts der Apokalypse die Bibel das aktuellste aller Bücher wurde, so sei hier übersetzt, was Armageddon heißt: Nach Offenbarung Joh. 16,16 der mythische Ort, an dem die bösen Geister die Könige der gesamten Erde für einen großen Krieg versammeln! (Churchill, der die Atombombe ‚Die Wiederkehr Christi im Zorn' genannt hat, benutzte Armageddon zur Kennzeichnung der Endkatastrophe)."[23]

„Judith" und die „Apokalypse" – im Lichte der Hochhuth-
schen Exegesen werden biblische Bücher zu Schriften voller
Unruhe und offener Fragen. Wie muß ein Christ in dieser
Situation handeln? Solche Fragen will Hochhuth neu zur Ver-
handlung stellen. Als literarische Form wählt er das Drama,
d. h. die Kunstform des Für und Wider, nicht weil er propagan-
distisch eine Lösung aufdrängen will, sondern weil er gerade
noch keine Lösungen hat, aber seine Leser und Hörer mit der
Sache neu konfrontieren will.

Da gibt es den *Jesuiten-Pater Edward* im Judith-Stück (wieder
ein Priester in einem Hochhuth-Drama!), der als Christ die
Position des unbedingten „Du sollst nicht töten" vertritt.[24] Da
gibt es Judiths *Bruder Arthur,* einen Vietnam-Veteran, den das
im Vietnamkrieg eingesetzte Giftgas zum Krüppel gemacht
und zu einem Leben im Rollstuhl verurteilt hat. Er ist es, der
dem Christen in einer Schlüsselszene des Dramas die Stelle
Jakobus 1,22 entgegenhält: „Seid aber Täter des Wortes – und
nicht Hörer allein"![25] Und da ist schließlich *Judith* selber, die
den Mordanschlag auf den Präsidenten durchführen will und
sich dafür auf ihr biblisches Vorbild beruft: „Gib mir Mut,
Herr, daß ich mich nicht entsetze vor ihm und vor seiner Macht,
sondern daß ich ihn stürzen möge. Das wird deines Namens
Ehre sein, daß ihn ein Weib darniedergelegt hat, denn du, Herr,
kannst wohl Sieg geben ohne alle Menge, und hast nicht Lust
an der Stärke der Rosse" (Jdt 9, 11–13)[26].

Man höre einen Moment hinein in dieses Stück, als Arthur,
der Vietnam-Krüppel, auf den Jesuiten-Pater Edward trifft und
die Auseinandersetzung leidenschaftlich und scharf wird:

> „*Edward:* Wichtig oder nicht – Terrorismus ist immer
> sinnlos, zwecklos ... was ändert's, einen töten?
> Wer schießt, hat nichts mehr zu sagen.
>
> *Arthur:* Was läufst du so herum, als seist du plötzlich
> selber angeschossen worden?
> Natürlich gibt es Situationen, wo nichts mehr zu sagen
> – wo nur noch zu schießen ist.
> Hätte Stauffenberg mit Hitler *reden* sollen?
>
> *Edward:* Sicher muß man *den* töten, der einen Weltkrieg macht.
> Meist aber sind Attentäter nur solche,

die vom Wahn der Herrscher, unersetzlich zu sein,
angesteckt wurden, und selber
Herrscher für unersetzlich halten.
Dabei sind sie meist austauschbar
wie Coca-Cola-Flaschen.

Arthur: Flaschen muß keiner beseitigen,
Gift-Flaschen aber doch.
Und zwar die Flaschen selbst, nicht nur jene,
die sie gefüllt haben. Absurd, die Theorie,
es komme nie auf einzelne an,
sondern immer nur auf ‚Hintermänner‘, die sie
‚anonyme gesellschaftliche Kräfte‘ nennen:
als ob die nicht auch versammelte einzelne wären.
Und einzelne sind es, drei oder sieben,
die Kriege beschließen...

Edward: Und wenn *die* weg sind, kommen keine Kriege?

Arthur: Exactement. Und wer *davon* nicht überzeugt ist,
der müßte so viel Anstand haben,
Kriegsverbrecher-Prozesse als inhuman zu bekämpfen.
Denn wäre der einzelne nicht verantwortlich,
wer dürfte ihn verantwortlich machen? (...)
Mir fiel auf, Jesuit, wie gut du informiert bist
über uns weltliche Sünder – aber wie schweigsam,
was die Verbrechen deiner *Kirche* angeht!
Finden die eigentlich schon in Jesus ihren Ursprung
– oder wurden erst seine Diener wie du
zu Verbrechern?

Edward: Wie liebenswürdig. Aber recht hast du,
angestiftet, ja:
hat schon Jesus selbst zu den Verbrechen;
gesetzt den Fall,
die Bibel ist seine getreue Biographie,
was natürlich kein Mensch wissen kann.
Laut Lukas 19,27 hat Jesus gesagt: ‚Jene meiner Feinde,
die nicht wollen, daß ich über sie herrsche,
bringet her und erwürget sie vor mir...‘

Arthur: Wie, das Erwürgen wollte er nicht mal selber machen?
(...)
Von Religion versteh ich nichts. Aber...

Edward: Ich auch nicht – ich *glaube*, wo ich nichts *weiß*.
Du mußt nichts verstehen von Religion –
wenn du von Menschlichkeit etwas verstündest.

Arthur: Menschlich ... das hatten wir doch schon. Weg damit.
Gibt es etwas Schlimmeres auf der Welt, als was Menschen
getan haben? Reden wir statt dessen vom Geist,
das heißt vom Gewissen – und das sage ich,
und ich spüre, das trifft ebenso zu aufs Religiöse:
Der Geist ist nur dort kein Geschwätz, wo er Tat ist.
Der Geist ist nur, was er tut ... und es ist die *Ehre*
des Gewissenhaften, schuldig zu werden ...
wenn er seine Hände schmutzig macht, blutig ...
... um zur Rettung *vieler* – *einen* zu töten.

Edward: Das kann wahr sein – wenn ihr wahrhaftig wißt,
daß der da drüben ... Massenmord machen wird.
Doch ihr wißt das nicht,
ihr *könnt* das nicht wissen,
noch nicht. Und schlimmer – und endgültig:
Er kann das nicht tun, *bevor* ihr's erfahren würdet.
Daher es für euren ... prophylaktischen Mord
keine Rechtfertigung gibt, keine. (...)
Vertraut also meinem Gefühl,
zwanzig Jahre habt ihr mich doch nicht für einen Spinner
gehalten. *glaubt* mir: Ihr dürft das nicht tun.
Wo überhaupt Mord Mittel der Politik wird:
ist die Bahn eröffnet zu – morden,
ob einen – ob viele:
Ist dann moralisch kein Unterschied mehr.
Churchill sagte über Kriegsanfänge: Der Mörder
ist der Mann des *ersten* Schusses. Der seid ihr,
wenn ihr auch nur *einen* umbringt.
Euer Mord wird dann der ...
Veranlasser aller anderen sein!
‚Du sollst nicht töten‘: Ist unteilbar.

Arthur: SOS – wenn du dir einbildest,
deine Seele sei gerettet.
Aber Gott kann den nicht mögen, der sich entzieht.
Du rettest deine Seele – wir den Frieden, mag sein:
um den Preis unserer Seelen."[27]

„Aber Gott kann den nicht mögen, der sich entzieht" – „seid
aber Täter des Wortes – nicht Hörer allein": Wer sich auf den
Exegeten Hochhuth einläßt, wird die Bibel nicht als harmlos-
abgesichertes Trost- und Erbauungsbuch kennenlernen, sondern als ein Buch mit aufstörenden Fragen, offenen Problem-
konstellationen, unfertigen Lösungen, ethischen Dilemmata.
Ob in Sachen politischem Widerstand oder in Fragen von
Sexualmoral und Leihmutterschaft („Rahel *bittet* Jaacob, ihre
Magd Bilha zu schwängern"![28]): listig spielt Hochhuth die Bibel
immer wieder gegen traditionalistische Bibelgläubigkeit aus,
beruft er sich mit sichtlichem Vergnügen am aufklärerischen
Überraschungseffekt gerade auf solche Bibelstellen, die so gar
nicht ins abgesicherte Weltbild der Bibelfesten passen wollen.
Und doch geht es ihm dabei nicht eigentlich um einen „Effekt",
sondern darum, den einzelnen zur Stellungnahme, zur Entscheidung, zu konkreten Taten zu provozieren, gerade weil es
in den Hochhuthschen Stücken immer „ums Ganze" geht.
„*Muß* man es nicht?" – so fragt sich Hochhuths Judith im
Gespräch mit ihrem Bruder und fährt fort:

„Die machen doch Planspiele mit Hunderten
von *Millionen* Atomkriegs-Toten:
Neu ist an *dieser* Administration,
daß sie den Krieg erstmals wieder als gewinnbar ausdenkt.
Deshalb soll der, der das zuerst aussprach,
auch als erster daran sterben.
Gott will es – sonst dächte ich das nicht.

Arthur: Gott? Bist du sicher, der ist nicht nur ein Klischee,
die Metapher jener,
die sich fürchten, Eigenes zu denken?
Wer ist Gott?

Judith: Wer Gott ist, weiß niemand. *Wo* er ist, sieht jeder:
in den Mitmenschen, die er
nicht dazu erschuf, daß Menschen sie abschaffen."[29]

5. Die Rätsel der Geschichte als Frage nach Gott

„Gott will es – sonst dächte ich das nicht": Man hat viel über Rolf Hochhuths Insistieren auf die Unverzichtbarkeit der Tat des einzelnen und die Unabweisbarkeit seiner Gewissensentscheidung geschrieben. Den einen war sie stets zu radikal, den anderen zu naiv, als könne der einzelne heute noch angesichts anonymer Strukturen und Apparate etwas bewegen, als mache seine Tat noch einen Unterschied. Eines hat man dabei übergangen: die tieferliegenden moralischen Wurzeln dieser Insistenz freizulegen. Sehe ich richtig, so sind es gerade die *verborgenen religiös-moralischen Tiefenschichten* dieses Dramatikers, die sein *Bild vom Menschen* bestimmen. Dies wiederum hängt nicht zuletzt mit seinen geschichtlichen Erfahrungen zusammen, der Erfahrung des faschistischen Massenmordes vor allem, den Hitlers Schergen mit deutscher Gründlichkeit durchzuführen verstanden. Die Schlüsselszene auch dafür findet sich bereits im „Stellvertreter", im letzten Akt, dem Auschwitz-Szenario, in dem Pater Riccardo auf den zynischen Schlächter und kalten Selektierer, „den Doktor", trifft. Dieser erklärt dem Pater unter Anspielung auf das Schicksal von Maximilian Kolbe:

> „Neulich haben die brutalen Idioten sich hier
> den Spaß gemacht, einen Pater aus Polen
> zehn Tage lang zu quälen, im Hungerbunker,
> weil er freiwillig wie Sie
> für einen Häftling mit Familie sterben wollte.
> Sogar eine Krone aus Stacheldraht hat ihn zuletzt verziert.
> Na gut, er hatte, was er wollte, was ihr alle wollt:
> Seine Qual in Christo – und sicher wird Rom
> ihn später selig sprechen. Er starb ganz individuell,
> ein schönes, altmodisches Einzelschicksal. –
> Sie aber, lieber Freund, Sie würden nur vergast.
> Ganz schlicht vergast, und *keiner,*
> kein Mensch, kein Papst, kein Gott
> wird's je erfahren. Man vermißt Sie bestenfalls
> wie den Gefreiten an der Wolga,
> den U-Boot-Fahrer im Atlantik.

Sie sterben hier, wenn Sie's nicht lassen können,
wie eine Schnecke unterm Autoreifen – sterben,
wie halt der Held von heute stirbt, namenlos und
ausgelöscht von Mächten, die er nicht einmal kennt,
geschweige denn bekämpfen könnte. Also sinnlos."[30]

Alles „sinnlos?" Das Einzelschicksal – „altmodisch"? Jedes
Sterben heute – „namenlos"? Wenn es einen Geschichtsdrama-
tiker der Nachkriegsliteratur gibt, dessen ganzes Schreiben ein
einziger *Widerstand* ist *gegen* die Prozesse der *Anonymisierung
und Entpersönlichung des Menschen,* dann Rolf Hochhuth.
Man erlaube mir einen Vergleich: So wie der bedeutende jüdische Theologe Emil Fackenheim in seiner „Theologie nach
Auschwitz" seinen jüdischen Brüdern und Schwestern den Rat
gab, am Glauben an Gott trotz allem festzuhalten, um so den
gottlosen Nazi-Verbrechern nicht noch posthum einen Sieg zu
verschaffen, den angezielten Sieg des Nihilismus über den
Glauben an die Würde gerade des jüdischen Menschen, so ist
– sehe ich richtig – das Werk von Rolf Hochhuth durch die
Insistenz auf der Unverzichtbarkeit der Tat des einzelnen ein
einziger Versuch, dem Auschwitz-Zynismus nicht nachträglich
noch zum Siege zu verhelfen. Denn genau das wäre der post-
hume Triumph der Hitlers, Himmlers, Heydrichs, Eichmanns
und Mengeles: die Vergleichgültigung des Einzelschicksals, die
Herabstufung der Person zu einem geschichts- und gesichtslosen Niemand, die Entwürdigung des Menschen zu einem
bedeutungslosen Werkstück auf dem Transportband der Weltgeschichte.
Freilich: Die *Rätsel der Geschichte* blieben und bleiben für
diesen Autor unaufgelöst. Warum? Weil die *letzten metaphysischen Grundfragen nicht zu beantworten* sind: die Frage nach
einem letzten Sinn dieser konkreten, zutiefst zwiespältigen,
abgründig unheimlichen Geschichte, die Frage also nach Gott.
Sie ist die manchmal offene, manchmal geheime Grundfrage
dieses Werkes. Und wer sich so wie Hochhuth der Geschichte
immer wieder stellt, noch zuletzt in seinem Stück über den
Ausbruch des Ersten Weltkrieges „Sommer 14", das er einen
„Totentanz" nennt, der bleibt als Geschichtsschreiber zugleich
den Rätseln der Geschichte verhaftet, aus denen er keinen Aus-

weg weisen kann. Bei allen Entwicklungen in seinem Werk –
diese Grund-Frage ist bei Hochhuth vom „Stellvertreter" bis
„Sommer 14" gleichgeblieben! Die Frage nach dem Sinn der
Geschichte, die Frage nach Gott ist unbeantwortbar, ja, die
Bedeutung dieses Werkes liegt in religiöser Hinsicht vielleicht
gerade darin, daß Hochhuth diese Frage immer wieder *offen-
hält*.
Es gibt aber – wenn ich richtig sehe – zwar keine schlüssige
Antwort, wohl aber zwei Negationen, die für den Umgang mit
der Frage nach Gott entscheidend sind. Die erste besteht in
der *Verweigerung jeder Form positiver Theodizee*, d.h. eines
philosophisch oder theologisch affirmativen Verhältnisses zu
den Absurditäten der Geschichte. Vom „Stellvertreter" bis zu
„Sommer 14" entlarvt Hochhuth jede Philosophie auf der Linie
von Leibniz und Hegel als Geschwätz, welche die dunklen
Seiten der Weltgeschichte harmonistisch ins Weltganze einord-
nen oder dialektisch wegerklären kann. Geschwätz ist für ihn
aber auch jede Theologie, die auf der Linie von Augustin,
Thomas und Luther versucht, Gott in die Negativitäten der
Welt hineinzunehmen und das Negative so zum pädagogischen
Werkzeug der Vorsehung oder Fügung Gottes zu machen.
Nein, hier bleiben die Fragen offen, und Rolf Hochhuth hat
sie in einem lyrischen Text in einzigartiger Weise noch einmal
verdichtet. Titel: „Deus absconditus?"

„Im Zweiten Weltkrieg, statistisch belegt,
verreckten an Land, in der Luft, auf den Meeren
Soldaten, Zivilisten: sechsundfünfzig Millionen.

Gott – wenn es Gott gibt – hat das nicht bewegt.
Die Ökologen können uns belehren:
kaum daß der Krieg vorüber war, bewohnen

Mehr Menschen diese Welt als bei Beginn!
Fünf Jahre Völker-Schlächter-Großbetrieb
vermochten dem Planeten ‚nichts' zu rauben.

Ein Zweck? – wer weiß. Doch wer noch Sinn
darin sieht, daß nicht durch dieses Sieb
er fiel, doch *jene*: müßte glauben

Nicht Zufall – Fügung habe ihn beschützt.
Fügung, die Auschwitz fügt und Hiroshima?
Kinder ertränkt, verhungern läßt, verbrennt?

Millionen Kinder – spielerisch vernützt!
Wer dies verhindern könnte, doch ihm zusah:
sei Gott? Dann wäre Gott moralisch impotent."[31]

Ein Theodizee-Gedicht, in dem sich – nota bene – die Fragezeichen häufen und in dem der Konjunktiv („dann wäre") eine letzte Feststellung vermeidet. Deshalb gilt:

6. GOTT – NICHT WIDERLEGT DURCH AUSCHWITZ

Verweigerung jeder Form positiver Theodizee – durchaus. Aber unakzeptabel scheint für Hochhuth auch jede Form *negativer Theodizee*, die Behauptung, daß der Glaube an Gott durch Auschwitz völlig sinnlos geworden sei. Denn das war es ja, was der „Doktor" im „Stellvertreter" als Grund seiner ganzen Arbeit angesehen hatte: herauszufinden, ob Gott durch den von ihm inszenierten Massenmord nicht endlich doch reagiere und so seine Existenz unter Beweis stelle. Dieser „Doktor" wollte Gott zur Offenbarung zwingen und folgert nun aus der Tatsache, daß Gott ihm selbst während seiner Massenschlächterei nicht in den Arm gefallen ist: „Schöpfer, Schöpfung und Geschöpf/*sind* widerlegt durch Auschwitz."[32] Hochhuth selber aber hätte wohl aufhören müssen zu schreiben, wäre jeglicher Sinn durch die Abgründigkeiten der Weltgeschichte für ihn endgültig widerlegt und hätten diejenigen Zyniker recht, die schon immer der Meinung waren, daß diese Welt mit ihrer ganzen absurden Geschichte zum Teufel geht. Wäre Hochhuth dieser Meinung, sein politisches Handeln, seine aufklärende Erinnerungsarbeit, seine Appelle an Moral und Vernunft wären letzlich sinnlos und müßten im Gelächter der Zyniker untergehen. Statt dessen bewegt sich sein Denken auf dem schmalen Grad zwischen vollmundiger Religionsapologie und unbekümmertem Religionsspott, und wer ihm folgen will, muß sich auf diesen gefährlichen Balanceakt einlassen.

Was also bleibt? Es bleibt bei Hochhuth das *Vertrauen in die sinnvolle Tat des einzelnen,* die auch dann notwendig ist, wenn die Frage nach einem *letzten* Sinn nicht zu beantworten ist und der metaphysische Trost ungewiß bleibt. Denn diese Tat muß getan werden, soll die unpolitische Trostlosigkeit nicht das letzte Wort haben. Es bleibt bei Hochhuth das Vertrauen in die Kraft der Aufklärbarkeit von verdrängter Unrechtsgeschichte, wie er es in seinen Porträts der „furchtbaren Juristen" vorexerzierte – mit anzusehen in seinem Drama „Juristen" (1979). Es bleibt die Hoffnung darauf, daß die gefährliche Erinnerungsarbeit und die beunruhigende Gesellschaftsarchäologie den marginalisierten, gesichts- und geschichtslosen Menschen doch ihr Recht verschaffen kann – so wie jenem polnischen Kriegsgefangenen während der Nazibarbarei, der eine Deutsche liebte und damit nicht nur sich, sondern auch sie an den Galgen lieferte, nachzulesen in der Erzählung „Eine Liebe in Deutschland" (1978). Ja, es bleibt die Hoffnung, daß das Wort „Liebe in Deutschland" die Aura des Sarkastischen verliert, weil es in diesem Lande endlich möglich sein wird, eine Liebe zu leben, die alle Vorurteile, allen Rassenhaß und Klassenhaß überwindet.

Noch einmal: Was bleibt, wenn – so Hochhuth selber – „die Träume von einem Himmel den Menschen die Antwort und Zuflucht versagen", wenn „die Philosophie der Geschichte echolos schweigt auf unsere unabwendbare Frage, ob ihre Tröstungen nicht ausflüchtig und unzureichend, ja würdelos sind angesichts der Skeletthalden, die der Weltgeist hinterläßt, so gleichgültig gegenüber dem Individuum wie der Hobel gegenüber seinen Spänen", wenn „alles Gedachte nur noch Gerede ist, Geschwätz": – es bleibt – so Hochhuth selber – *„das menschliche Beispiel"[33].* Es bleibt das Festhalten an dem Wort des großen Historikers Ranke: „Jede Epoche ist unmittelbar zu Gott."[34] Es bleibt eine humane Weise des Denkens, die es ablehnt, in hinweggestorbenen Generationen nichts anderes als „Schrittmacher", als „Leitersprossen" für künftige zu erblicken – eine Auffassung, die – so Hochhuth wörtlich – „zweifellos auch jenem Jesus näherkommt ..., der das Gesetz der Nächstenliebe, der Barmherzigkeit in die Welt gebracht hat"[35]. Wie hatte doch Judith auf die Frage ihres Bruders Arthur geantwortet:

„Wer Gott ist, weiß niemand, wo er ist, sieht jeder:/in den Mitmenschen, die er/nicht dazu erschuf, daß Menschen sie abschaffen." Und was hatte der guatemaltekische Bischof der Frau des Senators geantwortet? „Wir sind Partisanen des Gottes der Barmherzigkeit. Gott ist in uns"!

7. Zwischen Glaube und Zweifel: Mitleid

Deutlich geworden ist: Das Hochhuthsche Dramenwerk ist voller religiöser Problemstellungen, ohne religiöse Botschaften zu verkünden, ist bevölkert mit christlichen Figuren, ohne in Erbauungsschrifstellerei zu verfallen. Es kommt aus einem Denken, das weder religiös noch philosphisch einzuordnen ist und das sich dem Buch und der Bühne gerade deshalb anvertraut, weil es Lösungen für die Probleme noch nicht gefunden hat. Ein Denken, das fiktive Helden gerade deshalb entwirft, um an ihnen in extremen Situationen das Für und Wider der Fragen zu demonstrieren. Ein Werk, das uns allen in Deutschland bewußtmacht, daß unser gutes Gewissen oft genug durch Wegsehen erkauft wurde, daß unsere Selbstgewißheit nicht selten auf verdrängter Vergangenheit beruht und religiöse Unbekümmertheit durch Ausklammern der Anfechtungen ermöglicht wurde. Dieses Werk verweist aber auch auf einen Autor, der trotz allem der Aufklärbarkeit vertraut und am Sinn von Erinnerung, Gewissen und befreiender Tat festhält. *Geschichtsdramaturgie als Zynismusprophylaxe.*
Wer also die geistige Position Rolf Hochhuths beschreiben will, kann nicht zu vorgestanzten Kategorien greifen. Er muß ihn beschreiben als Grenzgänger zwischen Glaube und Verzweiflung, zwischen Hoffnung und Resignation. Sein Verhältnis zur Religion hat er erstmals selber beschrieben, als er 1991 den Elisabeth-Langgässer-Preis erhielt. Zunächst hatte er gezögert, da er wußte, daß die Langgässer alles Unverbindliche an Religion abgelehnt hatte mit dem Satz: „Über das Wort ‚religiös' kann ich nur lachen. Was und wer ist nicht alles ‚religiös'. Nein, ihr Herren, so geht das nicht!" Hochhuth aber fährt fort:

„Sie werden von mir, einem armen Protestanten, keine Antwort erwarten, wie könnte ich sie geben! Ich kann nur hoffen: ‚Im übrigen muß ja nicht jeder ein Metaphysiker sein‘, das hätte Elisabeth Langgässer lachend auch dazu gesagt, daß Sie mir heute diesen Preis geben. Und auch, daß ich von den grotesken Absurditäten lesen mußte, die Alleinseligmachenden hätten 1947 ernsthaft erwogen, dieses christliche Buch kat'exochen: ‚Das unauslöschliche Siegel‘ als ‚Sancta Pornographia‘ auf ihren Index zu setzen, ebenso wie 16 Jahre später meinen ‚Stellvertreter‘, hat mir doch sehr aus der anfänglichen Verlegenheit geholfen, die hohe Ehrung in Dankbarkeit anzunehmen. Auch ich gab ja meinem ersten Stück den Untertitel: ‚Ein christliches Trauerspiel‘– aber aus Ironie. Denn wenn irgendwo alles Christliche *nur* noch, *allenfalls* noch ein Trauerspiel war – dann doch in Europa in den Holocaust-Jahren 1941–44. Auch muß ich sagen, daß mir die Berufsprotestanten unter den Dichtern, so der in den Bonner frühen Jahren als unser Poeta laureatus gehandelte R. A. Schröder, stets ebenso zuwider waren wie die hoffähigen katholischen, etwa Paul Claudel, von dem ich noch heute denke, er gehöre nicht ins Theater, sondern nur in die Kirche. Jedoch *die* christliche Dichtung, die indexgefährdet ist, d.h.: die allen Dogmatismus unterhöhlt, war mir geradezu unentbehrlich zu meiner Entwicklung: ich hätte ohne Reinhold Schneiders ‚Verhüllter Tag‘ und ‚Winter in Wien‘ den ‚Stellvertreter‘ kaum radikal – Radix heißt Wurzel – schreiben können. Und ich empfand es als denkbar stärkste Legitimierung, daß der prominenteste Katholik, der zuerst 1963 den soeben uraufgeführten ‚Stellvertreter‘ verteidigt hat, wie dann noch viele Katholiken das getan haben, daß der unvergessene Wiener Friedrich Heer einfach festhielt, mein Stück schon längst gekannt zu haben, bevor ich's geschrieben hatte – nämlich aus den Gesprächen mit seinem Freund Reinhold Schneider! Schneider habe ihm oft gesagt, das Versagen der Christen gegenüber den jüdischen Mitbürgern würde er schreiben, hinderte ihn nicht daran seine ganz persönliche Beziehung zu Pius XII. Auch einem protestantischen Dichter bin ich verpflichtet – so sehr, daß ich oft denke, sein Ende sei der Einakter, den ich noch schreiben müsse: die Szene, wie Jochen Klepper – letzter Eintrag in sein Tagebuch – von einer Audienz beim Großinquisitor: beim SS-Obersturmbannführer Adolf Eichmann nach Hause kommt und seiner Frau, die durch die Ehe mit ihm, dem sogenannten ‚Vollarier‘

zur Halbjüdin geworden war, wie das im Rotwelsch der Berliner Regierungsgangster damals ,errechnet' wurde, – wie Klepper ihr sagen muß, Eichmann habe soeben endgültig abgelehnt, die sogenannte volljüdische Tochter aus Frau Kleppers erster Ehe nach Schweden ausreisen zu lassen, das Kind werde also deportiert. Die drei dichten noch am selben Tag Küchenfenster und Küchentüre mit Stoff ab, um ihre Mitbewohner nicht zu gefährden, wenn sie den Gashahn aufdrehen, was sie dann tun anstatt das der SS zu überlassen. Klepper, damals sehr prominent, da mit seinem berühmten Roman: ,Der Vater' zum kirchen- und preußentreuen Biographen des Soldatenkönigs geworden, ging mit den beiden Frauen in den Tod, obgleich er als Pfarrersohn stärkste Bedenken gegen den Selbstmord hegte ... eine der Tragödien, von denen heute kaum mehr jemand spricht."[36]

Diese Sätze machen deutlich: Selbstverständlich schreibt Hochhuth keine Literatur im Stile von Elisabeth Langgässer, Reinhold Schneider und Jochen Klepper, aber ebenso gewiß ist, daß hier einer schreibt, der dem Geist unbestechlicher Gewissensorientierung, wie er von Langgässer, Schneider und Klepper verkörpert wurde, nicht fernsteht; der ebenso wie sie ein Werk schuf voller religiöser Unruhe, moralischer Empörung, bohrender, verstörender, sperriger Fragen. Ein Werk auch, das auf eine geheimverschwisterte Weise gerade die Probleme aufgreift und schonungslos weiterdenkt, die das Leben der Elisabeth Langgässer seelisch so verwundeten und die auch Jochen Klepper in den Tod trieben: das Verhältnis von Deutschen und Juden; die Erfahrung einer verbotenen Liebe in Deutschland und die Erfahrung mit den „furchtbaren Juristen". Ja, diejenige Szene, die die Langgässer-Tochter Cordelia Edvardson in ihrem autobiographischen Roman „Gebranntes Kind sucht das Feuer" beschreibt, erinnert an die soeben erzählte letzte Szene von Jochen Klepper, und sie könnte in der Tat von Rolf Hochhuth stammen: Vor einem Gestapo-Beamten in Berlin hat die 14jährige Cordelia soeben ein Dokument unterschrieben, das das „Tragen des Judensterns" und einen eventuell künftigen „Abtransport in den Osten" bedeuten könnte – und dann auch bedeuten wird. Der Mutter, Elisabeth Langgässer selber, ist es auf diese Weise erspart geblieben, wegen Landesverrat

oder gar Hochverrat angeklagt zu werden. Und nun gibt dieser „freundliche Beamte" zum Abschied auch noch die Auskunft: „Jetzt können Sie ins Zimmer gegenüber gehen und sich dort einen neuen Judenstern abholen, er kostet 50 Pfennig."[37]
So bleibt das Werk von Rolf Hochhuth voll von un-vergessenen Gestalten, Kopfgeburten oder leicht stilisierten historischen Figuren, die das geistige Profil dieses Autors so unverwechselbar machen: *Riccardo,* der Jesuitenpater in Auschwitz; *Bischof Bell,* der Advokat für Humanität auch in Zeiten der Barbarei; der guatemaltekische *Bischof,* der ein Partisan von Gottes Barmherzigkeit sein wollte; *Lysistrate,* jene Frau, die für eine militär- und waffenlose Welt kämpfte; *Sophie,* die Hebamme, die sich mit List und Humor für die Marginalisierten einsetzte; *Maurice Bavaud,* der Tell des Jahres 1938, der einen neuen Tyrannen vom Antlitz dieser Erde vertreiben wollte und beinahe selber für immer ausradiert worden wäre; eine *Judith* rediviva, die im Namen Gottes auch heute aufsteht gegen die potentiellen Despoten, die diese Welt in ihre Klauen nehmen wollen. Sie alle bevölkern das Hochhuthsche Schattenreich aus dem Stoff der Literatur und verschaffen so unserer schattenlosen Gegenwart Relief und Plastizität. Die Grundkategorie seines Engagements als Dramatiker und Zeitgenosse hat Hochhuth einmal in einem Poem verdichtet, einem Anti-Nietzsche-Gedicht, einem Schopenhauer-Text, der nicht weit entfernt ist von dem, was auch der Nazarener wollte. Titel: „Schopenhauer". Gegen-Motto: „Wo liegen deine größten Gefahren? Im Mitleiden – Nietzsche: ‚Fröhliche Wissenschaft'". Der Text lautet:

„Was er lehrte, sei abgetan,
hat Nietzsche gedichtet.
Wir, die Nietzsches Schüler sahn,
die Europa fast vernichtet,
wissen, es kam umgekehrt:

Mitleid, das der Danziger lehrte,
blieb da doch als einziger Wert
– nicht: die ‚Umwertung der Werte'...
Blonde Bestien: was die taugen,
sah man auf verbrannter Erde!

‚Übermenschen' sollen die Augen,
ihre Hybris zu beweinen,
doch sonst nichts, nichts sonst behalten.
Mitleid! ‚Herren'-Völker, die's verneinen,
sind zu richten, aufzuspalten!"[38]

XI. AUF DEM WEG ZU EINER THEOPOETIK

„Vielleicht hält Gott sich einige Dichter (ich sage mit Bedacht: Dichter!), damit das Reden von ihm jene heilige Unberechenbarkeit bewahre, die den Priestern und Theologen abhanden gekommen ist." Von diesem Satz Kurt Martis („Zärtlichkeit und Schmerz", 1979) sind wir in diesem Buch ausgegangen. Wir kommen nun, mit Material aus zehn Schriftsteller-Leben reichlich gesättigt, zu ihm zurück.

1. VON DER „HEILIGEN UNBERECHENBARKEIT" DER GOTTESREDE

Dieser Satz enthält verschiedene, klar zu unterscheidende Sinnschichten, die alle auf ihre Weise für uns von Bedeutung sind. Um mit dem Ende zu beginnen:
– *Stichwort „heilige Unberechenbarkeit"*. Das deutet die kirchen- und religionskritische Dimension unseres Unternehmens an. Die Erfahrung kommt darin zum Ausdruck, daß „Priester und Theologen" oft genug den lebendigen Gott, den Gott Abrahams, Isaaks und Jakobs und Vater Jesu Christi mit einer berechenbaren, kalkulierbaren, verrechtlichbaren Größe verwechseln; daß sie die Unverfügbarkeit Gottes auf das Niveau eines frommen Moralismus und einer vorschnellen Seelentrösterei herunternivelliert haben. Aus der „heiligen Unberechenbarkeit" (nicht zu verwechseln mit willkürlicher Unberechenbarkeit des Heiligen), d.h. aus der „Unverfügbarkeit" und Unverrechenbarkeit Gottes selber wurde eine unheilige Verzweckung und Verrechnung Gottes. Aus der Rede vom „heiligen Gott" wurde ein Sedativ zur Beruhigung von Lebenskrisen, ein Quietiv zum Stillstellen religiöser Sehnsüchte, ein Narkotikum zur Abtötung schmerzlicher Leidenserfahrung an einer Welt, die ihre definitive Erlöstheit noch vor sich hat.
– *Stichwort „Gott hält sich"*: Mit dieser Wendung ist das theologische Interesse an Literatur bezeichnet, besser, weil schärfer, Gottes Interesse an Dichtern, Gottes Lust auf Literatur. Das

ist mehr als ein Interesse von Theologen an Produkten von Literaten. Das will sagen: Christen – von der Schrift belehrt – haben es mit einem Gott zu tun, der ein Gott der Lebenden sein will, kein Gott der Toten; der nicht platt identifiziert sein will mit all den theologischen Systemen, die Menschen über ihn ausgedacht haben. Gott selber hat ein hohes Interesse daran, daß es Menschen gibt, die von *seiner* Unverfügbarkeit etwas spüren und von den Abgründen noch etwas ahnen lassen, in die der Mensch gerät, wenn er seinen Gott nicht hat, sondern noch zu ihm auf dem Weg ist. „Gott hält sich" ... damit ist freilich auch der Vorbehalt *Gottes* gegenüber jeder Literatur gemeint, Gottes Protest gegen die falsche Versöhntheit der Welt im Namen der Ästhetik, die Distanz Gottes auch zu den Produkten der Dichter, die meinen, ihren Gott in der Form oder in der Sprache bereits gefunden zu haben. „Gott hält sich" heißt: Gott bleibt auch Subjekt gegenüber allen Produkten der Kunst.

– Stichwort *„Dichter"*: Die Wahl dieses Wortes ist keineswegs ein Rückfall in eine romantische Dichter-Verklärung. Sie drückt vielmehr die Erwartungen an Literatur aus – auch und gerade unter den Bedingungen unserer Zeit: Bemühungen um Verdichtung der Wirklichkeit durch Form und Sprache. Anders gesagt: Nur der Schriftsteller verdient den Namen „Dichter", der in seinen Arbeiten dies erkennen läßt: Wirklichkeitsdeutung als Ergebnis eines Prozesses der Sprachverdichtung. Nur das Schreiben verdient den Ehrentitel „Dichtung", das über alle blasse Abschilderung hinaus in die Tiefe der Wirklichkeit vorzudringen vermag und so einen Beitrag zur Entbanalisierung des Lebens leistet.

Von diesen drei Komponenten soll zum Abschluß dieses Buches die Rede sein: von der Gotteskritik der Dichter, von der Kritik im Namen Gottes an der Literatur und von der Aufgabe von Literatur *und* Theologie, einen Beitrag zur Verdichtung dieser Wirklichkeit zu leisten.

2. Gottesrede aus Krisenerfahrungen

Keine Auseinandersetzung mit Religion ohne Kritik an der Religion, an ihren irrationalen, illusionären, repressiven und regressiven Zügen. Wir sahen: Von Heine und Kafka bis Böll und Hochhuth kommt die Rede von Gott bei Schriftstellern aus der Erfahrung von Krisen, aus dem Bewußtsein von Zäsuren, das die Wirklichkeit in ein Davor und Danach, in ein Damals und Jetzt zerlegt.

– Für *Heinrich Heine* war die große Zäsur seines Lebens die Französische Revolution gewesen. Sie bedeutete Freiheit von allem Dogmatismus und Despotismus und Freiheit zur Ausübung von Menschenrechten, die gerade den Juden zugute kamen. Als Künstler verfügte Heine über Stilmittel einer „literarischen Religionskritik" (W. Gössmann), deren größte Waffe das Lachen war, die Heiterkeit und das Amüsement. Sie traf die etablierte Religion dort, wo sie am wehrlosesten ist, bei ihrem autoritären Ernst. Heines literarische Religionskritik bekämpfte vollmundige Orthodoxie, wichtigtuerische Rechtgläubigkeit und bierernsten Moralismus mit dem Florett von Witz und Spott, von Ironie und Heiterkeit. Sie war darin befreiend, daß sie den „human factor" im Umgang mit dem Göttlichen und Ewigen aufspürte und der humanisierenden Selbstrelativierung anheimgab.

– Bei *Franz Kafka* und *Joseph Roth* kam der Bruch in ihrem Leben aus der Erfahrung des modernen Juden, daß es kein Zurück mehr gab zur Glaubenswelt der Orthodoxie, kein Zurück zur Befolgung des jüdischen Ritualgesetzes unter dem Totalanspruch der Halacha, kein Zurück zur Geborgenheit einer jüdischen Existenz im Schtetl. Neuzeitliche Aufklärung und moderne Assimilation waren für Franz Kafka und Joseph Roth unumkehrbar geworden: „Durch eine Anstrengung, die sich bisher auf der Erde nicht wiederholt hat, habe ich die Durchschnittsbildung eines Europäers erreicht. Das wäre an sich vielleicht gar nichts, ist aber insofern doch etwas, als es mir aus dem Käfig half und mir diesen besonderen Ausweg, diesen Menschenausweg verschaffte" – so hatte Franz Kafka in seiner Erzählung „Ein Bericht für eine Akademie" die Lage des entwurzelten, entfremdeten Westjuden beschrieben. Joseph Roth hatte an Stefan Zweig die Frage gestellt: „Haben Sie Talmud gelernt? Beten Sie jeden Tag zu Jehovah? Legen Sie Tefilim? Nein, es ist vorbei – und man trägt eben mitten im Deutschtum als ein Deutscher das Erbe"!

– Für *Rilke* und *Hesse* war es zum unwiderruflichen Bruch mit ihrer religiösen Vergangenheit gekommen, als sie die Phase der Kindheit durchstießen. Der Gott des schwülstig-frommen katholischen Moralismus Prager Provenienz hier oder der bedrückend engen Atmosphäre pietistischer Provenienz dort war ein für allemal tot. An seinem Sterbebett konnten bestenfalls Abschiedslieder gesungen werden. Es gab kein Zurück mehr zu einem Kindheitsgott, der identisch war mit Selbstverleugnung, Schuldgefühlen, mangelnder Durchsetzungsfähigkeit und Ichauslöschung.

– Für *Reinhold Schneider* und *Heinrich Böll*, beide Katholiken unterschiedlichen Formats und geistigen Profils, kam der Bruch durch die Erfahrung des Restaurationskatholizismus in der Zeit nach dem Zweiten Weltkrieg. Beide hatten erlebt, wie wenig Konsequenzen die offiziellen Kirchen aus der geistigen und moralischen Katastrophe von Hitlerfaschismus und Zweitem Weltkrieg gezogen hatten, einer Katastrophe, in die die Kirchen mitverwickelt waren. Nach dem Kriege aber standen dieselben Kirchen moralisch so unangefochten da, als wäre nichts geschehen: keine Reue über das Hitlerkonkordat, keine Aufarbeitung der Schuld am Holocaust, keine selbstkritische Überprüfung der Affinität von autoritärem Katholizismus bzw. Protestantismus („Deutsche Christen") und autoritärem Hitlerfaschismus. Bei Reinhold Schneider ging die Krise so tief, daß er wieder zurückgezogen wurde in die Abgründigkeit seiner frühen Glaubenszweifel, die er in der Phase des „tragischen Nihilismus" in sich getragen hatte. Ja, dieses Moment des Tragischen verschwisterte sich jetzt mit der Erfahrung der Dunkelheit Gottes in der Geschichte, der Abwesenheit Gottes im Kosmos oder der Grausamkeit Gottes im Bios.

– Und vollends bei *Paul Celan* und *Rolf Hochhuth:* Für sie bedeutete der Holocaust, die Massenvernichtung der Juden im Namen des deutschen Volkes, die geistige, gesellschaftliche und kulturelle Zäsur schlechthin. Paul Celans Lyrik war ein einziger Versuch, mit Hilfe von Sprache der grauenhaften Wirklichkeit beizukommen, ohne diese zu zerreden, ohne sie ästhetisch zu überspielen. Rolf Hochhuths Geschichtsdramaturgie war ein einziger Anlauf, die Frage nach dem Sinn der Geschichte – angesichts des Grauens von Auschwitz – trotz allem offenzuhalten. Schon im „Stellvertreter" hatte er diejenige Frage aufgeworfen, die wie ein dumpfer Trommelschlag alle seine literarischen Arbeiten direkt oder indirekt durchtönt: „Schöpfer, Schöpfung und Geschöpf – widerlegt durch Auschwitz"?

3. Wider den Gott des „Jenseits"

Aber auch diese Beobachtung trifft zu: Die Rede von Gott ist bei großen Schriftstellern der deutschen Literatur des 20. Jahrhunderts gebrochen, ideologiekritisch gefiltert, aber nicht widerlegt. Es gibt trotz allem das Bemühen, der Rede von Gott einen Sinn abzugewinnen – trotz aller Enttäuschung, trotz aller Abgründigkeiten und Widersprüche. Es gibt trotz allem das Bemühen um eine Form der Bejahung transzendenter Wirklichkeit, die durch die Einwände der klassischen Religionskritik nicht einfach widerlegt ist. Sehen wir genauer zu, bevor wir zu systematischen Schlußfolgerungen kommen.
– Früh hatte *Heinrich Heine* mit der Übernahme der Religionskritik französischer Provenienz (Voltaire und die Folgen) und der Rezeption deutscher Philosophie (Hegel und die Folgen) sich von dem Gott der Metaphysik verabschiedet. Früh hatte er jegliche Jenseitsgläubigkeit im Stile aufklärerischer Freigeisterei verworfen. Und doch hatte er bei aller spöttischen Religionskritik ebenfalls früh bereits auch von der Möglichkeit einer „echten Christusreligion" gesprochen, von einer aufgeklärten Religiosität, wo „ohne Heuchelei Religion und Zweifel ruhig nebeneinander" gehen konnten. Schon früh hatte er eine Freiheits- und Freudenreligion propagiert, die zwar die traditionelle Religion beerben wollte (der Himmel auf Erden!), die dennoch aber politischer Auflösung im Sinne von Marx und Börne Widerstand leistete. Und seine letzte Phase steht nach eigenem Zeugnis unzweideutig im Zeichen des persönlichen Gottes der Bibel, den Heine brauchte, um ihm jetzt seinen Schmerz in die Ohren schreien zu können. Heine hatte durchschaut, daß der Gott der Pantheisten „im Grunde gar kein Gott" gewesen war. Und er war zu Gott zurückgekehrt „wie der verlorene Sohn", nachdem er „lange Zeit bei den Hegelianern die Schweine gehütet" hatte.

Ähnlich bei *Franz Kafka*. Auch seine Wirklichkeitserfahrung, die vergeblichkeitsgesättigt genug war, zeugte zwar von Enttäuschungen und Verrätselungen der Wirklichkeit, führte aber nie zu einer zynischen Sinnlosigkeitserklärung in Sachen Gott. Keine der großen Figuren bei Kafka gibt die Hoffnung auf, einmal Heimatrecht in der menschlichen Gesellschaft zu erlangen, einmal dem „Gesetz" entsprechend zu leben, obwohl es niemandem vergönnt ist, hier und jetzt diese Heimaterfahrung und diese Gesetzeskongruenz zu erleben. Wir sahen: Es gibt bei Kafka zwar die Erfahrung der Gottesabwesenheit, aber keine Gottesleugnung; die Erfahrung der Gottesfinsternis, aber keine Gottesvergleichgültigung; die Erfahrung der Verrätselung von Transzendenz, aber keine Verneinung von Transzendenz. Der Gott Franz Kafkas blieb rätselhaft dunkel, unerreichbar, unzugänglich. Kafkas Erfahrung von Transzendenz (ob literarisch in den Werken oder persönlich in den Tagebüchern, Briefen und Aphorismen) war eine Erfahrung „negativer Transzendenz".

Das war bei *Joseph Roth* im Grunde nicht anders. Und doch setzte dieser galizische Jude andere Akzente als Kafka. Wie viele seiner literarischen Figuren (Mendel Singer, Tarabas, Napoleon, der „Heilige Trinker") ließ er trotz aller Lebenskrisen nicht von dem Glauben ab, daß es ein rettendes „Eingreifen" Gottes zugunsten des Menschen gab; daß man warten dürfe auf Gottes „Wunder"; daß man nicht verzweifeln brauche an der „Gnade", wie Gott sie oft schon in entscheidenden Situationen seinem Volk gegenüber erwiesen hatte. Gerade in seinen Romanen der 30er Jahre ließ Roth seinen Helden das widerfahren, was den Kafkaschen stets verwehrt war: die Erfahrung einer von Gott verursachten Wende im Leben eines Menschen. Diese Wende blieb Joseph Roth als Mensch selber verwehrt. Doch Roth war nicht ungläubig genug, um jede Hoffnung auf Gottes Eingreifen in sich abzutöten und jede Erlösungserwartung in sich wegzurationalisieren. Viele seiner Romane sind Ausdruck einer unausrottbaren religiösen Sehnsucht und gleichzeitig Herausforderung und kritische Unterbrechung eines zynischen und skeptischen Zeitgeistes, der die Verabschiedung des Gottesglaubens als Realismus verkauft, die Verweigerung der Wunderhoffnung als Erwachsenwerden ausgibt und das Unterdrücken der religiösen Sehnsüchte als Beitrag zur Aufklärung einfordert.

Ähnlich bei *Rainer Maria Rilke*. Auch hier ging die religiöse Zäsurerfahrung zusammen mit der Suche nach Alternativen. Rilke gewann die Rede von Gott zurück im Selbstprofilierungsprozeß als Künstler, der eine andere Haltung zu den „Dingen" einzunehmen begann: eine Grundhaltung nicht des Verfügens, Verzweckens und Verbrauchens, sondern eine des Lassens, des Schauens und Verwandelns. Rilke gewann die Rede von Gott zurück – nach dem Zusammenbruch der Metaphysik, aber auch nach Nietzsches Versuch einer Überwindung der Metaphysik. Seine Rede von Gott hat diesen Zusammenbruch ebenso überlebt wie Nietzsches Nihilismus. Gerade sein „Stundenbuch" ist als Versuch zu werten, nach dem Tod der alten Metaphysik von Gottes Wirklichkeit dennoch zu reden. Von Gott zu reden aber nicht mehr in den Kategorien von Jenseits, Überwelt, Hinterwelt, sondern von Gottes Wirklichkeit in den Dingen selber, in der Tiefe der Wirklichkeit, im Herzen der Welt. Das „Stundenbuch" ist zu lesen als Versuch, nach dem „Tode Gottes" das Reden von Gott zu retten durch Übernahme in die Kunst. Nachdem der traditionelle Glaube den Himmel entleert hatte, war der Künstler für Rilke das Paradigma des schöpferischen Menschen, der die Rede von Gott gleichsam birgt und Gott das zurückgibt, was er stets gewesen ist: die wirklichste Wirklichkeit im Herzen der Dinge; die vibrierende Kraft, die alles zusammenhält; die pulsierende Energie, die als Einheit allem zugrunde liegt.

Ganz ähnlich *Hermann Hesse*. Auch er war zu einem neuen Gottesverständnis erst fähig, als er mit Hilfe von Psychoanalyse und Tiefenpsychologie begonnen hatte, die Widersprüche in seiner eigenen Seele anzunehmen und eine hinter allem Sichtbaren liegende Einheit der Wirklichkeit zu bejahen. Nach dem Zusammenbruch des christlichen Gottesbildes seines protestantischen Milieus, nach dem Zusammenbruch des „Jenseits"-Glaubens war Hesse zu der Überzeugung gekommen, daß die Gegensätze der Welt nur Erfindungen des Menschengeistes seien, nur in der Zeit bestünden, in Wirklichkeit aber, gleichsam „von Ewigkeit her", zu einer großen Einheit gehörten, die man Gott selbst nennen könne. Gott war für Hermann Hesse nicht mehr das Gegenüber zum Menschen, Gott war das unnennbar gewordene Geheimnis der Einheit aller Wirklichkeit: „Gott lebt in mir, Gott stirbt in mir, Gott leidet/in meiner Brust, das ist mir Ziel genug./Weg oder Irrweg, Blüte oder Frucht,/ist alles eins, sind alles Namen nur."

Reinhold Schneider und *Heinrich Böll* erkannten trotz der Mißbrauchsgeschichte durch eine offiziell verfaßte Religion, trotz des Schindluders, das im Namen Gottes getrieben wurde, eine Möglichkeit, Gott auch in den Abgründigkeiten und Widersprüchlichkeiten der Welt zu entdecken, am verborgenen Gott festzuhalten, ja, Gott im „Menschgewordenen" zu bejahen.

Und für *Paul Celan* und *Rolf Hochhuth* war trotz aller Grauenhaftigkeit der Auschwitz-Erfahrung die Rede von Gott nicht widerlegt. Für Celan war sie möglich in der Hoffnung „auf sein höchstes, umröcheltes, sein haderndes Wort", möglich als tastende, vorsichtige, in Grenzbereiche des Denkens und Sagens vorstoßende Rede. Bei Hochhuth war sie möglich als Hoffnung auf eine letzte Barmherzigkeit mit den Opfern der Geschichte, als Festhalten am Mitleid mit der geschundenen Kreatur, als Widerstand gegen die Zyniker, die von jeher der Meinung waren, diese Welt müsse zum Teufel gehen. So aber, wie Paul Celans Lyrik Widerstand war gegen die Sprachlosigkeit, die ein letzter Triumph der Sprachverhöhner gewesen wäre, so war Rolf Hochhuths Dramaturgie Zynismusprophylaxe gegen die Komplizenschaft mit den gottlosen Schergen, deren letzter Triumph die Verbreitung der allgemeinen Gottlosigkeit gewesen wäre, einer Gottlosigkeit, deren Konsequenz die Menschenverachtung ist.

Lassen sich bei all diesen unterschiedlichen Ansätzen übereinstimmende Grundstrukturen im Gottesverständnis feststellen? Zwei Folgerungen scheinen mir verantwortbar:

(1) Das von Gottfried Benn für viele Poeten stellvertretend formulierte *Axiom der ästhetischen Religionskritik ist vielfach verifiziert* worden. „Gott" blieb ein schlechtes Stilprinzip, wo immer er auf das Niveau banaler Erbauung, vorschneller Versöhnung und billiger Gnade herabgezogen wurde. Wenn aber in den hier behandelten Texten von Gott gesprochen wurde, traf das Gegenteil von dem zu, was Gottfried Benn „Konformismus" und „Stilentspannung" nannte. Von Gott wurde

geredet in der Weise der Problematisierung, der Brechung, des Abschieds, des Protestes oder der Suche nach Tiefe, Einheit und Sinn. Die hier besprochenen Texte bedeuten Abschied vom „Sonntagsschul"-Gott, vom „Jenseits"-Gott, vom moralistischen „Eckensteher"-Gott, vom Gesetzes-Gott, vom Schuld- und-Strafe-Gott, vom überlegenen, herrscherhaften, patriarchalischen, despotischen Vater-Gott...

(2) Nicht durchgesetzt hat sich die geistige Alternative Gottfried Benns. An die Stelle des Gottes der Transzendenz hatte Gottfried Benn ja die Kunst als letzte Möglichkeit von Transzendenz gesetzt. An die Stelle des Glaubens an Transzendenz den „Fanatismus zur Transzendenz". An die Stelle der Religion die Literatur: „Ich sehe die Kunst die Religion dem Rang nach verdrängen", so hatte Benn programmatisch verkündet. Dieser Glaube ist nach Auschwitz, Stalingrad und Archipel Gulag gründlich verflogen. Dem europäischen Nihilismus und Zynismus kam auch die Kunst nicht bei. Literatur blieb Ausdruck der geistigen Gefährdung durch den Nihilismus, nicht deren weltanschaulicher Ersatz. *Der Glaube an die Kunst erwies sich als Irrglaube.* Keiner der hier portraitierten Schriftsteller war der Illusion erlegen, die Kunst könne die Religion ersetzen. Einzig Rilke scheint auf der Linie Benns zu liegen mit der Vorstellung vom Künstler als Gott-Gebärer, ohne freilich dessen weltanschauliche Position (Nihilismus) wirklich zu teilen. Anders gesagt: Große Schriftsteller des 20. Jahrhunderts zeigen, daß die Rede nicht nur von Transzendenz (als ästhetischem Akt der Formgebung banaler Wirklichkeit), sondern auch die Rede vom transzendenten Gott überleben kann im Raum der Literatur, ohne daß Gott aufhört, Gott zu sein. Daß die Rede von Gott möglich ist im Raum der Literatur, ohne daß Literatur aufhört, große Kunst zu sein und in Erbaulichkeit, Frömmelei und religiöse Propaganda umschlägt. Dabei ist wohl zu beachten, daß die Rede von Gott bei jedem Schriftsteller ihr eigenes Profil hat, ihre eigenen geistigen Quellen, ihr ganz individuelles, persönliches Profil. Von diesen neuen, je eigenen geistigen Amalgamen muß nun die Rede sein.

4. Neue geistige Amalgame

Schriftsteller sind Bewohner verschiedener Welten. Die Komplexität moderner Lebenswelt spiegelt sich gerade in ihnen. Diese Welt hat längst aufgehört, geistig monolithisch strukturiert zu sein. Diese Welt besteht aus der Gleichzeitigkeit des Widersprüchlichen, der Simultaneität dessen, was früher zu verschiedenen Wirklichkeitsbereichen zu gehören schien. Dabei haben sich neue geistige Amalgame herausgebildet, neue kulturelle Legierungen entwickelt – gerade auch in Sachen Religion.

Anders gesagt: In Schriftstellern bilden sich Weisen, religiös zu sein, heraus, die nicht mit den klassischen Kategorien zu greifen sind. Weder Kategorien der Kirchen- oder Religionszugehörigkeit noch Kategorien der neuzeitlichen Religionskritik sind geeignet, diese geistigen Legierungsprozesse auch nur annähernd zu erfassen.

Das ließ sich gerade an einer Figur wie dem späten *Heinrich Heine* anschaulich demonstrieren. Heines Weise, religiös zu sein, hatte auch in seiner „Matratzengruft" nichts zu tun mit Zu-Kreuze-Kriechen, nichts zu tun mit Quietismus und Frömmelei, sondern ging zusammen mit Skepsis gegenüber der Schöpfung, mit Fragen an Gott, mit Rebellion gegen die Ordnung, mit Infragestellung des Status quo. Gerade in dem von der Krankheit gezeichneten Mann verband sich etwas, was nach landläufigen Kategorien getrennt war: Demut *und* Rebellion, Hinnahme des Unabänderlichen *und* Widerstand dagegen, Akzeptanz *und* Infragestellung Gottes zugleich. Ja, gerade Heines Weise, religiös zu sein, zeichnete sich darin aus, daß „Glauben" sich bei ihm mit der Fähigkeit zu ironischer Selbstdistanzierung paarte, daß religiöse Affirmation mit der Möglichkeit der Selbstparodie zusammenging. Heine verkörperte einen Typus des modernen Denkens, das die religionskritischen Instrumente auf sich selbst anzuwenden verstand und fähig war, religiöse Bekenntnisse im Modus der Selbstentlarvung zu präsentieren. Sein Bild vom Christusantlitz mit Mephistolächeln steht für eine einzigartige, schwer deutbare, aber „unlösbare Verbindung von Hohn und Schmerz, Scherz und Trauer, Begeisterung und sofort eindämmender Verachtung, Spott und

Verzweiflung, Sentimentalität und Zynismus" (W. Preisendanz). Heines Rückkehr zu Gott also war eine Rückkehr im Akt des Protestes, seine Umwandlung eine Umwandlung in Form des Widerstandes, seine Wiedererweckung religiöser Bedürfnisse eine Wiedererweckung im Gewande der Rebellion.

Ähnlich bei *Franz Kafka*. Das Erstaunliche der Kafkaschen Helden, das Provozierende der Kafkaschen Gleichnisgeschichten liegt ja gerade darin, daß hier etwas gleichzeitig koexistiert, was sich mit Logik auszuschließen scheint: die stete Erfahrung der Abgründigkeit und Unheimlichkeit menschlicher Wirklichkeit und doch die bleibende „Sehnsucht nach dem prophezeiten Tag"; die Desillusion über den Zustand des Menschen, aber auch den unausrottbaren „Traum", „wenn der Abend kommt"; die Vergeblichkeit des Strebens und doch die Nichtaufgabe eben dieses Versuches.

So auch bei *Joseph Roth*. Bei ihm kam es schon früh zur Selbstbeschreibung in Kategorien des Widersprüchlichen, zur Selbstinterpretation in Paradoxien, zu nicht nur unbewußt gelebten, sondern auch bewußt artikulierten Wahrnehmungen von Mischungen und Vermischungen. Gerade er zeigte, daß in einer Person vereinigt sein kann, was früher getrennten Welten angehörte, Katholizität *und* Judentum, europäisch-mittelmeerische Kultur *und* ostjüdisches Erbe, apokalyptische Geschichtsschau *und* monarchischer Legitimismus: „Ich bin ein Franzose aus dem Osten, ein Humanist, ein Rationalist mit Religion, ein Katholik mit jüdischem Gehirn, ein wirklicher Revolutionär." Auch Roths literarische Figuren waren Figuren aus Zwischenbereichen, Figuren, die zwei Welten angehören, denen aber eine religiös-existentielle Problemstellung gemeinsam ist.

Ähnlich *Rainer Maria Rilke*. Auch in seinem Werk kam es immer wieder zu neuen Metamorphosen des Religiösen, zu neuen Legierungen geistiger Substanzen. Seine erste literarische Phase ist ohne den Einfluß italienischer Renaissance-Malerei und russischer Ikonen-Kunst gar nicht zu denken: Künstlertum und Mönchtum verbinden sich zu einem einzigartigen Unternehmen der demütigen Gott-Schöpfung. In seiner zweiten literarischen Phase ist es der Einfluß von Cézanne und van Gogh, der Rilke als Künstler „sehen" und die Wirklichkeit als ganze annehmen lehrte. Islam und Buddhismus waren Traditionen, deren er sich bediente, um sein eigenes Wirklichkeitsverständnis zum Ausdruck zu bringen. In der letzten Phase ist es vollends ein individuell gefärbtes Glaubensgebäude, eine Privatmythologie („Engel"), die Rilke sich schuf, um sein Verständnis der Welt adäquat zur Sprache bringen zu können. Religion hatte aufgehört, ein festes, starres dogmatisches Bezugssystem zu sein, sondern wurde zum Traditionsarsenal, aus dem man sich die eigene Welt erschuf.

Ähnlich bei *Hermann Hesse:* Auch er war im Prozeß seiner Individuation zu ganz individuellen Lösungen gekommen. Naturpantheismus, Franz-von-Assisi-Enthusiasmus, Fernost-Faszination, Kunstbegeisterung waren die Elemente, aus denen seine erste geistige Phase zusammengesetzt war. Kulturkritik, tiefenpsychologische Anthropologie, buddhistische Meditationspraxis und christliche Liebesspiritualität verbanden sich in seiner zweiten Phase zu einer geistigen Weltsicht, die ihn die Krise der Siddhartha- und Steppenwolf-Zeit überleben ließ. Am Ende war es das „Glasperlenspiel", in dem Hesse eine einzigartige Synthese aus östlichem und westlichem Denken, aus abendländischer und indischer Geistigkeit zu beschreiben wußte.

Nicht anders bei *Reinhold Schneider:* In seiner ersten Phase – unter dem Einfluß portugiesischer Dichtung und spanischer Philosophie, unter dem Einfluß vor allem aber von Schopenhauer und Nietzsche – kam es zu einem Glauben daran, daß alle Geschichte von „tragischen Widersprüchen" durchzogen sei. Aber auch Schneiders zweite Phase trug durchaus individuelle Züge: Er inszenierte bewußt radikale Selbstverleugnung als Künstler, um dem widerchristlichen Faschismus eine geistige Gegenmacht entgegenstellen zu können. Auch diese Entscheidung zur Subjektlosigkeit, zur Ichauslöschung, zur Abtötung aller künstlerischen Subjektivität war eine ganz und gar subjektive. Und in der dritten Phase kam es bei Schneider vollends zu einer eigenen Profilierung. Er lotete in einer Weise geistige Abgründigkeiten aus (angesichts der Widersprüche in Bios, Kosmos und Geschichte), daß sich christliche Kreuzesspiritualität und buddhistische Weltbefreiungssehnsucht zu einem überraschenden Amalgam verbinden konnten.

Und *Heinrich Böll?* Sein Werk war ohnehin ein Werk der Mischungen und Vermischungen. Das Christentum, das uns in seinen Figuren und Essays entgegentrat, war ein Christentum der gläubigen Ungläubigen und der ungläubigen Gläubigen, ein Christentum, das fähig machte, gerade das Unorthodoxe, Unmoralische als Ausdruck authentischer Menschlichkeit des Menschen zu bejahen sowie sakramental-mystische Frömmigkeit mit republikanischem Freiheitsbewußtsein zu verbinden. Ein Christentum, das mit Narrentum mehr gemeinsam hatte als mit Herrentum, mit Widerstand mehr als mit frommer Anpassung, mit mystischer Kraft mehr als mit passiver Innerlichkeit, mit Freimut mehr als mit Demut.

Und ähnlich bei *Paul Celan*, bei dem sich komplexes Sprachbewußtsein mit jüdischer Mystik verband, und ähnlich bei *Rolf Hochhuth*, der als Protestant das denkbar kritischste Stück über einen katholischen Papst schrieb; der als skeptischer Moralist eine Nähe zu den indexverdächtigen christlichen Dichtern spürte, und der als Einzelkämpfer nicht von der Idee ließ, daß es Aufgabe der Literatur sei, den Namenlosen der Geschichte ihren Namen, den Gesichtslosen ihr Gesicht, den Vergessenen ihre Geschichte wiederzugeben.

In Summa: Die Rede von Gott bei großen Schriftstellern des 20. Jahrhunderts ist gebrochen, aber nicht widerlegt. Religion ist ideologiekritisch seziert, aber nicht abgetan. Die *Rede von Gott* ist nicht Rückkehr zur Religion als System, sondern *Ausdruck einer subjektiv-widerständigen Religiosität gegen den Zeitgeist des Zynismus.*

Anders gesagt: Rede von Gott im Raum zeitgenössischer Literatur ist Ausdruck einer *geistigen Krise des modernen Bewußtseins,* das seine eigenen Vergöttlichungsphantasien durchschaut hat. Den der Dynamik der Moderne inhärenten menschlichen Omnipotenzträumen und Vergöttlichungsphantasien stellen die Schriftsteller die Einsicht in die *elementare Kreatürlichkeit* des Menschen entgegen. Heines Selbstporträt als „armer, todkranker Jude" spricht hier ebenso für sich wie die Kafkaschen Selbstzweifel über seine Existenz als Künstler und Bürger. Joseph Roths Selbstspiegelungen in gescheiterten Existenzen (von Andreas Pum in „Die Rebellion" bis zum „Heiligen Trinker") sind hier ebenso zu nennen wie Rilkes Malte, der Flaneur durch Paris auf der Suche nach seiner Identität, oder Hesses Harry Haller, der erfahren mußte, wie sehr das Ich sich auflöst

in Tausende von Facetten, Trieben und Strömungen. Ja, Schriftsteller haben es stellvertretend für die sensibelsten unter den
Zeitgenossen schon früh gewagt, einen „Blick ins Chaos" zu
werfen, hinter den Masken der Kultur immer wieder die „Step-
penwölfe" zu entdecken und hinter den Omnipotenzphanta-
sien die verborgenen Sehnsüchte des Menschen nach Glück
und Vollendung, nach Heil und Ganzheit aufzuspüren.
Die Rede von Gott im Raum der Literatur des 19./20. Jahrhunderts kann somit als Akt *nichtregressiver Selbstrelativierung
des modernen Bewußtseins* verstanden werden. Die spezifische
Weise von Schriftstellern, von Gott zu reden, ist gegenüber der
modernen religionskritischen „Hermeneutik des Verdachts"
resistenter geworden, d. h. ist mit den Kategorien der klassischen Religionskritik nicht mehr zu greifen. Dem Glauben
Heines, Kafkas, Rilkes, Roths, Schneiders und all der anderen
ist weder mit dem Irrationalitäts- noch mit dem Projektionsver-
dacht, weder mit dem Repressions- noch mit dem Regressions-
vorwurf beizukommen. Denn wer hätte schärfer die Irrationa-
lismen der Moderne durchschaut als diese Schriftsteller, wer
hätte mehr zur Entlarvung von Illusionsprojektionen getan als
diese Poeten, wer hätte schärfer die Repressions- und Regres-
sionspotentiale der Religion gegeißelt als diese Autoren? Resistenter ist die Rede von Gott im Raum der Literatur aber auch
gegen jede Vereinnahmung durch eine schon fixierte, schon
gewußte Kirchlichkeit. Die Weise der Schriftsteller, religiös zu
sein, läßt vielmehr erkennen, „wie Religion ihre Kritik über-
dauert und Frömmigkeit mit vollendeter Aufklärung sich ver-
trägt", wie Hermann Lübbe schon im Zusammenhang mit
Heine formulierte. In der Tat: Rede von Gott hat bei Schriftstellern die Funktion *realistischer Selbstaufklärung* des Menschen
über seine Möglichkeiten, Hoffnungen und Selbsttäuschungen.
Gerade Heines Geschichte ist darin eine „exemplarische
Geschichte", daß sie – so Dolf Sternberger – die Frage aufwirft,
„ob wir an den Menschen glauben können in der Weise, wie
wir an Gott glauben oder geglaubt haben".

5. Wie mit Literatur umgehen? Die Konfrontations- und Korrelationsmethode

Christliche Theologie ist die wissenschaftlich verantwortete Rechenschaft über den christlichen Glauben. Sie gewinnt ihre Identität einzig durch Rückbindung an die Botschaft des Neuen Testamentes, daß Jesus von Nazaret, der Gekreuzigte und Auferstandene, der Messias, der Christus ist. Sie hat ihr spezifisches Profil darin, daß sie Gotteserfahrungen nicht nur produziert, sondern die Gotteserfahrungen Jesu und der ersten Gemeinden seiner Anhänger, wie sie sich im Neuen Testament niedergeschlagen haben, weitergibt und unter veränderten Zeitbedingungen neu aussagt (zur Vertiefung verweise ich auf mein Buch: Geboren vor aller Zeit? Der Streit um Christi Ursprung, München 1990).

Anders gesagt, christliche Theologie produziert nicht Erfahrungen, sondern macht Erfahrungen mit Erfahrungen möglich: heutige Erfahrungen mit den Erfahrungen der Zeugen des Neuen Testaments. Christliche Theologie braucht in diesem Sinne nicht kreativ im Sinne von Selbstproduktion, nicht originell zu erscheinen im Sinne von schöpferischer Authentizität. Das unterscheidet sie von jedem authentischen Kunstwerk. Die Kreativität christlicher Theologie besteht darin, die Gotteserfahrungen ihrer Ur-Kunden in aller Breite und Tiefe auszuloten und schöpferisch und kreativ unter veränderten Zeitumständen weiterzugeben.

Von daher drängt sich die Frage auf: Wie auf die Herausforderung durch die Literaten antworten? Gibt es bei der Fülle der individuellen literarischen Profile überhaupt theologische Gesprächsansätze? Kann man überhaupt die Vielzahl literarischer Entwürfe mit „der Theologie" in Verbindung bringen? Wird hier nicht völlig Disparates miteinander in Beziehung gesetzt? Um Klarheit zu schaffen, muß zunächst die Methodologie eines theologischen Gesprächs mit Literatur überdacht werden.

(1) Christliche Theologie kann *erstens* auf der Linie der protestantischen Ästhetikkritik eines Sören Kierkegaard und Karl Barth oder einer katholischen Theologie der Neuscholastik nach der *Methode der Konfrontation* vorgehen und von der

Position einer antithetischen Offenbarungstheologie aus sich von der Religiosität der Schriftsteller und ihrer Produkte absetzen. Sie wird dann die Kritik am Christentum als individualbiographisch verzerrt, die Weltsicht der Literaten als eklektisch und das hier aufscheinende Religionsverständnis als subjektivistisch abweisen. Sie wird die Religion der Schriftsteller bestenfalls als negative Kontrastfolie gelten lassen, um dann um so stärker die Wahrheit der Offenbarung Gottes in Jesus Christus aufstrahlen zu lassen. Die zentrale Frage dieser Theologie an die Literatur wird lauten: Ist hier nicht die Wahrheit des einen Gottes zugunsten der Wahrheiten der Dichter aufgegeben? Ist der Ernst des fordernden Willens Gottes nicht zugunsten des spielerischen Unernstes der Poeten ignoriert? Ist hier nicht die Kunst zum einzigen Medium der Wahrheit geworden? Ist Gott nicht den subjektiven Erfahrungen des Menschen ausgeliefert? Kurz: Hat hier nicht die neuzeitliche Subjektivität und Ästhetik über die ewige Wahrheit des lebendigen Gottes ein für allemal gesiegt? Ist hier nicht der Mensch zur Konstante geworden, Gott aber zur Variablen? Steht Erfahrung nun anstelle von Offenbarung? Anthropologie anstelle von Theologie? Ästhetik anstelle von Transzendenz?

(2) Christliche Theologie kann *zweitens* wie der protestantische Theologe Paul Tillich oder wie die katholische Reformtheologie des Zweiten Vatikanischen Konzils nach der *Methode der Korrelation* vorgehen. Theologie versteht sich dann nicht als Offenbarungs-, sondern als eine das Geheimnis menschlicher Wirklichkeit im Horizont der christlichen Offenbarung ausleuchtende dialogische Erfahrungstheologie.

Gerade *Paul Tillich* verstand ja unter der Methode der Korrelation eine Inbezugsetzung von Offenbarung und menschlicher Wirklichkeit. Die im Offenbarungsereignis liegenden Antworten waren für ihn nur sinnvoll, sofern sie in Korrelation standen mit Fragen, die das Ganze der menschlichen Existenz betrafen. Nur wer etwa die Erschütterung der Vergänglichkeit erfahren habe, die Angst, in der er seiner Endlichkeit gewahr werde, die Drohung des Nichtseins, könne verstehen, was der Gedanke an Gott meine. Nur wer die tragische Zweideutigkeit seiner geschichtlichen Existenz erfahren und den Sinn des Daseins völlig in Frage gestellt habe, könne begreifen, was das

Symbol des Reiches Gottes aussagen wolle. Kurz: „Die Offenbarung beantwortet Fragen, die je und je gestellt worden sind und immer wieder gestellt werden, da wir selbst diese Fragen *sind*. Der Mensch *ist* die Frage nach sich selbst, noch ehe er irgendeine Frage gestellt hat." Und von daher war für Tillich klar, wie die Methode der Korrelation in der Theologie anzuwenden sei: „Sie (die Theologie) gibt eine Analyse der menschlichen Situation, aus der die existentiellen Fragen hervorgehen, und sie zeigt, daß die Symbole der christlichen Botschaft die Antworten auf diese Fragen sind" (Systematische Theologie Bd. I, S. 76).

In ähnlicher Weise hat auch das *Zweite Vatikanische Konzil* die Funktion der Literatur für Kirche und Theologie beschrieben. In der Pastoralkonstitution über die Kirche in der Welt von heute „Gaudium et Spes" kann man lesen: „Auf ihre Weise sind auch Literatur und Kunst für das Leben der Kirche von großer Bedeutung, denn sie bemühen sich um das Verständnis des eigentümlichen Wesens des Menschen, seiner Probleme und Erfahrungen bei dem Versuch, sich selbst und die Welt zu erkennen und zu vollenden; sie gehen darauf aus, die Situation des Menschen in Geschichte und Universum zu erhellen, sein Elend und seine Freude, seine Not und seine Kraft zu schildern und ein besseres Los des Menschen vorausahnen zu lassen. So dienen sie der Erhebung des Menschen in seinem Leben in vielfältigen Formen je nach Zeit und Land, das sie darstellen... So wird das Wissen um Gott besser verdeutlicht, die evangelische Botschaft wird dem Geist der Menschen zugänglicher und zeigt sich als etwas, was gewissermaßen ihrem Dasein schon immer eingestiftet war" (Nr. 62).

So gesehen wird die Theologie für alle Christentumskritik der Schriftsteller offen sein und sie als Ausdruck authentischer, zeitgenössischer Erfahrungen von Menschen ernst nehmen können. Sie wird sich durch die Vision einer anderen Religiosität nicht bedroht, sondern bereichert fühlen, das eigene christliche Erbe selbstkritisch befragen und in einen Dialog mit ihren Kritikern eintreten wollen. Sie wird in diesem Dialog die Gegenposition der Schriftsteller als „ungelöste Fragen" verstehen und sie als Hinweise, Spuren, Ansätze zur volleren Wahrheit interpretieren, die eine richtig praktizierte christliche

Theologie freilich als ganze zu kennen beansprucht. Die entscheidende Frage dieser Theologie an die Literatur ist eine kritische und selbstkritische zugleich: Wie muß sich christliche Theologie verändern, um auf die Herausforderungen der Schriftsteller adäquat antworten zu können? Und wo haben die Schriftsteller die faktisch vorhandene, aber gesellschaftlich und kirchlich verdunkelte Radikalität der christlichen Rede von Gott verfehlt?

Beide Methoden sind differenziert zu diskutieren. Sie haben Stärken und Schwächen. Ihre gemeinsamen *Stärken* liegen auf der Hand: die Eindeutigkeit in der Abgrenzung von allen Zeugnissen der Kultur, um des Zeugnisses von Gottes Offenbarung willen. Die unzweideutige Selbstfestlegung auf eine Wahrheit, die alle anderen Wahrheiten überstrahlt und richtet. Das klare Bekenntnis dazu, daß der Mensch letztlich der Wirklichkeit des lebendigen Gottes zu vertrauen habe und nicht den Produkten seiner eigenen Kultur. Der Anspruch, daß wahre Erlösung nur durch Gott selbst stattfindet und nicht durch Selbstbeschreibungen in Zeugnissen menschlicher Fiktion. Ob Konfrontations- oder Korrelationsmethode: letztlich geht es um die *Entscheidung,* auf welche Wahrheit sich der Mensch zu verpflichten bereit ist.

Und doch sind auch die *Schwächen* beider Methoden nicht zu übersehen. Die *Konfrontationsmethode* reduziert den Dialog von Theologie und Literatur faktisch auf einen Konflikt von Ideologie und Wahrheit. Literatur wird so in ihrem autonomen Wahrheitsanspruch erdrückt, dem Schriftsteller fällt man ins Wort, noch bevor man ihn wirklich hat ausreden lassen. Die Konfrontationsmethode, ganz fixiert auf ihr „Anti", braucht im Grunde den Dialog nicht, weil sie die alleinigen Quellen der Wahrheit schon besitzt. Die Konfrontationsmethode nutzt Zeugnisse der Kultur bestenfalls zur Eigenprofilierung, zur Abgrenzung und Selbstbeschreibung. Sie kann nicht gelten lassen, daß es ein Wahrheitsgewissen auch außerhalb christlicher Offenbarung gibt, daß es ein Ringen um die Wahrheit in der Kunst und durch Kunst gibt, der der Künstler sich verpflichtet weiß. Sie kann die Leidensgeschichte der Künstler, die Lebensängste und Selbstzweifel beim Prozeß des Findens von Wahrheit durch Sprache und Form nicht zur Kenntnis nehmen, weil sie die Lösung der Wahrheitsfrage schon voraussetzt. Theologie nach dieser Methode kann man treiben – um den Preis freilich der kulturellen Selbstisolation.

Aber auch die *Korrelationsmethode* macht Literatur für eigene Interessen verwendbar. Reduziert die Konfrontationsmethode den Dialog Theologie – Literatur auf einen Konflikt von Ideologie und Wahrheit, so die beschriebene Korrelationsmethode auf das Schema von Frage und Antwort. Sie kann dabei nicht sehen, daß die christliche Offenbarung, wie sie in der Schrift bezeugt und von Theologie je neu vermittelt wird, keineswegs mit dem Anspruch auf „Lösung" aller Fragen identisch ist. Zwar enthält christliche „Offenbarung" Antworten, deren Charakteristikum aber gerade darin besteht, daß sie die Grundfragen menschlicher Existenz nicht zum Verstummen bringen, sondern in die richtige Perspektive rücken. Die letzten Urfragen des Menschen werden durch die Offenbarung ja gerade nicht aufgelöst, sondern aufgerichtet: Gerade wenn Gott der Schöpfer der Welt ist, warum ist die Welt dann so, wie sie ist? Gerade wenn Gott in Jesus Christus „die Welt mit sich versöhnt" hat, warum lebt dann der Mensch weiterhin unter den Bedingungen von Leid, Schuld, Entfremdung und Vergeblichkeit? Gerade wenn Gott seinen Sohn Jesus Christus „aus Liebe" in die Welt gesandt hat, warum leben dann Millionen von Menschen in einem Zustand unerlöster Heillosigkeit?

Beide Positionen, die Konfrontations- wie die Korrelationsmethode, können Literatur also nur gelten lassen, insofern sie eine Kontrastfolie für die Theologie bildet. Dabei hat es das Verhältnis von Theologie und Literatur in der Vergangenheit schwer belastet, daß die literarischen Zeugnisse entweder als ungläubig abgelehnt, pädagogisch-katechetisch verzweckt („Aufhänger") oder theologisch-propädeutisch (Frage-Antwort-Schema) fungibel gemacht wurden. Gibt es dazu eine Alternative?

6. Die Methode der strukturellen Analogie: Suche nach Entsprechungen

Fruchtbarer scheint mir dagegen die *Methode der strukturellen Analogie* zwischen literarischen und theologischen Aussagen. Analogie bedeutet ein Doppeltes: Wahrnehmung von Entsprechungen *und* Entfremdungen. Konkret also zweierlei:

(1) Es wird möglich, die Wirklichkeitserfahrung und -deutung von Literatur gerade auch dann, wenn sie nichtkirchlich, nichtchristlich ist, in ihren *Entsprechungen* zur christlichen Wirklichkeitsdeutung ernst zu nehmen. Entsprechungen suchen heißt nicht vereinnahmen. In strukturellen Analogien denken heißt gerade verhindern, daß literarische Wirklichkeitsdeutung als christlich, quasi-christlich oder anonym-christlich vereinnahmt wird. Wer strukturell-analog denkt, kann Entsprechungen des Eigenen im *Fremden* wahrnehmen.

(2) Wer strukturell-analog denkt, sieht aber auch das *Widersprüchliche* zur christlichen Wirklichkeitsdeutung, das der christlichen Gotteserfahrung Fremde. Denn gerade wer das Andere als Anderes, das Fremde als Fremdes gelten lassen und anerkennen kann, wird fähig zum Widerspruch, zum Protest und zur Herausprofilierung einer Alternative. Nur so wird ja das Verhältnis von Theologie und Literatur ein Verhältnis von Spannung, Dialog und Ringen um die Wahrheit.

Dem Spannungsverhältnis von Theologie und Literatur wird man also nur dann gerecht, wenn man in strukturellen Entsprechungen, d.h. in Anknüpfung und Widerspruch denkt, wenn man die großen Gemeinsamkeiten betont und doch sich nicht scheut, das Trennende ebenso zur Sprache zu bringen. Die Methode der strukturellen Analogie ist also als *Aufhebung der Konfrontations- und Korrelationsmethode* zu verstehen, als Aufhebung im dreifachen Hegelschen Sinn:

– als *Verneinung* , insofern sie die Schwächen der Funktionalisierung von Literatur zu vermeiden trachtet: Selbstprofilierung der Offenbarung oder Lieferung von Stichworten für die Antworten aus der Offenbarung;

– als *Bejahung,* insofern sie das Wahrheitsmoment beider Methoden bewahren will: Christliche Theologie steht in letzter Loyalität zu den Urzeugnissen der Schrift und nicht zu den Zeugnissen der Dichter;

– als *Überbietung,* insofern sie eine neue Qualität des Dialogs erreichen will. Diese neue Qualität erreicht sie nur, wenn sie Literatur als autonome Selbstzeugnisse der Dichter ernst nimmt und christliche Theologie nicht als Antwortgeber auf alle existentiellen Fragen präsentiert. *Ziel ist eine Theologie,* die für ihr eigenes Reden von Gott den Dialog mit der Literatur sucht, ohne sich bis zur Profillosigkeit wegzunivellieren oder kulturell anzupassen. Ziel ist eine Theologie mit einem anderen Stil: die Erstellung von literarischen Kriterien einer glaubwürdigen Rede vom *christlichen* Gott. Ziel ist somit, die Sache christlicher Theologie mit Hilfe literarischer Stilkriterien so zu sagen, daß Treue zur christlichen Urkunde verbunden wird mit der Wirklichkeitsdeutung großer Literatur. Kurz: Ziel eines solchen Denkens in Entsprechungen ist eine Theopoetik, eine Stillehre des heute angemessenen Redens von Gott.

7. Theopoetik: Was sind Stilkriterien heutiger Rede von Gott?

Entsprechung und Widerspruch: Was dies konkret bedeutet, soll anhand einiger von uns behandelter Fallbeispiele demonstriert werden. Schauen wir noch einmal auf das Beispiel *Heinrich Heine:* Die *Entsprechungen* zur Gotteserfahrung von Christen sind mit Händen zu greifen. Heine hatte – angesichts der Zerbrochenheit seines Körpers – zurückgefunden zum Glauben an den Gott der Bibel, zu Klage und Gebet. Seine letzten Jahre sehen ihn immer stärker verschmelzen mit der Rolle des leidenden Christus, eine Ecce-Homo-Erfahrung, die bis in die lyrischen Texte hinein ihren ganz persönlichen Ausdruck bekam. Gerade in dieser sprachlichen Verarbeitung des Leidens vor Gott aber hat Heine einen *Stil* geprägt, der in der deutschen Literatur bis dahin seinesgleichen sucht. Die Krankheit legte in ihm eine Schicht melancholischer Kargheit und trauernder Lakonie frei, die es ihm möglich machte, vom *Leiden ganz betroffen zu reden und doch den eigenen Fall zum Exempel einer universalen Frage an Gott* zu machen. Das heißt: Nach Heine kann keine Rede vom Leiden des Menschen vor Gott von dem hier ermöglichten Sprachniveau absehen: von diesem eigentümlichen Stil aus Blasphemie und Demut, Ironie und Ergebenheit, Rebellion und Hingabe: „Also fragen wir bestän-

dig,/Bis man uns mit einer Handvoll/Erde endlich stopft die
Mäuler –/ Aber ist das eine Antwort?"
Schauen wir noch einmal auf das Beispiel *Joseph Roth:* Die
Entsprechungen zur christlichen Bewältigung der Theodizee-
Frage sind auch hier mit Händen zu greifen. In Mendel Singer
hat Roth eine Figur entworfen, an der das unerschütterliche
Festhalten an Gottes Gnade demonstriert wird. Das war ja das
Charakteristische an Roths modernem Hiob: daß dieser trotz
aller Schläge nicht aufhörte, an Gott zu glauben, und selbst in
seiner schlimmsten Stunde zwar auf Gott „böse" war und den
Teufel Gott vorzog, aber eine letzte Verbindung zu Gott nicht
abreißen ließ. Das war ja das eigentlich Provozierende an Roths
Roman: daß dieser Autor es gewagt hatte, einen modernen
Roman wie eine Legende enden zu lassen: mit einer von Gott
bewirkten glücklichen Wende im Leben eines Menschen. Und
doch hat Roth durch die literarische Konstruktion einen *Stil*
geprägt, der für alle Rede von Theodizee maßgebend sein
dürfte: die glückliche Lebenswende ist selber noch einmal
Rückfrage an die Gerechtigkeit Gottes. Mit der Wiederherstellung des Glücks ist das Problem der Beziehung Gott-Mensch
nicht erledigt, sondern kehrt in neuer Schärfe zurück als Frage
an die vorgängige Unglücksgeschichte, als Hinweis auf die
unabgegoltene Geschichte des Unrechts und der Schuld. Durch
die Unterscheidung zweier Ebenen des Hiob-Romans, der
immanenten Roman-Ebene und der externen Rezeptions-
Ebene, erreichte Roth einen Stil des Umgangs mit der Theodizeefrage, der die Unversöhntheiten von Gott und Schöpfung
noch einzuklagen weiß.
Schauen wir noch einmal auf das Beispiel *Hermann Hesse:*
Entsprechungen auch hier von den frühen bis zu den späten
Romanen des Autors. Schon früh wird hinter den Prosatexten
eine Urfrage wach, die auch die christliche Urfrage nach der
Existenz des Menschen in der Welt schlechthin ist: die *Frage
nach der Rechtfertigung.* Alle literarischen Figuren Hesses standen unter dem Zwang zur Rechtfertigung ihres Lebens. Leben
war nichts selbstverständlich Vorhandenes, Benutzbares,
Genießbares, sondern bedurfte spätestens mit dem Herausfallen aus der Kindheitsunschuld der Rechtfertigung, der Legitimation, der Beantwortung der Frage nach dem Wozu und

Warum. Noch Hesses „Steppenwolf" Harry Haller war ja von dieser Frage umgetrieben: wie man in der Welt leben könne, ohne sich an sie in bürgerlicher Selbstzufriedenheit zu binden, wie es möglich sei, „in der Welt zu leben, als sei sie nicht die Welt, das Gesetz zu achten und doch über ihm zu stehen, zu besitzen ‚als besäße man nicht', zu verzichten, als sei es kein Verzicht".

Hesse war damit bis in seine persönliche Existenz als Künstler einem Problem auf der Spur, das christlicher Theologie wohlvertraut ist, und die Anspielung auf den 1. Korintherbrief durch Hesse selber macht dies überdeutlich: Wie „vor Gott" in der Welt leben und doch weder die Welt zugunsten Gottes noch Gott zugunsten der Welt verraten? Wie eine Lebensbalance halten zwischen den Anforderungen des Willens Gottes und den Dringlichkeiten der Aufgaben in der Welt? Wie eine „neue Existenz" im Glauben leben, obwohl man stets den Strukturen weltlicher Existenz zu verfallen droht? „Die Zeit ist kurz", hatte Paulus seinen Korinthern geschrieben, „daher soll, wer eine Frau hat, sich in Zukunft so verhalten, als habe er keine, wer weint, als weine er nicht, wer sich freut, als freue er sich nicht, wer kauft, als würde er nicht Eigentümer, wer sich die Welt zunutze macht, als nutze er sie nicht; denn die Gestalt dieser Welt vergeht" (7,9).

Hesse war durch alle seine Lebenskrisen hindurch und nach Einbeziehung auch der großen Quellen östlicher Weisheit zu Überzeugungen gekommen, die vom Christlichen nicht weit entfernt waren. Im „Siddhartha" war es die Überzeugung, daß man „alle Wesen mit Liebe und Bewunderung und Ehrfurcht" betrachten solle. Und in den „Aufzeichnungen von einer Badener Kur" zu Beginn der dreißiger Jahre war es der Glaube, den Hesse bis an sein Ende nicht mehr preisgeben wird: „Leicht war es mir nie geworden, niemand konnte weniger Begabung zum Heiligen haben als ich; aber dennoch war mir immer wieder jenes Wunder begegnet, dem die christlichen Theologen den schönen Namen der ‚Gnade' gegeben haben, jenes göttliche Erlebnis der Versöhnung, des Nichtmehrwiderstrebens, des willigen Einverstandenseins, das ja nichts anderes ist als die christliche Hingabe des Ich oder die indische Erkenntnis der Einheit." Anders gesagt: Mit seinen literarischen Texten hat

Hesse einen *Stil des Redens von Rechtfertigung* geprägt, der die Beschreibung von Brüchen, Abgründen und Widersprüchen menschlicher Existenz voraussetzt, bevor man die Rede von der in Christus durch Gott schon vollzogenen und geschenkten Rechtfertigung des Menschen als Botschaft der Befreiung erlebt. Rechtfertigung ist nicht Produkt eigener Anstrengung und Leistung, sondern Geschenk der Gnade Gottes.

Und schauen wir noch einmal auf das Beispiel *Paul Celan* und sein Gespräch mit Nelly Sachs. Die Entsprechungen zur christlichen Rede von Gott sind auch hier überdeutlich. Indem Celan sich in diesem Gespräch vom „Jüdischen" absetzt und dagegen seine Hoffnung „auf sein höchstes, umröcheltes, sein haderndes Wort" setzt, läßt er eine Nähe zur christlichen Rede von Gott erkennen, die Gottes Anwesenheit auch im leidenden, gekreuzigten und hadernden Gottessohn bekennt. Celan zielte auf eine Rede von Gott, die nicht nur eine Anerkennung des Protestes gegen das ungerechte Leid durch Gott selbst bedeutete (der Gott des Buches „Hiob"), sondern Gott als Mitbetroffenen im Leid erkennen konnte. Celans Rede von Gott und Christus ließe sich von einer richtig verstandenen christlichen Kreuzestheologie her weiter vertiefen.

Entscheidend aber ist auch hier das *Wie* der Rede von Gott, die *Stilkriterien,* die dieses Gedicht erkennen läßt. Rede von Gott geschieht hier nicht subjektlos und wirklichkeitslos, sondern erscheint verortet, an die Situation gebunden: an die Trias von Ort, Zeit und Gegenüber. Rede von Gott geschieht nicht monologisch-abstrakt, sondern dialogisch-konkret, weil die Tiefe der Wirklichkeit sich nur in der Form der Begegnung erschließt. Die Rede von Gott geschieht im Vorstoß an die äußersten Grenzen des sprachlich Möglichen, im Bewußtsein, daß das Nichtwissen Grund und Ergebnis aller Rede von Gott ist und sich nur im Bewußtsein der Dialektik von Reden und Schweigen vollzieht.

Ist Theologie dieser Kriterien eingedenk, so macht sie Ernst mit der Tatsache, daß sie nicht verfügt über das, was sie bedenkt, daß sie nie als Objekt hat, wovon sie Zeugnis gibt, daß sie nur wegweisen kann von sich in ein Geheimnis, in das letztlich keine Sprache reicht. Theologisches Sprechen wird vor diesen

Texten nur bestehen können, wenn es sich der Problematik des eigenen Sprechens bewußt ist, der Zerschlissenheit der Bilder, der Formelhaftigkeit der Wendungen, der Verbrauchtheit der Sprache. Theologisches Sprechen wird vor den lyrischen Texten Celans und Nelly Sachs' nur bestehen können, wenn es noch etwas von der Gefährdung erahnen läßt, von den Zweifeln sichtbar macht, die beim Gebrauch der großen Worte entstehen, wenn das Trotzdem eines unerschütterlichen Vertrauens noch begreifbar wird, aus dem das Ja zu Gott kommt. Von einer Theologie, die ihre Stilkriterien bei der modernen Lyrik holt, hat der Theologe Hans-Gert Schwandt im Kontext der Celanschen Lyrik zu Recht gefordert: „Man muß ihr (der Theologie) das anmerken, die Nacht, in der sie steckt, und die Nacht, in die hinein sie weist und geht... Man *muß* es theologischem Sprechen anmerken: daß es dieses Du nicht ‚hat‘, daß es nicht hat, wovon es spricht und woraufhin es die Menschen in Bewegung glaubt. Die Sprache, der man ihr Bedrohtsein anspürt, der man anspürt, daß sie nicht schon ‚angekommen‘ ist – eine karge Sprache“ (Geist und Leben, 60, 1987, S. 49 f).

8. Der Widerspruch der Theologie

Strukturell analog denken heißt in Anknüpfung und *Widerspruch* denken. Denn bei aller Bedeutung von Subjektivität und Kreativität der Autoren – Religion ist von ihrem Selbstverständnis her mehr als Religiosität. Religion hat neben der subjektiven auch eine objektive Seite, ist neben der individuellen auch eine *soziale Realität*. Auch der Schriftsteller ist, wenn er/sie zu schreiben beginnt, mit dieser sozialen „objektiven“ Realität konfrontiert. Wer sich als Schriftsteller in den Raum der Religion begibt, wer von Gott redet, trifft unausweichlich auf geschichtlich Gewordenes, Objektiviertes: Glaubensbekenntnisse, Lehren, Riten, Praktiken, welche die Auseinandersetzung mit Religion ihrer Beliebigkeit entheben.

Diese „objektive“ Seite von Religion gibt es nicht ohne *Zeugnisse, Texte, Ur-kunden*. Wer sich mit Religion befaßt, kann nicht davon absehen, was sich in diesen Quellen an authentischen oder nichtauthentischen Zeugnissen niedergeschlagen hat. Soll Religion nicht bloße Privatreligion sein, kommt auch der Schriftsteller nicht darum herum, die klassischen Texte der Religion (christlich oder nichtchristlich) zu rezipieren und in ihrer ganzen Breite wahrzunehmen.

Von daher ergibt sich eine zweifache Herausforderung der christlichen Theologie an ein literarisches Reden von Gott: (1) Den christlichen Theologen geht es um mehr als um allgemeine Religiosität. Rückgebunden an eine konkrete Gestalt von Religion, wie sie sich in der Botschaft Jesu von Nazaret manifestiert, wird er/sie im Gespräch mit der Literatur auf *konkrete Verifikation* dringen. Theologie wird auf der Linie von Heinrich Böll und Reinhold Schneider Rede von Gott im Menschgewordenen konkretisiert sehen, das Absolute im Partikulären, Gott in der Niedriggestalt eines bestimmten Menschen. Von ihm her ist das Verständnis von Gott und Mensch kritisch im Gespräch mit der Literatur zu thematisieren.

(2) Im Gespräch mit der Literatur muß Theologie sich einbringen als *Korrektiv aller partikulären, selektiven Interpretationen* religiöser Gestalten und Texte, seien sie christlicher oder nichtchristlicher Provenienz. Denn die Subjektivität in der Rezeption religiöser Traditionen kann auch zum Subjektivismus werden. Der Preis für die Authentizität kann die Beliebigkeit der Auswahl werden. Die je spezifischen religiösen Erfahrungen von Autoren müssen noch einmal korrigiert, ergänzt und vertieft werden durch die Erfahrungen der klassischen religiösen Traditionen. Die Bibel ist mehr als „Stoff", als Material zur Darstellung menschlicher Grundkonflikte. Die Bibel ist Zeugnis von der Geschichte Gottes mit der Welt, Zeugnis aber auch von der Verzweiflungs- und Hoffnungsgeschichte der Menschen mit ihrem Gott. Ihre Herausforderung liegt gerade darin, neben der Benennung und Entfaltung menschlicher Grundprobleme *Heilszusage* zu sein und einen *Heilsweg* anzubieten.

Gerade an das Werk von *Franz Kafka* wären hier *Rückfragen* zu stellen, insbesondere an seine Auseinandersetzung mit biblischen Traditionen. Wir sahen: Bei Kafkas Auseinandersetzung mit biblischem Erbe dominierten Themen wie Gericht, Vertreibung aus dem Paradies, Sündenfall. Kafkas selektive Hermeneutik filterte aus den biblischen Traditionen Versagens-, Vertreibens- und Gerichtserfahrungen heraus. Andere Traditionen gelangten nicht durch diesen Filter: Traditionen von Befreiung, Prophetie und messianischer Erlösung. Kafkas Symbole einer „negativen Transzendenz" sind gewiß eine Herausforderung an jede vollmundige, unangefochtene Rede von „positiver Transzendenz", müßten aber im Prozeß der Rezeption noch einmal kritisch gegengelesen werden von den biblischen Hoffnungstraditionen her. Kafka und Joseph Roth wären hier innerjüdisch in ein Gespräch zu bringen über die Möglichkeit der Erfahrung von Gnade und Glück, die unlösbar *auch* zur biblischen Tradition gehören.

Einspruch aber auch gegen *Rilkes* Konzept vom Künstler als Gott-Gebärer. Einspruch gegen seine Aufforderung an den Menschen, die Dinge zu verwandeln, um so jenes „stärkere Dasein" zu erreichen, das die Engel bereits besitzen. Man kann sich des Eindrucks nicht erwehren, daß Rilke den Menschen auf diese Weise unter gewaltigen Druck setzt, so kreativ zu sein, wie eben nur der Künstler schöpferisch zu sein vermag. Denn Rilke macht ja den Künstler zum Paradigma des Menschen überhaupt, weil nur durch künstlerische Verwandlung die Form des höheren Daseins erreichbar ist. Aber ist dies nicht eine Selbstüberschätzung und Selbstüberforderung des Menschen durch die Kunst? Den Künstler zur Norm des Menschseins erklären: Heißt das nicht Millionen von Menschen zu einer niederen Form des Daseins verurteilen, die nicht Künstler sind und nicht Künstler sein können? Heißt das nicht den Menschen beurteilen nach seinen Fähigkeiten zur Verwandlung? Hesse und Rilke wären hier noch einmal in ein Gespräch zu bringen über die Grundlagen menschlicher Existenz, über Gnade und Rechtfertigung, über den Glauben daran, daß Gott den Menschen schon annimmt, bevor er etwas leistet und schafft, daß der Mensch auch vor Gott nicht originell und kreativ zu sein braucht, sondern von ihm angenommen ist, so wie er ist, so wie Gott ihn gewollt hat.

Friedrich Sieburg hat in seinem Essay über Rilke dazu bemerkenswerte Sätze geschrieben: „Religiosität ist keine Sache der Stimmung oder der geistlichen Kulissen, an denen es bei Rilke wirklich nicht fehlt, sondern der Erfahrung. Die katholische Kirche hat sich zu allen Zeiten mit untrüglichem Gefühl gegen jene gewandt, die von der Religion nur die Symbole, die Lebensluft und vom Glauben nur die Haltung annehmen, die, mit einem Wort, nur psychologisch oder kulturell ‚fromm‘ waren. Wieviel Klostergärtlein auch mit unnachahmlichem Zauber beschworen werden, wie einprägsam auch manche Szenen der Leidensgeschichte gestaltet sein mögen, in der Sphäre des Religiösen gibt es keine Staffagen. Da ist der einfältigste Landpfarrer dem größten Dichter überlegen. Wir haben vielleicht noch nicht deutlich genug gesagt, daß jeder Rilke-Kult gerade dem religiösen Menschen bedenklich erscheinen muß. Wo ein Dichter – und sei er der größte – die religiösen Bedürfnisse der Menschen befriedigt, da ist es mit der Glaubenskraft nicht weit her. Aber warum soll es denn eigentlich zur Vollkommenheit einer dichterischen Erscheinung nötig sein, daß sie auch die Religion umfasse? Genügt es nicht, daß sie ein Verhältnis zu Gott enthalte, selbst wenn dies Verhältnis die Form des vergeblichen Ringens, der Ohnmacht, des Unglaubens hat? Das ist bei Rilke der Fall, und das nimmt ihm nichts von seiner dichterischen Bedeutung“ (Nicht ohne Liebe. Profile der Weltliteratur, 1967).

Darüber müßte weiter gesprochen werden. Aber deutlich ist: Im Gespräch zwischen Theologie und Literatur geht es letztlich um die *Ausleuchtung des Geheimnisses menschlicher Existenz.* Wer von beiden hat tiefer gesehen? Wer hat die Abgründe menschlicher Existenz genauer analysiert? Wer ihr Geheimnis adäquater beschrieben? Wer hat kompromißloser hinter Masken, Rollen und Posen menschlicher Existenz geblickt? Wer hat den Menschen härter mit sich selbst konfrontiert? Theologie und Literatur stehen dabei in einem *Wettstreit* um die adäquatere Weise, Grunderfahrungen von Menschen in ihrer Polarität und Ambivalenz zu deuten. Ein theologisches Gespräch mit Literatur müßte – ohne den existentiellen Ernst der Texte zu verraten – auf die Fragen nach den Bedingungen der Möglichkeit, nach der Begründbarkeit menschlicher Existenz vorstoßen: Warum arbeiten für Befreiung, obwohl das Scheitern dem Gelingen immer vorauszusein scheint? Warum sich einsetzen für Gerechtigkeit und Frieden, obwohl die Realität solche Hoffnungen immer wieder zerfetzt? Wie sich gegen den Tod stemmen angesichts drückender Absurditätserfahrungen? Wie Angst bewältigen, wenn die Ungesichertheit des Lebens nicht zu leugnen ist? Wie also Hoffnung begründen und weitertragen, wenn man mit dem Scheitern leben muß?

9. „WIE AUCH EINIGE VON EUREN DICHTERN GESAGT HABEN"

Deutlich wurde: Eine Theologie heute, die für ihr eigenes Reden von Gott den Dialog mit der Literatur sucht, wird die Argumente der religiösen Ästhetikkritik ernst nehmen und zugleich zu relativieren haben. Tut sie dies, so wird sie nie die Schriften der Dichter verwechseln mit der Schrift selber und mit den Worten der Schriftsteller das Wort Gottes nie ersetzen. Aber auch umgekehrt gilt: Einspruch hat eine selbstkritische Theologie dort zu erheben, wo religiöse Gläubigkeit zum Alibi für ästhetische Mediokrität gemacht oder ästhetische Mediokrität mit theologischen Argumenten überhöht wird. Einspruch ist dort zu erheben, wo theologisch begründete Ästhetikkritik zur Kunstfeindlichkeit und zur Rechtfertigung des Banausentums wird.

Was ist unsere Legitimation von der *Schrift* her? Hatte Reinhold Schneider recht mit der Frage, von der wir im ersten Kapitel bereits berichtet haben: Wo ist im Evangelium ein einziger, einigermaßen zureichender Satz, auf den die Kunst sich gründen könnte? Es gibt wenigstens einen solchen Satz. Er ist der biblische Rechtfertigungssatz schlechthin für das Dialogfeld Theologie und Literatur. Dieser Satz ist zu finden in Apostelgeschichte Kapitel 17, einem Kapitel, das eine Rede des Apostels Paulus auf dem Areopag in Athen wiedergibt. Deutlich wird, wie sehr der Apostel in die Defensive geraten ist, muß er sich doch mit seiner „neuen Lehre" gegen den Spott und die Skepsis der epikureischen und stoischen Philosophen behaupten. Paulus stellt sich nun mitten auf den Areopag und erklärt den Athenern sein Verständnis von Gott. Geschickt, wie er ist, versucht der Apostel die Athener nicht nur neugierig zu machen, indem er auf einen „unbekannten Gott" verweist, den er jetzt verkünde; Paulus versucht darüber hinaus auch an das anzuknüpfen, was die Athener schon kennen. Und in diesem Zusammenhang fällt der für uns entscheidende Satz: „Die Menschen sollten Gott suchen, ob sie ihn ertasten und finden könnten; denn keinem von uns ist er fern. Denn in ihm leben wir, bewegen wir uns und sind wir, wie auch einige von euren Dichtern gesagt haben: Wir sind von seiner Art."

"Wie auch einige von euren Dichtern gesagt haben": Dies ist die einzige Stelle im Neuen Testament, wo „Dichter" überhaupt erwähnt werden, und wir wissen, um welchen Dichter es sich gehandelt haben wird: Aratos aus Zilizien, 3. Jahrhundert v. Chr., in dessen Hauptwerk „Phainomena" sich ein entsprechendes Zitat findet. Aber diese Stelle besagt noch mehr: Paulus (der lukanische Paulus nota bene!) benutzt ganz selbstverständlich literarische Zitate. Die Formulierung „eure Dichter" ist kein Ausweis der Distanz, sondern einer großen Vertrautheit; und zwar nicht nur mit *einem* Dichter, sondern mit mehreren. Paulus kann die Kenntnis einer literarischen Tradition voraussetzen, kann auf Kultur und Bildung für seine spezifische Form der Verkündigung aufbauen. Ja, mehr noch: „Die Worte der Dichter gewinnen hier geradezu die Funktion eines Schriftbeweises! Aus ihrer Konvergenz mit dem Wort der Schrift folgert Lukas, daß sie nicht anders als dieses als normatives Zeugnis der Wahrheit über Gott, Welt und Mensch beansprucht werden können. Er (Lukas) kennt noch keinen formalisierten theologischen Offenbarungsbegriff, und so kann er ganz unbefangen die Dichterworte als Zeugnisse für die Einheit und Unteilbarkeit der Wahrheit nehmen, in der sich Gott seinen Geschöpfen, den Menschen, mitgeteilt hat" (J. Roloff, in: Apostelgeschichte-Kommentar, Göttingen 1981, 264).

Und doch enthält diese Stelle trotz aller Unbefangenheit im Umgang mit der Literatur auch eine *Warnung:* „Da wir also von Gottes Art sind, dürfen wir nicht meinen, das Göttliche sei wie ein goldenes oder silbernes oder steinernes Gebilde menschlicher Kunst und Erfindung", so war der lukanische Paulus fortgefahren. In der Tat eine deutliche Warnung gegenüber aller Selbstüberschätzung der Kunst, gegen alle Versuche, die Wirklichkeit Gottes durch Gebilde menschlicher Erfindung zu ersetzen. Und damit ist vollends klar: Literarische Religionskritik und theologische Ästhetikkritik, die Freiheit im Umgang mit der Literatur und zugleich die Relativierung der Kunst coram deo: Um beides muß es gehen, wenn das Verhältnis von Literatur und Theologie ein kritisches Spannungsverhältnis *bleiben* soll.

ANMERKUNGEN

I. Über das Spannungsverhältnis von Religion und
Literatur

¹ Vgl. dazu die bis heute grundlegende Studie von: *A. Schöne*, Säkularisierung als sprachbildende Kraft. Studien zur Dichtung deutscher Pfarrersöhne, Göttingen ²1968. Ebenso grundlegend: *E. Auerbach*, Mimesis. Dargestellte Wirklichkeit in der abendländischen Literatur, Bern–München 1946, ⁴1967.
² Vgl. dazu: *K.-J. Kuschel*, Jesus in der deutschsprachigen Gegenwartsliteratur, Zürich-Gütersloh 1978, TB-Ausgabe München 1987 (Serie Piper 627); *ders.*, Christliche Literatur – geschrieben von Nichtchristen?, in: Stimmen der Zeit 200 (1982) 739–752.
³ *G. Benn*, Soll die Dichtung das Leben bessern?, in: Gesammelte Werke, hg. von D. Wellershoff, Bd. IV, Wiesbaden 1968, 1147–1157, auch in: *R. Schneider*, Gesammelte Werke, hg. von E. M. Landau, Bd. VI, Frankfurt/M. 1980, 267–276.
⁴ *G. Benn*, Der Arzt (II), in: *ders.*, Gesammelte Werke, hg. von D. Wellershoff, Bd. I, Wiesbaden 1960, 12. Die Werke Benns werden künftig nach dieser Ausgabe im Text mit Band plus Seite zitiert.
⁵ *H. Braun (Hg.)*, Dichterglaube. Stimmen religiösen Erlebens, Berlin 1931, 35; auch in: *G. Benn*, Gesammelte Werke, Bd. VII, Wiesbaden 1968, 1691 f („Fanatismus zur Transzendenz").
⁶ *A. Döblin*, Schicksalsreise, in: ders., Autobiographische Schriften und letzte Aufzeichnungen, hg. von E. Pässler, Olten 1980, 103–435, bes. 284. Zum Spätwerk Döblins: *H. Kiesel*, Literarische Trauerarbeit. Das Exil- und Spätwerk Alfred Döblins, Tübingen 1986, bes. 180–192.
⁷ *B. Brecht*, Arbeitsjournal, Bd. II (1942–1955), Frankfurt/M. 1973, 605.
⁸ Zitiert nach: *B. Brecht*, Gesammelte Werke, Bd. I–XX, Frankfurt/M. 1967 (Werkausgabe Edition Suhrkamp).
⁹ *K.Barth*, Kirchliche Dogmatik, Bd. II/I, Zürich 1940, 316. Der Kontext ist eine Kritik an Angelus Silesius: „Der ‚cherubinische Wandersmann', in welchem diese frommen Unverschämtheiten zu lesen stehen (Ähnliches hat auch Rainer Maria Rilke auf dem Gewissen!), ist seinerzeit mit dem *Imprimatur* eines römisch-katholischen Bischofs versehen ausgegangen ..."
¹⁰ *W. Grenzmann*, Dichtung und Glaube, Probleme und Gestalten der deutschen Gegenwartsliteratur, Bonn ²1950, 14.
¹¹ *H. Hesse*, Kindheit und Jugend vor Neunzehnhundert, Bd. II (1895–1900), Frankfurt/M. 1985, 573.
¹² *H. Hesse*, Brief an Johannes und Marie Hesse vom 25./27. 9. 1897, in: Kindheit und Jugend, Bd. II, 205.
¹³ *M. Hesse*, Brief an Hermann Hesse vom 3. Oktober 1897, in: Kindheit und Jugend, Bd. II, 207.
¹⁴ AaO. 209.

[15] AaO. 357 f.

[16] R. *Schneider*, Soll die Dichtung das Leben bessern?, in: *ders.*, Gesammelte Werke, hg. von E. M. Landau, Bd. VI, Frankfurt/M. 1980, 277–289.

[17] R. *Schneider*, Tagebuch 1930–1935, Frankfurt/M. 1983, 342.

[18] R. *Schneider*, Der Bildungsauftrag des christlichen Dichters, in: *ders.*, Gesammelte Werke, hg. von E. M. Landau, Bd. IX, Frankfurt/M. 1978, 436 f.

II. Heinrich Heine (1797–1856)

[1] Die *Werke* Heines – im Text abgekürzt mit Bandzahl plus Seite – werden zitiert nach: *H. Heine*, Sämtliche Werke, Bd. I–XII, hg. von K. Briegleb, München 1976.

[2] Zur *Biographie: L. Marcuse*, Heine, Hamburg 1960 (Rowohlt Monographie). *F. Mende*, Heine-Chronik. Daten zu Leben und Werk, München–Wien 1975 (dtv-TB-Ausgabe 1984). *W. Wendepuhl*, Heinrich Heine. Sein Leben, seine Werke, Köln 1974 (Heyne-TB-Ausgabe 1981). *L. Kopelew*, Ein Dichter kam vom Rhein. Heinrich Heines Leben und Leiden, Berlin 1981 (dtv-TB-Ausgabe 1986). *W. Hädecke*, Heinrich Heine. Eine Biographie, München 1985. Zur *neueren Rezeptionsgeschichte: W. Preisendanz*, Heinrich Heine. Werkstrukturen und Epochenbezüge, München 1973, ²1983 (UTB 206). *J. Hermand*, Streitobjekt Heine. Ein Forschungsbericht 1945–1975, Frankfurt/M. 1975. *H. Koopmann (Hg.)*, Heinrich Heine, Darmstadt 1975 (WdF 289). *J. Brummack (Hg.)*, Heinrich Heine. Epoche – Werke – Wirkung, München 1980. *K. Briegleb*, Opfer Heine? Versuche über die Schriftzüge der Revolution, Frankfurt/M. 1986 (stw 497). Zur *religiösen Dimension: D. Sternberger*, Heinrich Heine und die Abschaffung der Sünde, Düsseldorf 1972, TB–Ausgabe Frankfurt/M. 1976 (st 308). *L. Rosenthal*, Heinrich Heine als Jude, Franfurt/M. – Berlin 1973. *F. Schlingensiepen*, Heinrich Heine als Theologe. Ein Textbuch, München 1981. *S. S. Prawer*, Heine's Jewish Comedy. A Study of his Portraits of Jews and Judaism, Oxford 1983.

[3] B. *Fairley*, Himmel und Hölle (1954), in: Heinrich Heine, hg. von H. Koopmann, Darmstadt 1975, 56–81, Zit. 64 u. 58.

[4] So *F. Sengle*, zit. nach *W. Gössmann*, Die theologische Revision Heines in der Spätzeit, in: Internationaler Heine-Kongreß 1972, Hamburg 1972, 320–335, Zit. 323.

[5] H. *Kesten*, Heine lebt! Heinrich Heine, deutscher Dichter und Jude (1972), in: *ders.*, Revolutionäre mit Geduld, Frankfurt/M.–Berlin–Wien 1984, 189–212, Zit. 194.

[6] AaO. 197.

[7] Gut beschrieben von *L. Rosenthal*, Heinrich Heine als Jude, 218–254 (s. Anm. 2).

[8] So *W. Gössmann*, Lazarus oder Apollo-Gott. Religion und Religiosität im Spätwerk. Formen der literarischen Religionskritik Heines, in: Der späte Heine 1848–1856. Literatur – Politik – Religion, hg. von W. Gössmann u. J. A. Kruse, Hamburg 1982, 175–204, Zit. 186.

[9] *H. Heine*, Brief an Moses Moser vom 9. 1. 1826, in: Briefe, hg. von F. Hirth, Bd. I, Mainz 1950, 250 (Nr. 143).

[10] *L. Marcuse*, Heine, 65 (s. Anm. 2).

[11] *W. Gössmann* (s. Anm. 8).

[12] Zum *Jesusbild* Heines vgl. neben den unter Anm. 2 genannten Monographien: *L. F. J. Meulenberg*, „Mein armer Vetter, der du die Welt erlösen gewollt". Die Gestalt Jesu im religiösen Werdegang von Heinrich Heine, in: Kerygma und Dogma 32 (1986), S. 71–98.

[13] So *W. Gössmann*, Lazarus, 191 (s. Anm. 8).

[14] *B. Fairley*, Himmel und Hölle, 66 (s. Anm. 3).

[15] Belege für den Einfluß des Saint-Simonismus auf Heine bei *D. Sternberger*, Heinrich Heine und die Abschaffung der Sünde (s. Anm. 2).

[16] *H. Heine*, Brief an H. Laube vom 10. 7. 1833, in: Briefe, hg. von F. Hirth, Bd. II, Mainz 1950, 40.

[17] *M. Walser*, Heines Tränen (1981), in: *ders.*, Liebeserklärungen, Frankfurt/M. 1983, 173–207, Zit. 181.

[18] Ausführliche Belege bei: *P. K. Kurz*, Künstler – Tribun – Apostel. Heinrich Heines Auffassung vom Beruf des Dichters, München 1967, 82–100 u. 151–153.

[19] *D. Sternberger*, aaO. 287 f (s. Anm. 2).

[20] *J. Brummack*, aaO. 192 (s. Anm. 2).

[21] Ebd.

[22] *H. Heine*, „Berichtigung" vom 15. 4. 1849, in: Briefe, hg. von F. Hirth, Bd. III, Mainz–Berlin 1950, 169 f (Nr. 1007).

[23] *H. Heine*, Brief an H. Laube vom 7. 2. 1850, in: Briefe, hg. v. F. Hirth, Bd. III, Mainz–Berlin 1950 (Nr. 1027).

[24] *E. Simon*, Heines Stellung zum Judentum (Spätzeit), in: Internationaler Heine-Kongreß 1972, Hamburg 1972, 318 f.

[25] So zu Recht: *K. Briegleb*, Opfer Heine?, 410 (s. Anm. 2).

[26] *E. Simon*, aaO., 319 (s. Anm. 24).

[27] Vgl. *W. Preisendanz*, Heinrich Heine, 16 (s. Anm. 2).

[28] *W. Preisendanz*, Nachwort, in: Insel – Heine, Bd. II, hg. von W. Preisendanz, Frankfurt/M. 1968, 859–875.

[29] *W. Preisendanz*, Heinrich Heine, 19 (s. Anm. 2).

[30] Ebd.

[31] Vgl. dazu auch den instruktiven Aufsatz von *H. Lübbe*, Heinrich Heine und die Religion nach der Aufklärung, in: Merkur 35 (1981) 1024–1033. Ebenso: *W. Gössmann*, Gewerbefreiheit der Götter. Zu Heinrich Heines Religionskritik, in: Evangelische Kommentare 14 (1981) 703–705.

[32] So *H. Mayer*, Die Ausnahme Heinrich Heine, in : Insel – Heine, Bd. I, hg. von Ch. Siegrist, Frankfurt/M. 1968, 6–26.

III. Franz Kafka (1883–1924)

[1] *F. Kafka*, „Betrachtungen", in: *ders.*, Hochzeitsvorbereitungen auf dem Lande und andere Prosa aus dem Nachlaß. Frankfurt/M. 1983, 35. Zitiert wird

im folgenden nach der Ausgabe von *M. Brod*, Gesammelte Werke (TB-Ausgabe in 7 Bänden).

² *G. Janouch*, Gespräche mit Kafka. Aufzeichnungen und Erinnerungen, Frankfurt/M. 1961 (Fischer-TB 5093), 184. Diese „Gespräche" werden heute freilich in ihrem authentischen Quellenwert sehr bezweifelt.

³ AaO. 191.

⁴ Ebd.

⁵ Zur *Biographie*: *K. Wagenbach*, Kafka, Hamburg 1964 (Rowohlt Monographie). *H. Binder*, Franz Kafka. Leben und Persönlichkeit, Stuttgart 1979 (Sonderausgabe von: Kafka-Handbuch, Bd. I, hg. von H. Binder, Stuttgart 1979). *E. Pawel*, Das Leben Franz Kafkas. Eine Biographie (am. Ausgabe 1984), dt: München 1986 (Rowohlt TB 12496).
Zur *neueren Rezeptionsgeschichte*: *W. H. Sokel*, Franz Kafka. Tragik und Ironie. Zur Struktur seiner Kunst, München – Wien 1964 (Fischer TB 1790). *H. Politzer*, Franz Kafka, der Künstler, Frankfurt/M. 1965 (ST 433). *P. U. Beicken*, Franz Kafka. Eine kritische Einführung in die Forschung, Frankfurt/M. 1974. *H. Binder*, Kafka. Kommentar zu sämtlichen Erzählungen, München 1975; *ders.*, Kafka. Kommentar zu den Romanen, Rezensionen, Aphorismen und zum Brief an den Vater, München 1976; *ders.*, Kafka in neuer Sicht, Stuttgart 1976; *ders. (Hg.)*, Kafka-Handbuch in 2 Bänden, Stuttgart 1979. *L. Dietz*, Franz Kafka, Stuttgart 1975 (Sammlung Metzler 138). *E. Heller*, Franz Kafka, München 1976 (dtv TB 1185).
Zur *religiösen Dimension*: *W. Ries*, Transzendenz als Terror. Eine Religionsphilosophische Studie über Franz Kafka, Heidelberg 1977. *W. Jens – H. Küng*, Dichtung und Religion, München 1985, 286–324. *H. D. Zimmermann*, Der babylonische Dolmetscher. Zu Franz Kafka und Robert Walser, Frankfurt/M. 1985 (Edition Suhrkamp NF 316). *J. H. Schoeps (Hg.)*, Im Streit um Kafka und das Judentum. Max Brod – H. J. Schoeps Briefwechsel, Königstein/Ts. 1985. *K. E. Grözinger – H. D. Zimmermann (Hg.)*, Kafka und das Judentum. Frankfurt/M. 1987. *C. A. M. Noble*, Dichter und Religion. Thomas Mann – Kafka – T. S. Eliot, Bern 1987. *J. Jofen*, The Jewish Mystic in Kafka, New York 1987. *R. Robertson*, Kafka. Judentum – Gesellschaft – Literatur (engl. Ausgabe 1985), dt: Stuttgart 1988.

⁶ *F. Kafka*, Gespräch mit dem Beter, in: *ders.*, Erzählungen, Frankfurt/M. 1983, 9.

⁷ *K. Weinberg*, Kafkas Dichtungen. Die Travestien des Mythos, Bern–München 1963, 235.

⁸ *M. Brod*, Nachwort zu F. Kafka „Das Schloß", Frankfurt/M. 1983, 349. Alle Arbeiten Brods zu Kafka sind jetzt gesammelt greifbar in dem Fischer-Taschenbuch: Über Franz Kafka, Frankfurt/M. 1974 (Nr. 1496).

⁹ *F. Kafka*, Die Brücke, in: *ders.*, Beschreibung eines Kampfes. Novellen, Skizzen, Aphorismen aus dem Nachlaß, Frankfurt/M. 1983, 84.

¹⁰ *F. Kafka*, Hochzeitsvorbereitungen ..., 79 („Das vierte Oktav-Heft").

¹¹ *F. Kafka*, Erzählungen, 31. Zu Leben und Werk des *jungen Kafka* neuerdings: *G. Kurz (Hg.)*, Der junge Kafka, Frankfurt/M. 1984 (st 2035).

¹² *F. Kafka*, Erzählungen, 31 f.

¹³ Hilfreich zum Verständnis der Erzählung „Das Urteil": *G. Neumann*, Franz

Kafka. Das Urteil. Text, Materialien, Kommentar, München–Wien 1981 (Hanser Literatur-Kommentare).

[14] *F. Kafka,* Das Urteil, in: *ders.,* Erzählungen, 46.

[15] AaO. 48.

[16] AaO. 51.

[17] AaO. 53.

[18] *F. Kafka,* Die Verwandlung, in: *ders.,* Erzählungen, 57.

[19] AaO. 101.

[20] AaO.

[21] AaO. 104.

[22] AaO. 107.

[23] So auch: *W. Jens,* „Laßt den Menschen nicht verkommen!", in: *W. Jens – H. Küng,* Dichtung und Religion, 310 f (s. Anm. 5).

[24] *F. Kafka,* Der Aufbruch, in: *ders.,* Beschreibung eines Kampfes, 86.

[25] *F. Kafka,* Kleine Fabel, in: *ders.,* Beschreibung eines Kampfes, 91.

[26] *F. Kafka,* Tagebücher 1910–1923, Frankfurt/M. 1983, 232 f.

[27] AaO. 227 f.

[28] AaO. 233.

[29] *F. Kafka,* Das dritte Oktavheft, in: *ders.,* Hochzeitsvorbereitungen auf dem Lande, 76.

[30] *F. Kafka,* Brief an Max Brod vom 5. 7. 1922, in: *ders.,* Briefe 1902–1924, hg. von M. Brod, Frankfurt/M. 1975, 384 f. 386 (Fischer TB 1575).

[31] *F. Kafka,* Brief an Max Brod vom Juni 1921, in: *ders.,* Briefe 1902–1924, hg. von M. Brod, Frankfurt/M. 1975, 337 f.

[32] AaO., 431 (Brief an R. Klopstock, Ende März 1923).

[33] *F. Kafka,* Bericht für eine Akademie, in: *ders.,* Erzählungen, 146.

[34] AaO.,146 f.

[35] *F. Kafka,* Josefine, die Sängerin oder das Volk der Mäuse, in: *ders.,* Erzählungen, 200–216, Zit. 216.

[36] *F. Kafka,* Vor dem Gesetz, in: Erzählungen, 120 f.

[37] Das hat mit Recht herausgestellt: *H. Küng,* Religion in Zusammenbruch der Moderne, in: *W. Jens – H. Küng,* Dichtung und Religion, 286–305, bes. 296 f.

[38] *C. David,* Zwischen Dorf und Schloß. Kafkas Schloß-Roman als theologische Fabel, in: Wissen aus Erfahrung. Festschrift H. Meyer, hg. von A. v. Bormann, Tübingen 1976, 694–711, Zit. 699 f.

[39] AaO. 710; 711.

[40] *F. Kafka,* Eine kaiserliche Botschaft, in: *ders.,* Erzählungen, 128 f.

[41] *E. Heller,* Franz Kafka, München 1976, 103 (dtv-TB 1185).

[42] *C. David,* Kafkas mystischer Weg, in: H. H. Krummacher u. a. (Hg.), Zeit der Moderne. Zur deutschen Literatur von der Jahrhundertwende bis zur Gegenwart. Festschrift B. Zeller, Stuttgart 1984, 301–313, Zit. 301.

[43] *F. Kafka,* „Betrachtungen", in: *ders.,* Hochzeitsvorbereitungen auf dem Lande, 31.

[44] AaO. 33.

[45] AaO. 37.

[46] AaO. 34.

[47] *F. Kafka,* Tagebücher 1910–1923, 367.

[48] *F. Kafka,* „Betrachtungen", in: *ders.,* Hochzeitsvorbereitungen auf dem Lande, 36.
[49] AaO. 36 f.
[50] *F. Kafka,* Tagebücher 1910–1923, 366.
[51] AaO. 367.
[52] AaO. 370.
[53] *G. Janouch,* Gespräche mit Kafka, 184.
[54] *F. Kafka,* Das vierte Oktavheft, in: *ders.,* Hochzeitsvorbereitungen auf dem Lande, 89.
[55] AaO. 54.

IV. RAINER MARIA RILKE (1875–1926)

[1] Zur *Biographie: H. E. Holthusen,* Rilke, Hamburg 1958 (Rowohlt Monographie). *E. C. Mason,* Rainer Maria Rilke. Sein Leben und sein Werk, Göttingen 1964. *W. Leppmann,* Rilke. Sein Leben, seine Welt, sein Werk, Bern–München 1981. *D. A. Prater,* Ein klingendes Glas. Das Leben Rainer Maria Rilkes. Eine Biographie (engl. Ausg. 1986), dt: München–Wien 1986, TB-Ausgabe Hamburg 1989 (Rowohlt 12497). *I. Schnack,* Rainer Maria Rilke. Chronik seines Lebens und seines Werkes, Bd. I–II, Frankfurt/M. 1990 (it 1264). Zur *neueren Rezeptionsgeschichte: K. Hamburger (Hg.),* Rilke in neuer Sicht, Stuttgart 1971. *K. Hamburger,* Rilke. Eine Einführung, Stuttgart 1976. *I. H. Solbrig – J. W. Storck (Hg.),* Rilke heute. Beziehungen und Wirkungen, Frankfurt/M. 1975 (st 290). *A. Stahl,* Rilke Kommentar, Bd. I–II, München 1978–79. *R. Görner (Hg.),* Rainer Maria Rilke, Darmstadt 1987 (WdF 638). Zur *religiösen Dimension: B. Herzog,* Über Rilkes Antichristlichkeit, in: Stimmen der Zeit 159 (1956/57), 40–46. *N. Müller,* Die Religiosität des Dichters Rainer Maria Rilke. Ein Beitrag zur theologischen Literaturbetrachtung, Habil. Halle 1964. *H. J. Baden,* Rilke als religiöser Erzieher, in: *ders.,* Der Glaube des Dichters, Hamburg ²1978, 55–78. *G. Höhler,* Niemandes Sohn. Zur Poetologie Rainer Maria Rilkes, München 1979. *H. Imhof,* Rilkes „Gott". Rainer Maria Rilkes Gottesbild als Spiegelung des Unbewußten, Heidelberg 1983. *G. Guzzoni,* Dichtung und Metaphysik am Beispiel Rilkes, Bonn 1986.
[2] Zit. nach *C. Sieber,* René Rilke. Die Jugend Rainer Maria Rilkes, Leipzig 1932, 64.
[3] *D. A. Prater,* Ein klingendes Glas, 23 (s. Anm. 1).
[4] *P. Demetz,* René Rilkes Prager Jahre, Düsseldorf 1953, 25 f.
[5] *H. Koenig,* Rilkes Mutter, Pfullingen 1963, 19. Der ganze Bericht spiegelt die quälend-fatale Rolle einer bestimmten Art katholischer Frömmigkeit bei Rilkes Mutter wider, insbesondere die Bedeutung des leidenden Christus (vgl. 7; 13 f; 16; 30).
[6] Vgl. dazu die instruktive Studie von *Byon-Ock Kim,* Rilkes Militärschulerlebnis und das Problem des verlorenen Sohnes, Bonn 1973.
[7] Zit. nach *D. A. Prater,* Ein klingendes Glas, 42 f (s. Anm. 1).
[8] *R. M. Rilke – Lou Andreas-Salomé,* Briefwechsel, Zürich–Wiesbaden 1952, 143.

[9] Die Werke Rilkes – im Text mit Bandzahl plus Seite abgekürzt – werden nach folgender Ausgabe zitiert: *R. M. Rilke,* Sämtliche Werke, hg. v. Rilke-Archiv in Verbindung mit R. Sieber-Rilke, besorgt durch E. Zinn, Band I–XII, Frankfurt/M. 1976 (Insel Werkausgabe).

[10] *H. Koenig,* Rilkes Mutter, 7 (s. Anm. 5).

[11] Zum *Einfluß Nietzsches* auf Rilke vgl.: *E. Heller,* Nirgendwo wird Welt sein als innen. Versuche über Rilke, Frankfurt/M. 1975, 71–120 (st 288).

[12] Gut beschrieben bei *D. A. Prater,* Ein klingendes Glas, 45–52.

[13] *R. M. Rilke,* Briefe aus den Jahren 1892–1904, hg. v. R. Sieber-Rilke u. C. Sieber, Leizig 1939, 32.

[14] *W. Leppmann,* Rilke, 328 (s. Anm. 1).

[15] *L. Andreas-Salomé,* Jesus der Jude, in: Neue Deutsche Rundschau (1896) 342–351.

[16] Vgl. dazu auch *L. Andreas-Salomé,* Lebensrückblick, hg. v. E. Pfeiffer, Frankfurt/M. 1974, bes. Kap. 1: Das Erlebnis Gott (it 54).

[17] *R. M. Rilke – L. Andreas-Salomé,* Briefwechsel, 10 (s. Anm. 8).

[18] Das Motiv kehrt bei Rilke wieder in dem Gedicht „Der Ölbaum-Garten" (II, 492–494). Vgl. dazu den schönen Aufsatz von *B. Blume,* Jesus der Gottesleugner: Rilkes „Der Ölbaum-Garten" und Jean Pauls „Rede des toten Christus", in: *ders.,* Existenz und Dichtung. Essays und Aufsätze, ausgew. v. E. Schwarz, Frankfurt/M. 1980, 112–146.

[19] Zur *Bedeutung Spaniens* für Rilke vgl. neben den in Anm. 1 genannten Monographien bes.: *J. Gebser,* Rilke und Spanien (1940), Frankfurt/M. 1977.

[20] *R. M. Rilke,* Briefe aus den Jahren 1907–1914, hg. v. R. Sieber-Rilke u. C. Sieber, Leipzig 1939, 258 f.

[21] AaO. 266 f.

[22] AaO. 255 f.

[23] AaO. 267.

[24] AaO. 269.

[25] *R. M. Rilke – M. v. Thurn und Taxis,* Briefwechsel, Bd. I, hg. v. E. Zinn, Zürich–Wiesbaden 1951, 240 (Brief aus Sevilla vom 4. 12. 1912).

[26] AaO. 245 f.

[27] Zitate aus: *R. M. Rilke,* Das Florenzer Tagebuch (1898), in: *ders.,* Tagebücher aus der Frühzeit, hg. v. R. Sieber-Rilke u. C. Sieber (1942), Frankfurt/M. 1973, 13–120.

[28] AaO. 34; vorheriges Zitat aaO. 35.

[29] AaO. 37 f.

[30] AaO. 46; 47.

[31] AaO. 64.

[32] AaO. 38.

[33] AaO. 119 f.

[34] So die grobschlächtige Kritik von *W. Kohlschmidt,* Die große Säkularisierung. Zu Rilkes Umgang mit dem Worte „Gott", in: *W. Frühwald – G. Niggl (Hg.),* Sprache und Bekenntnis. Sonderband des literaturwissenschaftlichen Jahrbuchs. H. Kunisch zum 70. Geburtstag, Berlin 1971, 335–347, Zit. 347. Vorher schon: *W. Kohlschmidt,* Rilkes Religiosität, in: *ders.,* Die entzweite

Welt. Studien zum Menschenbild in der neueren Dichtung, Gelsenkirchen 1953, 77–87; ders., Rilke und Kierkegaard, in: aaO., 88–97.

[35] K. Barth, Kirchliche Dogmatik, Bd. II/1, Zürich 1940, 316.

[36] So W. Leppmann, Rilke, 139 (s. Anm. 1).

[37] R. M. Rilke, Briefe über Cézanne, hg. v. C. Rilke, besorgt und mit einem Nachwort versehen von H. W. Petzet (1952), Frankfurt/M. 1983 (it 672).

[38] AaO. 30.

[39] AaO. 30f.

[40] AaO. 49f.

[41] AaO. 34.

[42] AaO. 51f. Hokusai (1760–1849) war ein Meister des japanischen Holzschnittes. Verhaeren (1855–1916) war der bedeutendste französischsprachige belgische Lyriker.

[43] So zu Recht A. Stahl, Rilke-Kommentar zum lyrischen Werk, München 1978, 227f.

[44] K. Hamburger, Rilke, 77 (s. Anm. 1).

[45] Vgl. dazu besonders: J. W. Storck, Aspekte der Mittelalter-Rezeption im Werk Rainer Maria Rilkes, in: J. Kühnel u. a. (Hg.), Mittelalter-Rezeption III. Gesammelte Vorträge des 3. Salzburger Symposions „Mittelalter, Massenmedien, Neue Mythen“, Göppingen 1988, 249–271.

[46] Zit. nach A. Stahl, Rilke. Kommentar zum lyrischen Werk, München 1978, 201f (Nr. 1193). Neben der gelegentlichen Lektüre einer Ausgabe der Reden Buddhas (Ausgabe Neumann) sind keine Kenntnisse Rilkes bezüglich der Tradition des Buddhismus nachweisbar. Rilke hat auch hier das „Wesen“ Buddhas nicht analytisch-intellektuell, sondern visionär-anschaulich erfaßt.

[47] Zu den „Duineser Elegien“ vgl. besonders: M. Fülleborn – M. Engel (Hg.), Rilkes Duineser Elegien, Bd. I–III, Frankfurt/M. 1982–83 (st 2009–11). Der Bd. I (1983) enthält Selbstzeugnisse des Dichters über die Entstehung und Deutung der Elegien, Bd. II (1982) enthält Beiträge aus der Forschungsgeschichte, Bd. III (1982) Texte aus der Rezeptionsgeschichte. Aus theologischer Perspektive nach wie vor wichtig: R. Guardini, Rainer Maria Rilkes Deutung des Daseins. Eine Interpretation der Duineser Elegien, München 1953. Biographisch wichtig: J. R. von Salis, Rilkes Schweizer Jahre. Ein Beitrag zur Biographie von Rilkes Spätzeit (1952), Frankfurt/M. 1975 (st 289).

[48] R. Guardini, aaO. 15.

[49] Belege bei R. Guardini, aaO. 16–21 und in den unter Anmerkung 46 genannten Text-Bänden.

[50] R. M. Rilke, Briefe, Bd. II (1914–1926), hg. v. Rilke-Archiv unter R. Sieber-Rilke, Wiesbaden 1950, 215 (Brief an R. Zimmermann vom 25. 1. 1921).

[51] AaO. 216 (Brief vom 3. 2. 1921).

[52] AaO. 218 (Brief vom 3. 2. 1921).

[53] AaO. 379 (Brief vom 6. 1. 1923 an Gräfin Sizzo).

[54] AaO. 380 (Brief vom 6. 1. 1923 an Gräfin Sizzo).

[55] Vgl. dazu die ausführliche Darstellung bei J. R. von Salis, Rilkes Schweizer Jahre, 261–289 (s. Anm. 46).

V. Joseph Roth (1894–1939)

[1] Zur *Biographie: D. Bronsen,* Joseph Roth. Eine Biographie, Köln 1974. Ebenfalls wichtig: *F. Hackert,* Joseph Roth. Zur Biographie, in: Deutsche Vierteljahresschrift 43 (1969) 161–186. Auf diesen Arbeiten fußen auch die noch im Handel erhältlichen Biographien von: *H. Nürnberger,* Joseph Roth, Hamburg 1981 (Rowohlt Monographie) und *W. Müller-Funk,* Joseph Roth, München 1989 (Autorenbücher).
Zur *neueren Rezeptionsgeschichte: Joseph Roth,* Sonderband von Text und Kritik, hg. v. H. L. Arnold, München 1982. *B. M. Kraske (Hg.),* Joseph Roth. Werk und Wirkung, Bonn 1988. *M. Kessler – F. Hackert (Hg.),* Joseph Roth, Interpretation – Rezeption – Kritik, Tübingen 1990.
Zur *religiösen Dimension: C. Margis,* Weit von wo. Verlorene Welt des Ostjudentums, Wien 1974. *E. Steinmann,* Von der Würde des Unscheinbaren. Sinnerfahrung bei Joseph Roth, Tübingen 1984.

[2] Zum journalistischen Werk vgl.: *K. Westermann,* Joseph Roth, Journalist. Eine Karriere 1915–1939, Bonn 1987.

[3] Die *Werke Roths* – im Text mit Bandzahl plus Seite abgekürzt – wurden nach folgender Ausgabe zitiert: Joseph Roth Werke, Bd. I–VI, hg. v. K. Westermann u. F. Hackert, Köln 1989–1991.

[4] Zum *Hiob-Roman* vgl. neben den in Anm. 1 genannten Monographien und Sammelbänden: *S. Rosenfeld,* „Hiob" – Glaube und Heimat im Bild des Raumes (1967), in: D. Bronsen (Hg.), Joseph Roth und die Tradition. Aufsatz- und Materialsammlung, Darmstadt 1975, 489–500. *B. Hüppauf,* Joseph Roth: Hiob. Der Mythos des Skeptikers, in: G. E. Grimm – H.-P. Bayerdörfer (Hg.), Im Zeichen Hiobs. Jüdische Schriftsteller und deutsche Literatur im 20. Jahrhundert, Königstein 1985, 309–325. *G. Shaked,* Wie jüdisch ist ein deutsch-jüdischer Roman? Über Joseph Roths „Hiob. Roman eines einfachen Mannes", in: S. Moses – A. Schöne (Hg.), Juden in der deutschen Literatur, Frankfurt 1986, 281–292. *N. Oellers,* Literatur der Überredung – Überzeugung durch Poesie. Bemerkungen zu J. Roths Roman „Hiob", in: Galizien – Eine literarische Heimat, Poznán 1987, 151–161. *H. O. Horch,* Zeitroman, Legende, Palimpsest. Zu Joseph Roths „Hiob"-Roman im Kontext deutsch-jüdischer Literaturgeschichte, in: Germanisch-Romanische Monatsschrift 39 (1989) 210–226. *O. Voß,* „Hiob. Roman eines einfachen Mannes" – Joseph Roth und das Ostjudentum, in: Exil 9 (1989) 19–41. *S. H. Kaszynski,* Identität. Mythisierung. Poetik. Beiträge zur österreichischen Literatur im 20. Jahrhundert, Poznan 1991, 59–69.

[5] *C. Steiner,* Frankreichbild und Katholizismus bei Joseph Roth, in: The German Quarterly 46 (1973) 13.

[6] *H. Kesten,* Joseph Roths „Legende vom Heiligen Trinker", in: Berliner Hefte für geistiges Leben 4 (1949) 536.

[7] *H. Kesten,* Joseph Roth, in: *ders.,* Meine Freunde, die Poeten, Frankfurt/M. 1980, 172 (zit. nach der TB-Ausgabe).

[8] Dieser Begriff wurde von *D. Bronsen* geprägt und wird in der Forschung unglücklicherweise oft pauschal verwendet. Vgl. neuerdings: *W. Müller-Funk,* aaO. 7–11 (s. Anm. 1).

[9] Vgl. *Th. Juergens*, Gesellschaftskritische Aspekte in Joseph Roths Romanen, Leiden 1977.

[10] *H. Nürnberger*, aaO. 87 (s. Anm. 1).

[11] *B. Hüppauf*, aaO. 37 (s. Anm. 4).

[12] Die *Briefe Roths* – im Text abgekürzt mit „B" – werden nach folgender Ausgabe zitiert: *H. Kesten (Hg.)*, Joseph Roth Briefe 1911–1939, Köln 1970.

[13] *D. Bronsen*, aaO. 46.

[14] AaO. 77 f.

[15] Zur *Lyrik Roths* vgl. *M. Winkler*, Gedruckt und ungedruckt. Joseph Roths Lyrik, in: M. Kessler – F. Hackert (Hg.), Joseph Roth, 417–426 (s. Anm. 1).

[16] *I. Sültemeyer*, Studien zum Frühwerk Joseph Roths. Mit einem Anhang, Wien–Freiburg–Basel 1976, 130.

[17] *F. Hackert*, Joseph Roth. Zur Biographie, 169 (s. Anm. 1).

[18] Vgl. parallele Aussagen in B 127; 129; 131, 143.

[19] *D. Bronsen*, aaO. 340.

[20] AaO. 341.

[21] Vgl. *G. Shaked*, aaO. 290 (s. Anm. 4).

[22] Vgl. V., 96 f.

[23] *D. Bronsen*, aaO. 350.

[24] AaO.

[25] AaO. 352.

[26] *G. Shaked*, aaO. 289 (s. Anm. 4).

[27] *M. Reich-Ranicki*, Nachprüfung. Aufsätze über deutsche Schriftsteller von gestern, München–Zürich 1970, 242–268.

[28] *B. Hüppauf*, aaO. 310 (s. Anm. 4).

[29] *H. Böll*, Die Trauer, die recht behielt. Leben und Werk von Joseph Roth, in: *ders.*, Zur Verteidigung der Waschküchen. Schriften und Reden 1952–1959, München 1985, 194 (zit. nach der TB-Ausgabe).

[30] *P. W. Jansen*, Weltbezug und Erzählhaltung. Eine Untersuchung zum Erzählwerk und zur dichterischen Existenz Joseph Roths, Freiburg/Br. 1958, 152.

[31] *F. Hackert*, Kulturpessimismus und Erzählform. Studien zu Joseph Roths Leben und Werk, Bern 1967, 107–111.

[32] *W. Müller-Funk*, aaO. 129 (s. Anm. 1).

[33] *D. Bronsen*, aaO. 388 (s. Anm. 1).

[34] AaO. 389.

[35] Ebd.

[36] Der Briefwechsel Roths mit diesem Verlag ist soeben publiziert worden: *Th. Bijvoet – M. Rietra (Hg.)*, Aber das Leben marschiert weiter und nimmt uns mit. Der Briefwechsel zwischen Joseph Roth und dem Verlag De Gemeenschap 1936–1939, Köln 1991.

[37] *F. Hackert*, Joseph Roth. Zur Biographie, 179 (s. Anm. 1).

[38] *H. Kesten*, Joseph Roths „Legende vom Heiligen Trinker", 583 (s. Anm. 6).

[39] *M. Reich-Ranicki*, Nachprüfung, 251 (s. Anm. 27).

[40] Nach dem Zeugnis von Friederike Zweig, zit. bei *F. Hackert*, Joseph Roth, Zur Biographie, 185 (s. Anm. 1).

[41] AaO. 181: „Die 1934 und 1935 veröffentlichten Romane ‚Tarabas' und ‚Die hundert Tage' zeigen Roth auf der Suche nach der hinter den Erscheinungen

liegenden Wahrheit. In beiden Fällen erleben die Romanhelden eine religiöse Wandlung, wobei Personen und Gegenstände ihrer Umwelt aus ihrer Perspektive den Charakter religiöser Zeichen annehmen."

[42] *H. Kesten,* Joseph Roth, 171 (s. Anm. 7). Zum *Ende* von Joseph Roth vgl. neuerdings *R. Baumgart,* Auferstehung und Tod des Joseph Roth. Drei Ansichten, München–Wien 1991.

VI. HERMANN HESSE (1877–1962)

[1] Zur *Biographie: B. Zeller,* Hermann Hesse, Hamburg 1963, überarbeitete Auflage 1975 (Rowohlt Monographie). *J. Mileck,* Hermann Hesse. Life and Art, Berkeley/Ca. 1978.
Zur *neueren Rezeptionsgeschichte: V. Michels (Hg.),* Über Hermann Hesse, Bd. I–II, Frankfurt/M. 1976–77 (st 331/2). *J. Liebmann (Hg.),* Hermann Hesse, A Collection of criticism, New York 1977. *Th. Ziolkowski,* Der Schriftsteller Hermann Hesse. Wertung und Neubewertung, Frankfurt/M. 1979. *M. Pfeifer,* Hesse. Kommentar zu sämtlichen Werken, München 1980. *Hermann Hesse,* in: Text und Kritik, hg. v. H. L. Arnold, München ²1983. *F. Bran – M. Pfeifer (Hg.),* Wege zu Hermann Hesses Dichtung – Musik – Malerei – Film, Bad Liebenzell 1989.
Zur *religiösen Dimension: G. Mayer,* Die Begegnung des Christentums mit den asiatischen Religionen im Werk Hermann Hesses, Bonn 1956. *W. Böhme (Hg.),* Suche nach Einheit. Hermann Hesse und die Religionen, Stuttgart 1978 (Herrenalber Texte 1). *A. Hsia,* Hermann Hesse und China, Frankfurt/M. 1974. *W. Jens – H. Küng,* Anwälte der Humanität. Thomas Mann – Hermann Hesse – Heinrich Böll, München 1989.
[2] Die *Gedichte* – im Text abgekürzt zitiert mit „G" plus Band plus Seite – wurden zitiert nach *H. Hesse,* Die Gedichte, Bd. I–II, Frankfurt/M. 1977 (st 381).
[3] Die *Briefe aus der Kindheit und Jugendzeit* – im Text abgekürzt zitiert mit „KJ" plus Band plus Seite – wurden zitiert nach: *N. Hesse (Hg.),* Hermann Hesses Kindheit und Jugend vor 1900, Bd. I–II, Frankfurt/M. 1984–85 (st 1002/1150).
[4] *H. Hesse,* Brief an den Vater vom 16. 3. 1914, in: *ders.,* Gesammelte Briefe, hg. v. U. u. V. Michels, Bd. I, Frankfurt/M. 1973, 242.
[5] Die *Werke Hesses* – im Text abgekürzt mit Band plus Seite – wurden zitiert nach: *H. Hesse,* Gesammelte Werke, Bd. I–XII, Frankfurt/M. 1970 (Werkausgabe edition suhrkamp)
[6] Zur *Indien-Reise* vgl. jetzt die Textsammlung: *H. Hesse,* Aus Indien. Aufzeichnungen, Tagebücher, Gedichte, Betrachtungen und Erzählungen, Frankfurt/M. 1980 (st 562).
[7] Zu den Kontakten Hesses mit der damaligen *alternativen Bewegung* vgl. *G. Gräser,* Aus Leben und Werk, Vaihingen/Enz 1987. *R. Landmann,* Ascona, Monte Verità, Frankfurt/M. – Berlin 1979 (Ullstein TB 34013). *Monte Verità.* Berg der Wahrheit. Lokale Anthropologie als Beitrag zur Wiederentdeckung einer neuzeitlichen sakralen Topographie, Mailand o. J.

[8] Zu *Franz von Assisi* vgl. jetzt *H. Hesse,* Franz von Assisi, Frankfurt/M. 1988 (it 1069).

[9] Zur *Bedeutung Chinas* im Werk von Hermann Hesse vgl. neben A. Hsia (s. Anm. 1) *K.-J. Kuschel,* China im Werk von Bert Brecht und Hermann Hesse, in: Fu Jen Studies (Taiwan) 22 (1989) 99–127. Von *Ch. Gellner* wird gegenwärtig im Institut für ökumenische Forschung eine Dissertation zu diesem Thema unter dem Arbeitstitel „Unterwegs zur Weisheit" vorbereitet.

[10] *H. Hesse,* Brief an O. Blümel vom 24. 12. 1913, in: Gesammelte Briefe, hg. v. U. u. V. Michels, Bd. I, Frankfurt/M. 1973, 236.

[11] *H. Hesse,* Brief an L. Moilliet vom 24. 7. 1919, in: Gesammelte Briefe, Bd. I, 407.

[12] Zu *„Siddhartha"* vgl.: *V. Michels (Hg.),* Materialien zu Hermann Hesses Siddhartha, Bd. I–II, Frankfurt/M. 1977–78 (st 129/282).

[13] Zitiert bei *B. Zeller,* Hermann Hesse, 94 (s. Anm. 1): „Daß mein ‚Siddhartha' nicht die Erkenntnis, sondern die Liebe obenan stellt, daß er das Dogma ablehnt und das Erlebnis der Einheit zum Mittelpunkt macht, mag man als Zurückneigen zum Christentum, ja als einen wahrhaft protestantischen Zug empfinden."

[14] Vgl. dazu *G. Kleine,* Zwischen Welt und Zaubergarten. Ninon Hesse und Hermann Hesse: Ein Leben im Dialog, Frankfurt 1988 (st 1384).

[15] *H. Hesse,* Gedanken zu Dostojewskis „Idiot", in: V. Michels (Hg.), Materialien zu Hermann Hesses „Der Steppenwolf", Frankfurt/M. 1972, 217–223, Zit. 223.

[16] *H. Hesse,* Aus dem „Tagebuch eines Entgleisten", in: Materialien zu Hermann Hesses „Der Steppenwolf", 199–203, Zit. 201.

[17] Zum *„Steppenwolf"* vgl.: *V. Michels (Hg.),* Materialien zu Hermann Hesses „Der Steppenwolf", Frankfurt/M. 1972 (st 53). *E. Schwarz (Hg.),* Hermann Hesses „Steppenwolf", Königstein/Ts. 1980.

[18] *Hermann Hesse,* Nachwort, in: Materialien zu Hermann Hesses „Der Steppenwolf", 159.

[19] *H. Hesse,* Brief an H. M. vom 19. 11. 1935, in: Ausgewählte Briefe. Erweiterte Ausgabe, zusammengestellt von H. Hesse und N. Hesse, Frankfurt/M. 1974, 149 (st 211). Zum *Glaubensverständnis Hesses* vgl. die schöne Textsammlung: Mein Glaube. Auswahl und Nachwort von S. Unseld, Frankfurt/M. 1971.

[20] Zum *„Glasperlenspiel"* vgl.: *V. Michels (Hg.),* Materialien zu Hermann Hesses „Das Glasperlenspiel", Bd. I–II, Frankfurt/M. 1977 (st 80/108). *F. Bran – M. Pfeifer (Hg.),* Hermann Hesses Glasperlenspiel, Bad Liebenzell 1987.

VII. REINHOLD SCHNEIDER (1903–1958)

[1] Zur *Biographie: F. A. Schmidt – B. Scherer (Hg.),* Reinhold Schneider. Leben und Werk in Dokumenten, Karlsruhe 1973. *E. M. Landau u. a. (Hg.),* Reinhold Schneider. Leben und Werk im Bild, Frankfurt/M. 1977 (it 318).
Zur *neueren Rezeptionsgeschichte: C. P. Thiede (Hg.),* Über Reinhold Schneider, Frankfurt/M. 1980 (st 504). *I. Zimmermann,* Reinhold Schneider. Weg eines Schriftstellers, Stuttgart 1982. *E. Blattmann (Hg.),* Trauer und Wider-

spruch. Über Reinhold Schneider, München–Zürich 1984. *H. Getzeny*, Reinhold Schneider: seine geistige und künstlerische Entwicklung am Beispiel der erzählenden Prosa, Frankfurt/M.–Bern 1987.
Zur *religiösen Dimension: H. U. v. Balthasar*, Reinhold Schneider. Sein Weg und sein Werk, Einsiedeln 1953 (überarbeitete Neuausgabe unter dem Titel: Nochmals – Reinhold Schneider, Einsiedeln 1991). *J. Rast*, Der Widerspruch. Das doppelte Antlitz des Reinhold Schneider, Köln–Olten 1959. *K.-W. Reddemann*, Der Christ vor einer zertrümmerten Welt. Reinhold Schneider – ein Dichter antwortet der Zeit. Freiburg/Br. 1978.

[2] So kritisch: *E. Blattmann*, Über Reinhold Schneiders Sonett „Der Getriebene", in: Reinhold Schneider – Jahrbuch, Bd. I, Frankfurt/M.–Bern–New York 1985, 159–204, Zit. 166.

[3] Mit „TB" im Text abgekürzt zitiert wird: *R. Schneider*, Tagebuch 1930–1935, hg. v. E. M. Landau, Frankfurt/M. 1983.

[4] Die *Werke Schneiders* – im Text abgekürzt mit Band plus Seite – wurden zitiert nach: *R. Schneider*, Gesammelte Werke, Bd. I–X, hg. v. E. M. Landau, Frankfurt/M. 1977.

[5] Vgl. kritisch dazu: *H. Kurzke*, Der ausgeträumte Traum vom Reich. Reinhold Schneider und die konservative Revolution, in: Neue Rundschau 2 (1979) 215–233.

[6] *R. Schneider*, Das Inselreich. Gesetz und Größe der britischen Macht, Leipzig 1936, 536.

[7] *C. F. v. Weizsäcker*, Reinhold Schneider in unserer Zeit, in: Über Reinhold Schneider, 165–182, Zit. 166 (s. Anm. 1).

[8] AaO. 182.

[9] *R. Schneider*, Dämonie und Verklärung, C. Winterhalter (Hg.), (Freiburg–Basel–Wien 1965), 264–268, Zit. 264.

[10] *P. Berglar*, Der Kronenwächter. Reinhold Schneider oder Die Geschichte als Kreuzweg, in: Über Reinhold Schneider, 300–314, Zit. 307 (s. Anm. 1).

[11] Zit. nach *F. A. Schmitt – B. Scherer (Hg.)*, Leben und Werk in Dokumenten, 195 (s. Anm. 1).

[12] *W. Frühwald*, Die „Papierrosen der Literaturgeschichte", in: Über Reinhold Schneider, 315–335, Zit. 319, 331 (s. Anm. 1).

[13] *F. Heer*, Reinhold Schneider, in: Über Reinhold Schneider, 136–153, Zit. 142 (s. Anm. 1).

[14] *Dramaturgische Dichtung – Dramaturgie*. Dialog Professor Kindermann–Reinhold Schneider (Universität Wien am 11. 1. 1958), in: Reinhold-Schneider-Gesellschaft 2 (1978) 26 f.

[15] Zit. nach *F. A. Schmitt – B. Scherer (Hg.)*, Reinhold Schneider, 167 f (s. Anm. 1).

[16] Zu den *Papstdramen* von Reinhold Schneider vgl. *K.-J. Kuschel*, Stellvertreter Christi? Der Papst in der zeitgenössischen Literatur, Zürich–Gütersloh 1980.

[17] *Dramatische Dichtung – Dramaturgie ...*, 25 (s. Anm. 14).

[18] *Reinhold Schneider*, Innozenz und Franziskus, Wiesbaden 1952, 119.

[19] AaO. 218.

[20] Vg. dazu *K.-J. Kuschel*, Stellvertreter Christi?, 91–110. Ebenso: *W. Keller*, Das Paradox der christlichen Tragödie: Reinhold Schneiders „Der große Ver-

zicht", in: Geschichte als Schauspiel. Deutsche Geschichtsdramen, hg. v. W. Hinck, Frankfurt/M. 1981, 270–288.

[21] So *R. Schneider* selber, zit. nach *F. A. Schmitt – B. Scherer (Hg.)*, Reinhold Schneider, 170 (s. Anm. 1).

[22] Vgl. dazu den instruktiven Aufsatz von *P. A. Meier*, Das Dilemma des Christen bei der Verwaltung der Ämter. Zu Reinhold Schneiders Schau der abendländischen Geschichte, in: Reinhold Schneider. Friede – Geschichte – Glaube. Katholische Akademie Schwerte 1985, 19–35 (Akademievorträge Bd. 17).

[23] Zu „*Winter in Wien*" vgl. besonders: *I. Zimmermann*, Der späte Reinhold Schneider. Eine Studie, Freiburg/Br. 1973. *Widerruf oder Vollendung*. Reinhold Schneiders „Winter in Wien" in der Diskussion, Freiburg/Br. 1981.

[24] *R. Schneider*, Das Vaterunser (1941), Neuausgabe mit Nachwort d. Vf., Freiburg/Br. 1957, 98.

[25] *R. Schneider*, Erfüllte Einsamkeit, Freiburg/Br. 1963, 22.

[26] *K.-W. Reddemann*, Der Christ vor einer zertrümmerten Welt, 57 f (s. Anm. 1).

[27] *R. Schneider*, Brief an Bernt von Heiseler vom 10. 10. 1950 (liegt mir als Kopie aus dem Nachlaß der Badischen Landesbibliothek Karlsruhe vor).

[28] *R. Schneider*, Nirwana. Die Geisteswelt der Inder, in: Der christliche Sonntag 2 (1950) 93.

[29] *R. Schneider*, Arthur Schopenhauer, in: Schopenhauer, Frankfurt/M. 1956 (Fischer TB), 7–25, Zit. 14.

[30] Ebd.

[31] Text jetzt gedruckt: *R. Schneider*, Simone Weil oder das Christentum der Zukunft, in: Reinhold Schneider – Blätter 13 (1987) 5–15, Zit. 11 f. Vgl. dazu auch: *R. Kühn*, Ontagonische Paradoxologie. Problemskizze zur Schneiderschen Simone-Weil-Rezeption und zu ihrer Weiterführung für die Reinhold-Schneider-Forschung, in: Reinhold-Schneider-Jahrbuch, Bd. I, Frankfurt/M.–Bern–New York 1985, 403–460.

[32] *C. F. v. Weizsäcker*, Reinhold Schneiders Erschrecken vor dem Schöpfer (Rundfunksendung), in: Mitteilungen der Reinhold-Schneider-Gesellschaft 10 (1974) 42–50; Zit. 49 f.

[33] Text gedruckt bei: *H. Lölkes*, Einige persönliche Bemerkungen zu R. Schneiders Lyrik, in: Reinhold-Schneider-Blätter H. 7/April 1981, 75–78, Zit. 77.

VIII. Paul Celan (1920–1970) – Nelly Sachs (1891–1970)

[1] Zit. nach *W. A. Berendsohn*, Nelly Sachs. Der künstlerische Aufstieg, in: Nelly Sachs zu Ehren, Gedichte, Prosa, Beiträge, Frankfurt/M. 1961, 98. Wörtlich heißt es: „Da ich nicht wagte in dem einen Zimmer, das wir bewohnten, Licht anzuzünden, um die seltene, kostbare Nachtruhe meiner Mutter nicht zu stören, so versuchte ich im Kopf immer wieder zu wiederholen, was sich da abspielte in der Luft, wo die Nacht wie eine Wunde aufgerissen war. Am Morgen schrieb ich dann das Behaltene, so gut ich konnte, nieder."

[2] Zit. nach *O. Lagercrantz*, Versuch über die Lyrik der Nelly Sachs, Frankfurt/M. 1967, 43.

[3] *N. Sachs*, Briefe, hg. v. R. Dinesen u. U. H. Müssener, Frankfurt/M. ²1985, 46 f.

[4] Jetzt in: *Das Buch der Nelly Sachs*, hg. v. B. Holmqvist, Frankfurt/M. 1977, 97–167 (st 398). Ebenso in: Zeichen im Sand. Die szenischen Dichtungen der Nelly Sachs, Frankfurt/M. 1962, 5–91.

[5] *N. Sachs*, Briefe, 49.

[6] AaO. 57.

[7] Zum biographischen Hintergrund vgl. *E. Bahr*, Nelly Sachs, München 1980 (Autorenbücher 16).

[8] Zum jüdischen Hintergrund des frühen Celan vgl. *I. Chalfen*, Paul Celan. Die Biographie seiner Jugend. Frankfurt/M. 1979, TB-Ausgabe 1983 (st 913).

[9] *W. Jens*, Nüchternheit und Präzision im Hymnos, in: Über Paul Celan, hg. v. D. Meinecke, Frankfurt/M. 1970, 47–51, Zit. 47.

[10] *N. Sachs*, Zwischen / deinen Augenbrauen, in: Fahrt ins Staublose. Die Gedichte der Nelly Sachs, Frankfurt/M. 1961, 267.

[11] *P. Celan*, Gedichte Bd. I, Frankfurt/M. 1975, 157.

[12] AaO. 163.

[13] *P. Celan*, Brief an Nelly Sachs vom 20. Februar 1960, in: Paul Celan, hg. v. W. Hamacher u. U. W. Menninghaus, Frankfurt/M. 1988, 14 (st 2083).

[14] *N. Sachs*, Briefe, 247.

[15] AaO. 247 f. Briefe vom 30. 5. u. 4. 6. 1960.

[16] Alle Zitate aaO. 249 f. Brief vom 23. 6. 1960.

[17] *P. Celan*, Bief an Nelly Sachs vom 1. Juli 1960, in: Paul Celan, 15 (s. Anm. 13).

[18] Nach den Recherchen von *R. Dinesen*, Paul Celan und Nelly Sachs, in: Datum und Zitat bei Paul Celan. Akten des Internationalen Paul-Celan-Colloquiums Haifa 1986, hg. v. Ch. Shoham u. U. B. Witte, Frankfurt/M.–New York–Paris 1987, 195–210, Zit. 196.

[19] *H. Domin*, Nachwort, in: Nelly Sachs, Gedichte, Frankfurt/M. 1977, 108.

[20] *P. Celan*, Brief an Nelly Sachs vom 28. Juni 1960, in: Paul Celan, 16 (s. Anm. 13).

[21] Ebd.

[22] AaO. 18.

[23] Das *Verhältnis Paul Celan – Nelly Sachs* ist noch nicht umfassend untersucht worden. Folgende Beiträge sind erste Versuche: *E. Bahr*, Paul Celan und Nelly Sachs. Ein Dialog in Gedichten, in: Datum und Zitat bei Paul Celan, 183–194 (s. Anm. 18). *R. Dinesen*, Paul Celan und Nelly Sachs (s. Anm. 18). Eine Interpretation von „Zürich, Zum Storchen" hat versucht: *G. Lübbe-Grothues*, Eine Heimat finden. Über ein Gedicht von P. Celan, in: Neue Züricher Zeitung vom 26./27. Juni 1982.

[24] Zur theologischen Herausforderung der Lyrik und Poetik Celans vgl.: *K.-J. Kuschel*, Jesus in der deutschsprachigen Gegenwartsliteratur, Zürich–Gütersloh 1978, 285–290; *ders.*, Geboren vor aller Zeit? Der Streit um Christi Ursprung, München 1990, 671–683 (zu P. Celans „Mandorla"). *H. M. Krämer*, Eine Sprache des Leidens. Zur Lyrik von Paul Celan, München 1979. *G. Fuchs*, „... lautlos geschrieben, daß es anders sein soll" – Theologische Anmerkungen zur Dichtung Paul Celans, in: Unter dem Bogen des Bundes, hg. v. H. H.

Hendrix, Aachen 1981, 108–132. *S.-M. Wittschier*, Das Purpurwort. Trinitarische Spuren bei Paul Celan. Baustein zu einer poetischen Theologie, in: Im Gespräch mit dem dreieinigen Gott. FS W. Breuning, Düsseldorf 1985, 435–456. *H.-G. Schwandt*, „... nur lallen und lallen ..." Kriterien theologischen Sprechens anhand von P. Celans Suche nach dem erschwiegenen Wort, in: Geist und Leben 60 (1987) 40–50.

[25] *P. Celan*, Brief an Nelly Sachs vom 8. Dezember 1967, in: P. Celan, 18 (s. Anm. 13).

[26] Vgl. *P. Celan*, Nah, im Aortenbogen, in: Fadensonnen, Frankfurt/M. 1968, 96.

[27] *P. Celan*, Der Meridian. Rede anläßlich der Verleihung des Georg-Büchner-Preises, in: Ausgewählte Gedichte. Nachwort von B. Allemann, Frankfurt/M. 1970, 141–148, Zit. 144.

[28] Ebd.

[29] AaO. 128.

[30] *N. Sachs*, Briefe, 232.

[31] AaO. 232 f.

[32] AaO. 233.

[33] *M. Buber*, Ich und du, Berlin 1922, 89.

[34] Vgl. etwa: *N. Sachs*, Hiob, in: Die Gedichte der Nelly Sachs, Frankfurt/M. 1961, 95.

[35] Noch deutlicher in Celans Gedicht „Tenebrae", in: Gedichte Bd. I, Frankfurt/M. 1975, 163 (ebenfalls aus: „Sprachgitter" 1959).

[36] *D. Bonhoeffer*, Widerstand und Ergebung. Briefe und Aufzeichnungen aus der Haft, hg. v. E. Bethge, München 1970, 394.

[37] Vgl. *K. Rahner*, Grundkurs des Glaubens, Freiburg 1976, 73–75.

[38] *M. Frisch*, Tagebuch 1946–1949, in: Gesammelte Werke, Bd. II/2, Frankfurt/M. 1976, 378 f.

[39] *P. Celan*, Der Meridian, 143 (s. Anm. 27).

[40] Ebd. 145.

[41] *M. Buber*, Ekstatische Konfessionen, Berlin o.J., 188.

[42] *P. Celan*, Psalm, in: Gedichte Bd. I, Frankfurt/M. 1975, 225.

IX. Heinrich Böll (1917–1985)

[1] Zur *Biographie: Ch. Linder*, Böll, Hamburg 1973. *K. Schröter*, Heinrich Böll, Hamburg 1982 (Rowohlt Monographie). *G. Hoffmann*, Heinrich Böll, Bornheim-Merten 1986.
Zur *neueren Rezeptionsgeschichte: M. Reich-Ranicki (Hg.)*, In Sachen Böll. Ansichten und Einsichten (1968), dtv-Ausgabe München 1971. *W. Lengning (Hg.)*, Der Schriftsteller Heinrich Böll. Ein biographisch-bibliographischer Abriß (1959), erweiterte TB-Ausgabe, München 1968. *R. Nägele*, Heinrich Böll. Einführung in das Werk und die Forschung, Frankfurt/M. 1976. *H. Beth (Hg.)*, Heinrich Böll. Eine Einführung in das Gesamtwerk in Einzelinterpretationen, Königstein/Ts. ²1980.
Zur *religiösen Dimension: K.-J. Kuschel*, Jesus in der deutschsprachigen Gegenwartsliteratur, Zürich–Gütersloh 1978, TB-Ausgabe München 1987 (Serie

Piper). *M. Nielen*, Frömmigkeit bei Heinrich Böll, Annweiler 1987. *W. Jens –*
H. Küng, Anwälte der Humanität. Thomas Mann, Hermann Hesse, Heinrich
Böll, München 1989. *St. Güstrau*, Literatur als Theologieersatz: Heinrich Böll,
Frankfurt/M.–Bern–New York 1990. Der hier abgedruckte Text über Böll ist
eine überarbeitete und beträchtlich erweiterte Fassung meines Beitrags in: *K.-*
J. Kuschel – H. Häring (Hg.), Gegenentwürfe. 24 Lebensläufe für eine andere
Theologie, München 1988, 325–345.

[2] Interview mit H. Böll, „Die mögliche Verwirklichung evangelischer Gedanken", in: Orientierung vom 15. 9. 1982, 183 f.

[3] *C. Amery*, Der Dichter, der Kardinal und der Abgrund, in: L'80. Zeitschrift
für Literatur und Politik 36 (1985) 35.

[4] *H. Böll*, Die Welt Sean O'Caseys (1954), in: Zur Verteidigung der Waschküchen. Schriften und Reden 1952–1959, München 1985, 124 f (dtv-Ausgabe).

[5] *H. Böll*, Irisches Tagebuch (1957), München 1961, 14 (dtv-Ausgabe).

[6] *H. Böll*, Kennedy, Irland und der große Hunger (1963), in: Briefe aus dem
Rheinland. Schriften und Reden 1960–1963, München 1985, 231–234 (dtv-
Ausgabe).

[7] *H. Böll*, Irisches Tagebuch, 7.

[8] *H. Böll*, Eine deutsche Erinnerung. Interview mit R. Wintzen, Köln 1979, 38.

[9] Interview mit H. Böll, in: Orientierung, 184.

[10] *H. Böll*, Weil wir uns auf dieser Erde nicht ganz zu Hause fühlen. Gespräch
mit Karl-Josef Kuschel, in: *K.-J. Kuschel*, Weil wir uns auf dieser Erde nicht
ganz zu Hause fühlen. 12 Schriftsteller über Religion und Literatur, München
1985, 66 f.

[11] *H. Böll*, Für Ernesto Cardenal zum 60., in: Deutsches Allgemeines Sonntags-
blatt vom 20. 1. 1985.

[12] Zit. nach *E. Kock*, Der Zorn des Mitleids. Erinnerungen an Heinrich Böll,
in: Veröffentlichungen der Kath. Akademie Schwerte 28 (1986) 21.

[13] *H. Böll*, Ansichten eines Clowns (1963), München 1967, 66 (dtv-Ausgabe).

[14] *M. Graff*, Knien wollte er nicht. Heinrich Böll 1917–1985, in: Herder Korrespondenz 39 (1985) 424 f.

[15] *H. Böll*, Irisches Tagebuch, 21.

[16] AaO. 25.

[17] *H. Böll*, Gespräch mit K.-J. Kuschel, 73 (s. Anm. 10).

[18] *H. Böll – Ch. Linder*, Drei Tage im März. Ein Gespräch, Köln 1975, 66 f.

[19] *H. Böll*, Irisches Tagebuch, 23.

[20] *H. Böll*, Ansichten eines Clowns, 202 f.

[21] *H. Böll – Ch. Linder*, Drei Tage im März. (s. Anm. 18), 72.

[22] *H. Böll*, Köln 1, in: Werke Bd. VI (Hörspiele, Theaterstücke, Drehbücher,
Gedichte), hg. v. B. Balzer, Köln 1970, 23.

[23] *H. Böll – D. Wellershoff*, Gruppenbild mit Dame. Ein Tonband-Interview,
in: Die subversive Madonna. Ein Schlüssel zum Werk H. Bölls, hg. v. R.
Matthaei, Köln 1975, 152.

[24] *H. Böll*, Eine deutsche Erinnerung, 67 (s. Anm. 8).

[25] Vgl. *H. Böll*, Ansichten eines Clowns, 251 u. 253.

[26] AaO. 183.

[27] *H. Böll*, Eine deutsche Erinnerung, 67 f (s. Anm. 8).

[28] *H. Böll*, Hausfriedensbruch, Köln 1969, 62 f.

[29] *H. Böll*, Eine deutsche Erinnerung, 68 (s. Anm. 8).

[30] AaO. 69.

[31] Ebd.

[32] AaO. 70.

[33] Ebd.

[34] *H. Böll*, Irland und seine Kinder. Fernsehdrehbuch (1961), in: Werke Bd. VI, 396.

[35] Ebd.

[36] Ebd.

[37] *H. Böll*, Die Ursachen der Troubles mit Nordirland (1970), in: Ende der Bescheidenheit. Schriften und Reden 1969–1972, München 1985, 136 (dtv-Ausgabe).

[38] Alle Zitate in: *H. Böll*, Steht uns bei, ihr Heiligen! Wider die trügerische heidnische Göttin Sicherheit, in: Die Fähigkeit zu trauern. Schriften und Reden 1983–1985, Bornheim-Merten 1986, 61–70.

[39] *H. Böll*, Frauen vor Flußlandschaft. Roman in Dialogen und Selbstgesprächen, Köln 1985, 232.

[40] *W. Jens*, ... den Alltag zu heiligen: Heinrich Böll, in: Walter Jens – Hans Küng, Anwälte der Humanität (s. Anm. 1), 61–78, Zit. 71 f.

[41] *D. Sölle*, Erinnerungen an einen Freund, in: L' 80. Zeitschrift für Literatur und Politik 36 (1985), 25.

[42] *R. Augstein*, Gepolter im Beichtstuhl. Zu H. Bölls „Fürsorgliche Belagerung", in: Der Spiegel vom 30. 7. 1979.

[43] *H. Böll*, Brendan Behan (1965), in: Heimat und keine. Schriften und Reden 1964–1968, München 1985, 126 (dtv-Ausabe).

[44] *H. Albertz*, Poet in der Nähe zu Jesus, in: Evangelische Kommentare 8 (1985) 469.

X. ROLF HOCHHUTH (GEB. 1931)

[1] Zur *Biographie*: *R. Täeni*, Rolf Hochhuth, München 1977 (Autorenbücher). Zur *Rezeptionsgeschichte*: *Rolf Hochhuth*, in: Text und Kritik, hg. v. H. L. Arnold, 58 (1978). *R. Hoffmeister (Hg.)*, Rolf Hochhuth. Dokumente zur politischen Wirkung, München 1980.
Dieser hier abgedruckte Text stellt eine überarbeitete und beträchtlich erweiterte Fassung meiner Laudatio dar, die ich am 23. 2. 1991 in Alzey anläßlich der Verleihung des Elisabeth-Langgässer-Preises auf Rolf Hochhut gehalten habe. Eine Kurzfassung wurde in der Süddeutschen Zeitung vom 30. 3./1. 4. 1991 veröffentlicht.

[2] Die *Reaktionen auf den „Stellvertreter"* sind gesammelt in: *F. J. Raddatz (Hg.)*, Summa Iniuria oder Durfte der Papst schweigen? Hochhuths „Stellvertreter" in der öffentlichen Kritik, Hamburg 1963. Belege der Zitate bei: *O. F. Riewoldt*, „Nimm ein Brechmittel, du, der du dies liesest". Die katholische Reaktion auf Hochhuths „Stellvertreter", in: Text und Kritik 58 (1978) 1–10 (s. Anm. 1).

[3] Beleg bei: *R. Hoffmeister (Hg.)*, Rolf Hochhuth. Dokumente, 78 (s. Anm. 1).

[4] Nach dem Bericht in: Süddeutsche Zeitung vom 3. 2. 1987, 15.

[5] Zum „*Stellvertreter*" vgl. besonders: *K.-J. Kuschel*, Stellvertreter Christi? Der Papst in der zeitgenössischen Literatur, Zürich–Gütersloh 1980, 70–81.

[6] *R. Hochhuth*, Der Stellvertreter. Ein christliches Trauerspiel, Hamburg 1963, 164–170.

[7] AaO. 85f.

[8] AaO. 175.

[9] AaO. 176.

[10] *R. Hochhuth*, Die Hebamme. Komödie, Hamburg 1973, 33 (TB-Ausgabe).

[11] *R. Hochhuth*, Lysistrate und die Nato. Komödie, Hamburg 1973, 37.

[12] *R. Hochhuth*, Unbefleckte Empfängnis. Ein Kreidekreis, Hamburg 1988, 81.

[13] *R. Hochhuth*, Soldaten. Nekrolog auf Genf, in: *ders.*, Dramen, Hamburg 1972, 289–474, Zit. 441.

[14] AaO. 435.

[15] AaO. 461.

[16] AaO. 436.

[17] Belege bei: *R. Hoffmeister (Hg.)*, Rolf Hochhuth. Dokumente, 105–150.

[18] *R. Hochhuth*, Guerillas. Tragödie, Hamburg 1970, 182.

[19] *R. Hochhuth*, Soldaten, 454 (s. Anm. 13).

[20] Ebd. 455.

[21] *R. Hochhuth*, Die Berliner Antigone, in: *ders.*, Atlantik-Novelle. Erzählungen, Hamburg 1985, 201–214, bes. 206.

[22] *R. Hochhuth*, Geschwister Scholl-Rede (München 13. 11. 1980), in: *ders.*, Räuber-Rede. Drei deutsche Vorwürfe, Hamburg 1982, 214.

[23] *R. Hochhuth*, Wann brennen wir? in: Die Zeit vom 19. 8. 1983.

[24] *R. Hochhuth*, Judith. Trauerspiel, Hamburg 1984, 169.

[25] AaO. 79.

[26] Übersetzung nach der Luther-Bibel. Dieser Text steht als Motto vor Hochhuths Stück.

[27] AaO. 155f; 157f; 167f.

[28] *R. Hochhuth*, Unbefleckte Empfängnis, 68; 100 (s. Anm. 12).

[29] *R. Hochhuth*, Judith, 186 (s. Anm. 24).

[30] *R. Hochhuth*, Der Stellvertreter, 196 (s. Anm. 6).

[31] *R. Hochhuth*, Deus absconditus?, in: *ders.*, Schwarze Segel. Essays und Gedichte, Hamburg 1986, 169.

[32] *R. Hochhuth*, Der Stellvertreter, 198 (s. Anm. 6).

[33] *R. Hochhuth*, Geschwister Scholl-Rede, 215 (s. Anm. 22).

[34] AaO. 212.

[35] Ebd.

[36] Das noch unveröffentlichte Manuskript, das Rolf Hochhuth mir anläßlich meiner Laudatio auf ihn bei der Verleihung des Elisabeth-Langgässer-Preises in Alzey 1991 gab, liegt mir vor (s. Anm. 1).

[37] *C. Edvardson*, Gebranntes Kind sucht das Feuer, München–Wien 1986, 71.

[38] *R. Hochhuth*, Schopenhauer, in: *ders.*, Schwarze Segel, 178 (s. Anm. 30).